KB024453

학생부
끝판왕

인문·사회 교육편

학생부 끝판왕

저자 정동완 박상철 백광일 강우혁 최경희

머리말

고등학생에게

“3년간의 학교생활이 주는 의미는 무엇인가?”,
“미래를 위해 지난 학교생활을 되돌아보고 반성하며 구체적인 계획을 세우는 것이 필요한가?”

라고 질문한다면, 스스로 생각하며 당당하게 말할 수 있는 학생은 얼마나 될까요?
그리 많지는 않을 것입니다. 이유는 간단합니다. 의무교육과정이라는 틀 안에 놓여 굳이 상위 학교에 올라가려는 노력이 필요한 경우가 적었을 것이고, 주어진 현재에 최선을 다하면 좋은 결과가 얻어질 거라는 막연한 주변 기대가 작용했을 것이기 때문입니다. 하지만 지금의 고등학생들에게 매우 어려운 답인 상황입니다.

4차 산업혁명을 필두로 사회가 급격히 변하면서 교육 환경은 더욱 빠른 속도로 대비할 필요가 생겼습니다. ‘대입’으로 불리는 괴물이 큰 입을 벌리고서 학생들을 노려보는 상황에 슬기롭게 대처하지 못하면 학생들은 장밋빛 청춘이 아닌 쓰디쓴 세계에 발을 디디게 될지도 모릅니다. 이는 학생들에게 “너의 고등학교 생활을 스스로 계획하고 실천하며, 그 결과를 겸허히 받아들여야 한다.”라는 무언의 압박이 될 수 있습니다.

이런 막막한 상황에 놓인 학생을 위해 공교육 교사들이 조금씩 힘을 모았습니다. 다년간의 대입 지도 경험을 바탕으로 개인이 처한 상황에서 단계별로 진행되는 활동의 누적 데이터를 토대로 최적의 방향성을 제시하는 기회를 주기 위함입니다.
이 책에서 우리는 어떤 이야기를 하고 싶은 것일까요? 우선은 학생이 짊어져야 하는 무게를 적게나마 덜어주고 싶은 마음이 제일 큽니다. 교사로서 학생을 바라보고 대학 관계자의 마음을 이해하기는 쉽지만, 학생에겐 결코 쉬운 것이 아니기 때문입니다.

우리 학생들은 어떤 부분에서 도움을 받고 싶고, 우리 선생님들은 어떠한 도움을 제공할 수 있을까요?

여기 한 학생이 있습니다. 자유학기제를 거쳐 학교라는 공간에서 즐거운 시간만 보냈는데, 고등학교에 입학하니 알 수 없는 외계어가 난무하며 대학이라는 하나의 목표를 향해 준비하고 나가는 현실에 직면합니다. 주변에 도움을 주는 사람은 딱히 없으며, 구체적으로 뭔가 알고 있는 것도 없는 '입시 바보' 상태입니다. 이때 학생 곁에 쓰윽 다가오는 도움, 바로 이 책이면 좋지 않을까요?

자신의 진로를 묻고, 좋아하는 일을 직업으로 가질 수 있도록 대학교와 학과(학부)를 정하며, 이를 실현하기 위한 고등학교 3년간의 계획이 완성된다면 '얼마나 고등학교 생활이 재미있을까?'라는 기대가 이어집니다. 졸업생 중에 고등학교 시절 누군가가 진로, 진학에 대한 방향을 잡아준 이가 있다면 정말 후회 없이 노력했을 거라는 이야기가 쉽게 흘려 들려지지 않은 교사들이 모였습니다.

"내가 너의 손을 잡아줄게."
고입 첫머리부터 입시를 고민하고 이에 불안한 학생, 부모님을 위한 솔루션을 제공하려 노력했습니다. 찬찬히 들여다보면 머릿속이 조금씩 정리되는 느낌이 들 겁니다. 하나하나 학생의 학교생활이라는 퍼즐이 하나씩 맞춰지면 어느 순간 내 옆에서 나를 돕는 따스한 손길이 팔을 잡고 있음을 느끼게 될 겁니다.

누구나 살기 좋은 세상을 꿈꾸고, 번듯한 직장을 갖길 원하는데 그게 어디 쉬운 일인가요? 중고등학교에서 뚜렷한 진로 목표를 정하고, 대입 플랜을 세운 학생이 단계적인 발전을 거듭해 띄우고 나간다면 자신의 진로 계열에 맞춘 대학(학과)에 진학할 수 있을 것입니다. 학생은 자연스레 본인이 좋아하고 재밌는 공부를 하게 되고, 진정 희망하는 직업을 갖는 것은 지극히 당연할 겁니다.
그래서 고등학생들에게 이 「학생부 끝판왕」 무조건 필요합니다. 단순히 희망 대학을 가기 위한 비법만을 제시하는 것이 아닌, 미래지향적 관점에서 3년간의 학교생활 커리큘럼을 거미줄처럼 엮어 하나의 단단한 무기를 만드는 방법을 안내하고자 합니다.

그 해법의 첫 번째가 〈계열별 합격 사례〉 분석입니다. 중국 고대의 사상가 〔공자(公子)〕가 말하길 "溫故而知新, 可以爲師矣.(온고이지신, 가이위사의)"라고 했습니다. 이는 "옛날에 배운 것을 복습하고 거기다 새로운 것도 알면 남의 스승이 될 수 있다."라는 말인데, 현재 고등학생들이 처해있는 현실에 접목하면 이보다 좋은 말씀은 없는 것 같습니다. 지난 선배들의 우수한 사례에서 좋은 점은 본받고, 이를 자신이 처한 현실과 역량에 비추어 재해석함으로써 점진적 발전을 도모할 수 있습니다.

특히 대입을 위한 가이드 라인을 제공 받는다는 점은 입시에 자신감을 주며, 나만의 진학 로드맵을 작성하는데 구체적인 나침반 역할을 합니다. 처음 떠나는 해외 여행지에 대한 사전 정보를 얻기 위해 여행가이드 북을 사서 읽어보는 것과 같은 맥락입니다.

사례별 상황과 개별 역량에 차이가 있을 수 있으나, 다수의 사례 속에서 공통분모를 찾고, 이를 디딤돌로 삼아 본인의 상황과 맞춰본다면 성공적인 대입을 위한 출발에서 이미 한 걸음 앞서있다고 생각해도 좋습니다. 이미 대학에 합격한 것과 마찬가지라는 설레발일 수도 있으나, 이 책을 집필한 필자들의 자신감만큼은 그러합니다.

두 번째 해법은 〈계열별 세부능력 및 특기사항 사례〉 분석입니다. 최근 입학관계자에게 가장 많이 듣는 것은 학생부에서 수업이 가장 잘 드러나는 항목인 '세특(세부능력 및 특기사항)'의 중요성입니다. 단순히 수업 내용만이 아닌 참여 동기, 과정, 협력을 통한 배움과 성장 등 학생의 학업역량, 자기주도성 및 인성이 고스란히 기록되어 드러나는 유의미한 자료로 활용된다는 점입니다.
세 번째 해법은 〈나만의 합격 전략〉을 세우는 것입니다. 앞의 사례는 이전 선배들의 참고 자료일 뿐, 가장 중요한 것은 현재의 자신입니다. 정보를 얻고, 실력을 다지며 굳은 결심을 하는 것도 중요하지만 원하는 대학 및 학과에 진학하는 것이 최종 목표인 것은 부정할 수 없는 사실입니다. 이를 위해 나에게 최적화된 프로세스를 작성하여 실천으로 옮기는 과정이 최종적인 작업이라 할 수 있습니다.

현재까지 내신(교과) 성적과 비교과 상황 및 모의고사 등급을 분석하고, 자신에게 유리한 전형을 찾아 이를 대비한 주요 전략을 구성해보는 것입니다. 나에게 어울리는 옷이 있듯 나의 학생부와 학교에서의 활동에 어울리는 전형과 전략이 있을 거라는 거, 충분히 예상 가능합니다. 이 책의 마지막 장을 덮는 순간, 남은 기간 나아갈 길이 눈앞에 선명해지면서 창대한 미래의 내 모습이 어렴풋이 비치기 시작할 것입니다.

마지막으로 〈이 책의 활용법과 유의사항〉을 전하고자 합니다. 전문가라 하더라도 실수는 있기 마련입니다. 늘 가던 길도 시시각각의 환경에 따라 예상 불가능한 일이 펼쳐지는 것처럼 가능한 사례는 모두 적었으나 불가피하게 일어나는 일까지 적을 수는 없었습니다.

제시되는 모든 데이터는 개별 학생의 관점에서 체계적인 전략에 따른 맞춤형 과정으로 진행되었기에 순수한 참고 자료로써 접근하며, 이 책의 독자에게 반드시 합격을 보장하는 안내서는 아니라는 점을 강조하고 싶습니다. 우수한 사례에서 긍정적인 방향성을 얻는 것은 좋으나 '나도 똑같이 준비하면 ○○대학교에 합격할 수 있다.'라고 생각하는 것은 매우 위험합니다.

저자들이 제시한 안내를 바탕으로 고등학교 생활의 로드맵을 작성하여 실천으로 옮기는 것은 합격을 위한 완벽 솔루션은 아닐지나, 대입을 향해 가는 여정의 나침반(compass)이자 지도(map)라고 생각하면 될 것입니다. 그렇다면 이 책과 함께한 시간이 절대 아깝지 않을 것입니다.

'학생부 끝판왕'을 위해,

이 책을 기획하고 출판하는 일, 검토를 도와주신 모든 분께 이 자리를 빌려 감사의 말씀을 전합니다.

저자일동

추천하는 글

누구에게나 가보지 않은 길, 미지의 길을 향해 나아가는 여정은 두렵고 어렵습니다. 어디로, 어떻게 가야 목적지에 도착할 수 있을지 알 수 없는 막막함은, 때론 커다란 공포가 되어 자신을 압도합니다.

이 책은, 두렵고 어렵고 막막할 대한민국의 수험생들을 향해 "괜찮다고, 할 수 있다고, 너의 길이 있다고" 어깨를 다독여줍니다. 자신만의 길을 찾기 위해 용감히 첫걸음을 내딛은 모두에게 이대로 해나가면 너의 목적지에 도착할 수 있을 거라며, 따뜻한 희망의 빛을 비추어 줍니다.

책에 담긴 수많은 정보가 전달하는 메시지는 결국, 이 땅의 수많은 수험생이 자신만의 재능을 발견하고 활짝 꽃 피우길 바라는 저자(선생님들)의 사랑이자 격려란 생각이 듭니다. 저마다 추구하는 바가 다르기에 각자의 삶과 선택은 다를 테지만, 노력하면 분명 너도 너만의 길에 도착할 수 있을 거라는 믿음이 책 속에 듬뿍 실려 있기 때문입니다.

이 책을 펼쳐 들 분들이 책 속의 정보를 지혜롭게 잘 활용하여, 좀 더 쉽게, 빠르게, 안전하게 자신만의 길을 만들어 갈 수 있길 간절히 바랍니다!

··· 동성고등학교 최은정 선생님

막막한 학생부 어찌해야 할지 고민 한가득! 하지만 학생부도 자신의 진로에 대한 방향성과 맥락이 잡힌다면 어렵지 않아요. 이 책에 제시된 계열별 학과의 실질적인 데이터 분석을 통한 항목별 가이드를 따라 자신의 과정을 점검해보고 기록하며 방향성을 정해 보는 연습을 먼저 한 후, 학교라는 무대에서 주인공이 되어 학년별 정성을 다해 한 땀 한 땀 자신이 좋아하고 잘하는 분야를 매 순간 내실 있게 채워나가다 보면 나만의 진짜 학생부가 완성되는 놀라운 경험을 하리라 확신합니다.

··· 용인 성복고등학교 강민정 선생님

이 책은 학생들에게는 물론, 자신이 경험한 적이 없는 다양한 진로를 선택하는 학생들을 지도하고 그들의 진로에 맞는 생활기록부를 작성해야 하는 교사들에게 추천할 만한 책이다. 학생들은 워낙에 다양한 진로를 희망하고 있으며 교사들이 각각의 진로에 대한 모든 배경 지식을 갖추고 있기는 힘들다.

이런 상황에서 이 책은 학생들이 많이 선택하는 진로별로 생활기록부 전반의 구체적이고 실제적인 예시를 제시하여, 단순하게는 학생들에게 추천할 만한 도서 목록에서부터 교사들이 학생들의 진로 탐색에 도움이 될 만한 수업을 구상할 때에도 바로 옆에 두고 참고할 수 있는 훌륭한 참고서이다.

진보고등학교 김효진 선생님

'학생부 끝판왕'은 고등학교에 입학하여 나의 꿈, 나의 진로를 찾기 위해 무엇을 경험하고 어떤 것을 배워야 할지 고민하는 친구들에게 좋은 안내서입니다. 선배들의 다양한 학교 활동을 살펴보면서 나만의 개성 있는 활동으로 고등학교 생활을 채워나갈 수 있도록 도와줄 것입니다. 학교 활동을 통해 배움의 즐거움을 느끼고 성실하게 참여하여 그 노력의 결실로 훌륭한 학교생활기록부가 만들어질 것이며 여러분의 꿈에 한 걸음 더 가까워지는 발판이 될 것입니다.

용인 성복고등학교 양희진 선생님

<학생부 끝판왕>은 자칫 애매모호하게 다가올 수 있는 학생부 종합 전형을 준비하는 학생들에게 최적의 길잡이가 될 것이라 확신합니다. 특히 기존의 틀에서 벗어나 학생부 관련 기재 및 2015 개정 교육과정의 과목 선택까지 끝낼 수 있다는 점이 너무 매력적이었습니다.
다년간 교육청의 대입리더교사 및 여러 연수 경험을 통해 효과적인 학생부 기재에 관해 전파했던 선생님의 열정을 책 속에서 고스란히 느낄 수 있었습니다. 저는 가장 먼저 현재 고등학교에 재학 중인 본교의 자식 같은 학생들에게 이 책을 과감히 추천할 것입니다!

現 EBS 대입상담교사 및 효성고등학교 임태관 선생님

"학생부는 중요하다고 하고,,, 무엇을, 어떻게 해야 할지는 모르겠고..." 이렇게 고등학교 시절 내내 고민만 하다가 대입에 직면해서야 지난 1, 2학년 시절을 후회하는 학생들이 많습니다. 이 책은 어렵고도 막막한 학생부 종합 전형에 대비하는 방법을 친절히 설명해 주고 있습니다. 생활기록부에 들어가는 항목은 무엇인지, 각각의 항목에 준비하는 방법은 무엇인지, 그리고 그 실효성까지 알 수 있어 입시 대비는 물론, 고등학교 생활을 어떻게 꾸려나갈지에 대한 훌륭한 나침반이 될 수 있습니다. 이 책의 안내에 따라 표를 하나하나씩 채워나가며 고등학교 생활을 알차게 가꾼다면 인생에서 가장 값진 나만의 명함을 만들 수 있을 것입니다.

… 서울영일고등학교 함선주 선생님

70% 이상의 학생들이 학생부를 통해 대학에 진학하는 시대입니다. '학생부 끝판왕'에는 진로진학 분야의 베테랑 선생님들이 알고 계신 수많은 학생부와 그 학생부를 통해 어떤 의미를 드러낼 수 있는지에 관한 노하우가 녹아 있습니다.

계열별로 작성된 학생부 예시를 통해 학교생활에서 내가 어떤 부분을 더 적극적으로 해야 할지 파악할 수 있고, 나의 노력은 학생부에 어떻게 작성되며, 학생부를 읽는 타인에게 어떤 의미로 다가갈 수 있는지 이해할 수 있을 것입니다.

고등학교 입학부터 2학년까지는 '학생부 끝판왕'을 통해 고등학교 생활을 어떻게 해야 할지 계획하고, 3학년 때는 '자소서 끝판왕'과 '면접 끝판왕'으로 대학 입시를 준비한다면 막막하고 어렵게 느껴졌던 고등학교 생활 및 학생부, 대학 입학 전형이 조금은 분명하게 다가올 것입니다.

여러분들의 꿈에 한 발짝 가까워질 수 있도록 '끝판왕' 시리즈의 도움을 받으세요.

… 서울 태릉고등학교 조미선 선생님

학생부 종합전형에서 학생부와 학교 내 생활의 비중이 커진 지금, 자신의 인생을 멀리 보고 계획해 보지 않은 학생들에게 이 책은 좋은 지침서가 될 것입니다. 책 안에 나온 여러 예시를 액면 그대로 따라만 하는 것이 아니라 자신의 목표와 계획에 맞게 생각하고 적용한다면 입시에서도 좋은 결과가 있을 것으로 생각됩니다. 그리고 이 책을 통해 단순히 대학 입시에서 좋은 결과를 기대하는 것뿐만 아니라 학생이 자신의 학교생활을 계획하고 실천해 나가는 힘을 기름으로써 4차 산업혁명 시대에 필요한 능동적인 주체로의 성장에 도움이 되었으면 합니다.

… 용인 기흥고등학교 정현석 선생님

들어가며

이 책을 읽어 나가며 부록을 채우고, 제공된 데이터를 참고하여 자신의 학생부를 점검하면서 진로 준비를 위한 학교생활의 방향성을 설정한 분이 많을 겁니다. 하지만 '학생부에 답이 어디 있으며, 이를 처음부터 만든다는 것이 말이 되는 소리인가!' 하는 우려의 말씀을 하실 수도 있습니다.

이 책을 읽는 분은 다음의 내용을 이해해 주시면 좋겠습니다.

1) 학교생활기록부에 정해진 답은 없다.
2) 데이터는 참고용이지 반드시 활동으로 옮겨야 하는 것은 아니다.
3) 양이 많은 게 꼭 좋은 기록이라고 말할 수 없다.
4) 소논문은 어디든 표기하지 못하므로, 다른 이름의 학술대회로 변환해 시행 중이다.

이 책 [학생부끝판왕]에서 소개한 합격 데이터 및 세부능력 및 특기사항은 매우 유의미한 자료입니다. 그러나 이 데이터의 활동을 모두 해야 한다는 강박이나 반드시 이 활동으로 채워야 한다는 생각으로 따라가기만 한다면, 자신만의 색깔을 잃어버려 결국 학생부종합전형의 기본 취지와 어긋날 수 있습니다. 이 책은 어떤 활동을 하면 좋을지에 대한 방향을 제시하는 것이지 '이런 학교생활기록부가 옳다'라는 답은 아닙니다.

봉사활동 및 독서활동 사항에서 제공된 합격 데이터는 단지 평균값일 뿐입니다. 적어도 여기 나온 만큼 봉사시간을 채우거나 책을 읽어야 한다 생각해서는 안 됩니다. 물론 정량적인 면에서 학생의 꾸준함과 성실성을 나타낼 수 있습니다. 하지만 의미 없이 시간만 채운 봉사나 독서량 기록을 위한 단순 독서는 학교생활기록부에서 학생의 역량을 드러내기는 어려울 것입니다. 정량적인 부분은 할 수 있는 범위 내에서 최대한 노력하여 정성적인 면 즉, 의미 있는 학교생활기록부로 끌어올릴 방안을 찾아야 합니다.

이 책에서 읽은 내용과 자신의 학교생활기록부를 비교하여 진로의 길을 정하고, 제공된 데이터보다 본인에게 더 유의미한, 자신의 강점과 고유한 색깔이 잘 드러나는 학교생활을 만들어가기를 진심으로 바랍니다.

나만의 맞춤 가이드

학생부 끝판왕

CONTENTS

학생부 끝판왕 사용설명서

'학생부 끝판왕'은 많은 정보가 담긴 책입니다. 정보가 많다 보니 어떻게 활용해야 하는지 문의가 많아 준비했습니다. 사용설명서를 따라 하거나, 이를 기반으로 창의적으로 활용하면 더 좋습니다. 설명은 학생과 학부모를 위해, 학교에 계시는 선생님을 위해 이렇게 두 가지로 나누어 보겠습니다.

1 학생과 학부모를 위해(학생부 끝판왕[인문편]기준)

국어국문학과 지망을 원하는 학생을 예를 들어 보겠습니다.
먼저, 학생부 끝판왕[인문편]의 목차를 보세요.

Ⅰ. 인문, 사회계열 합격 로드맵

1) 인문계열

나) 인문계열 데이터 분석과 합격데이터

(1) 국어국문학과

이렇게 나오지요? '(1) 국어국문학과' 이 부분이 핵심이지만, 국어국문학과의 데이터 분석과 합격데이터를 보기 전에 '가) 인문계열 들어가며' 부분을 먼저 보세요. 들어가며 코너는 인문계열 전반적인 사항이 있습니다. 그리고 인문계열 학과를 4그룹으로 나누어 각 그룹의 특징을 설명하고 있습니다. 요즘 대학은 계열 적합성을 우선으로 학생을 선발하는 추세입니다. 단순히 전공적합성에 학과에 맞춘 것보다 계열에 소질이 있는 학생을 찾으려 합니다.

여기서 국어국문학과를 지망하는 예를 들었기 때문에 다음 분야를 먼저 보아야 합니다.

가) 인문계열 들어가며

(1) 언어와 관련된 학과들

이제 다음 분야를 살피세요.

나) 인문계열 데이터 분석과 합격데이터

(1) 국어국문학과

합격자의 내신, 수상, 자율활동, 진로활동, 동아리활동, 봉사활동, 과목별 세부능력 및 특기사항에 대한 데이터를 모아 분석, 정리한 글이 나오고요. 이어 합격데이터가 세세히 나옵니다. 여기에선 학교 기본정보 학생 내신등급을 잘 보아야 합니다. **대학교 : 1) 경희대, 전형명 : 1) 네오르네상스, 학과 : 국어국문, 전체학년 등급 : 1) 1.69, 전체학년 주요교과 등급 : 1.63 식에 데이터가 있습니다. 이 중 숫자가 같은 것은 한 사람의 데이터입니다. 이를 해석하면 경희대-네오르네상스 전형 - 국어국문학과 지원자 - 전체 내신 :1.69 - 주요교과 내신 : 1.63**이라는 것을 알 수 있습니다. 이렇게 이해하면서 보면 각 대학 종합전형의 합격생 성적을 알 수 있습니다. 이 부분을 볼 때 합격을 위한 동기부여를 위해 나만의 데이터를 적어보면 더 좋겠습니다.

다음에는 학교에서 가능한 학생 활동 즉 수상, 자율활동, 진로활동에 대한 합격생의 데이터를 모아 정리했습니다. 여기서 앞으로 하고 싶은 활동이나 본인이 부족하다고 생각하는 활동에 ☆표시를 하면서 보세요. 그리고 내가 했던 것은 ○표시하며 스스로 칭찬하면 더 좋습니다.

각 데이터 끝부분에 '**, *' 이런 표시가 보일 겁니다. 이것의 의미는 다음과 같습니다. 만약 '학급회장**' 표시는 합격생데이터를 모아 분석하니 학급회장을 한 합격생이 5명 이상 있었다는 것입니다. 봉사활동에 *표시가 3개 이상이라면 봉사시간이 100시간 이상이라는 의미입니다. 또, *표시 2개는 100~60시간, 별이 없으면 60시간 미만입니다. 그리고 봉사활동 데이터에 굵은 글씨는 합격생들에게서 빈번하게 발견된 봉사활동 주제를 뜻합니다.

이 부분에도 했던 것은 ○표시, 앞으로 해야 할 것에 ☆표를 하며 스스로 활동을 계획해 나가기 바랍니다. 학교에서 할 수 없는 부분이 있을 수 있습니다. 소논문 활동은 정말 학생의 성장과 발달에서 긍정적 영향이 많지만, 현재 소논문 활동을 생활기록부에 기재할 수 없습니다. 그런데 '학생부 끝판왕'에는 수록되어 있습니다. 이는 동아리 활동에서 탐구 보고서 작성으로 바꾸어 활용 가능합니다. 또, 과학 실험 결과를 보고서 형태로 쓰면서 간접적으로 논문 작성을 경험할 수 있습니다.

데이터를 읽어 보셨다면,

Ⅲ. 합격학생부 세부능력 및 특기사항

나. 학교에서의 주도적 활동에 대한 세부능력 및 특기사항

1) 인문계열 세부능력 및 특기사항

가) 중어중문학과

나) 일어일문학과

윗부분을 보세요. 이 부분은 중어중문학과 학생의 학생부에 추천하는 내용을 넣었습니다. 앞서 국어국문학과 희망 학생이라고 했는데, 여기는 중국어, 일본어학과만 있다고 실망하기엔 너무 이릅니다. 같은 어문계열이라 맥락은 서로 이어지며, 계열 적합성의 관점에서 국어과 희망자라면 어떻게 기록이 되어야 할지 가늠할 수 있습니다.

세부능력 특기사항은 누군가의 학생부를 그대로 가져오지 않았습니다. 중어중문학과 전공 후, 비행기 승무원을 희망하는 학생에게 맞도록 세부능력 특기사항을 만들었습니다. 이를 참고해서 학생은 '학교에서 이런 활동을 하면 저렇게 기록이 되겠구나'라고 이해하며 학교생활을 준비하면 좋습니다.

다음으로 봐야 할 부분은 'Ⅳ 인문, 사회, 교육계열 교과 선택'입니다. 2015개정교육과정이 도입되면서 교과 선택에 대한 다양한 안내자료가 나오고 있습니다. 교과 선택으로도 학생의 도전과 과목에 대한 열정을 보여줄 수 있습니다. 국어국문학과에 지원하는 학생이 어떤 과목을 수강하면 좋은지 다음 부분을 보세요.

Ⅳ. 인문, 사회, 교육계열 교과선택

다. 과목 선택의 실제

가) 인문계열

마. 학교에 필요한 과목이 개설되지 않았다면?

국어국문학과를 지원하고자 하는 학생은 인문계열을 위한 추천 과목을 보세요. 학생이 재학 중인 학교에서 원하는 과목이 개설되지 않았을 때의 전략도 설명했습니다.

이 자료는 수시전형으로 대학 진학률이 높은 고등학교의 활동을 편집하여 만들었습니다. 이 부분의 추천 활동을 읽으면서 내가 할 수 있는 것에 (☆)표, 이미 했던 활동에 (○)표시를 합니다.

부록에 '나만의 합격 로드맵 만들기'가 있습니다. 2개 학년 작성을 생각해서 부록 1과 2로 제작했습니다. 학생이 이를 잘 활용하면 1학년에는 이렇게 활동하고 이러이러한 세부능력 특기사항이 적힐 수 있게 준비하는 나만의 '정리 자료집'이 됩니다. 이 부분만 잘라서 휴대하길 추천합니다. 혹시 계획하고 잊은 활동이 없는지 체크하기에 편리합니다.

활용법이 이해되셨는지요?
이로써 학생 또는 학부모 '학생부 끝판왕' 활용하기 끝입니다!

② 학교 선생님을 위해(학생부 끝판왕[인문편]기준)

학생부 기록을 고민하시는 선생님을 위한 설명입니다. 학교에서 어떻게 학생부를 작성할지 효율적 방법을 드리기 위해 학생부 끝판왕이 탄생했습니다.

국어국문학과에 지원하고 싶은 학생의 담당 선생님이라는 전제하에 설명하겠습니다. 선생님은 다음 목차에서 바로 학과의 합격데이터를 보세요.

학과합격생의 실제 자료를 보고 학생에게 코치해주어야 하기 때문입니다. 이 중 내신등급을 잘 살펴야 합니다.

대학교 : 1) 경희대, 전형명 : 1) 네오르네상스, 학과 : 국어국문, 전체학년 등급 : 1) 1.69, 전체학년 주요교과 등급 : 1.63

이렇게 데이터가 있습니다. 숫자가 같은 것은 한 사람의 데이터를 의미합니다. 다시 말하면, 경희대-네오르네상스 전형 - 국어국문학과 지원자 - 전체 내신 :1.69 - 주요교과 내신 : 1.63이라는 뜻입니다.

이 데이터가 당시에는 합격 점수이지만, 매년 입시 결과는 바뀌므로 절대적인 숫자는 아닙니다. 다만 이 내용을 국어국문학과에 지망하는 학생의 내신과 비교하고, 선생님이 보유한 다른 자료들을 종합하여 학생에게 동기부여가 되도록 최적의 상담을 하시면 되겠습니다. 이후 책에 소개된 학교 활동 즉, 학생이 학교에서 주도적으로 할 활동을 안내해주시면 됩니다. 학생이 학사일정표를 찾아서 본인의 활동을 계획하는 일이 쉽지 않으므로 선생님께서 알려주시면 더 좋을 것입니다.

학생부 작성을 위해 선생님께 가장 추천하는 부분은 바로 다음입니다.

Ⅲ. 합격학생부 세부능력 및 특기사항

가. 세부 능력 특기사항 핵심 정리

세특에서 학생의 학업역량, 전공 적합성, 인성, 발전가능성 등을 어떻게 나타낼지 고민이 많으셨을 겁니다. 이를 돕고자 강조 키워드를 넣어서 정리했습니다.

다음으로 계열별 세부능력 특기사항을 보시면 좋겠습니다. 제시된 학생부는 여러 학생부에서 일부 발췌하거나 재창조해서 가장 이상적인 내용으로 만들었습니다. 이 안에 여러 소재를 넣어 자기소개서나 면접으로의 활용법도 넣어주었습니다. 계열별 탁월한 학생부 작성을 고민하는 선생님께 좋은 예시가 되길 희망합니다.

한 가지 유의할 점은 현재 소논문 기록이 금지되었는데, 학생부 끝판왕에는 그대로 실었다는 것입니다. 그 이유는 소논문 활동을 다른 형태로 충분히 할 수 있기 때문입니다. 소논문 작성이 금지된 것은 그만큼 활용할 가치가 높고 학생의 역량 개발에 도움이 되기 때문이라고 생각합니다. 하지만 소논문으로 내용을 기록할 수 없으니 형태를 바꾸어 교과나 동아리 활동에서 보고서 작성으로 진행하면 어떤지 추천하는 것으로 이해하시면 되겠습니다. '소논문 기록이 안 되는데 책에 있네. 엉터리야!'하지 마셔요.

마지막으로, ' Ⅳ. 인문, 사회, 교육계열 교과 선택'을 보세요. 계열에 맞는 교과 선택은 어떤 방향인지 그 진행을 안내합니다. 학생이나 학부모님은 바로 계열별 교과 선택만 볼 것입니다. 선생님은 '2020 고교학점제' 실시에 따른 선택교과의 중요성과 우리 학교의 교육과정 설계에 중점을 두어야 합니다.

학생이 진로와 연관된 선택교과에 대해 상담을 원한다면 다음을 보시면 됩니다.

다. 과목 선택의 실제

라. 과목 선택을 위한 조언

학교 사정상 특정 과목 이상의 강좌를 열 수 없다면 다음 부분을 보세요. 이를 참고하면 교육과정 설계에 여러 방법이 생길 것입니다.

마. 학교에서 필요한 과목이 개설되지 않았다면?

학생부 끝판왕은 학생만을 위해 쓴 책이 아닙니다.
선생님이 학생의 필요와 요구에 어떤 도움을 줄지, 또 학생 상담과 학교 교육과정 운영 및 활동계획에 실제적인 자료 제공을 위해 고민하였습니다. 학생 지도에 도움 되시길 희망합니다.

2024 변화하는 학생부 기록의 핵심 내용

생활기록부 구분	2022, 2023 대입	2024 대입 이후
1. 교과활동	·과목당 500자 ·방과후 (수강) 내용 미기재	·과목당 500자 ·방과후 (수강) 내용 미기재 ·영재, 발명교육 실적 대입 미반영
2. 종합의견	연간 500자	연간 500자
3. 자율활동	연간 500자	연간 500자
4. 동아리 활동	연간 500자 ·자율동아리(30자) 기재 ·청소년단체활동 단체명만 기재 ·소논문 기재 금지	연간500자 ·자율동아리 대입 미반영 ·청소년단체활동 미기재 ·소논문 기재 금지
5. 봉사활동	·특기사항 미기재 ·교내외 봉사활동 실적 기재	·특기사항 미기재 ·개인봉사활동 실적 대입 미반영(단, 학교교육계획에 따라 교사가 지도한 실적은 대입 반영)
6. 진로활동	연간 700자 ·진로희망분야 대입 미반영	연간700자 ·진로희망분야 대입 미반영
7. 수상경력	·교내수상 학기당 1건만(3년간 6건) 대입 반영	·대입 미반영
8. 독서활동	·도서명과 저자 기재	·대입 미반영

교과활동

※ **2022~23학년 대입** : 방과후 활동 내용 미기재 | **2024학년도 대입** : 영재, 발명교육실적 대입 미반영

분석과 제안 현재 추세는 비교과로 포함되는 세부능력 및 특기사항 글자 수가 줄어들고 있습니다. 방과 후 활동 미기재, 2024년 대입시 학생부에 영재·발명교육 실적은 반영되지 않습니다. 결론은 기존보다 글자 수가 줄어들었습니다. 유일하게 교과별 세부능력 및 특기사항은 글자 수가 늘었습니다. 고등학교의 과목별 세부능력 특기사항은 모든 교과(군)에 모든 학생을 대상으로 입력하게 되었습니다. 교양 및 예체능 교과군 등에도 모든 학생의 세부능력 특기사항 작성이 적용됩니다. 즉, 수업 시간의 특기사항 작성 범위가 확대되어 수업이 가장 중요하다고 생각됩니다. 창의적 체험활동과 독서 활동, 수상에서 줄어든 부분과 미기재 항목을 수업 활동에서 적극 드러내어 그 활동이 기재되는 게 좋습니다.

행동특성 및 종합의견

※ **2022~2024학년 대입** : 연간 500자

분석과 제안 종합의견은 1000자에서 500자로 줄었습니다. 글자 수가 줄면서 중요도가 줄었다고 생각할 수 있습니다. 이제는 교사 추천서도 폐지되었기에, 이 500자가 학생 개인의 추천서로 간주할 수 있습니다. 대학에서도 종합의견에서 미사어구 대신 객관적인 사례 중심으로 학생의 역량이 기재된 것을 신뢰할 만한 학생 추천서로 판단하고 있습니다. 멘토링이나 모둠 활동 평가를 통해 학생의 리더십이나 공부 방법이 작성 가능합니다. 배려와 나눔의 태도와 학교 공동체 안에서 드러나는 학생 개인의 인성 역량도 기술되어야 합니다. 행동특성 및 종합의견은 담임선생님이 학생을 객관적으로 관찰한 내용을 바탕으로 작성됩니다.

자율활동

※ **2022~2024학년 대입** : 연간 500자

분석과 제안 학교 주도의 활동에 대해 작성되는 부분이 자율활동입니다. 학생은 학교 행사에 적극 참여하고 그 때마다 배우고 느낀 점을 적고 이를 포트폴리오로 만들어 보관해야 합니다. 요즘 학교마다 권장하는 활동 중 자율탐구가 있습니다. 자율탐구활동은 학생이 스스로 주제 선정과 보고서 작성까지 전 과정을 수행하는 활동입니다. 해당 주제를 자신의 진로를 찾는 데 활용할 수 있고, 평소 학생이 궁금한 내용을 조사하여 이를 정리하는 것도 가능합니다.

학생부에 단발성 행사보다 지속적으로 활동하는 행사가 기술되면 좋습니다. 학생은 더 많은 행사 참여를 통해서 본인의 역량을 길러 이를 잘 드러내야 할 것입니다. 또 진로에 맞춘 자율 교육과정과 학교 및 학급 특색활동을 활용하는 방법도 있습니다. 학교에는 최대한 개인화 할 수 있는 여건이 조성되어야 합니다.

동아리활동

※ **2022~23학년 대입** : 자율동아리 연간 1개 기재(30자만 기재), 청소년 단체명만 기재, 소논문 기재금지

2024학년도 대입 : 청소년 단체활동 미기재, 소논문 기재금지

분석과 제안 학교내 창의적체험활동 동아리 외에 학생의 자발적인 활동으로 만들었던 자율동아리가 2024학년 대입부터는 큰 의미가 없어집니다. 대안으로 우수하다고 평가받은 자율동아리를 창의적체험활동 동아리 부서로 전환하는 방법도 있습니다. 이때 학생은 학교에 지도 교사 신청과 동아리 개설을 요청해야 합니다. 학교에서도 유명무실한 동아리를 폐지하거나 통폐합시키는 노력이 필요합니다. 교과연계 탐구 스터디를 구성해서 교과와 학업 부분, 진로연계 탐구 스터디와 그 과정 속에 배려, 나눔, 역경 극복의 리더십까지 보여줄 수 있는 기회를 만들어 활용하면 됩니다.

봉사활동

※ **2022~23학년 대입** : 특기사항 미기재, 교내외 활동 실적기재

2024학년도 대입 : 특기사항 미기재, 개인봉사활동 실적 대입 미반영. 단, 학교봉사 실적은 반영

분석과 제안 개인 봉사활동의 미반영은 봉사활동이 의미가 없어진 것으로 해석하면 안됩니다. 개인 봉사활동의 미반영은 개인의 여건에 따른 불평등의 여지를 없애고, 학교 봉사활동을 장려하는 것이 목적입니다. 이제껏 선배들이 했었던 우수한 봉사활동을 학교 계획으로 가져와서 관심 있는 학생 모두가 참여하게 만들어 주어야 합니다.

학교 교육계획에 따라 실시한 봉사활동의 경우 교사가 직접 관찰하고 평가한 학생의 특기사항은 필요시 '행동특성 및 종합의견'란에 입력이 가능합니다. 이를 활용해서 봉사활동의 특기사항을 볼 수 있으니 많이 활용할 수 있습니다.

진로활동

※ **2022~2024학년 대입** : 연간 700자, 진로희망분야 대입 미반영

분석과 제안 진로 희망 분야는 20022학년 대입부터 상급학교에 제공하지 않습니다. 진로 희망 분야는 학생이 희망하는 학과 및 계열에 지원동기라 할 수 있습니다. 그러나 이제 제공하지 않으므로 진로활동이나 다른 영역의 세부능력 및 특기사항에 작성되게 해야 합니다.

대신에 진로활동 특기사항 참고자료를 담임 상담이나 교과교사 혹은 진로상담 교사의 상담 및 관찰·평가 내용으로 구체화시켜 놓았습니다. 따라서 학교는 학생이 진로를 찾는 활동을 다양하게 준비해고 이를 진로 수업에 적용해야 합니다. 학생은 진로 찾기 행사와 진로성숙도를 높이는 활동에 적극 참여하면서 자신의 진로 분야에 대한 정보를 착실히 모아, 포트폴리오를 쌓는 것이 중요합니다.

수상경력

※ **2022~23학년 대입** : 내역기재, 교내수상 학기당 1건만, 3년간 6건 대입반영

2024학년도 대입 : 내역기재, 대입 미반영

분석과 제안 학교에서 진행하는 모든 활동은 학생의 성장을 기대하며 진행합니다. 따라서 학생은 자신의 발전을 점검하거나 역량 강화를 위해서 대회 참여를 추천합니다. 수상 대회에서 많이 하는 보고서 쓰기, 실험 및 토론 대회를 수업 활동과 연계할 수도 있습니다. 학생은 수업과 학교 활동에 적극적으로 참여하고, 교과 선택에 다양한 활동을 하는 교과를 수강하는 방법도 좋습니다.

학교생활기록부 작성으로 보면 2022, 2023학년도 대입을 준비하는 학생은 학교에서 진행되는 연간 대회 및 행사 내용을 파악하고 자신이 드러낼 수 있는 대회를 학기당 1개 이상을 선택적으로 집중하는 것을 추천합니다. 이를 통해 학생의 피로도를 줄일 수 있습니다.

2024학년 대입부터 수상내역을 상급학교에 제공하지 않습니다. 따라서 대학에 제공한다는 의미로 대회 참여보다는 대회 대신 활동으로 전환해 활동 참여를 통해 길러진 역량을 교과별 세부능력 및 특기사항과 창의적 체험활동 등에 연계되어 학교생활을 진행해야 합니다.

독서활동

※ **2022~23학년 대입** : 도서명과 저자 | **2024학년도 대입** : 도서명과 저자 기재, 대입 미반영

분석과 제안 학교에서 진행하는 모든 활동은 학생의 성장을 기대하며 진행합니다. 따라서 학생은 자신의 발전을 점검하거나 역량 강화를 위해서 대회 참여를 추천합니다. 수상 대회에서 많이 하는 보고서 쓰기, 실험 및 토론 대회를 수업 활동과 연계할 수도 있습니다. 학생은 수업과 학교 활동에 적극적으로 참여하고, 교과 선택에 다양한 활동을 하는 교과를 수강하는 방법도 좋습니다.

학교생활기록부 작성으로 보면 2022, 2023학년도 대입을 준비하는 학생은 학교에서 진행되는 연간 대회 및 행사 내용을 파악하고 자신이 드러낼 수 있는 대회를 학기당 1개 이상을 선택적으로 집중하는 것을 추천합니다. 이를 통해 학생의 피로도를 줄일 수 있습니다.

2024학년 대입부터 수상내역을 상급학교에 제공하지 않습니다. 따라서 대학에 제공한다는 의미로 대회 참여보다는 대회 대신 활동으로 전환해 활동 참여를 통해 길러진 역량을 교과별 세부능력 및 특기사항과 창의적 체험활동 등에 연계되어 학교생활을 진행해야 합니다.

I

인문, 사회계열 합격 로드맵

2024 변화하는 학생부 기록 120% 활용 비법! 1탄

생활기록부 구분	2022, 2023 대입	2024 대입 이후
1. 교과활동	·과목당 500자 ·방과후 (수강) 내용 미기재	·과목당 500자 ·방과후 (수강) 내용 미기재 ·영재, 발명교육 실적 대입 미반영
2. 종합의견	연간 500자	연간 500자
3. 자율활동	연간 500자	연간 500자
4. 동아리 활동	연간 500자 ·자율동아리(30자) 기재 ·청소년단체활동 단체명만 기재 ·소논문 기재 금지	연간500자 ·자율동아리 대입 미반영 ·청소년단체활동 미기재 ·소논문 기재 금지
5. 봉사활동	·특기사항 미기재 ·교내외 봉사활동 실적 기재	·특기사항 미기재 ·개인봉사활동 실적 대입 미반영(단, 학교교육계획에 따라 교사가 지도한 실적은 대입 반영)
6. 진로활동	연간 700자 ·진로희망분야 대입 미반영	연간700자 ·진로희망분야 대입 미반영
7. 수상경력	·교내수상 학기당 1건만(3년간 6건) 대입 반영	·대입 미반영
8. 독서활동	·도서명과 저자 기재	·대입 미반영

교과활동

※ **2022~23학년 대입** : 방과후 활동 내용 미기재 | **2024학년도 대입** : 영재, 발명교육실적 대입 미반영

분석과 제안 현재 추세는 비교과로 포함되는 세부능력 및 특기사항 글자 수가 줄어들고 있습니다. 방과 후 활동 미기재, 2024년 대입시 학생부에 영재·발명교육 실적은 반영되지 않습니다. 결론은 기존보다 글자 수가 줄어들었습니다. 유일하게 교과별 세부능력 및 특기사항은 글자 수가 늘었습니다. 고등학교의 과목별 세부능력 특기사항은 모든 교과(군)에 모든 학생을 대상으로 입력하게 되었습니다. 교양 및 예체능 교과군 등에도 모든 학생의 세부능력 특기사항 작성이 적용됩니다. 즉, 수업 시간의 특기사항 작성 범위가 확대되어 수업이 가장 중요하다고 생각됩니다. 창의적 체험활동과 독서 활동, 수상에서 줄어든 부분과 미기재 항목을 수업 활동에서 적극 드러내어 그 활동이 기재되는 게 좋습니다.

행동특성 및 종합의견

※ **2022~2024학년 대입** : 연간 500자

분석과 제안 종합의견은 1000자에서 500자로 줄었습니다. 글자 수가 줄면서 중요도가 줄었다고 생각할 수 있습니다. 이제는 교사 추천서도 폐지되었기에, 이 500자가 학생 개인의 추천서로 간주할 수 있습니다. 대학에서도 종합의견에서 미사어구 대신 객관적인 사례 중심으로 학생의 역량이 기재된 것을 신뢰할 만한 학생 추천서로 판단하고 있습니다. 멘토링이나 모둠 활동 평가를 통해 학생의 리더십이나 공부 방법이 작성 가능합니다. 배려와 나눔의 태도와 학교 공동체 안에서 드러나는 학생 개인의 인성 역량도 기술되어야 합니다. 행동특성 및 종합의견은 담임선생님이 학생을 객관적으로 관찰한 내용을 바탕으로 작성됩니다.

자율활동

※ **2022~2024학년 대입** : 연간 500자

분석과 제안 학교 주도의 활동에 대해 작성되는 부분이 자율활동입니다. 학생은 학교 행사에 적극 참여하고 그 때마다 배우고 느낀 점을 적고 이를 포트폴리오로 만들어 보관해야 합니다. 요즘 학교마다 권장하는 활동 중 자율탐구가 있습니다. 자율탐구활동은 학생이 스스로 주제 선정과 보고서 작성까지 전 과정을 수행하는 활동입니다. 해당 주제를 자신의 진로를 찾는 데 활용할 수 있고, 평소 학생이 궁금한 내용을 조사하여 이를 정리하는 것도 가능합니다.

학생부에 단발성 행사보다 지속적으로 활동하는 행사가 기술되면 좋습니다. 학생은 더 많은 행사 참여를 통해서 본인의 역량을 길러 이를 잘 드러내야 할 것입니다. 또 진로에 맞춘 자율 교육과정과 학교 및 학급 특색활동을 활용하는 방법도 있습니다. 학교에는 최대한 개인화 할 수 있는 여건이 조성되어야 합니다.

동아리활동

※ **2022~23학년 대입** : 자율동아리 연간 1개 기재(30자만 기재), 청소년 단체명만 기재, 소논문 기재금지

2024학년도 대입 : 청소년 단체활동 미기재, 소논문 기재금지

분석과 제안 학교내 창의적체험활동 동아리 외에 학생의 자발적인 활동으로 만들었던 자율동아리가 2024학년 대입부터는 큰 의미가 없어집니다. 대안으로 우수하다고 평가받은 자율동아리를 창의적체험활동 동아리 부서로 전환하는 방법도 있습니다. 이때 학생은 학교에 지도 교사 신청과 동아리 개설을 요청해야 합니다. 학교에서도 유명무실한 동아리를 폐지하거나 통폐합시키는 노력이 필요합니다. 교과연계 탐구 스터디를 구성해서 교과와 학업 부분, 진로연계 탐구 스터디와 그 과정 속에 배려, 나눔, 역경 극복의 리더십까지 보여줄 수 있는 기회를 만들어 활용하면 됩니다.

봉사활동

※ **2022~23학년 대입** : 특기사항 미기재, 교내외 활동 실적기재

2024학년도 대입 : 특기사항 미기재, 개인봉사활동 실적 대입 미반영. 단, 학교봉사 실적은 반영

분석과 제안 개인 봉사활동의 미반영은 봉사활동이 의미가 없어진 것으로 해석하면 안됩니다. 개인 봉사활동의 미반영은 개인의 여건에 따른 불평등의 여지를 없애고, 학교 봉사활동을 장려하는 것이 목적입니다. 이제껏 선배들이 했었던 우수한 봉사활동을 학교 계획으로 가져와서 관심 있는 학생 모두가 참여하게 만들어 주어야 합니다.

학교 교육계획에 따라 실시한 봉사활동의 경우 교사가 직접 관찰하고 평가한 학생의 특기사항은 필요시 '행동특성 및 종합의견'란에 입력이 가능합니다. 이를 활용해서 봉사활동의 특기사항을 볼 수 있으니 많이 활용할 수 있습니다.

진로활동

※ **2022~2024학년 대입** : 연간 700자, 진로희망분야 대입 미반영

분석과 제안 진로 희망 분야는 20022학년 대입부터 상급학교에 제공하지 않습니다. 진로 희망 분야는 학생이 희망하는 학과 및 계열에 지원동기라 할 수 있습니다. 그러나 이제 제공하지 않으므로 진로활동이나 다른 영역의 세부능력 및 특기사항에 작성되게 해야 합니다.

대신에 진로활동 특기사항 참고자료를 담임 상담이나 교과교사 혹은 진로상담 교사의 상담 및 관찰·평가 내용으로 구체화시켜 놓았습니다. 따라서 학교는 학생이 진로를 찾는 활동을 다양하게 준비해고 이를 진로 수업에 적용해야 합니다. 학생은 진로 찾기 행사와 진로성숙도를 높이는 활동에 적극 참여하면서 자신의 진로 분야에 대한 정보를 착실히 모아, 포트폴리오를 쌓는 것이 중요합니다.

수상경력

※ **2022~23학년 대입** : 내역기재, 교내수상 학기당 1건만, 3년간 6건 대입반영

2024학년도 대입 : 내역기재, 대입 미반영

분석과 제안 학교에서 진행하는 모든 활동은 학생의 성장을 기대하며 진행합니다. 따라서 학생은 자신의 발전을 점검하거나 역량 강화를 위해서 대회 참여를 추천합니다. 수상 대회에서 많이 하는 보고서 쓰기, 실험 및 토론 대회를 수업 활동과 연계할 수도 있습니다. 학생은 수업과 학교 활동에 적극적으로 참여하고, 교과 선택에 다양한 활동을 하는 교과를 수강하는 방법도 좋습니다.

학교생활기록부 작성으로 보면 2022, 2023학년도 대입을 준비하는 학생은 학교에서 진행되는 연간 대회 및 행사 내용을 파악하고 자신이 드러낼 수 있는 대회를 학기당 1개 이상을 선택적으로 집중하는 것을 추천합니다. 이를 통해 학생의 피로도를 줄일 수 있습니다.

2024학년 대입부터 수상내역을 상급학교에 제공하지 않습니다. 따라서 대학에 제공한다는 의미로 대회 참여보다는 대회 대신 활동으로 전환해 활동 참여를 통해 길러진 역량을 교과별 세부능력 및 특기사항과 창의적 체험활동 등에 연계되어 학교생활을 진행해야 합니다.

독서활동

※ **2022~23학년 대입** : 도서명과 저자 | **2024학년도 대입** : 도서명과 저자 기재, 대입 미반영

분석과 제안 학교에서 진행하는 모든 활동은 학생의 성장을 기대하며 진행합니다. 따라서 학생은 자신의 발전을 점검하거나 역량 강화를 위해서 대회 참여를 추천합니다. 수상 대회에서 많이 하는 보고서 쓰기, 실험 및 토론 대회를 수업 활동과 연계할 수도 있습니다. 학생은 수업과 학교 활동에 적극적으로 참여하고, 교과 선택에 다양한 활동을 하는 교과를 수강하는 방법도 좋습니다.

학교생활기록부 작성으로 보면 2022, 2023학년도 대입을 준비하는 학생은 학교에서 진행되는 연간 대회 및 행사 내용을 파악하고 자신이 드러낼 수 있는 대회를 학기당 1개 이상을 선택적으로 집중하는 것을 추천합니다. 이를 통해 학생의 피로도를 줄일 수 있습니다.

2024학년 대입부터 수상내역을 상급학교에 제공하지 않습니다. 따라서 대학에 제공한다는 의미로 대회 참여보다는 대회 대신 활동으로 전환해 활동 참여를 통해 길러진 역량을 교과별 세부능력 및 특기사항과 창의적 체험활동 등에 연계되어 학교생활을 진행해야 합니다.

인문, 사회계열
합격 포트폴리오

나만의 합격 학생부 활동을 구성하자!

·각 계열별 들어가는 글을 먼저 읽으세요.

· 각 계열별 데이터 분석과 합격 데이터를 보면서, 나만의 합격 포트폴리오를 구성해보세요.

인문, 사회계열 합격 로드맵

1 인문계열

가) 인문계열 들어가며

인문계열은 인간 사회의 문화, 언어, 역사를 탐구하는 계열입니다. 구체적으로 국어국문학과, 서어서문학과, 중어중문학과, 영어영문학과, 불어불문학과, 독어독문학과, 노어노문학과, 언어학과, 동아시아어과, 국사학과, 동양사학과, 서양사학과, 고고미술사학과, 심리학과, 철학과, 종교학과, 미학과, 한문학과 등이 있습니다. 대학입시에 학과별로 선발하는 전형과 인문학부로 선발하여 대학 생활 중 세부 전공을 다시 선택하는 전형이 있습니다.

실제 합격사례를 분석, 비슷한 패턴을 보이는 '언어 관련 학과', '역사 관련 학과', '그 외의 학과', '인문학부 전형'으로 나눠 설명하겠습니다.

(1) 언어와 관련된 학과들

> 국어국문학과, 서어서문학과, 중어중문학과, 영어영문학과, 불어불문학과, 독어독문학과, 노어노문학과, 언어학과, 동아시아어과 등

1.2 ~ 2.6등급 학생이 많고, 국어, 영어, 제2외국어 성적이 높은 편으로 특히 영어 과목에서 높은 등급을 꾸준히 유지하는 학생이 많습니다.

언어 관련 학과의 학생부종합전형 합격자 사례를 살펴보면, 글짓기와 독서 관련 대회에서 수상한 경우가 많습니다. 글짓기 대회의 경우 국어 교과뿐만 아니라, 영어, 진로 과목 등 다양한 교과목에서 개최될 수 있습니다. 독서 관련 대회도 과학 교과나 예체능 교과 등에서 개최 가능합니다. 따라서 과목에 국한하지 말고 교내에서 개최하는 글짓기 및 독서대회에 적극적으로 참가하는 것이 좋습니다.

교내 자율활동에서 본인의 언어 능력을 발휘할 수 있는 활동에 참여한 경우가 간혹 있습니다. 교내 신문이나 학교 홍보 책자를 제작하는 사례가 이에 해당합니다. 동아리 활동에서는 주로 외국어 관련 동아리(영자신문반, 영미문학반, 중국어반)와 국제외교 관련 동아리(모의UN, 세계이슈토론, 시사토론)에 참여한 경우가 많습니다. 학생들

은 특정한 언어에 일관된 관심을 보이는 경우가 대부분입니다. 합격사례에서 보면 본래 언어 그 자체에 흥미 있었고, 그 관심이 세계적으로 확장된 경우 좋은 평가로 이어집니다.

독서활동에서는 전공하고자 하는 특정 언어 관련 책을 포함, 광범위한 독서 패턴을 보입니다. 예를 들어, 중어중문학과의 경우 중국의 외교 및 경제 관련 독서와 중국 문학작품을 읽을 수 있습니다. 또 프랑스 문학을 감상하거나 영어 원서를 접할 수도 있습니다. 여기서 해당 언어를 사용하는 국가와 언어에 대한 애정이 여실히 드러납니다.

(2) 역사 관련 학과

국사학과, 동양사학과, 서양사학과, 고고미술사학과 등

1.4 ~ 2.9등급 학생으로 내신 성적 편차가 큽니다. 역사를 제외한 교과 성적이 상대적으로 낮아도 역사 과목만큼은 꾸준히 높은 등급을 유지하는 경우가 많습니다.

이런 학생은 역사에 대한 문제의식을 바탕으로 한 대회(독도나 한국사 관련) 수상이 많습니다. 역사 대회가 아니더라도 글쓰기, 토론, 대토론회, 모의국회 등 자신의 의견을 적극적으로 개진할 수 있는 활동에 계속 참여하였습니다.

역사 속 특정 사건을 주제로 고등학교 활동을 엮어나간 예도 있습니다. 민주화 운동 연구를 위한 동아리 활동과 이를 연계한 캠페인 활동을 하고, 사회문제탐구 교과를 수강하며 세계 민주화 및 역사에 대한 깊은 관심을 드러내고, 한 주제에 대해 심도 있는 연구를 이어나갔습니다.

역사 관련 동아리에서 역사와 역사관에 관한 연구를 하고, 사회활동으로 이어나간 경우가 있는데, 특히 일본이나 민주화와 관련된 역사 문제 하나를 골라 심도 있게 파고드는 동아리가 많습니다.

독서활동에선 국사 관련 도서(한국사, 실록, 삼국유사, 삼국사기 등) 외에 '역사란 무엇인가(E.H.카)', '역사가의 시간(강만길)'과 같이 일반적 역사와 역사관에 대해 저술한 도서를 많이 읽었습니다.

(3) 그 외 학과

철학과, 종교학과, 미학과, 한문학과

1.5 ~ 2.9등급 학생이 많으며, 어느 한 과목에서 뛰어난 것보다 인문과목에서 고른 성적을 보입니다.

많이 보지 못한 학과도 있는데, 바로 미학과입니다. 미학과는 서울대에만 있는 학과이어서 생소할 것입니다. 미학과는 미와 예술에 관한 이론적 성찰 및 실천적 응용을 통해 이성과 감성이 조화로운 인재 배출을 목적으로 하는 학과입니다.

간혹 학과의 특성에 아주 최적화된 학생이 있습니다. 철학과의 경우, 특정 철학가에 집중한 학교활동, 교과 활동을 이어간 경우가 있습니다. 그렇지만 이는 매우 드물고 대부분은 인문학 관련 영역 전반에 걸쳐 많은 관심과 꾸준한 노력을 보이는 경우 좋은 평가로 이어짐을 확인할 수 있습니다. 교과 선택은 심리, 철학, 종교 관련 폭넓은 독서와 심리학, 철학 등의 과목을 수강하는 방법이 좋습니다.

독서활동은 문학과 비문학을 가리지 않고 많은 양의 독서를 한 경우가 많으며, 심리학과의 경우 '아내를 모자로 착각한 사나이'와 같은 심리 관련 교양서적을 많이 읽으면 전공적합성에 높은 점수를 받기도 합니다. 사회문제탐구 교과와 연계하여 자신의 관심 분야를 연구해나가는 것도 좋은 방법입니다.

(4) 인문학부 전형

특정 학과에 지원하는 형태로 학생을 선발하지 않고 포괄적인 '인문학부'로 선발, 대학 생활 중 전공을 선택하게 하는 전형방식이 있습니다. 1.1 ~ 1.5의 높은 내신등급을 가진 학생들이 많고, 한 분야에 특정한 관심을 두기도 하지만 대부분 성실하게 학교생활 전반에 참여한 학생들입니다. 학교에 진로 관련 학과가 개설되지 않았거나 아직 진로가 확실하지 않지만, 성실히 생활하고 있는 학생에게 추천하고 싶습니다.

이제부터 실제 데이터를 분석하여 '국어국문', '영어영문', '서양언어', '동양언어', '철학, 종교, 심리', '역사계열', '인문계열 중 광역으로 선발하는 학과' 이렇게 일곱 영역으로 나눠 살펴보겠습니다. 학과별로 차이가 다소 있을 수 있으나 공통분모로 생각되는 그룹을 통해 학생들의 이해에 도움이 되고자 위와 같이 분류하였습니다.

다음의 데이터 분석은 실제 내용을 정리한 요약내용을 다시 표로 일목요연하게 정리하였습니다. 자신의 학교생활기록부와 비교 분석해 볼 수 있는 공간을 따로 만들었습니다. 합격 데이터와 본인의 학교생활기록부를 비교하면서 부족한 부분은 보완하고, 강점을 더 부각할 방법을 찾아가면 도움이 될 것입니다.

나) 인문계열 데이터 분석과 합격데이터

나랏말싸미 듕국에 달라 서로 사맛디 아니할세~[사랑해요 한글]

(1) 국어국문학과

1. 내신

1~2점 중반(학교별 차이가 존재하는 편, 2점 중반은 연세대 농어촌전형)

2. 수상

4개 영역으로 나눠 생각할 수 있습니다.

1) 글짓기 : 모든 학생이 글짓기 대회에서 수상한 기록이 있습니다. 영역 분포는 다양하며 평균적으로 2~3개(최대 7개)의 수상이 있습니다.
2) 독서 : 예시 자료 중 63% 정도 수상하였으며, 다독상이 많았습니다. 평균 1~2개의 수상이 있었습니다.
3) 어휘력, 언어 : 예시 자료 중 63% 정도 수상하였으며, 영어 단어 외우기, 스피치, 프레젠테이션, 우리말겨루기 등의 대회가 있었습니다.
4) 프로젝트, 발표, 토론 : 예시 자료 중 50%가 수상하였으며 평균적으로 1~2개의 수상이 있었습니다. 소논문뿐만이 아니라 사회학 등 여러 분야에 관한 탐구가 보였습니다.

3. 자율활동

학급 임원, 학교 임원, 동아리 연합회장 활동 및 학교홍보 기자단 활동이 있었습니다. 인상 깊었던 활동으로는 TED 연사로 강연, 라이센스 취득 등이 있었습니다.

4. 진로활동

모의 창업 프로그램 참여, 꿈 발표대회 참여, 탐구주제 프로젝트가 있었습니다.

5. 동아리 활동

동아리 활동은 대부분 참여했으며 다음의 특징이 있습니다.

1) 어문, 발명, 창작 관련 동아리 : 책 읽기, 글쓰기, 직접적인 언어 관련 활동 동아리는 조사 데이터에서 절반 이상 참여했습니다. 교지 편집, 독서, 문학작품 비평 등의 다양한 활동을 일회성이 아닌, 2년 이상 활동한 경우가 많았습니다.
2) 사회 관련 동아리 : 조사 데이터에서 75% 학생이 참여한 대표적인 분야입니다. 역사, 사회 비평 등의 활동을 주로 했고 시사 내용을 분석하는 과정에서 글을 읽고 해석하는 능력을 보여준 것 같습니다.
3) 토론동아리 : 약 40% 정도의 학생이 참여한 동아리로 시사뿐만 아니라 신문 사설 분석을 바탕으로 다양한 주제에 관한 토론을 다룬 활동이 있었습니다.
4) 그 외에 '여성에 대한 사회적 인식을 문학작품과 연관하여 소논문을 작성'하는 활동을 하는 연구동아리, '다큐 제작 자율동아리 회장' 등이 있었습니다.

6. 봉사활동

지역아동센터에서 학생 대상으로 교육 봉사가 가장 많았습니다. 그 외 도시락 배달 봉사와 교내 활동으로 신문제작, 도서관 도우미 등이 있었습니다. 가장 특이한 사례는 경복궁 역사해설 봉사와 장애인 문학 캠프 도우미가 있었습니다.

7. 과목별 세부능력 및 특기사항

글 창작에 재주가 많다고 적혀있는 경우가 많았습니다. 시, 소설 등의 문학 분야가 주였고, 그 외에 토론능력의 우수함이 강조되었습니다. 시나 고전문학을 주제로 한 R&E 활동이 있었으며, 다양한 창작 활동을 한 학생이 많았습니다.

학교 기본 정보

합격데이터

대학교	1)경희대 2)숙명여대 3)건국대 4)경희대 5)국민대 6)서울시립대 7)연세대 8)이화여대 9)이화여대 10)중앙대
전형명	1)네오르네상스 2)숙명미래리더 3)농어촌 4)고교연계 5)국민프런티어 6)학생부종합 7)농어촌 8)고교추천 9)고교추천 10)다빈치형인재
학과	국어국문

나만의 데이터

(나에 해당하는 부분을 적어보세요!)

이 등급대의 학생부를 빅데타해서 분석한 자료임! 우수한 학생들의 학생부를 내가 가질 기회를 가지세요

합격데이터

전체학년 합산등급	1)1.69 2)2.28 3)1.69 4)1.5 5)2.5 6)1.78 7)2.37 8)1.48 9)1.05 10)1.67
전체학년 국영수탐 등급	1)1.63 2)2.28 3)1.84 4)1.4 5)2.4 6)1.82 7)2.44 8)1.56 8)1.0 9)1.67

나만의 데이터

(나에 해당하는 부분을 적어보세요!)

학교에서 학생에게 하는 활동

"내가 했던 것은 (O)표시 해보세요.
그리고 해야할 것은 (☆)해보세요!"

○ 합격데이터

수상(분류)	토론	토론대회, 독서디베이트대회 공동수상
	발표	프로젝트 학습 발표대회, 인문학 소논문대회, 영어 콘텐츠 발표대회
	주제탐구	프로젝트 수업결과물 대회, 인문 수리탐구콘테스트, 사회탐구대회
	어휘력	우리말겨루기대회, 우리말 달인 찾기, 사자성어골든벨, 영어 UCC, 영어독후감쓰기 대회, Reading Log작성하기 대회, 영어콘텐츠발표대회
	창작물제작(글짓기 포함)	문학상 시 부문, 교내 백일장, 체험학습 소감문 쓰기 대회, 자기소개서, 영어 UCC 대회, 독도 사랑 글짓기 대회, 과학의 달 행사 다큐멘터리 감상문 쓰기 대회, 문예 창작 대회, 독후감 대회
	독서	독서디베이트대회 공동수상, 독서기록장 관리상, 다독상
	사회관련	사회탐구대회, 청년철학자선발대회, 일본문화소개대회
	기타	설득왕을 찾아라, 진로 관련 분야(진로 포트폴리오, 자기소개서 등) 수상
자율활동	임원	학급회장, 동아리 총회장, 학생회 차장 및 학년부 회장, 학생회 부원 및 차장, 전교학생자치회 부회장
	멘토멘티	멘토 활동을 수행함
	특성화 프로그램	TED 연사로 강연
	기타	독서 멘토링, 소논문 쓰기 활동 및 프로젝트 활동에서도 자신의 진로에 맞추어 활동함
진로활동		모의 창업 프로그램 참여, 꿈 발표대회 참여 등 탐구주제(미투운동, 욜로라이프) 프로젝트

학생이 학교에서 주도적으로 하는 활동

"내가 했던 것은 (O)표시 해보세요.
그리고 해야할 것은 (✩)해보세요!"

○ 합격데이터

동아리 활동	진로관련 (국어국문)	국어 관련 자율동아리, 문학 비평반
	봉사	
	사회계열	역사동아리(역사 관련 글짓기), 연구동아리(여성에 대한 사회적 인식을 문학작품과 연관하여 소논문 작성), 시사와 관련 자율동아리 기장을 맡아 이끌었음, 세바퀴(위안부 문제에 관심 갖고 올바른 역사의식 갖기 캠페인 활동을 함), 시사 정책 탐구반, 세상 읽기(사회문화 탐구)동아리, 시사토론 자율동아리
	어문	일본어
	토론	토론동아리, 시사토론 자율동아리, 신문사설 토론 자율동아리 활동.
	독서	도서부(2년간), 책읽기좋은날 회장, 문학의 향기 자율동아리, 인문학 동아리 활동. (인문학카데미 참여, 독서토론 활동)
	발명, 창작	교지 편집부, 문예 창작반, 다큐제작 자율동아리 회장
	기타	교육 동아리, 학습동아리, 예술문화 동아리, 랩, 보컬동아리, 애완동물 동아리
봉사활동 (시간 및 주목할 봉사)	시간	평균 150시간 내외
	특징	지역센터와 연계하여 지속적으로 도시락 배달 봉사활동** 국어 교육봉사** 홍보봉사 도서관도우미* 학교신문제작.- 지역사회 중학생 대상으로 교육봉사를 지속적으로 수행** 환경캠페인(WTTH) 동아리 활동 -환경보호 및 각종 캠페인을 3년간 지속적으로 함**. 개인봉사활동 지역아동센터 및 청소년 수련관에서 초등학생 학습지도 봉사활동, 3년 동안 경복궁 내 외국인 역사해설 봉사활동** 1, 2학년 바른생활지킴이, 장애인문학캠프*

진로희망	싱어송라이터-영화음악감독-영화, 음악 관련 프로듀서
과목별 세부능력 및 특기 사항	- 국어 과목 1등급 - 수업시간에 성실히 수업을 듣고 꼼꼼히 복습함 - 문학에 대한 공감 능력이 뛰어나며 시 창작에 재주가 있음 - 동아시아사(중국의 유명 저서 소개) - 수학 관련 창작 활동 - 국문학을 바탕으로 하여 다양한 발표 학습으로 말하기 능력, 상호 작용 능력, 폭 넓은 시야를 보여 줌 - 글쓰기(소설 뒷이야기 이어쓰기, 희곡을 시로 바꾸기) 활동 - 좋아하는 시 발표, 고전문학 관련 R&E, 고전 인문학 에듀클러스터, 글쓰기와 삶 특강, 교과별 진행되는 다양한 체험활동, 교과별 페스티벌 등에 적극적으로 참여하여 우수한 실적을 보임 - 우수한 교과 성적을 바탕으로 친구들의 학습을 적극적으로 도움(또래멘토링) - 국어 토론능력이 뛰어남. 교과부장, 고전영상 만들기 뮤직비디오 제작 - 청소년 음주 문제 UCC, 역사UCC, 영어에세이, 매체활용 주제발표 등
독서 (권수/ 주목할 책이름)	평균 30권 내외

합격 총평		
	A학생	학교생활기록부 전반에서 창작과 연관된 활동을 다수 볼 수 있었습니다. 또한, 창작의 영역을 제한하지 않고 넓은 영역의 글이나 활동을 하고자 하는 모습을 보였습니다. 많은 독서량과 창작 능력이 학생의 장점이 된 것으로 보입니다.
	B학생	고전, 시, 인문학 등 전 영역에 걸쳐 활동하고 이를 응용하는 능력이 뛰어나다는 평가가 학교생활기록부 전반에 걸쳐 드러났습니다. 창작에 재주가 뛰어나고 이를 기반으로 여러 문학작품을 재해석하는 모습에서 지원 학과에 필요한 역량을 충분히 보여주었다고 생각됩니다.
	C학생	다른 학생들과 차별될 수 있는 영역에서 창작 활동이 있었습니다. 특히, 수학 관련 및 여러 주제를 다룬 UCC 대본 작성 등의 창작 활동이 다른 지원자들과 차별성을 줄 수 있었을 것으로 생각합니다. 기본적으로 다독과 국문학에 관한 관심도 보여준 학생입니다.
	D학생	높은 성적을 기반으로 전 영역에서 우수한 성적을 보여준 학생입니다. 문학과 관련된 다양한 행사에도 참여하였으며 동아리 실적 등 어느 하나 빠지지 않는 모습이 인상적인 학생입니다.
	E학생	본래의 꿈이 국어교사였으나 국어국문으로 진로가 바뀌었습니다. 진로가 변경되었으나 광역으로는 겹치는 영역이 많으며 변경 사유를 구체적으로 진로희망에 기록하였고, 활동 등의 모습에서 학생이 더욱 문학에 흥미를 갖고 탐구하는 모습이 잘 드러났다고 생각합니다.

※ 자율활동 임원에서 **은 데이터상 5회 이상 , *은 데이터상 4~2회, 없는 것은 1회입니다. 봉사활동 특징에서 ***은 데이터상 100시간 이상 , **은 데이터상 100~80시간, *은 데이터 상 80~60시간, 없는 것은 60시간 미만이며, 굵은 글씨로 처리된 부분은 자주 등장한(3회 이상) 활동입니다.

미래 내가 해야 할 것

성적	
수상	
자율활동	
동아리활동	
봉사활동	
진로활동	
수업시간	
독서활동	

Can you speak English? Yes, I can!

(2) 영어영문학과

1. 내신

1~2점 후반(학교별 차이가 존재), 2점 후반은 숭실대 SSU 미래인재전형(영어영문)

2. 수상

수상의 종류는 다양하지 않으나 대부분 학생이 영어대회(단어, 토론, 스피치 등)에서 상을 받았습니다. 영어 관련 수상이 없는 학생은 거의 없으며 3회 이상 수상이 많았습니다. 그 외에 프로젝트 활동에 참여하여 수상한 학생들도 50% 정도 있었습니다.

3. 자율활동

대부분 학급 임원 또는 학생회 활동을 하였으며 둘을 병행한 예도 있습니다. 그 외에 모의 UN 활동도 있었습니다.

4. 진로활동

전공학문보고서 발표(언어학, 언어의 자연과학적 탐구방법), 각국의 언어에 관한 연구 의지, 영어 동화책 제작 등의 활동이 있었습니다.

5. 동아리 활동

거의 모든 학생이 영어와 관련된 동아리 활동이 있었습니다. 영자신문, 영어 에세이가 대부분이었으며, 회화, 영미 문학, 미국 드라마 시청도 있었습니다. 국제 문제 등의 사회 관련 동아리도 절반가량 참여하였으나 대부분 학생 활동은 영어과에 특화되었습니다. 구체적으로 '영어에세이 동아리와 영자신문 제작 동아리에서 활동하여 영어토론을 진행하고 원어민 교사와 함께 할로윈파티를 기획하여 학생들에게 영어권 문화를 소개함, 교내 행사를 취재하며 신문 편집 회의 등을 주도하고 영어기사를 읽고 토론하고 퀴즈를 만들고 풀어보며 영어능력 발달을 위해 노력함.'이 있습니다.

6. 봉사활동

지역센터와 연계 활동이 많았습니다. 특히 자신의 진로를 살릴 수 있는 봉사활동이 두드러졌습니다. 국제교육문화진흥원 주관 영어 번역 봉사활동, 영자신문 제작, 영어 동화책 읽어주기, 한국컴패션 편지 번역, 교육봉사(영어), 전래동화 번역 재능기부활동 등이 있습니다.

7. 과목별 세부능력 및 특기사항

영어 능력 및 지문에 대한 분석, 어휘력, 영작이나 영어로 발표한 사례가 많이 있었습니다. 그 외에도 여러 사회계열에서 폭넓게 문화에 관심을 두는 모습을 보여주었습니다. 다음 사례는 영작이나 영어 발표를 실제로 했던 사례입니다.

1) 영어 소논문 작성(외국인 관광객 대상 템플스테이 활성화 방안)
2) 코코샤넬에 대해 조사하여 PPT 발표. 범죄자 신상공개에 대한 의견을 인권의 측면에서 영작하여 발표함. 한국, 북한, 미국의 대표가 서로에게 보내는 편지글을 영어로 작성해 발표함, 비판의 효율성, 아이의 발달에 끼치는 부모의 영향, 지속 가능성을 위한 자연자본의 중요성을 PPT로 발표

2) 거시경제의 지표 환율, 환율과 국제경제 등을 주제로 영어로 프레젠테이션

3) '세계시민은 난민을 원조할 도덕적 의무가 있을까?'를 주제로 여러 사상가의 철학을 정리한 영작보고서

4) 그 외에도 구체적인 프로그램으로 '원어민 강사가 지도하는 영어심화학습 프로그램 국제화 인재반 참여', 경기도 교육청 클러스터 수업 '심화 영어' 수강

8. 독서활동 사항

'세계사를 품은 영어이야기(필립 구든)', '백인의 눈으로 아프리카를 말하지 말라(김명주)', '셰익스피어의 시대(프랭크 커모드)' 등 영어와 사회 관련 독서가 많습니다.

학교 기본 정보

합격데이터

대학교	1)고려대 2)고려대 3)서강대 4)고려대 5)이화여대 6)이화여대 7)이화여대 8)한국외대 9)고려대 10)한국외대 11)한국외대 12)한국외대 13)한국외대 14)고려대 15)중앙대 16)중앙대 17)숭실대 18)숭실대
전형명	1)고교추천Ⅱ 2)학교장추천 3)학생부종합(일반형) 4)고교추천Ⅱ전형 5)고교추천 6)고교추천 7)미래인재 8)학생부종합 9)학교장추천 10)학생부종합 11)학생부종합 12)학생부종합 13)학생부종합 14)학교추천Ⅱ 15)고른기회 16)탐구형 인재 17)SSU 미래인재 18)SSU 미래인재
학과	영어영문학과/영미어문학과/영어통번역/영미문화학과

나만의 데이터

(나에 해당하는 부분을 적어보세요!)

학생 내신 등급

이 등급대의 학생부를 빅데타해서 분석한 자료임! 우수한 학생들의 학생부를 내가 가질 기회를 가지세요

합격데이터

전체학년 합산등급	1)1.64 2)1.17 3)2.17 4)1.64 5)1.41 6)1.24 7)2.02 8)2.45 9)1.43 10)2.07 11)1.7 12)2.16 13)1.41 14)1.63 15)1.83 16)1.84 17)2.18 18)3.12
전체학년 국영수탐 등급	1)1.64 2)1.08 3)2.24 4)1.64 5)1.41 6)1.23 7)2.02 8)2.38 9)1.34 10)2.09 11)1.58 12)2.31 13)1.41 14)1.52 15)1.77 16)1.84 17)2.31 18)2.76

나만의 데이터

(나에 해당하는 부분을 적어보세요!)

학교에서 학생에게 하는 활동

"내가 했던 것은 (O)표시 해보세요.
그리고 해야할 것은 (✩)해보세요!"

합격데이터

수상(분류)	토론	
	발표	영어말하기대회, 동아리학술발표 대회, 나의 꿈 발표
	주제탐구	프로젝트대회, 융합 프로젝트(인문 사회 환경 분야), 교과융합 창의성 경진대회(영어, 사회), 자유 프로젝트(장려), 영어 포트폴리오 대회
	어휘력	영어경시대회, 일본탐구대회, 영어말하기대회, 팝송대회, 영어찬반글쓰기대회, 영어 에세이쓰기, 영어탐구문쓰기, 일어에세이쓰기 대회, 영문학독서캠페인, 영어독후감, 영어안전포스터, 중국문화소개대회, 영어독서퀴즈대회, 영어포트폴리오대회
	창작물제작(글짓기 포함)	영어찬반글쓰기 대회, 영어 에세이쓰기, 영어탐구문쓰기, 일어에세이쓰기 대회, 통일글짓기, 양성평등글짓기, 주제별 체험학습 소감문, 장애인 인식개선을 위한 백일장, 실천적 인성 토크콘서트 글짓기, UCC 홍보 동영상, 영어 안전포스터, 요리책 만들기대회, 체험 활동 사진전
	독서	독후감대회, 영문학독서캠페인, 영어독후감, 독서기록장 관리상
	사회관련	한국사경시대회, 윤리 철학 한마당, 사회문화 현상 자료 분석, 중국문화소개대회
	기타	수학 관련 대회, 진로 관련 대회, 과학 관련 대회, 자기주도학습상, 자기관리 스터디플래너, 멘토-멘티 보고서, 진로워크북쓰기대회, 또래 멘토-멘티 학습공모전, 청년철학자 선발대회
자율활동	임원	학급임원*, 전교학생회장*, 학급 반장*, 전교 학생부회장
	멘토멘티	한국사경시대회, 윤리 철학 한마당, 사회문화 현상 자료 분석, 중국문화소개대회
	특성화 프로그램	모의 UN활동
	기타	
진로활동		전공학문보고서 발표(언어학, 언어의 자연과학적 탐구방법에 대한 발표), 각국의 언어에 대한 연구 의지 문학 스터디그룹 참여 영어 동화책 제작

학생이 학교에서 주도적으로 하는 활동

"내가 했던 것은 (O)표시 해보세요.
그리고 해야할 것은 (☆)해보세요!"

합격데이터

동아리 활동	진로관련(영어영문)	영자신문반, 영어회화동아리, 영미문학감상반, 국제영어동아리 회장, 영문학탐구부, 영어 원서읽기동아리, 미국드라마반, 영어독서토론반
	봉사	
	사회계열	TED 동아리에서 관심분야 관련된 실용적인 학습 시도, 글로벌리더동아리회장, 모의UN총회반, 국제문화탐구반, 실천윤리 탐구반, 국제시사자율동아리 기장
	어문	Word Power(번역 동아리), 외국어 신문 동아리 부장
	토론	시사토론동아리, 영어독서토론반
	독서	세익스피어작품강독반
	발명, 창작	교지편집반, 패션동아리
	기타	교사동아리
봉사활동(시간 및 주목할 봉사)	시간	평균 110시간 내외
	특징	교내자치법정 판사 역할. 봉사 리더(교내 학생들이 빈곤 아동에 대해 알고 후원할 수 있도록 도움).** 학생회장(모범적인 생활 태도로 매일 아침 선도 활동에 참여하고 교내자치법정에서 판사 역할을 맡아 진행). 국제교육문화진흥원 주관 영어 번역 봉사활동. 지역센터와 연계하여 지속적인 교육봉사. 헌혈과 헌혈 캠페인 활동이 두드러짐. 영자신문 제작, 영어 동화책 읽어주기 멘토링 봉사**. 한국컴패션 편지 번역, 지역중학생 영어지도**. 3년간 다문화가족 멘토링**. 영자 편지 번역 봉사***. 원서 읽어주는 봉사(2학년 내내)전래동화 번역 재능기부활동, 후원자 편지 번역활동*.
진로희망		장래희망(사무관리종사원) 3년 모두 일치 진로희망이 일관됨(외교공무원)

과목별 세부능력 및 특기 사항	- 교내 영어 관련 경시대회에 꾸준히 참가 및 입상 - 영자신문동아리, 영어회화동아리, 영작방과 후 수업 활동 등 영어 관련 다양한 교내활동에 참여 - 교내 수학 경시대회 참가 및 입상 - 교내 다양한 글쓰기 대회 참여 및 수상 - (영어) 영어 글쓰기, 말하기 등 다양한 방면에 대한 호기심과 관심, 다양한 주제의 말하기 및 에세이작성을 통해 자신의 생각을 다양한 방법으로 조리 있게 드러내고 영어 토론 수업 시에도 자신의 생각을 논리적으로 표현함 - (영어) 꾸준한 영어공부와 폭넓은 배경지식이 밑바탕이 되어있음, 글의 추론 능력이 뛰어나며 언어에 관심이 남다른 학생 - (사회) 사회 현상에 대한 판단능력을 향상시키고자 하는 의지가 아주 분명하고, 난해한 개념 간의 관계를 이해하기 위해 스스로 찾아보고 질문하는 등 다양하고 세심한 노력을 함. 자기주도적인 학습을 통해 교과 성취도가 향상되었으며 스스로 부족한 부분에 대해서는 보완해나가는 태도가 몸에 배어있음 - (국어) 분석적이며 꼼꼼한 성격으로 문법이나 음운 표기법 등에 관심이 많으며 이를 이해하고 탐구하는 능력이 탁월함. 논리적인 학생으로 화법, 문법 등 명확하게 법칙이 있는 국어 갈래를 좋아함. 실제 사람들이 사용하는 잘못된 말, 표현을 찾아내어 올바르게 교정하는 활동을 하는 등 자신의 관심 분야에 대한 호기심이 남다름 - 모든 교과에서 다른 학생들을 도와 함께 협력하여 학습하는 학생임이 기록되어 있음 - (영어) 영어과 성적이 매우 우수하며 교사와의 소통이 활발하고 철저한 수업 준비를 통해 지문 이해와 활용 능력이 돋보임, 다양한 수업자료를 준비해 활용하면서 수업내용 관련 영어 에세이를 작성해보고 직접 모의 수업을 진행하며 출제하는 등 꾸준히 영어에 관심과 노력을 보임 - 영문 문학작품을 꾸준히 읽어 독해 능력이 뛰어나며, 간단한 에세이를 쓸 수 있을 정도로 쓰기와 어휘력이 우수함 - 방과 후 학교 학생부종합대비반 - 개인의 교과활동 발전성 및 수행 과정을 구체적으로 기록 - 영어를 통한 발표 수업 및 토론 수업 - 영어 소논문 작성(외국인 관광객 대상 템플스테이 활성화 방안) - 시사토론 행사 - 과학재능 활동에 참여 - 진로포트폴리오 구성 활동 - 독서논술신문 공모행사 - 또래 멘토-멘티학습프로그램 참여(2년) - 원어민 강사가 지도하는 영어심화학습프로그램 국제화인재반 참여 - 경기도 교육청 클러스터 수업 '심화 영어' 수강 - 꿈의 대학 참여 - 영어 단어는 맥락을 파악하는 것을 위주로 해야 한다는 의견 발표 - 영어 번역에 대한 꾸준한 관심 - 멘토링 활동	
독서 (권수/ 주목할 책이름)	권수	평균 25권 내외
	특징	세계사를 품은 영어이야기(필립 구든), 백인의 눈으로 아프리카를 말하지 말라(김명주), 셰익스피어의 시대(프랭크 커모드), 사(思)고치면 영어가 된다(안혜숙 외) 문학 관련 서적 등

합격 총평		
	A학생	3년간 일관성 있는 진로를 유지하며 지원할 학과에 대해 미리 알아보는 경험이 기재된 것이 장점이라 생각됩니다.
	B학생	학과 및 비교과 활동에서 영어 과목을 중심으로 우수한 학업 성적을 유지하고 다양한 교내 대회에 참여 및 수상한 것이 장점이라 생각됩니다.
	C학생	매년 10시간 이상을 꾸준히 투자하여 전공과 관련 있는 교내외 봉사활동에 참여한 것이 학교생활기록부에 기재되어 있었습니다.
	D학생	또래 대비 자신의 관심 분야(언어학, 음성학, 문화와 언어 등)에 대한 남다른 관심과 호기심이 있으며 이를 해결해 나가는 과정에서 앎의 즐거움을 느끼는 모습이 잘 기재되어 있었습니다. 또한, 자기주도적 학습 태도와 다양한 교내활동을 통해 끊임없는 진로 탐색 및 확인 과정의 기록이 장점이라 생각됩니다.
	E학생	전공적합성이 높은 편이며 또래 대비 깊이 있는 고민과 그 과정에서의 진로 관련 다양한 활동들이 기재된 것이 장점이라 생각됩니다.
	F학생	영미문학과 관련된 지식이 풍부하고 논리적으로 말하는 능력이 우수함을 학교생활기록부 전반에서 볼 수 있었습니다.
	G학생	영자동아리 부장, 3학년 때 반장으로 활동하고 분리수거동아리를 따로 만들어 활동한 내용이 인상 깊게 기록되어 있었습니다.
	H학생	WITH활동, 영어토론활동 등으로 협동심과 학업을 동시에 기르는 모습이 학교생활기록부에 기록된 것이 장점이라 생각됩니다.
	I학생	꾸준한 성적관리를 통해 내신등급이 1점대이며, 입학 이후로 3학년 1학기까지 꾸준히 성적이 오른 것이 장점이라 생각됩니다.

※ 자율활동 임원에서 **은 데이터상 5회 이상 , *은 데이터상 4~2회, 없는 것은 1회입니다. 봉사활동 특징에서 ***은 데이터상 100시간 이상 , **은 데이터상 100~80시간, *은 데이터 상 80~60시간, 없는 것은 60시간 미만이며, 굵은 글씨로 처리된 부분은 자주 등장한(3회 이상) 활동입니다.

미래 내가 해야 할 것

성적	
수상	
자율활동	
동아리활동	
봉사활동	
진로활동	
수업시간	
독서활동	

Hola!, Bonjour~, Bonsoir, Guten Tag~

(3) 서양 언어계열

1. 내신

1~2점 중반(2점 중반은 한국외대 학생부종합전형(독일어))

2. 수상

4개 영역으로 나눠 생각해볼 수 있습니다.

1) 어휘력 관련 수상 : 자료 중 약 70%의 학생이 영어 또는 외국어 관련 수상이 있으며, 보통 2회 정도 수상하였습니다.
2) 프로젝트 관련 수상 : 자료 중 60% 정도가 수상하였으며, 주로 2회 이내의 수상이 많았습니다. 학과 특성상 일반고에서는 관련 교과 이수가 어려워 진로와 관련한 대회 수상이 좋은 부분을 보여 줄 수 있을 것 같습니다.
3) 그 외에도 글짓기, 독서 부분의 수상이 약 25% 정도 있었습니다.

3. 자율활동

학급 임원, 학생회 임원, 학생자치법정, 학교홍보 등이 기록된 경우가 많았습니다. 특별한 부분으로는 인문학 강좌 수강과 경기도 교육청 영재학급 참여가 있었습니다.

4. 진로활동

진로 관련 이슈를 찾아 탐색하고 보고서 작성, 전문 직업인 만남 등이 있었습니다.

5. 동아리 활동

영어와 관련된 동아리(토론, 신문, 프레젠테이션 등)에 대다수 학생이 참여하였으며 외국어 관련(국제교류, 중국어 등) 동아리를 한 경우가 많았습니다. 아래는 그중 유의미하게 기록된 사례입니다.

1) 세계경제시사토론동아리에서 스페인 카탈루냐 지방의 분리 독립을 주제로 자료를 수집하여 부원들에게 발표하는 등 스페인 지방에 대하여 지속적인 관심을 가지고 탐구함.
2) 영자신문동아리에서 프랑스 관련 기사 다수 작성

6. 봉사활동

대부분 기록되었으며, 교내, 교외(지역센터 연계) 봉사가 많았습니다. 진로와 연계하여 외국인을 대상으로 한국관광지 선호도 설문봉사, 외국인 관광객 가이드 봉사, 2년간 영어 동화책 번역봉사, 외국인들을 위한 한국어 교재 만들기 등이 있었습니다.

7. 과목별 세부능력 및 특기사항

대부분 수업에 적극적으로 참여하고 영어 과목에 열심히 노력한 모습을 보였으며, 자신의 진로와 연관하여 탐구하거나 프로젝트를 진행하였습니다. 아래는 구체적인 활동 내용입니다.

1) (윤리와 사상)수행평가 '소수언어의 가치를 알리기 위한 팜플릿 만들기 활동', 언어 사용에 있어 자유로운 사회를 추구하는 글 작성
2) (독서와 문법)독서수행평가 - 중국문학, 스페인문학 읽고 독후감 작성
3) 3학년 영어, 수학 멘토-멘티 활동
4) 경기 꿈의 학교를 통해 원어민과의 영어 회화동아리를 개설, 운영
5) 경기 꿈의 대학에서 문화컨텐츠와 관련된 수업을 들으며 문화비평을 하는 활동에 참여함.

학교 기본 정보

합격데이터

대학교	1)고려대 2)한국외대 3)한국외대 4)한국외대 5)고려대 6)한국외대 7)경희대
전형명	1)기회균등(농어촌) 2)일반 3)학생부종합 4)학생부종합 5)학교장추천 6)고른기회 7)학교생활충실자
학과	서어서문학과/스페인통번역/불어불문학과/프랑스어학부

나만의 데이터

(나에 해당하는 부분을 적어보세요!)

학생 내신 등급

이 등급대의 학생부를 빅데타해서 분석한 자료임! 우수한 학생들의 학생부를 내가 가질 기회를 가지세요

합격데이터

전체학년 합산등급	1)1.53 2)2.0 3)2.2 4)1.61 5)1.4 6)1.45 7)1.29
전체학년 국영수탐 등급	1)1.53 2)1.82 3)2.2 4)1.58 5)1.37 6)1.48 7)1.29

나만의 데이터

(나에 해당하는 부분을 적어보세요!)

학교에서 학생에게 하는 활동

"내가 했던 것은 (O)표시 해보세요.
그리고 해야할 것은 (☆)해보세요!"

합격데이터

수상(분류)	토론	
	발표	
	주제탐구	소논문쓰기대회, 과제연구대회
	어휘력	영어단어경시대회, 영어상식퀴즈대회
	창작물제작(글짓기 포함)	지혜의 샘 쓰기 대회
	독서	독후감 대회
	사회관련	
	기타	창의인성모델학교프로그램 프렌토리, 건강한요리만들기 대회

자율활동	임원	학급 임원*, 학급 서기, 학생회 임원* , 학급자치회 반장, 학생자치회 학생 소통부 차장
	멘토멘티	
	특성화 프로그램	프렌토리프로그램, 3년간 프랑스관련 소논문 작성 3년 동안 학습동아리를 하여 교내에서 운영하는 배움 캠프를 다녀오고, 교내 학술제에서 논문을 작성하여 발표
	기타	학교스포츠클럽 활동
진로활동		학업 적성검사 내용 진로활동시간에 진로 관련 이슈를 찾아 탐색하고 보고서를 작성함 외교관, 판사, 공무원 등 '전문 직업인과의 만남'에 참가, 모의면접 참가

학생이 학교에서 주도적으로 하는 활동

"내가 했던 것은 (O)표시 해보세요.
그리고 해야할 것은 (✩)해보세요!"

합격데이터

동아리 활동	진로관련 (영어영문)	중국어 동아리.
	봉사	
	사회계열	세계경제시사토론동아리(스페인 카탈루냐 지방의 분리 독립을 주제로 자료를 수집하여 부원들에게 발표하는 등 스페인 지방에 대하여 지속적인 관심을 가지고 탐구)
	어문	영어토론동아리, 영어동아리(원서 독서, 주제토론, 발표)
	토론	토론동아리, 세계경제시사토론, 영어토론동아리, 영자신문동아리.(프랑스관련 기사 다수 작성)
	독서	
	발명, 창작	
	기타	승무원.
봉사활동 (시간 및 주목할 봉사)	시간	평균 90시간 내외
	특징	마을 벽화 그리기, 독거노인 봉사활동 쓰레기 분리수거 도우미** 외국인을 대상으로 한국관광지 선호도 설문봉사, 외국인 관광객 가이드 봉사, 2년간 영어동화책 번역봉사 교내봉사동아리 2년, 분리수거 동아리 자율적으로 만듦*** 봉사단 단장, 1년 동안 꾸준한 봉사 교내 봉사활동(급식도우미, 교통안전도우미, 교지반)* 멘토 활동에 적극적으로 참여*

진로희망	3년간 통번역사라는 진로가 확고함
과목별 세부능력 및 특기 사항	- 수업시간마다 능동적인 자세로 참여함. 다양한 독서를 통해 기른 사고력을 바탕으로 지문의 핵심을 파악하는 능력이 우수하며 국어 교과에서 높은 성취도를 보임. 자신이 부족하다고 느끼는 수학 교과는 특별 보충 수업을 신청하여 듣는 등 꾸준히 노력함. 어학 교과 성적 우수(국어과목 1.9등급, 영어 과목 1.5등급) - 3년간 전 교과에 걸쳐 꾸준한 성적 향상 - 꾸준한 경시대회 참가 및 입상 - 영어 관련 경시대회 다수 참가 및 입상, 영어 캠프 참가, 중국어 능력 우수 등 외국어 관련 실적 다수 기재. - (윤리와 사상) 수행평가 '소수언어의 가치를 알리기 위한 팜플릿 만들기 활동', 언어 사용에 있어 자유로운 사회를 추구하는 글 작성 - (독서와 문법) 독서수행평가로 중국문학, 스페인문학 읽고 독후감 작성 - (중국어) 3학년 영어, 수학 멘토-멘티 활동 - 경기 꿈의 학교를 통해 원어민과의 영어 회화 동아리를 개설 및 운영 - (국어) 작품에 대해 PPT를 만들어 발표. 주제를 정해서 디베이트 - (영어) 자유롭게 주제를 정해서 영어로 PPT를 만들고 발표, 영자신문 작성 - (윤리 및 한국사) 사회과 과목에서도 자신이 원하는 주제로 PPT와 영상을 제작하여 발표 - (중국어 및 한문) 전공과 직결되진 않지만, 어학 계열 소양을 쌓기 위해 PPT 제작 및 발표 - 방과 후 국어, 수학, 영어(3년간 꾸준히 참가) - 심화 수업 수학, 영어 - 국제 정치의 이해(클러스터 과정)
독서(권수/주목할 책이름)	**권수**: 평균 25권 내외 **특징**: 해외봉사 바로 알고 가기(한국국제협력단)(자기소개서에 스페인어를 공부하여 해외에서 활동하는 자선활동가가 되고 싶다는 내용을 기재함) 이방인(카뮈), 분노하라(스테판에셀), 꿈(에밀졸라), 고통(앙드레드리쇼) 죽은 시인의 사회(N.H.클라인바움), 모리와 함께 한 화요일(미치 엘봄)(원서)

합격 총평		
	A학생	규칙적인 생활습관과 사회성을 갖추고 보이지 않는 곳에서도 학급을 위해 헌신하는 모습이 기록되었습니다. 또한, 각국의 사회와 경제에 관한 관심을 바탕으로 스스로 질문하고 탐구하는 활동을 통해 이해의 폭을 넓히고 합리적으로 사고하면서도 이따금 풍자적인 농담을 던지는 등 다방면에 재능을 갖춘 것을 학교생활기록부 전반에서 볼 수 있었습니다. 특히, 제2외국어 중 보편적인 영어나 중국어보다는 특수성과 전문성이 있는 스페인어를 전공하고자 하는 다른 학생들과 구별되는 특성이 장점이라 생각됩니다.
	B학생	본인도 스페인어를 배워 이를 활용해 해외에서 자선활동을 하겠다는 구체적인 진로 계획을 학교생활기록부에서 확인할 수 있었습니다.
	C학생	진로가 한번 바뀌긴 했으나 불어불문학과를 가고 싶은 의지를 학교생활기록부를 통해 명확히 드러냈습니다.
	D학생	학교 내신 성적에서 국어, 영어, 중국어, 한문 교과 성적이 매우 우수한 점을 근거로 어학 분야에 자질이 뛰어난 것을 학교생활기록부에서 볼 수 있었습니다.
	E학생	자율활동 부분에서 학생회 활동에 성실하게 참여한 부분(학생자치법정, 학생회장 선거, 교내 예술제 행사 등)을 근거로 학생의 리더십이 잘 드러나 있었습니다.
	F학생	동아리 활동 부분에서 영자신문반 활동을 성실하게 함으로써 지원 학과인 프랑스어학부와 약간의 거리가 있지만, 어학 분야에 소질이 있고 기본 소양이 갖추어져 있어 프랑스어를 배우는데 적합한 역량을 가지고 있다는 것이 잘 드러나 있었습니다.

※ 자율활동 임원에서 **은 데이터상 5회 이상 , *은 데이터상 4~2회, 없는 것은 1회입니다. 봉사활동 특징에서 ***은 데이터상 100시간 이상 , **은 데이터상 100~80시간, *은 데이터 상 80~60시간, 없는 것은 60시간 미만이며, 굵은 글씨로 처리된 부분은 자주 등장한(3회 이상) 활동입니다.

미래 내가 해야 할 것

성적	
수상	
자율활동	
동아리활동	
봉사활동	
진로활동	
수업시간	
독서활동	

안녕하세요. ni haǒ~, こんにちーは, Namaste

(4) 동양 언어계열

1. 내신

1점 중반~2점 후반(2점 후반은 동국대 Do Dream 전형(중어중문학과))

2. 수상

5개 영역으로 나눠 생각해 볼 수 있습니다.

1) 어휘력 관련 수상 : 자료 중 약 42% 학생이 영어 또는 외국어 관련 수상이 있습니다. 수상은 보통 2회 정도였으며, 중국어 또는 중국문화 관련 대회가 많았습니다.
2) 프로젝트 관련 수상 : 42% 정도 수상하였으며, 학과 특성상 일반고에서는 관련 교과 이수가 어려워 진로 관련 대회 수상이 좋은 부분을 보여줄 수 있을 것 같습니다.
3) 창작물, 독서 관련 수상 : 자료 중 약 46% 학생이 독서와 글짓기 부문에서 수상했습니다. 글짓기 주제는 다양하며 다독, 독서 포트폴리오 등이 있었습니다. 수상은 보통 2개 내외가 가장 많습니다.
4) 경시대회 수상 : 자료 중 약 42% 학생이 중국어, 시사, 사회 관련 경시대회에서 수상하였습니다.
5) 그 외에 토론대회(23%), 진로 관련 발표대회(19%) 등이 있었으며 다양한 분야에서 학교생활을 성실히 하였음을 볼 수 있습니다.

3. 자율활동

학급 임원, 학생회 임원, 학생자치법정, 학교홍보 등이 기록된 경우가 많았습니다. 특별히 인문학 강좌 수강과 기숙사 학년 대표, 독서의 밤 참여, 영어 캠프 등이 있습니다.

4. 진로활동

나눔의 집 방문 및 대외 활동, 심리학 및 화법을 중심의 독서 멘토링, 디베이트가 기록되기도 하였습니다.

5. 동아리 활동

동아리 활동은 대부분 참여했으며 다음의 특징이 있습니다.

1) 독서, 발명, 창작관련 동아리 : 책 읽기, 글쓰기, 언어 관련 활동 동아리에 약 37%의 학생들이 참여 하였고, 교지 편집, 독서, 문학작품 비평 등의 다양한 활동이 있습니다.
2) 사회관련 동아리 : 60%의 학생이 참여한 대표적인 동아리로서 역사, 사회 비평, 경제 관련 활동이 있습니다. 어문계열이 언어뿐만 아니라 문화가 같이 포함된 것으로 보아 언어와 문화 양쪽 모두에 관한 관심을 보여줄 수 있었던 것 같습니다.
3) 어문관련 동아리 : 약 42%의 학생이 참여한 동아리로 영어가 가장 많으며, 전공 관련 중국어, 한국어 관련 동아리가 있습니다.
4) 그 외에 봉사, 토론동아리에 각각 26%, 16%의 학생이 참여하여 적극적인 활동을 보여주었습니다.

6. 봉사활동

대부분 기록되어 있으며, 교내, 교외(지역센터 연계) 봉사가 많습니다. 진로와 연계하여 지역 영어도서관에서 지속적인 아동 대상 학습지도, 통역봉사, 문화재 해설봉사를 하였고, 지역봉사활동으로 영어 멘토, 통역가이드, 저소득 아동 외국어 공부 지도, 다문화 교육봉사 등이 있습니다.

7. 과목별 세부능력 및 특기사항

대부분 수업에 적극적으로 참여하고 특히 영어에 열심히 노력한 모습을 보였습니다. 또 진로 관련 탐구나 프로젝트를 진행하였습니다. 다음은 구체적인 활동 예시입니다.

1) 독창적이고 창발적인 아이디어로 다른 문화에 대한 지적 수용 능력이 뛰어나며, 적극적인 발표와 토론을 통해 자신의 능력을 향상함. 평소 소수문화에 관심을 두고 심화시켜 소논문 주제로 〈나이와 성별에 따른 남성성과 여성성의 인식 비교〉를 탐구함
2) 글로벌 문화 체험 캠프 참여(영미, 중국, 일본 문화권을 체험)
3) '중국인 관광객의 재방문 실태 및 개선 방안에 관한 연구'를 주제로 소논문 작성
4) 주문형 강좌(중국어회화)를 수강함
5) 경기 꿈의 대학 2년 연속 중국어 관련 과목으로 수강함. (중국문화 및 역사 강의 등)

학교 기본 정보

합격데이터

대학교	1)한국외대 2)한국외대 3)한국외대 4)국민대 5)국민대 6)중앙대 7)성균관대 8)성균관대 9)서울대 10)건국대 11)동국대 12)숙명여대 13)한국외대 14)한국외대 15)한국외대 16)이화여대 17)서강대 18)한국외대 19)한국외대 20)국민대 21)국민대 22)건국대 23)건국대 24)고려대 25)동국대 26)숙명여대
전형명	1)학생부종합 2)학생부종합 3)학생부종합 4)학교장추천 5)학교장추천 6)다빈치형인재 7)일반 8)글로벌인재 9)일반 10)KU자기추천 11)학교생활우수인재 12)숙명미래리더 13)학생부종합 14)학생부종합 15)학생부종합 16)고교추천 17)학생부종합(일반형) 18)학생부종합 19)학생부종합 20)국민프런티어 21)학교장추천 22)KU자기추천 23)KU자기추천 24)학교추천II 25)Do Dream 26)숙명인재
학과	언어인지과학과/한국어교육/한국어문학부/아시아문화학부/한문학과/중어중문학과/중국언어문화학부/중국외교통상학부/중국정경전공

나만의 데이터

(나에 해당하는 부분을 적어보세요!)

이 등급대의 학생부를 빅데타해서 분석한 자료임! 우수한 학생들의 학생부를 내가 가질 기회를 가지세요

합격데이터

전체학년 합산등급	1)2.4 2)2.2 3)1.44 4)1.83 5)2.1 6)1.77 7)2.01 8)1.75 9)2.11 10)2.5 11)1.54 12)1.87 13)2.05 14)1.7 15)1.79 16)1.5 17)1.25 18)1.78 19)2.23 20)2.71 21)2.27 22)2.6 23)2.27 24)1.82 25)2.86 26)2.22
전체학년 국영수탐 등급	1)2.31 2)1.74 3)1.44 4)1.73 5)2.1 6)1.84 7)2.01 8)1.84 9)2.12 10)2.64 11)1.54 12)1.68 13)1.98 14)1.7 15)1.78 16)1.53 17)1.25 18)1.73 19)1.97 20)2.91 21)2.37 22)2.5 23)2.28 24)2.02 25)2.97 26)2.21

나만의 데이터

(나에 해당하는 부분을 적어보세요!)

학교에서 학생에게 하는 활동

"내가 했던 것은 (O)표시 해보세요.
그리고 해야할 것은 (☆)해보세요!"

합격데이터

수상 (분류)	토론	
	발표	나의꿈발표대회, 프레젠테이션대회
	주제탐구	창의적프로젝트대회, 학술에세이대회, 다문화탐구대회
	어휘력	동북아언어문화관련대회 중국어부문, 외국어경시대회 중국어, 한자성어경진대회
	창작물제작 (글짓기 포함)	백일장대회, 자기소개서쓰기대회, 전공탐색우수보고서
	독서	
	사회관련	역사경시대회, 시사경시대회, 동북아 언어문화 관련 대회 중국어 부문, 다문화탐구 대회, 사회 경시대회 동아시아
	기타	나만의 학습노트 정리
자율활동	임원	기숙사 학년 대표, 학생회 활동**, 학급 반장*, 학생자치위원, 학생회 방송부 부장, 학급 임원, 학생회 부회장, 자치법정 판사장
	멘토멘티	학생 간 멘토 활동
	특성화 프로그램	사제동행 문학기행 참가, 작가와의 만남 참가, 교내 독서의 밤 행사, 인문학교실(명사초청강연), 교내 인턴십 프로그램
	기타	영종 도보 순례, 학교 행사에서 무대 연출 관련 활동 지속적 참여, 중국 및 콘텐츠에 대한 꾸준한 관심, 사회 불평등 및 소수자 문제에 관심
진로활동		심리학 및 화법의 독서멘토링, 디베이트반 참가, 위안부 나눔의 집 1회 방문 진로와 관련된 많은 대외 활동을 함

학생이 학교에서 주도적으로 하는 활동

"내가 했던 것은 (O)표시 해보세요.
그리고 해야할 것은 (✩)해보세요!"

합격데이터

동아리 활동	진로관련 (국어 등)	중국어 학습동아리, 우리말 관련 동아리, 고전 관련 동아리, 중국어 관련 자율동아리 부장, 중국문화 및 세계사 자율동아리(중국 문화와 콘텐츠 관련 발표 활동)
	봉사	상담 동아리, 봉사활동 동아리, 또래리더반, 어울림 동아리.(2년간 다문화 자녀 멘토링)
	사회계열	유네스코반, 경제사회부, (경제 분야 토론동아리), 뭐하고 논의?(사회문제 토론동아리), 경제 관련 동아리, 세계지리동아리, 외교 관련 동아리, 세계이슈 자율동아리, 역사 외교 자율동아리, 중국문화 및 세계사 자율동아리(중국 문화와 콘텐츠 관련 발표 활동) 시사토론 정규동아리(사회 문제 관심 및 토론 능력 강조), 유럽문화탐구부, 반크 등 역사 관련 동아리에서 동북공정 인식 프로젝트 및 위안부 소녀상 건립 프로젝트에 참가
	어문	중국어학습동아리, 우리말관련 동아리, 영어토론 자율동아리, 회화동아리, 중국문화 및 세계사 자율동아리(중국문화와 콘텐츠 관련 발표 활동) 유럽문화탐구부, 영어 읽기 동아리에서 중국관련 영어기사를 탐독함
	토론	사회문제토론동아리, 영어토론자율동아리, 스피치동아리, 토론동아리
	독서	도서관 봉사반, 독서관련 동아리, 고전관련 동아리
	발명, 창작	교지편집반, 글&그림 관련 자율동아리, 영상 제작 자율동아리
	기타	청출어람반(자율동아리), 또래협동동아리, 아싸디비, 반려견사랑옵다, 방송부(작가), 환경 관련 자율동아리, 수학 관련 동아리, 뮤지컬 정규동아리, (배우 및 연출진으로 활동), 영화 관련 자율동아리, (영화 감상 및 사회문제 해결 관련 활동), 항공 동아리
봉사활동 (시간 및 주목할 봉사)	시간	평균 110시간 내외
	특징	도서실 도우미, 학습도움실 도우미, 책축제 부스설치 및 토론대회 참가**, 특수교육대상학생 학교생활 보조, 교지편집 도우미, 기초학력 미달학생튜터링, 교통안전 및 교문지도, 방학 중 환경미화, 자기주도실 청소, 신입생 소집일 봉사 등***, 꿈빛도서관(언니오빠가들려주는재미있는이야기), 연탄나누기봉사, 제3국 기부를 위한 독도 사랑 문화 지원 활동*, 윤동주문학관, 청운문학도서관 등에서 정기적으로 봉사활동(1~2년간 한 달에 1~2회씩)*, 책 읽는 종로 도서관 축제, 한글날 기념 세종대왕 어가행렬, 플래시몹 축제, 어린이대공원, 서울숲 미술관 등에서 봉사**, 학생회 봉사활동, 도서부 관련 봉사실적 다수, 2학년에 집중적으로 역사 문화 유적을 관리하는 봉사활동을 함, 학교홍보 동아리 활동, 지역센터와 연계하여 교육봉사**, 지역 요양병원 연계 봉사활동**, 지역 작은 도서관에서 지속적인 아동 대상 학습지도**, 요양원 봉사*, 통역봉사, 문화재 해설봉사*, 학습도우미 공부방 봉사 활동, 학급 불우이웃돕기, 신문부, 지역봉사활동으로 영어 멘토, 통역가이드 활동을 꾸준히 해옴*, 3년간 교내 봉사 꾸준히(급식, 기자재 등)**, 학습지도 봉사활동 꾸준히 참여*, 1, 2학년 동안 꾸준한 교육봉사 동아리 ***, 멘토링 및 다문화 교육봉사를 주로 실시***

진로희망	진로희망이 국제회의전문가, 통역가로 진로희망이 일관적임 3년 동안 진로희망 중국어교사
과목별 세부능력 및 특기 사항	- 교내 심화반, 방과 후 학교(신문, 토론, 독서, 멘토링) 참가 - 꾸준한 글쓰기 관련 대회와 말하기 대회 참가 - 교내 토론 대회에 2년 연속 참가(시대회 참여기록도 봉사활동으로 남아있음) - 관심사가 일정한 편임 - 대학생 멘토링수업 참여 - 영어, 국어 과목 1등급(한 번 제외) - (비교문화) 독창적이고 창발적인 아이디어로 다른 문화에 대한 지적 수용 능력이 뛰어나며, 적극적인 발표와 토론을 통해 자신의 능력을 향상함. 평소 소수문화에 관심을 심화시켜 소논문 주제로 <나이와 성별에 따른 남성성과 여성성의 인식 비교>를 탐구함 - 주문형 강좌 영화감상과 비평 이수 - 글로벌 문화 체험 캠프 참여(영미, 중국, 일본 문화권을 체험) - 독서토론 프로젝트로 진행된 '비경쟁토론' 참여 - 교과부장, 발표력, 수업태도 등 기술 - 학년을 거듭할수록 성적 향상 (3.7->1.2) - 국어 및 영어과에 대해 자세하게 기록, 다양하고 깊이 있는 독서활동 기록(인문학과 고전 관련 독서) - 과목별 세부능력 및 특기사항에 전공 관련 활동 내용 많음 - 전 과목에 걸친 교과우수상 수상 - 교내 수학, 영어, 방과 후 학교 수업에 꾸준히 참여함 - 꾸준한 경시대회 참가 및 입상 - 중국어 방과 후 학교 참여(2,3학년) - 프로젝트 참여 다수 - 중국어 1등급 - 공부습관 프로젝트(20시간) 수강 - 본인만의 중국어 학습방법을 고안하여 학습계획을 수립 - 방과 후 학교(소논문쓰기반) 시간에 '방한 중국인 관광객의 재방문 실태 및 개선 방안에 관한 연구'를 제목으로 소논문 작성 - 영어, 외국어 관련 과목(1,2등급) - 중국, 문화 콘텐츠, 시사, 독서에 대한 지식이 세부능력 특기사항에서 다양하게 기록 - 주문형강좌(중국어회화)를 수강함 - 경기 꿈의 대학 2년 연속 중국어 관련 과목으로 수강함 - 거꾸로 수학 모둠장, 멘토링 활동 등 주도적 활동을 많이 진행함 - 경기 꿈의 대학에서 중국 문화 및 역사에 대한 강의를 수강함
독서 (권수/ 주목할 책이름)	권수: 평균 20권 내외 특징: 중국 외교 관련 독서활동 등 진로와 관련된 독서를 꾸준히 함

합격 총평		
	A학생	소설, 인문학, 사회학 등 독서의 폭이 넓습니다. 이러한 독서 습관은 토론 수업에서 논제의 이해, 자료의 해석에 두각을 나타낸 점이 학교생활기록부에 기록되어 있으며 교내 토론 대회에서도 수상으로 나타났습니다. 기존의 진로희망은 초등 교사였으나 수업 중 '노예'에 관한 과제연구와 심리학에 관심을 두게 되면서 사회의 부조리를 밝혀내는 언론인이 되고 싶다는 진로 변화의 구체성이 드러난 것이 장점이라 생각됩니다.
	B학생	동양고전과 동양철학 사상에 대한 관심이 많은 점이 학교생활기록부 전반에 기록되어 있었습니다. 독서량이 많고 다방면의 상식이 풍부합니다. 학업에 대한 욕심이 많으며 본인이 계획한 것은 반드시 실천하는 태도와 한문에 대한 흥미가 기재된 것이 장점이라 생각됩니다.
	C학생	성적이 우수하고 자신보다 타인을 생각하는 사고가 몸에 배어 친구들의 성적 향상에도 항상 도움을 주는 모습이 기록된 것으로 보아 인성적인 측면에서 높은 평가를 받았으리라 생각됩니다.
	D학생	모든 교과에서 성취도가 우수하나 특히 전공 관련 교과인 국어, 영어 성적이 우수한 것이 장점이라 생각됩니다.
	E학생	지원 학과와 관련된 경시대회는 물론 관련 없는 교과 관련 경시대회도 적극적으로 참가해 수상한 것이 장점이라 생각됩니다.
	F학생	전공 관련 동아리활동과 독서활동, 진로활동을 꾸준히 함으로써 전공적합성이 잘 드러난 학교생활기록부였습니다.
	G학생	학교활동에서 채울 수 없는 어문에 대한 깊은 이해를 폭넓은 독서활동을 통해 해결하는 모습을 보였습니다.
	H학생	꿈의 대학, 방과 후 학교 수업 등에서 교과 시간에 해결할 수 없었던 전공에 대한 깊이 있는 탐구를 하는 모습을 보였으며 이는 도전 정신과 전공적합성에 알맞은 모습이라 생각됩니다.
	I 학생	소수문화에 관심이 다문화, 중국 소수 민족에 대한 이해 등으로 폭넓게 관심사를 확대하고 이를 탐구하는 모습이 학교생활기록부에 구체적으로 드러나 전공적합성이 우수하다고 생각됩니다.
	J 학생	진로가 변경되었으나 그 이유가 구체적이며 국어, 영어, 사회계열의 성적이 우수하여 기초어학 능력 및 사회 현상에 대한 이해도가 높았습니다. 또한, 어학만이 아닌 사회 전반에 대해 탐구하고 이를 기반으로 자신의 능력을 발휘하는 모습을 학교생활기록부에서 볼 수 있었습니다.

※ 자율활동 임원에서 **은 데이터상 5회 이상 , *은 데이터상 4~2회, 없는 것은 1회입니다. 봉사활동 특징에서 ***은 데이터상 100시간 이상 , **은 데이터상 100~80시간, *은 데이터 상 80~60시간, 없는 것은 60시간 미만이며, 굵은 글씨로 처리된 부분은 자주 등장한(3회 이상) 활동입니다.

미래 내가 해야 할 것

성적	
수상	
자율활동	
동아리활동	
봉사활동	
진로활동	
수업시간	
독서활동	

알려고 하는 것, 그것은 인간의 본성이다.(소크라테스)

(5) 철학, 종교, 심리학과

1. 내신

1~3점 후반(3점대 후반은 숭실대 SSU 미래인재전형(기독교학과)이며 심리학과의 경우 모두 1점대)

2. 수상

4개 영역으로 나눠 생각해 볼 수 있습니다.

1) 경시대회 : 자료 중 40%가 수상하였습니다. 여러 번 수상한 학생은 없었습니다.
2) 주제탐구 : 자료 중 47% 정도 수상하였으며, 다양한 사회 교과와 연계하여 탐구(사회적 분쟁 해결, 윤리적 소비 등)하는 모습을 보여주었습니다.
3) 창작물, 독서 : 자료 중 53%가 수상하였습니다. 깊이 있는 사고와 표현이 기반이 되어 독서, 글짓기와 연관될 수 있다는 생각이 들었습니다.
4) 어휘력 관련 대회 : 자료 중 53% 정도 수상하였습니다.
5) 그 외에 다양한 대회에 적극적으로 참가하는 모습을 보였습니다.

3. 자율활동

학급 임원, 학생회 임원활동 기록이 많습니다. 그 외에 인문학 강의 참여 등이 있었습니다.

4. 진로활동

구체적으로 '윤리 교과서를 통해 알게 된 책들을 찾아 읽기 시작하면서 자신이 철학에 깊이 흥미를 느끼고 있다는 것을 발견하고 자신의 성향, 성장 과정, 흥미 등에 대해 돌아보고 주변 사람들과 삶의 목표, 자라온 역사 등에 대해 함께 대화하고 고민하면서 앞으로 대학에서 철학을 공부하고 싶다는 생각을 하기 시작함.'으로 쓰여있었으며, 심리학 교실, 인문학 프로젝트(중국 춘추전국시대 제자백가연구) 등이 있습니다.

5. 동아리 활동

학생 대부분이 참여했으며 다음의 특징을 나타냅니다.

1) 봉사동아리 : 자료 중 33%의 학생들이 참여한 동아리는 다문화 학생을 대상으로 한 외부 봉사도 있으나 상담활동을 하는 봉사동아리가 많았습니다.
2) 사회 관련 동아리 : 자료 중 60%가 참여한 대표적인 동아리는 사회적 이슈에 관한 토론 활동을 했는데 진학 할 학과와 연관됩니다. 구체적으로 '사회참여활동, 펀드 전쟁 정의론', '학교 토론수업 비판'이 있습니다.
3) 독서 관련 동아리 : 자료 중 20% 정도의 학생이 참여한 동아리였습니다. 구체적으로 '동서양 고전을 읽고 토론과 논술 공부'를 진행한 사례가 있습니다.
4) 어문 관련 동아리 : 자료 중 20%정도 참여했으며 영어 외에 스페인어가 있었습니다.
5) 토론 관련 동아리 : 자료 중 20% 정도 학생이 참여한 동아리입니다.

6. 봉사활동

대부분 기록되어 있으며, 진로와 연계하여 지역아동센터, 교육봉사, 청소년과 함께하는 자율방범 순찰 체험, 또래상담 활동 등이 있습니다.

7. 과목별 세부능력 및 특기사항

대부분 학생이 수업에서 토론에 적극적으로 참여했으며, 자신의 진로와 연관하여 탐구하거나 프로젝트를 진행하였습니다. 다음은 구체적인 활동 내용입니다.

1) 사회탐구 보고서 작성(기능론과 갈등론, 관료제 등)
2) 세계사 탐구활동(난민의 이해, 유럽의 난민 문제와 대한민국)
3) 국어영역 자율 독서(롤스의 정의론 이해)
4) (법과 정치) 인권과 스탠포드 감옥 실험에서의 윤리성을 연관 지어 발표함
5) (확률과 통계) 수학 통계를 이용한 지역아동센터 설문조사
6) (윤리와 사상) 범죄 심리와 사상을 결부
7) (영어) 데이트 폭력 피해자 심리 이론에 대해 신문 작성

8. 독서활동 사항

'플라톤의 정치가(김태경)', '정의란 무엇인가(마이클 센델)', '불교 관련 책', '소피의 세계(요슈타인 가아더)', '쾌락(에피쿠로스)', '이방인(알베르 카뮈)', '달과 6펜스(서머싯 몸)', '희망의 인문학(얼 쇼리스)', '철학이 필요한 시간(강신주)'

학교 기본 정보

합격데이터

대학교	1)연세대 2)연세대 3)한양대 4)건국대 5)건국대 6)건국대 7)건국대 8)경희대 9)연세대 10)중앙대 11)고려대 12)고려대 13)연세대 14)이화여대 15)중앙대 16)숭실대
전형명	1)연세한마음(무추천) 2)연세한마음 3)학생부종합 4)KU 자기추천 5)KU 자기추천 6)KU 학교추천 7)KU 학교추천 8)네오르네상스 9)활동우수형 10)다빈치형인재 11)학교장추천 12)학교추천 I 13)면접형 14)고교추천 15)고른기회 16)SSU 미래인재
학과	철학과/심리학/기독교학과

나만의 데이터

(나에 해당하는 부분을 적어보세요!)

이 등급대의 학생부를 빅데타해서 분석한 자료임! 우수한 학생들의 학생부를 내가 가질 기회를 가지세요

합격데이터

전체학년 합산등급	1)2.1 2)1.6 3)2.49 4)3.37 5)3.03 6)1.44 7)2.04 8)1.89 9)1.8 10)1.78 11)1.05 12)1.3 13)1.02 14)1.23 15)1.69 16)3.97
전체학년 국영수탐 등급	1)2.04 2)1.27 3)2.49 4)3.21 5)3.07 6)1.38 7)2.16 8)1.77 9)1.7 10)1.84 11)1.02 12)1.22 13)1.0 14)1.25 15)1.7 16)4.05

나만의 데이터

(나에 해당하는 부분을 적어보세요!)

학교에서 학생에게 하는 활동

"내가 했던 것은 (O)표시 해보세요.
그리고 해야할 것은 (✩)해보세요!"

합격데이터

수상(분류)	토론	교내토론대회, 영어토론대회, 독서토론대회
	발표	영어말하기대회, 논문발표대회, 내꿈발표대회, 학생자치공간디자인스피치대회
	주제탐구	창의융합대회, 전공연계탐구대회, 주제탐구 프로젝트대회, 사회적분쟁 해결에 관한 연구보고서 발표회, 자율동아리 포트폴리오 대회
	어휘력	영어말하기대회, 영어토론대회, 영어듣기능력평가대회, 스페인어보카업대회, 영어에세이대회, 교내영어경시대회, 영어재능경연대회, 영어팝송대회
	창작물제작(글짓기 포함)	진로캠프소감문쓰기대회, 주제별체험학습보고서 및 소감문쓰기대회, 윤리적소비 UCC대회, 인권글쓰기대회, 진로진학감상문쓰기, 진로신문전, 수학UCC대회, 양성평등글쓰기, 문예대회
	독서	인문계열 독서우수상, 인문고전독서퀴즈대회, 역사책읽기대회, 책의날 행사공모전, 독서논술대회, 교내 문학의 밤, 독서토론대회, 전공도서 활용대회
	사회관련	생활법경시대회, 철학논술대회, 한국사바로알기대회, 역사책읽기대회, 시사논술대회, 사회과교내교과대회, 역사경시대회, 사회적분쟁해결에관한 연구보고서 발표회
	기타	진로프로파일경진대회, 과학탐구토론대회, 청렴실천공모전, 수리논술대회, 수학구조물대회, 수학적사고력증진대회
자율활동	임원	학급임원*, 학생회 활동, 학급 부회장, 학급 회장
	멘토멘티	멘토링 활동
	특성화 프로그램	인문학강의 참여 경찰 관련, 심리 관련 분야의 학교 행사
	기타	
진로활동		윤리 교과서를 통해 알게 된 책들을 찾아 읽기 시작하면서 자신이 철학에 깊이 흥미를 느끼고 있다는 것을 발견하고 자신의 성향, 성장 과정, 흥미 등에 대해 돌아보고 주변 사람들과 삶의 목표, 자라온 역사 등에 대해 함께 대화하고 고민하면서 앞으로 대학에서 철학을 공부하고 싶다는 생각을 하기 시작함 언론 관련 진로활동 다수 인문사회프로젝트 대회에서 '중국 춘추전국시대 제자백가연구'를 주제로 소논문을 작성함 또래 상담 시 연합회 기장 심리학 실험을 모의하고 학급 친구들을 대상으로 진행하여 소논문을 작성함 대학교 심리학 교실 참여

학생이 학교에서 주도적으로 하는 활동

"내가 했던 것은 (O)표시 해보세요.
그리고 해야할 것은 (☆)해보세요!"

○ 합격데이터

동아리 활동	진로관련	플라톤 아카데미 자율동아리(동서양 고전을 읽고 토론과 논술 공부를 진행함), 심리학 동아리, 프로파일링 동아리
	봉사	또래상담 동아리, 교육봉사 동아리
	사회계열	경제 동아리, 스페인 문화반, 문화심층연구반 활동(학교 토론수업 비판), 창의탐구반 동아리(펀드 전쟁 정의론), 시사토론반, 시사 읽기반, 시사 논술반, 법 자율동아리, 사회이슈 토론동아리, 다문화동아리
	어문	영자신문부
	토론	사회참여토론 자율동아리, 하브루타 토론 자율동아리, 독서토론, 사회이슈 토론동아리.
	독서	고전 읽기 자율동아리, 독서토론
	발명, 창작	영자신문부, 문학 글쓰기반, 영상 미디어반
	기타	창의 미술 동아리.(교복디자인 프로젝트), 열손가락(수화동아리)
봉사활동 (시간 및 주목할 봉사)	시간	평균 120시간 내외
	특징	꾸준한 봉사활동(독거노인 자서전 만들어드리기)*, 점심 및 저녁 식사 시간 학교 배식 봉사, 장애영아원 봉사*, 1학년 때에는 매일 학교에 일찍 등교하여 학교 청소도우미를 하였고 2년 동안 인근지역 자원봉사센터에서 봉사활동을 함.* , 지역장애인복지관 봉사* 나눔의 집에서 꾸준한 봉사활동**, 인근 청소년수련관 1대 1 영어 멘토링 학습지도* 영어 회화시간에 직접 예상 시험 문제를 만들어 반 친구들에게 배부하는 지식 나눔의 실천을 보임, 교내 분리수거 봉사*, 상담심리학 학술대회 봉사, 2~3학년 동안 매주 금요일 교육봉사, 지역아동센터 봉사, 지역 방범대 연계 캠페인**, 봉사활동 3년간 꾸준히 함. 진로와 관련해 봉사활동을 함(청소년과 함께하는 자율방법 순찰 체험, 또래상담 활동) 헌혈, 아동복지센터 봉사, 장애인 복지센터 봉사*
진로희망	인문철학자	
과목별 세부능력 및 특기 사항	- 교내 대회 참여 내용 - 방과 후 수업 꾸준히 참여함 - 토론 수업에 적극적으로 참여 - 과제완성도 높고 시사 상식 풍부 - 사회탐구 보고서 작성(기능론과 갈등론, 관료제 등) - 세계사 탐구 활동(난민의 이해, 유럽의 난민 문제와 대한민국) - 국어영역 자율독서(롤스의 정의론 이해) - 영어 원서 독서(To have or To Be, Erich Fromm) - 독서를 많이 하였고 비판적인 사고력이 뛰어나다는 언급 - 스페인어 중점과정의 학생으로 스페인어 등급이 2년 내내 1등급이었음 - 심화내용 연구주제 활동	

	- 윤리와 사상, 동아시아사, 법과 정치 등 사회 교과에 매우 구체적인 사례와 함께 수업 활동이 담겨 있음. - 국어과에서 활동한 것이 진정성이 있으며 다양한 독서활동과 잘 연계됨 - 법과 정치 시간에 배운 인권과 스탠포드 감옥 실험에서의 윤리성을 연관 지어 발표, 수학 통계를 이용한 지역아동센터 설문조사 - (윤리와 사상) 범죄 심리와 사상을 결부 - (영어) 데이트 폭력 피해자 심리 이론에 대해 신문 작성 - 다양한 사회문제에 관심이 높고 이에 대한 입장을 논리적으로 발표하는 능력이 뛰어남 - 모둠활동에 리더십 발휘
독서 (권수/ 주목할 책이름)	**권수** 평균 25권 내외 **특징** 플라톤의 정치가(김태경), 정의란 무엇인가(마이클 센델), 불교 관련 책, 소피의 세계(요슈타인 가아더), 쾌락(에피쿠로스), 이방인(알베르 카뮈), 달과 6펜스(서머싯 몸) 희망의 인문학(얼 쇼리스), 철학이 필요한 시간(강신주) 다방면에 걸쳐 독서를 하였고, 철학관련 독서를 많이 하였음 진로에 대한 고민이 많았던 만큼 다양한 진로와 관련된 독서활동이 풍부 1학년 때 독서량이 많음

합격 총평	A학생	평소에 깊이 있고 폭넓은 독서를 하고 배경지식이 풍부하였고, 철학적 소양을 기르기 위해 노력하는 모습이 기재된 것이 장점이라 생각됩니다.
	B학생	지원 학과 관련 교과목 성적이 낮지만, 그 이유를 구체적으로 설명하고 철학에 관심을 가진 계기를 설명한 것이 도움이 되었을 것입니다.
	C학생	철학 관련 서적들을 읽고 본인의 생각이 담긴 보고서 작성 내용이 구체적으로 기재되었습니다.
	D학생	소외계층에 대한 관심이라는 일관된 스토리를 학교생활기록부 전반에서 볼 수 있습니다.
	E학생	철학과 연관된 독서량이 많으며 수업에서 깊이 있고 다방면으로 사고하고자 하는 노력이 자주 보인다는 내용이 학교생활기록부에 구체적으로 기재되어 있습니다.
	F학생	윤리 수업시간에 배운 내용에 대해 심화, 탐구하며 진로에 대한 방향성을 잡고 뚜렷한 이해를 기반으로 진로를 위해 노력하는 모습이 학교생활기록부 전반에 나타납니다.
	G학생	꾸준한 봉사활동을 통해 인성적인 측면에서 인정을 받았을 것이며 수업 활동 전반에서 높은 이해력을 갖고 있다는 내용이 기재되었습니다.
	H학생	교과 시간에 배운 내용을 기반으로 이를 심화시켜 탐구하는 자세를 갖추고 있으며, 깊이 있는 고찰과 문제에 대한 통찰력을 지닌 학생으로 거의 모든 활동이 기록되어 일관성과 신뢰성을 갖춘 학교생활기록부가 된 것 같습니다.

※ 자율활동 임원에서 **은 데이터상 5회 이상 , *은 데이터상 4~2회, 없는 것은 1회입니다. 봉사활동 특징에서 ***은 데이터상 100시간 이상 , **은 데이터상 100~80시간, *은 데이터 상 80~60시간, 없는 것은 60시간 미만이며, 굵은 글씨로 처리된 부분은 자주 등장한(3회 이상) 활동입니다.

미래 내가 해야 할 것

성적	
수상	
자율활동	
동아리활동	
봉사활동	
진로활동	
수업시간	
독서활동	

역사를 잊은 민족은 재생할 수 없다.(신채호)

(6) 역사학과

1. 내신	1~3점 후반(3점대 후반의 중앙대 다빈치형인재(역사학과))
2. 수상	토론대회, 사회탐구 대회 등의 수상이 많이 있었습니다.
3. 자율활동	학급 임원, 학생회임원, 자치법정에서의 역할이 기록되어 있었습니다.
4. 진로활동	반크 및 독도 관련 외부 활동, 과제탐구반 활동으로 '역사가의 역할'에 대한 과제연구 보고서 작성, 인문학 특강 수강, 고구려와 조선의 방어체계를 비교한 보고서 작성이 있었습니다.
5. 동아리활동	토론, 역사, 사회 관련 동아리에 참여했습니다.
6. 봉사활동	대부분 기록되었으며 지역아동센터, 교육 봉사활동이 있었습니다.
7. 과목별 세부능력 및 특기사항	진로와 연관된 계열의 성적이 높았으며 구체적 사례로 '교과 선택형 국어 교과 수업에 참여하여 역사와 문학을 연계한 보고서를 작성함'이 있었습니다.
8. 독서활동사항	'역사란 무엇인가'(E. H.카), '역사가의 시간(강만길)', '원문과 함께 읽는 삼국사기-고구려, 백제본기(김부식)', '삼국유사(일연)', '이야기 한국사(이현희)', '이야기로 풀어 쓴 조선왕조실록(유종문)', '동아시아 역사 분쟁(송기호)', '한 권으로 읽는 고구려 왕조실록(박영규)', '새로 쓰는 연개소문 전(김용문)'

학교 기본 정보

합격데이터

대학교	1)경희대 2)동국대 3)중앙대 4)경희대 5)덕성여대
전형명	1)네오르네상스 2)Do Dream 3)다빈치형인재 4)지역균형 5)덕성인재
학과	역사학과/사학과/미술사학과

나만의 데이터

(나에 해당하는 부분을 적어보세요!)

학생 내신 등급

이 등급대의 학생부를 빅데이터해서 분석한 자료임! 우수한 학생들의 학생부를 내가 가질 기회를 가지세요

합격데이터

전체학년 합산등급	1)1.73 2)1.66 3)3.7 4)1.6 5)2.2
전체학년 국영수탐 등급	1)1.69 2)1.62 3)3.4 4)1.47 5)1.99

나만의 데이터

(나에 해당하는 부분을 적어보세요!)

학교에서 학생에게 하는 활동

"내가 했던 것은 (O)표시 해보세요.
그리고 해야할 것은 (☆)해보세요!"

합격데이터

수상 (분류)	토론	토론대회
	발표	
	주제탐구	사회정의 심포지엄대회, 환경프로젝트 발표대회, 과제연구대회
	어휘력	
	창작물제작 (글짓기 포함)	글짓기대회, 문예창작, 과학 만화그리기대회
	독서	독서의 달 행사
	사회관련	사회탐구경시대회(독도 관련), 한국사경시대회, 사회문화경시대회, 세계사경시대회
	기타	
자율활동	임원	학급 임원, 자치법정 검사, 학생회 체육부장
	멘토멘티	
	특성화 프로그램	과학, 수학 특성화 프로그램 이수.
	기타	HSC 토론 모임
진로활동	반크 및 독도 관련 외부 활동 문학, 지리, 역사, 과학 등 융합적 주제를 심층 탐구의 주제로 삼아 다양한 탐구활동을 수행 논문 작성 영남대로 탐방 과제탐구반 활동으로 '역사가의 역할'에 대한 과제연구 보고서 작성, 인문학 특강 수강, 고구려와 조선의 방어 체계를 비교한 보고서 작성	

학생이 학교에서 주도적으로 하는 활동

○ 합격데이터

동아리 활동	진로관련	역사동아리에서 소논문 작성(미술사 관련)
	봉사	
	사회계열	경제동아리, 아시아문화연구반 동아리(현장답사, 보고서작성)
	어문	
	토론	
	독서	
	발명, 창작	문예창작동아리
	기타	자율동아리 부장으로 동아리를 기획하고 이끌어 나감
봉사활동 (시간 및 주목할 봉사)		YOUTH 봉사단 다문화 교육 봉사 동아리* 1, 2학년 2년간 꾸준히 봉사활동
진로희망		역사교사(3년간)
과목별 세부능력 및 특기사항		- 국어, 영어, 수학, 과학, 역사, 지리 등 여러 교과를 융합한 활동 다수 - 역사 계열 성적 우수 - 국어과 1등급 유지, 한국사 1등급, 사회과 1~2등급 - 교내 국영수 방과 후 수업에 꾸준히 참여함 - 교과 선택형 국어 교과 수업에 참여하여 역사와 문학을 연계한 보고서를 작성함 - 교내 과제연구대회에 역사 관련 주제로 3년 동안 꾸준히 참가. 3학년 때는 대학에서 자신이 전공하고 싶은 세부영역을 주제로 삼기도 함 - 교내 경시대회 다수 참가, 입상 내역
독서 (권수/ 주목할 책이름)	권수	평균 30권 내외
	특징	역사란 무엇인가(E.H.카), 역사가의 시간(강만길), 원문과 함께 읽는 삼국사기-고구려, 백제본기(김부식), 삼국유사(일연), 이야기 한국사(이현희), 이야기로 풀어 쓴 조선왕조실록(유종문), 동아시아 역사 분쟁(송기호), 한 권으로 읽는 고구려 왕조실록(박영규), 새로 쓰는 연개소문 전(김용문)

합격 총평		
	A학생	전공에 대한 관심이 넓은 영역에서 세부영역으로 구체화(역사가의 역할 -> 고구려사 -> 고구려 전쟁사)한 것이 장점입니다.
	B학생	매년 수상 여부와 상관없이 자신의 관심사를 과제연구 보고서 형식으로 작성하여 구체적인 결과물로 만드는 노력이 학교생활기록부에 기재되었습니다.
	C학생	전공 관련분만 아니라 국어와 사회 교과에도 꾸준한 관심과 실적을 만드는 모습이 학교생활기록부에 기재되었습니다.

※ 자율활동 임원에서 **은 데이터상 5회 이상 , *은 데이터상 4~2회, 없는 것은 1회입니다. 봉사활동 특징에서 ***은 데이터상 100시간 이상 , **은 데이터상 100~80시간, *은 데이터 상 80~60시간, 없는 것은 60시간 미만이며, 굵은 글씨로 처리된 부분은 자주 등장한(3회 이상) 활동입니다.

미래 내가 해야 할 것

성적	
수상	
자율활동	
동아리활동	
봉사활동	
진로활동	
수업시간	
독서활동	

인문 전체를 아우르는 능력이 있는 학생은 인문 광역 GO~!

(7) 인문계열 광역

1. 내신

1~2점 중반(학교별 차이가 존재, 2점 중반은 연세대 HASS전형(언어학부))

2. 수상

5개 영역으로 나눠 생각해 볼 수 있습니다.

1) 창작물 : 예시 자료 중 45% 정도 수상하였으며, 다양한 주제에 대한 글짓기가 많았고 주로 사회 관련 글짓기, 백일장이었습니다.
2) 프로젝트, 토론 : 각각 예시 자료 중 35% 정도 수상하였으며, 사회계열 토론, 프로젝트가 많이 있었습니다.
3) 어휘력 : 예시 자료 중 70% 정도가 수상하였으며, 영어 관련 단어, 스피치, 프레젠테이션 등의 대회가 있었습니다.
4) 독서, 발표 : 각각 예시 자료 중 25%가 수상하였으며 발표는 대부분 프로젝트와 연관하였거나 영어 발표였습니다.
5) 사회계열 : 예시 자료 중 55%가 수상하였으며, 역사 관련 수상이 많았습니다.

3. 자율활동

학급 임원, 학교 임원, 모의국회 간호, 학급 도우미 등의 활동이 있었습니다. 특히 일본 자매학교와 국제교류 차원에서 홈스테이를 제공한 부분이 인상 깊었습니다.

4. 진로활동

고교생 한일 상대국 교류 프로그램 참가, 인터내셔널 라운지 참가, 모의유엔 참가, 전공학문 보고서 발표(언어학, 언어의 자연과학적 탐구방법에 대한 발표), 진로박람회와 학술제 참여 등이 있었습니다.

5. 동아리 활동

대부분의 학생이 참여했으며 다음의 특징을 나타냅니다.

1) 어문, 독서 관련 동아리 : 책 읽기, 글쓰기, 언어 관련 활동 동아리는 절반 이상의 학생들이 참여했습니다. 독서, 독서토론, 영자신문, 전래동화 번역 등의 다양한 활동이 있습니다. 일회성보다 2년 이상 활동한 경우가 많습니다.
2) 사회 관련 동아리 : 예시 자료 중 37%의 학생이 참여한 동아리 분야는 역사, 경영, 범죄 사례연구 문화탐구입니다.
3) 토론동아리 : 예시 자료 중 약 42%의 학생이 참여한 동아리로 시사뿐만 아니라 영어 토론 등 다양한 주제와 토론 방식이 있습니다.
4) 그 외에 심리학 관련 동아리, '조선왕조실록(설민석)'을 읽고 '조선 후기 조선의 쇄국정책은 옳은 일인가?'에 대해 당시 국내외 정세를 근거로 들어 토론함.' 등의 활동이 있습니다.

6. 봉사활동

아동센터 등에서 지역 아동이나 중학생을 대상으로 하는 교육 봉사가 가장 많았습니다. 또 도서관 도우미, 역사 찾기 서명운동, 어울 토론 한마당 토론 진행, 토론 어울마당 행사 진행 보조, 지역센터와 연계하여 농어촌 일손 돕기 봉사, 자율방범대, 장기기증운동 홍보 등이 있었습니다.

7. 과목별 세부능력 및 특기사항

국어, 영어와 같은 어문계열에서 전반적인 독해, 추론, 말하기 능력이 뛰어나다는 점이 많았습니다. 아래는 구체적인 사례입니다.

1) 심화과정에서 '영어독해' 3단위(51시간) 이수
2) 영어연극, 연설, 프레젠테이션 등을 기획.
3) (윤리와 사상) 인문사회 과제연구 논문 발표대회에 팀을 만들어 참가하여 '다문화 사회에 대한 청소년의 인식'을 주제로 참가함.
4) 외국 문학에도 관심을 가지고 '앵무새 죽이기(하퍼 리)'를 읽고 자신의 행동을 돌아봄. 더불어 '과연 에티커스는 백인과 흑인을 공평하게 대했다고 할 수 있는가?'라는 주제로 토론하고 우리 사회의 차별과 역차별의 사례로는 무엇이 있는지 알아보고 이를 해결할 방법을 고민함.
5) '성역할 고정관념' 주제로 영상 제작
6) 역사의 패러다임 변화에 대한 발표
7) 조별 발표 수업 적극적으로 참여
8) '냉전과 그 이후 이데올로기의 역할'에 대한 보고서 작성

8. 독서활동 사항

인문학, 철학, 사회학, 문학과 관련된 다양한 분야의 독서를 했습니다.

학교 기본 정보

합격데이터

대학교	1)서울대 2)서울대 3)서울대 4)연세대 5)서울대 6)성균관대 7)성균관대 8)연세대 9)서울대 10)서울대 11)성균관대 12)성균관대 13)이화여대 14)이화여대 15)이화여대 16)서울대 17)서울대 18)서울대 19)서강대 20)서강대
전형명	1)지역균형선발 2)지역균형선발 3)기회균형 4)HASS 5)기회균등 6)성균인재 8)실기위주전형(특기자) 9)지역균형선발 10)기회균형 I 11)성균인재 12)성균인재 13)고교추천 14)고교추천 15)고교추천 16)지역균형 17)지역균형 18)지역균형 19)학생부종합(일반형) 20)학생부종합(일반형)
학과	인문광역/언어학부/인문계열/인문과학계열 /융합인문사회계열/ 인문과학계열(독어독문전공예약)

나만의 데이터

(나에 해당하는 부분을 적어보세요!)

학생 내신 등급

이 등급대의 학생부를 빅데타해서 분석한 자료임! 우수한 학생들의 학생부를 내가 가질 기회를 가지세요

합격데이터

전체학년 합산등급	1)1.16 2)1.18 3)1.17 4)2.34 5)1.82 6)1.57 7)2.17 8)1.3 9)1.15 10)1.18 11)1.63 12)1.5 13)1.35 14)1.4 15)1.58 16)1.1 17)1.33 18)1.06 19)1.23 20)1.0
전체학년 국영수탐 등급	1)1.1 2)1.03 3)1.16 4)2.51 5)1.76 6)1.48 7)2.24 8)1.3 9)1.15 10)1.18 11)1.6 12)1.47 13)1.37 14)1.4 15)1.58 16)1.04 17)1.24 18)1.07 19)1.21 20)1.0

나만의 데이터

(나에 해당하는 부분을 적어보세요!)

학교에서 학생에게 하는 활동

"내가 했던 것은 (O)표시 해보세요.
그리고 해야할 것은 (✩)해보세요!"

합격데이터

수상(분류)	토론	교내토론대회, 디베이트대회
	발표	인문사회주제연구논문발표대회, 스피치대회
	주제탐구	주제탐구대회 인문사회부문, 논문읽기대회
	어휘력	영어에세이대회, 영어독후감쓰기대회, 영어말하기대회, 영어책경시대회, 영어원서 독후감상문쓰기, 교내일본어퀴즈대회, 영어말하기UCC대회, 한문대회, 국어경시대회, 우리말 겨루기대회
	창작물제작(글짓기 포함)	양성평등글짓기대회, 진로비전스쿨소감문쓰기대회, 영어 말하기UCC대회, UCC경연대회, 진로직업체험보고서
	독서	내 인생 한권의 책
	사회관련	생활법경시대회, 경제경시대회, 철학경시대회, 인문학탐구대회(철학부문), 사회올림피아드, 시사상식대회, 독도사랑 퀴즈대회, 세계문화탐구경시대회, 한국사퀴즈대회, 인문학에세이대회, 지리경시대회, 법률정치 경시대회
	기타	수학경시대회, 교내모방시경시대회, 또래멘토멘티학습공모전
자율활동	임원	학급반장**, 학년 임원, 학생회 임원**, 모의국회 감사, 학생회 차장, 학급 부반장, 학생자치회 부회장, 학교홍보동아리 단장
	멘토멘티	학습어울림활동 멘토로서 나눔을 실천
	특성화 프로그램	인문학 AP, 역사 관련 프로그램
	기타	일본 자매학교와 국제교류 차원에서 홈스테이 제공

진로활동	고교생 한일상대 국어교류 프로그램 참가, 인터내셔널 라운지 참가, 모의유엔 참가 대학전공특강 참여 진로박람회, 전공체험 전공학문 보고서 발표(언어학, 언어의 자연과학적 탐구방법에 대한 발표), 각국 언어에 대한 연구 의지 교육청 진로프로그램 참가 인문학 특강 00 탐구토론대회 지리올림피아드 00지역 인천 역사과거대회 학술 컨퍼런스 사회학동아리장 학술 에세이

학생이 학교에서 주도적으로 하는 활동

"내가 했던 것은 (O)표시 해보세요.
그리고 해야할 것은 (✿)해보세요!"

합격데이터

동아리 활동	진로관련	
	봉사	한국사 교육봉사
	사회계열	경제동아리활동(1,2학년), 유엔자율동아리, 심리동아리, 역사동아리, 경영동아리
	어문	영자신문동아리, 영어자율동아리, 글로벌 동아리, 영미문화탐구반, 언어관련 동아리(한글, 영어), 영자신문부, 영어시사토론, 전래동화 번역
	토론	토론동아리(모의토론 사회자), 영어시사토론
	독서	문예반, 고전시가 연구반, 독서토론동아리
	발명, 창작	타임즈 동아리
	기타	TED 동아리, 학습공동체시사반, 과학탐구동아리, 수학 학습동아리, 범죄사례연구동아리
봉사활동 (시간 및 주목할 봉사)	시간	평균 170시간 내외
	특징	인근 중학교 학습 멘토링 노인보호전문기관 노인체험봉사활동, 역사 찾기 서명운동, 어울 토론 한마당 토론 진행, 토론 어울마당 행사 진행 보조* 도서관 운영 도우미, 멘토링 프로그램 멘토* 점심 급식도우미* 장기기증운동 지속적으로 홍보 학교 도서 도우미로 매일 점심시간에 대출, 반납 업무를 함 지역아동센터 교육학습멘토링, ㅇㅇ도서관 독서 멘토링활동, 교내독서부장, ㅇㅇ시 청소년 상담복지 센터 재능기부 학습멘토링으로 꾸준히 활동함**

	교내봉사, 지역 치매독거노인 청소년 노인서비스 봉사 등을 정기적으로 수행함 ** 학급 내 학습 도우미 3년 * 꾸준히 병원에서 봉사** 자율방범대, 동네 안전지도 만들기 개인 보육시설과 연계하여 교육봉사*** 근육병 환자 봉사 통합교육활동 봉사(3년간)* 노인복지센터 봉사 * 박물관 봉사활동
진로희망	국제단체 활동가 진로희망 일관됨(역사학자, 역사 교수, 문화재연구원)
과목별 세부능력 및 특기 사항	- 영어영문학과 관련된 동아리 활동, 소논문 활동 및 GRP 프로그램 참여, ○○교육청 운영 고교교육력 제고 심화 과정에서 '영어독해' 3단위(51시간) 이수 - (영어Ⅱ)방과 후 교육역량 강화 프로그램 참가하여 영어연극, 연설, 프레젠테이션 등을 기획 - (윤리와 사상) 인문사회 과제연구논문 발표대회에 팀을 만들어 참가하여 다문화 사회에 대한 청소년의 인식을 주제로 참가함 - 디베이트반 수강, 모의유엔에 참가하여 의장단으로 회의 진행 등 - 국어의 이해 활동에서 언어 예절을 지킬 줄 알며 국어 규범에 맞는 언어생활을 실천하려는 능동적 자세를 지님 - 평소에 꾸준하게 독서를 하여 독해력이 매우 우수하며 문법과 관련해서는 국립 국어원 사이트에 쓰인 설명들을 읽으며 공부하였음 - 생활 속의 체험이나 깨달음을 글로 표현하는 능력이 뛰어나며, 공동체 문제 해결을 위한 토의 진행을 통해 의사 결정을 원만하게 처리하는 모습이 돋보임 - 방과 후 활동과 일반고 교육역량사업에 꾸준히 참여해 관련 세부 특기사항 남김 - 교과목에 대한 호기심과 성취를 위한 노력을 보임 - (영어) 영어 글쓰기, 말하기 등 다양한 방면에 대한 호기심과 관심, 다양한 주제의 말하기 및 에세이 작성을 통해 생각을 다양한 방법으로 조리 있게 드러내고 영어 토론 수업 시 생각을 논리적으로 표현함 - (영어) 꾸준한 영어공부와 폭넓은 배경지식이 밑바탕이 되어있음, 글의 추론 능력이 뛰어나며 언어에 관심이 남다른 학생 - (사회) 사회 현상에 대한 판단능력을 향상시키려는 의지가 아주 분명하고, 난해한 개념간 관계를 이해하기 위해 스스로 찾아보고 질문하는 등 다양하고 세심한 노력을 함 - 자기주도적인 학습을 통해 교과 성취도가 향상되었으며 스스로 부족한 부분을 보완하는 태도가 몸에 배어있음 - (국어) 분석적이며 꼼꼼한 성격으로 문법이나 음운 표기법 등에 관심이 많으며 이를 이해하고 탐구하는 능력이 탁월함. 논리적인 학생으로 화법, 문법 등 명확하게 법칙이 있는 국어 갈래를 좋아함. 실제 언중들이 사용하는 잘못된 말, 표현을 찾아내고 올바르게 교정하는 활동을 하는 등 자신의 관심분야에 대한 호기심이 남다름 - 국어, 영어, 수학, 사회 전 영역에서 탁월한 실력을 갖추고 매시간 적극적으로 수업에 참여함. 특히 1학년 2학기부터 지속적인 향상을 보임

<table>
<tr><td colspan="3">- 토론 수업에 적극적이며 역량이 두드러지게 보임. 수학은 문제 이해력과 사고력이 우수함. 영어로 자신의 생각을 자유롭게 구사할 줄 아는 능력을 지님. 사회 현상과 인문학적 현상에 관심이 많음. 창작하는 활동을 다수 함
- 외국 문학에도 관심을 가지고 '앵무새 죽이기(하퍼 리)'를 읽고 자신의 행동을 돌아봄. 더불어 '과연 애티커스는 백인과 흑인을 공평하게 대했다고 할 수 있는가?' 라는 주제로 토론하고 우리 사회의 차별과 역차별의 사례로는 무엇이 있는지 알아보고 이를 해결할 방법을 고민함
- 교내 방과후 활동에 꾸준히 참여, 꾸준한 경시대회 참가 및 입상, 독서대회 토론 대회 입상, 시교육청 클러스터 '국제경제' 수강, 수업 충실도 및 능동적 수업 참여 등에 좋은 평가
- 이과적 성향과 문과적 성향을 두루 갖춤
- 인문사회 R&E
- '성역할 고정관념' 주제로 영상 제작
- 역사의 패러다임 변화에 대한 발표
- 조별 발표수업 적극적으로 참여
- '냉전과 그 이후 이데올로기의 역할'에 대한 보고서 작성</td></tr>
<tr><td rowspan="2">독서
(권수/
주목할
책이름)</td><td>권수</td><td>평균 32권 내외</td></tr>
<tr><td>특징</td><td>죽은 시인의 사회(N. H. Kleinbaum), 1984(조지 오웰), 젊은 예술가의 초상(제임스 조이스), 30분에 읽는 촘스키(마이클 딘), 멋진 신세계(올더스 헉슬리), 템페스트(셰익스피어). 철학의 세 가지 질문(마이클 캘로그), 프랑크푸르트 학파의 테제들(사회 비판과 대안), 인문의 바다에 빠져라(최진기), 이황, 기대승 사단칠정을 논하다(이황, 기대승), 심리학에 속지마라(스티브 아얀), 긍정의 배신(바바라 에런라이크). 소통하는 10대를 위한 고전콘서트(권희정 외), 꿈꾸는 리더의 인문학(박상준), 공부해서 남주다(대니얼 플린), 주홍글씨(너대니얼 호손), 무엇이 되기 위해 살지 마라(백지연), 하룻밤에 읽는 한국사(최용범), 모모(미하엘 엔델). 논어의 영어번역본 The Analects of Confucius(Roger T. Ames). 카프카처럼 글쓰기(프란츠 카프카), 백석정본시집(백석), 사춘기 국어교과서(김보일, 고흥준), 논어(공자), 데미안(헤르만 헤세), 동물농장(조지 오웰). 세계사를 품은 영어이야기(필립 구든), 백인의 눈으로 아프리카를 말하지 말라(김명주), 셰익스피어의 시대(프랭크 커모드). 침묵의 미래(김애란), 난장이가 쏘아올린 작은 공(조세희), 1984(조지 오웰), 잠수복과 나비(장도미니크 보비). 관촌수필(이문구), 엄마를 부탁해(신경숙), 새의 선물(은희경), 정의란 무엇인가(마이클 센델), 명작스캔들(장 프랑수아 세뇨), 열일곱 영화로 세상을 보다(이대헌 외), 한국의 미 특강(오주석), 학교의 슬픔(다니엘 페낙), 논어(공자), 조선평전(신병주), 선택의 심리학(도흥찬), 연금술사(파울로 코엘료), 디어 라이프(앨리스 먼로), 국보순례(유홍준), 우주 속으로 걷다(브라이언 토머스 스윔, 메리 에블린 터커), 다윈이 들려주는 진화론 이야기(김학현), 봉사활동 관련 서적을 많이 읽음, 전공 관련 독서 활동, 역사 관련 독서</td></tr>
</table>

합격 총평		
	A학생	1학년부터 목표를 세우고 꾸준히 노력한 모습과 내신 성적의 꾸준한 상승세가 장점입니다. 또한, 전공 교과목뿐만 아니라 모든 교과목 학습에 흥미를 갖고 임하고, 전공 관련 교과 성적이 타 과목에 비해 우수하고, 지원 학과와 관련된 다양한 교내 대회에 참가하여 수상하였으며 1학년 때부터 교과학습 이외에 다양한 비교과활동에도 적극적으로 참여한 모습이 학교생활기록부 전반에 잘 기재되었습니다. 전공 관련 자율동아리를 창설하고 논문발표대회에 참가하는 등 전공학과 심화탐구를 수행하여 전공 적합성, 지적 호기심 등 우수한 모습도 학교생활기록부에서 볼 수 있었습니다.
	B학생	활동이 학과에서 요구하는 교육과정과 일치하는 면이 많은 것이 장점이라 생각됩니다.
	C학생	독서 및 글쓰기에 특기와 흥미를 갖고 있음을 학교생활기록부 전반에서 볼 수 있었습니다.
	D학생	교내에서 시행하는 활동에 적극적으로 참여하여 자신의 역량을 개발한 모습과 성적이 꾸준히 상승된 것이 장점이라 생각됩니다.
	E학생	교내활동을 중심으로 진로와 학업에 관한 여러 활동에 성실히 참여하면서 동시에 성적 향상을 위해 노력하고 동아리, 진로, 봉사, 자율 모든 분야에 있어 치우침 없이 참여하면서 다양한 능력을 가꾸기 위해 힘쓴 모습이 학교생활기록부에 잘 드러났습니다. 또한, 주요 교과목에 집중하면서도 한문, 정보와 같은 교양과목에도 흥미를 갖고 학습한 모습이 장점이라 생각됩니다.
	F학생	학생의 경우 이과에서 문과로 전과한 학생으로 사유에 대한 충분한 이해될 수 있게 학생의 구체적이고 실제적인 활동이 학생부에 기록되어 있었습니다. 가능한 문 이과의 구분 없이 여러 분야에 관심을 드러내며 창의적이고 융합적인 사고를 할 수 있다는 가능성을 학교생활기록부에서 볼 수 있었습니다. 수상 실적에 영어 관련 상이 많았고 교내의 여러 대회에 빠짐없이 참가하는 적극적인 모습이 긍정적으로 평가된 것 같습니다.
	G학생	성실하고 최선을 다하는 학생으로 타의 모범이 되며 자기관리능력이 탁월한 학생이라는 기록이 있었습니다. 영어에 관심이 많으며 외교관의 꿈을 키우고자 지속적인 노력으로 멘토링 활동을 활용하여 영자신문을 편집하였으며 학교 원어민 선생님과의 인터뷰 내용이 기재되어 있습니다.
	H학생	따뜻한 리더십으로 반에서 가장 뒤처지는 학생까지 친절하게 학습 멘토를 하는 모습과 디베이트에서 1, 2학년 시절 3학년을 압도하는 모습에 대한 기록이 있었습니다. 독서와 소설쓰기를 좋아하며 창작 활동에 적극적인 학생으로 독서는 다양한 분야의 책을 읽었고 도서 관련 임원활동이 특징입니다.
	I학생	교사와 친구들이 'OO라면 할 수 있을 거야'라고 할 정도로 신임을 얻고 인정을 받는 학생으로 올바른 가정교육을 바탕으로 봉사와 희생이 몸에 배어있고 책임감도 뛰어나기 때문에 후에 자신의 꿈을 이루게 된다면 주위의 많은 유혹에 흔들리지 않고 청렴을 지키며 자신의 자리에서 우직하게 맡은 임무를 해낼 수 있는 인재라는 인성에 대한 기록을 볼 수 있었습니다.

G학생	교과 성적이 고르게 우수하며 토론 등에 참여하여 생각을 정리하고 넓게 바라볼 수 있는 역량을 기르는 모습이 학교생활기록부 전반에 잘 드러나 있었습니다.
K학생	다른 친구들과 비교하였을 때 압도적으로 많은 독서량을 지니고 있으며, 단순히 독서량만 많은 것이 아니라 질적으로 높은 수준의 책을 많이 읽어 인문학 전반에 대해 깊게 이해할 수 있는 기초능력을 볼 수 있었습니다.
L학생	높은 성적과 모든 교과목의 교과세부능력 및 특기사항에 심층 탐구 및 교과 간의 연계하는 능력이 뛰어나고 폭넓게 사고할 수 있음이 나타나 있었습니다.

※ 자율활동 임원에서 **은 데이터상 5회 이상 , *은 데이터상 4~2회, 없는 것은 1회입니다. 봉사활동 특징에서 ***은 데이터상 100시간 이상 , **은 데이터상 100~80시간, *은 데이터 상 80~60시간, 없는 것은 60시간 미만이며, 굵은 글씨로 처리된 부분은 자주 등장한(3회 이상) 활동입니다.

미래 내가 해야 할 것

성적	
수상	
자율활동	
동아리활동	
봉사활동	
진로활동	
수업시간	
독서활동	

② 사회계열

가) 사회계열 들어가며

사회과학은 인간 사회의 여러 현상을 과학적, 체계적으로 연구하는 모든 학문을 일컬으며, 사회학, 정치학, 법학, 종교학, 도덕학, 예술학 등이 포함됩니다. 구체적 학과로는 정치외교학과, 경제학과, 사회학과, 인류학과, 심리학과, 지리학과, 사회복지학과, 언론정보학과, 행정학과 등이 있습니다. 경제학은 그 활용 분야가 다양해 이 책에서는 경상계열에서 다룹니다. 지원하는 학생의 특성이 비슷한 학과끼리 묶어 설명하려고 이렇게 나눕니다.

(1) 정치외교학과, 사회학과

1.2 ~ 1.5등급 학생이 많습니다. 특히 영어, 사회과 성적이 높은 편이며, 외교학과의 경우 영어, 국어, 제2외국어 과목에서 높은 등급을 꾸준히 유지하는 학생이 많습니다.

학생회 임원, 다수의 학급 임원의 경험, 모의 학생 법정, 모의 UN 등을 이끌어간 학생들이 많습니다. 동아리는 외국어와 관련한 동아리(영자신문반, 영미문학반, 중국어반 등), 국제외교 관련 동아리(모의UN, 세계이슈 토론, 시사토론)에 참여했습니다. 사회 전반에 대한 풍부한 상식을 갖추고 있음이 교과 세부 특기사항에 잘 드러나는 것을 확인하였습니다.

독서는 사회 현상에 대해 분석하는 서적을 읽은 사례가 많습니다. 문화, 사회, 정치, 외교 등 다양한 주제를 다루지만, 간혹 한 가지 현상에 대해 정치, 문화, 사회, 외교에서 어떻게 다루고 있는지 범위를 좁혀 관심을 기울인 예도 있습니다. 이를테면, 난민 문제에 대해 다룬 다양한 국가의 서적이나 난민에 대해 여러 시각에서 다룬 책을 읽기도 합니다. 이들은 독서를 통해 하나의 현상에 대한 다양한 입장의 차이를 파악하여 그 원인을 탐구하고 이해하는 능력을 갖춥니다. 더불어 '사회문제탐구' 과목을 수강하며 사회학에서 사용하는 연구방법을 익히는 것도 좋습니다.

(2) 심리학과

1 ~ 1.6등급으로 내신등급이 높은 편입니다. 모든 과목에서 우수한 성적을 유지하는 학생이 많습니다.

또래 상담 동아리, 초등학교 멘토링 봉사활동, 수업 중 멘토-멘티 활동 등 사람과 직접 대면하는 동아리 활동, 또래 상담활동, 봉사활동을 한 경우가 많습니다. '아내를 모자로 착각한 사나이'와 같이 심리 관련 교양서적을 많이 읽고, 교과 세부능력 특기사항에 심리학에 대한 꾸준한 관심을 엿볼 수 있습니다.
심리학에 관심을 기울이고 그 다양한 세부 분야에서 독서활동을 하며 2015개정교육과정의 교양 교과인 '심리학'을 수강하는 것도 좋은 방법입니다.

(3) 인류학과

인류학은 인간과 문화에 대한 과학으로 인간의 문화적 측면과 생물학적 측면을 고려, 종합적으로 연구하는 학문입니다. 인류학과, 문화인류학과 등으로 학과가 개설되고, 개설된 학교는 사실 매우 적습니다. 요즘 주요 화두가 '문화'인 만큼 역사, 정치, 경제 등 인류 문화 전반에 대해 박학한 지식을 갖추는 것이 중요합니다.
1.5 ~ 2.6 내신 학생이 많고, 특히 사회과에 높은 성적을 유지한 학생이 많습니다. 문화 현상에 관해 설명할 수 있는 식견을 갖추는 것이 중요하므로, 사회문화 전반에 대한 독서와 함께 '사회·문화' 과목, '사회과제탐구' 과목 수강을 통해 문화 현상을 바라보는 방법에 대해 알아가는 것도 좋은 방법입니다.

(4) 지리학과

1.8 ~ 2.5 성적인 학생들이 많습니다. 인간이 지표면에서 어떤 생활을 하고 살아가는지에 대해 연구하는 학문으로, 인문학적인 소양과 함께 자연과학적인 소양이 필요한 대목입니다. '한국지리', '여행지리', '세계지리' 등의 과목 수강으로 지리학적인 소양을 기를 수 있습니다. 사회 교과 관련 대회에서 수상한 경우가 많고, 자유주제 탐구 활동을 많이 합니다. 독서는 지리 관련 독서활동보다 인간 문명, 사회, 문화 전반에 대한 독서를 한 경우가 더 좋은 평가를 받았습니다.

(5) 사회복지학과

1.9 ~ 2.6 성적대인 학생이 많습니다. 일반전형 외에도 기회균형 전형이 많은 학과입니다. 다른 학과에 비해 봉사활동 총 시간이 월등히 높습니다. 특히 병원, 양로원 등의 복지시설에서 오랜 기간 꾸준히 봉사한 경우가 많습니다. 사회복지사로서의 꿈을 이루기 위해 노력하고, 사회복지정책에 관심이 많은 학생도 있습니다. 독서와 교과 활동 중에서 현 사회 시스템에서 어떻게 복지를 실현할 수 있는지 꾸준히 관심을 기울였던 학생이 좋은 평가를 받았습니다.

(6) 행정학과

1.1 ~ 2.0 성적인 학생이 사회과에서 높은 성적을 꾸준히 유지한 경우가 많습니다. 시사토론동아리, 경제동아리 등 사회 현상에 대한 동아리 활동이 많으며, 다양한 분야의 독서를 합니다. 경찰행정학과의 경우, 일반 행정학과와 다른 엄격한 기준을 갖추고 있습니다. 학교별로 그 기준이 상이하므로 원하는 대학의 세부 조건을 잘 봐야 합니다. 정치, 경제, 사회에 대한 독서활동이 많고, 진로활동에서 정부 부처나 행정기관을 방문하여 인터뷰 경험을 밝히는 학생이 많은 것이 특징입니다.

(7) 언론정보학과

1.2 ~ 2.6 대의 학생이 많습니다. 교내활동 중 학생 대표를 하며 학생을 대변하는 역할을 많이 합니다. 신문 관련 동아리 활동을 한 경우가 많으며, 글쓰기 능력이 뛰어나다고 교과 세부능력 및 특기사항에 꾸준히 언급되고 있습니다. 생각을 명료하게 표현하는 능력과 타인의 의견을 잡음 없이 해석할 수 있는 능력 모두를 갖추기 위해 유연한 사고를 기르는 것이 중요합니다. 특히 광고 분야에 관심을 오랫동안 가진 학생이 많습니다. 간혹, 한 분야에 대해 꾸준하고 지속적인 관심으로 지역 신문에 기고하거나, 인터넷 웹진 등을 발행하고, 인터넷 방송을 직접 운영하는 등 타인과의 소통을 시도하는 학생도 있습니다. 이런 학생은 종합전형 중 특기자 전형에서 높은 평가를 받았습니다.

이제부터 실제 합격사례를 분석하고 재분류하여 '사회학부', '언론, 방송 계열', '법, 정치 계열', '의류, 의상 계열' 이렇게 네 가지로 나눠 살펴보겠습니다. 학과별로 차이가 있을 수 있으나 공통분모로 생각되는 그룹을 통해 학생들의 이해에 도움이 되고자 위와 같이 분류하였습니다.

다음의 데이터 분석은 실제 데이터의 내용을 정리하여 요약한 내용을 표로 압축하여 정리하였습니다. 학생의 학교생활기록부와 비교하여 분석할 공간을 따로 만들어두었습니다. 실제 합격 데이터와 본인의 학교생활기록부를 비교하면서 부족한 부분은 보완하고, 강점은 더욱 부각할 방법을 찾으면 도움이 될 것입니다.

나) 사회계열 데이터 분석과 합격데이터

인터넷 실명제, 최저임금 인상, 노키즈 존~ 생각하고 고민할 게 많네~

(1) 사회계열

1. 내신

1~3점 초반(학교별 차이가 존재, 3점 초반은 서울시립대 사회공헌전형(사회복지))

2. 수상

5개 영역으로 나눠 생각해볼 수 있습니다.

1) 토론, 발표 : 예시 자료 중 44%의 학생이 토론 및 발표대회 수상이 있습니다. 수상을 보통 1회 하였으며 독서, 사회, 영어 토론 등의 다양한 분야입니다.
2) 프로젝트 : 약 60%가 수상하였으며, 대부분 수학과 사회탐구 영역의 경시대회 수상입니다. 주제탐구는 진로 관련 활동인 창업, 사회탐구 등이 있었고 동아리에서 하는 활동이 포함되었습니다.
3) 어휘력(영어, 외국어 등) : 33%가 수상하였으며, 영어 관련 단어, 스피치, 에세이 등입니다. 수상한 학생은 2년 또는 3년 연속의 수상이었습니다.
4) 사회, 인문학 관련 수상 : 예시 자료의 44%가 수상하였습니다. 진로와 연관이 깊은 수상으로 인권, 사회토론, 인문학 토론 등이 있습니다.
5) 독서, 창작 관련 수상 : 52%가 수상하였습니다. 평균 2개 내외이며 다양한 주제의 글짓기 대회에서 수상하였습니다.

3. 자율활동

대부분이 학생회 임원, 학급 임원을 맡아 활동하였습니다. 그 외 스터디그룹, 토론, 멘토-멘티 등의 활동이 있으며 국제교류단과 같이 다른 사람들과 관계를 형성할 수 있는 활동이 많았습니다.

4. 진로활동

전국 고교생 경제 한마당 참여 활동이 있었습니다.

5. 동아리 활동

대부분의 학생이 참여했으며 다음의 특징을 나타냅니다.

1) 사회탐구 관련 동아리 활동 : 약 60%가 사회탐구 관련 동아리 활동에 참여하였으며 미디어, 신문 분석, 시사 탐구, 사회문제 해결, 문화 심층 탐구 등의 활동을 진행하는 동아리가 있습니다.
2) 영어 관련 동아리 : 25%의 학생이 참여한 동아리로 영자신문, 영어 논술, 영어 토론, 영어 회화 등의 동아리가 있습니다.
3) 신문, 독서관련 동아리 : 25%의 학생들이 참여한 동아리로 교지편집반과 토론 관련 동아리가 있었습니다.
4) 그 외 토론, 인문학, 봉사, 교육학 등의 동아리가 있습니다.

6. 봉사활동	대부분 학생에 기록되며, 교내, 교외(지역센터 연계) 봉사가 많습니다. 대개 요양원 또는 아동보호소, 다문화 교육 등의 봉사를 진행하며 진로와 연계한 지역사회 지리봉사단이 있었습니다.
7. 과목별 세부능력 및 특기사항	대부분 토론 수업에 적극 참여하며, 자신의 진로와 연관된 주제를 탐구하거나 프로젝트를 진행하였습니다. 아래는 구체적인 활동 내용입니다. 1) 영어 심화 과정 2) 주문형 강좌(시사 토론) 3) 사회과목을 비롯하여 교과 특기사항에 성 소수자, 약자, 여성 등 사회적 소수자에 대한 관심이 드러나 있음 4) 클러스터 (사회과학 방법론) 수업 이수
8. 독서활동 사항	진로와 관련하여 독서 하였습니다.

학교 기본 정보

합격데이터

대학교	1)경희대 2)동국대 3)서울대 4)이화여대 5)중앙대 6)성균관대 7)성균관대 8)서강대 9)경희대 10)경희대 11)경희대 12)국민대 13)중앙대 14)중앙대 15)한양대 16)서울대 17)이화여대 18)건국대 19)숙명여대 20)경희대 21)경희대 22)서울시립대 23)서울시립대 24)서울시립대 25)연세대 26)중앙대 27)성균관대
전형명	1)학교생활충실자 2)학교생활우수인재 3)지역균형선발 4)고교추천 5)다빈치형인재 6)농어촌 7)성균인재 8)학생부종합(일반형) 9)고교연계 10)고교연계 11)고교연계 12)국민프런티어 13)다빈치형인재 14)탐구형인재 15)학생부종합 16)지역균형선발 17)미래인재 18)KU자기추천 19)숙명인재 20)고교연계 21)네오르네상스 22)학생부종합 23)사회공헌통합 24)학생부종합 25)활동우수형 26)탐구형 인재 27)글로벌인재
학과	사회과학부/사회학과/사회과학계열/소비자아동/소비자학과/부동산/아시아문화학부/문화관광학부/관광학부/사회복지

나만의 데이터

(나에 해당하는 부분을 적어보세요!)

학생 내신 등급

이 등급대의 학생부를 빅데타해서 분석한 자료임! 우수한 학생들의 학생부를 내가 가질 기회를 가지세요

합격데이터

전체학년 합산등급	1)1.29 2)1.35 3)1.24 4)1.15 5)2.37 6)1.32 7)2.82 8)2.33 9)1.22 10)1.56 11)1.36 12)2.23 13)1.63 14)1.8 15)1.47 16)1.51 17)2.2 18)2.49 19)1.6 20)1.6 21)2.23 22)1.96 23)2.98 24)2.68 25)1.56 26)2.56 27)1.17
전체학년 국영수탐 등급	1)1.07 2)1.35 3)1.3 4)1.15 5)1.99 6)1.32 7)2.79 8)2.6 9)1.23 10)1.52 11)1.36 12)2.33 13)1.53 14)1.8 15)1.41 16)1.52 17)1.97 18)2.11 19)1.6 20)1.6 21)2.25 22)2.12 23)3.06 24)2.53 25)1.55 26)2.49 27)1.21

나만의 데이터

(나에 해당하는 부분을 적어보세요!)

학교에서 학생에게 하는 활동

"내가 했던 것은 (O)표시 해보세요.
그리고 해야할 것은 (✩)해보세요!"

합격데이터

수상 (분류)	토론	토론대회, 사회과 토론대회, 생명과학 탐구 토론대회, 영어 토론 대회
	발표	동아리 사례 발표대회, 진로탐구발표, 자유탐구과제 연구발표대회, 진로프리젠테이션대회, 인문학 스피치 대회, 학습법 발표대회, 글로벌리더 영어스피치 대회
	주제탐구	창의인성 지성 활동 포트폴리오 발표대회, 프로젝트 콘텐츠, 좋은 환경 만들기 환경미술 프로젝트, 개인정보보안 및 암호학 컨퍼런스 연구보고서, 전공연구 역량강화 프로그램 논문대회, 소논문 콘테스트, 자유탐구 과제 연구발표대회, 인문사회 소논문 쓰기 대회, 전공연계 탐구대회, 탐구과제 보고서 대회, 탐구실험대회, 탐구추론 활동
	어휘력	영어 말하기 대회, 과학 글쓰기, 영어 경시대회, 영어 어휘, 사자성어 대회, 팝송대회, 영어 에세이 대회, English Voca Festival, 언어 사고력 탐구한마당, 외국어문화컨텐츠페스티벌, 영어 토론 대회, 우리말 겨루기 대회, 글로벌리더 영어스피치 대회
	창작물제작 (글짓기 포함)	청소년진로UCC대회, 인권글짓기, 프로젝트콘텐츠, 환경UCC, 백일장, 만화그리기, 거장과만나다 보고서쓰기대회, 통일 소감문쓰기대회, 자기소개서 쓰기대회, 양성평등글짓기한마당, 진로캠프소감문쓰기 대회, 과학다큐감상문쓰기, 과학발명품경진대회
	독서	독서활동상, 전공독서왕, 우수 독후감, 독서기록표창상, 서평, 독서 칼럼쓰기, 독서 사고력 발휘대회, 인문학 북콘서트, 창의융합독서발표대회
	사회관련	독도경시대회, 인문학페스티벌, 세계지리 창업대회, 인문학체험전 우수 부스, 사회과 토론대회, 경제탐구대회, 시사능력탐구한마당(사회문화), 인문학스피치대회, 인문사회소논문쓰기대회, 인문학북콘서트, 인권탐구대회, 지리·역사 골든벨대회, 사회탐구경시대회, 사회문화경시대회.
	기타	수학경시, 수학과학경시대회, 나의하루작성대회, 인문수리사고력한마당, 학습플래너우수기록자

자율활동	임원	학습부 차장, 학생회 부회장, 학생회*, 학교 선도부원, 학급 반장, 학생회 봉사부장, 학생회자문 동아리회장, 차세대 위원회 위원, 스쿨폴리스, 기숙사 층 대표
	멘토멘티	그룹스터디, 학습멘토링제 프로그램, 무학년제 프로그램
	특성화 프로그램	국제교류단, 학교 자치법정, 영어독서 프로젝트, 문리융합 스터디그룹, 사제동행 독서 프로그램
	기타	청소년 의회에서 정책 제안 활동을 함 장애인을 위한 영화 상영을 제안함
진로활동		전국 고교생 경제 한마당 참여

학생이 학교에서 주도적으로 하는 활동

"내가 했던 것은 (O)표시 해보세요.
그리고 해야할 것은 (☆)해보세요!"

○ 합격데이터

동아리 활동	진로관련	인문학 자율동아리, 사회문제 해결 모색, 문화 심층 탐구 동아리(청년 주거 빈곤을 주제로 연구), 세계시민학습 동아리, 사회문제 해결 모색
	봉사	교육봉사동아리, 심리상담반
	사회계열	역사동아리, 인문토론동아리, 철학반(사회문제토론), 경제 연합 동아리, 국제심화동아리, 세계문화탐구반
	어문	영자신문동아리, 영미문화탐구반, 스크린잉글리쉬딕테이션반, 항공관광회화반
	토론	토론 자율동아리, 인문토론동아리, 토론 또래스터디, 스피치세상반, 국제시사토론
	독서	고전탐독반, 독서토론동아리, 신문스크랩
	발명, 창작	방송부 동아리, 미디어 자율동아리, 학교신문편집부, 교재출판동아리
	기타	수학동아리, 수학 멘토&멘티, 진로탐색 동아리, 과학동아리, 칸타빌레(오케스트라)(플루트를 연주), 교육 동아리(교육 현안 토론하며 문제점을 논의함), 논문작성동아리
봉사활동 (시간 및 주목할 봉사)	시간	평균 160시간 내외
	특징	지역센터와 연계하여 봉사활동*, 라온 도서기부 캠페인활동, 월드비전 영문편지 번역활동***, 지역사회와 연계하여 지리봉사단**, 장애인 동행 봉사, 재활원 환경정리 및 말벗지원, 환경 정리 청소년 안전 캠페인 봉사활동, 도서관서가 정리 봉사활동, 지역아동센터에서 초등학생의 공부를 가르치는 봉사활동*, 플루트 연주 재능기부 봉사활동, 치매 전문 요양원에서 1년 반 동안 꾸준히 봉사함*, 다문화가정 멘토링 봉사(3년간)**, 박물관봉사, 영유아 돌보기 봉사활동, 지속적인 요양원 봉사, 어린이재단, 실버타운봉사 다수**,

	아동센터에서 다문화 봉사*, 다문화 교육보조 학교 봉사 자율 동아리 활동, 밑반찬 배달 봉사 2년간 실시, 통번역 봉사 참여***, 보훈요양원에서 노인 생활 지원 봉사(2년간)**, 교내 급식 배식도우미(1학기)
진로희망	사회학 연구원, 초등교사에서 사회학자로 진로 변경, 1학년 때부터 기내승무원 희망 1학년: 국어교사 2학년: 복지공무원 3학년: 청소년복지정책전문가
과목별 세부능력 및 특기 사항	- 프로젝트 학습 - 창조교실 한문 3학기 이수, 영어 심화과정 - 인문학 활동 - 사회문제 관련 활동 - 영어, 일본어, 사회 과목 성적 우수 - 주문형 강좌(시사토론) - 협력, 배려의 덕목에 대해 서술되어 있음 - 사회교과를 비롯한 대부분의 교과 특기사항에 성 소수자, 여성 등 사회적 소수자에 관심이 드러나 있음 - 진로희망이 바뀌게 된 계기가 과목에 대한 관심사로 반영되어 언급됨 - 윤리와 역사 과목에 대한 관심이 많고 깊이 있는 사고력이 부각됨 - 인문집중과정임에도 과학 과목을 소홀히 하지 않아 좋은 성적 유지 - 클러스터 [사회과학방법론] 수업 이수 - 수학 1등급, 동아시아사 소인수과목 이수, 방과 후 영재반 심화수업 이수 - 경영학과 연관 지어 활동 - 국어성적향상 - 소규모활동의 리더, 일일교사 등 배움을 나누는 활동에 적극 참여 - 친구들에게 어려운 개념을 쉽게 풀어서 전달한다는 평가 다수 - 발표력과 언어구사력이 뛰어나 생각을 말로 표현하는 능력 탁월 - 전과하여 1학년 과학 분야의 활동 내용 다수
독서 (권수/ 주목할 책이름)	독서기록 풍부 자신의 진로와 관련된 책들을 교과 수업과 연계하여 3년 동안 꾸준히 읽음

1.2 사회계열

합격 총평		
	A학생	논리적 말하기 능력과 바른 인성, 사고력이 우수하여 다양한 분야에 관심도가 높음을 학교생활기록부 전반에서 볼 수 있었습니다.
	B학생	악기 다루기와 댄스에 소질이 있고, 컴퓨터 및 방송기기 활용능력이 우수함이 기재되어 있었습니다.
	C학생	토론대회, 글쓰기대회, 모의법정대회, 논문대회 등에 적극적으로 참여하여 논리적인 글쓰기 및 말하기 능력이 뛰어나다는 내용을 학교생활기록부 전반에서 볼 수 있었습니다.
	D학생	다양한 분야에서 적극적으로 참여해 보고서를 작성하며 사회문제에 관심을 보였고, 토론에 참여하면서 반대 입장을 수용할 수 있는 역량을 보여주었다는 내용이 기재되어 있습니다. 이러한 모습에서 통합적인 사고로 사회문제를 해결할 수 있을 것이라는 교과 세부능력 및 특기사항의 문구가 유의미하게 받아들여졌을 것입니다.
	E학생	청년 주거 문제 등 현실적인 문제를 직접 조사하고 이를 동아리에서 탐구하고 토론하는 모습이 학교생활기록부에 기재되어 있습니다. 현실에 대한 관심과 사회문제를 해결하기 위해 노력할 수 있는 역량을 확인할 수 있는 부분이라 생각됩니다.
	F학생	높은 성적과 전 교과에서 고르게 우수한 모습을 보여주는 학생으로 사회 교과의 개념에 대한 이해뿐만이 아니라 이를 활용하여 현실과 연관 짓는 능력이 출중하다는 내용이 교과세부능력 및 특기사항 등에 자세히 기재되어 있었습니다.
	G학생	소수자 등 사회적 약자에 관심을 가지고 보고서나 발표 등의 활동을 꾸준히 해온 것이 학교생활기록부 전반에 기재되었습니다. 이를 단순히 조사한 것이 아닌 해결하고 싶다는 문제를 해결하는 방안에 대한 토의와 관련 활동도 나타나는 등 진로의 목표가 뚜렷하게 보이는 학생이었습니다.
	H학생	진로와 연관된 클러스터를 신청하여 듣거나 소수 희망 과목임에도 불구하고 신청하여 듣는 모습에서 진로에 대한 열정과 노력, 그리고 도전의식을 볼 수 있는 장점을 갖고 있었습니다.
	I학생	꾸준한 봉사를 통해 인성을 볼 수 있었으며 봉사활동의 경험을 기반으로 복지 제도에 대해 고민하며 진로를 변경, 구체화하는 모습이 학교생활기록부와 진로에 대한 믿음을 줄 수 있었다고 생각됩니다.
	J학생	거의 모든 사회과의 교과 세부능력 및 특기사항에서 관심과 사고력에 관한 내용이 기록되었으며, 다양한 문화와 이를 소비하는 사회에 대해 기록된 것이 특징이었습니다.

※ 자율활동 임원에서 **은 데이터상 5회 이상 , *은 데이터상 4~2회, 없는 것은 1회입니다. 봉사활동 특징에서 ***은 데이터상 100시간 이상 , **은 데이터상 100~80시간, *은 데이터 상 80~60시간, 없는 것은 60시간 미만이며, 굵은 글씨로 처리된 부분은 자주 등장한(3회 이상) 활동입니다.

미래 내가 해야 할 것

성적	
수상	
자율활동	
동아리활동	
봉사활동	
진로활동	
수업시간	
독서활동	

언론, 방송 계열에 대해 알아볼 끝판왕 기자입니다. 같이 볼까요.

(2) 언론, 방송계열

1. 내신

1~2점 중반(학교별 차이가 존재)

2. 수상

5개 영역으로 나눠 생각해 볼 수 있습니다.

1) 토론, 발표 : 예시 자료 중 48%가 토론 및 발표대회에서 수상했습니다. 수상은 보통 1회이며 독서, 사회, 영어 토론 등의 다양한 분야입니다.
2) 프로젝트, 주제탐구 : 약 36%가 수상하였으며, 융합, 인문학을 주제로 탐구한 경우가 많았습니다.
3) 어휘력(영어, 외국어 등) : 40%가 수상하였으며, 영어 관련 단어, 스피치, 에세이 대회가 많습니다.
4) 사회, 인문학 관련 수상 : 예시 자료 중 44%가 수상하였습니다. 시사 탐구, 사회적 분쟁에 관한 탐구, 인권, 사회토론, 인문학 토론 등이 있습니다.
5) 독서, 창작(글짓기 포함) 관련 수상 : 64%가 수상한 가장 대표적인 활동입니다. 평균 2.5개로 내외의 수상하며 다양한 주제의 글짓기 대회가 주입니다. 특히 UCC에서 다양한 주제로 수상이 있으며 그림 등 다양한 작품 수상도 있습니다.

3. 자율활동

대부분 학생회 임원 또는 학급 임원을 맡아 활동하였습니다. 진로 관련 클러스터 과정(영화제작) 이수, 교내 문화예술공연 스태프로 3년간 봉사하며 교내 공연 준비와 진행 및 영상 기록을 도와주는 활동이 있었습니다.

4. 진로활동

많은 자료가 있지 않으나, 교내 신문 기사 작성 및 교지 제작, EBS 명예기자단, 대학교 명예기자단, 미디어커뮤니케이션학과 진로체험 등 진로 연관 활동이 있었습니다.

5. 동아리 활동

학생 대부분이 참여하며 다음의 특징이 있습니다.

1) 영상, 홍보 동아리 활동 : 약 54%가 기록된 가장 대표적인 활동입니다. 일회성 활동보다 2년 이상 꾸준히 참여한 학생이 많습니다. 활동 내용은 국장, 학교 통신원, 학교홍보, 영상 제작 기획, 연극영화 제작반에서 공연 기획에 참여하고 영상 기록을 담당, 광고 관련이 있습니다.
2) 인문학, 사회학 관련 동아리 : 약 35%의 학생이 참여한 활동입니다. 시사 문제나 사회과학, 융합 토론 등을 진행한 예가 있습니다.
3) 창작물 관련 동아리(글짓기, 신문) : 약 42%의 학생이 참여한 동아리입니다. 대부분 학교 신문이나 영어 신문이었으나 발명동아리에서 아두이노를 다룬 학생도 있습니다.
4) 그 외 과학 관련 동아리, 토론, 언어(영어, 외국어) 등의 활동도 있었습니다.

6. 봉사활동

대부분 기록되었으며, 교내, 교외(지역센터 연계) 봉사가 많습니다. 주로 요양원 또는 아동보호소, 다문화 교육 등의 봉사를 진행하였으며 진로와 연계, 신문활용교육 봉사활동이 있었습니다.

7. 과목별 세부능력 및 특기사항

수업에 적극적으로 참여하고 UCC를 제작하거나 조별활동에서 두각을 드러낸 학생이 많습니다. 다음은 구체적인 활동입니다.

1) '영화를 비롯한 다양한 매체의 트렌드'에 관한 과제연구
2) 2학년 클러스터(문예창작전공실기)
3) 광고 속에 나타난 화학
4) (법과 정치) 판 시나리오 작성

8. 독서활동 사항

영화와 관련 혹은 진로 관련 독서활동을 한 학생이 있습니다.

학교 기본 정보

합격데이터

대학교	1)경희대 2)고려대 3)동국대 4)동국대 5)숙명여대 6)이화여대 7)이화여대 8)동국대 9)서울대 10)서울대 11)이화여대 12)한국외대 13)숭실대 14)숭실대 15)한국외대 16)동국대 17)숙명여대 18)고려대 19)경희대 20)경희대 21)국민대 22)국민대 23)연세대 24)동국대 25)중앙대
전형명	1)네오르네상스 2)학교장추천 3)Do Dream 4)Do Dream 5)숙명미래리더 6)고교추천 7)고교추천 8)Do Dream 9)지역균형선발 10)지역균형 11)미래인재 12)학생부종합 13)SSU 미래인재 14)SSU 미래인재 15)학생부종합 16)Do Dream 17)숙명인재 18)학교추천 I 19)고교연계 20)네오르네상스 21)국민프런티어 22)국민프런티어 23)활동우수 24)Do Dream 25)다빈치형인재
학과	디지털컨텐츠/미디어학부/영화영상미디어커뮤니케이션학전공/커뮤니케이션미디어 /언론정보/글로벌 미디어학/사회언론정보학부 /언론홍보영상학/광고홍보

나만의 데이터

(나에 해당하는 부분을 적어보세요!)

이 등급대의 학생부를 빅데타해서 분석한 자료임! 우수한 학생들의 학생부를 내가 가질 기회를 가지세요

○ 합격데이터

전체학년 합산등급	1)2.08 2)1.12 3)1.41 4)2.36 5)1.67 6)1.03 7)1.13 8)2.31 9)1.0 10)1.21 11)1.98 12)1.8 13)2.24 14)2.14 15)1.36 16)2.15 17)2.51 18)1.08 19)1.24 20)2.5 21)2.18 22)1.43 23)1.09 24)2.12 25)1.74
전체학년 국영수탐 등급	1)1.5 2)1.12 3)1.44 4)2.33 5)1.63 6)1.04 7)1.1 8)2.09 9)1.0 10)1.15 11)2.11 12)1.3 13)2.27 14)2.07 15)1.34 16)1.79 17)2.35 18)1.08 19)1.12 20)2.27 21)2.06 22)1.47 23)1.09 24)2.28 25)1.73

○ 나만의 데이터

(나에 해당하는 부분을 적어보세요!)

1.2 사회계열

학교에서 학생에게 하는 활동

"내가 했던 것은 (O)표시 해보세요.
그리고 해야할 것은 (✩)해보세요!"

○ 합격데이터

수상 (분류)	토론	독서토론대회, 교내토론대회
	발표	인문사회분야 발표대회, 인문사회소논문연구 발표대회, 말하기 대회, 주제탐구발표대회, 진로탐색발표대회, 학술소논문 발표대회, 지구살리기탐구발표대회, 한국사발표대회, 나의 주장 말하기, 이그나이트보정대회, 제2외국어발표, 학술제발표대회
	주제탐구	사회적분쟁및주제탐구, 인문사회 소논문 연구 및 발표대회, 프로젝트학습대회, 주제탐구발표대회, 인문학AP보고서대회, 창의융합탐구대회, 인문사회주제 탐구대회
	어휘력	영어단어경시대회, 영어찬반글쓰기대회, 영어말하기대회, spelling bee contest, 영어 역할극 대회
	창작물제작 (글짓기 포함)	자기소개서 쓰기 대회, 물리UCC, 소감문 쓰기, 백일장, 직업 및 과학 체험보고서쓰기, 영어찬반글쓰기대회, 아름다운장터UCC공모전, 캐리커처 그리기대회, 나라사랑그림그리기대회, 우리마을 직업지도 그리기 대회, 진로포트폴리오 경진대회, 체험학습UCC대회, 영상제, UCC, 학생인권관련UCC
	독서	독서경시대회, 독서감상문쓰기, 다독상
	사회관련	인문사회통합논술경시, 인문사회분야발표대회, 사회적 분쟁및주제탐구, 인문사회소논문연구및 표대회, 지리사고력탐구대회, 지리올림피아드대회, 한국사발표대회, 국제이해탐구대회, 역사인물탐구대회
	기타	지구 살리기 탐구발표대회
자율활동	임원	학생회 간부*, 학급반장, 학년회장, 전교학생회장, 학급 회장*
	멘토멘티	또래 멘토-멘티, 학습 멘토

<table>
<tr><td rowspan="2"></td><td>특성화 프로그램</td><td>영어영재학급, 꿈두레 교육과정, 바른말 고운 말 쓰기 캠페인, 인문학 아카데미, 리더십 캠프.</td></tr>
<tr><td>기타</td><td>교내 문화예술공연 스태프로 3년간 봉사하며 여러 교내 공연 준비와 진행 및 영상 기록을 도움, 청소년 미디어 꿈의학교 활동(인터뷰)</td></tr>
<tr><td>진로활동</td><td colspan="2">교내 신문 기사 작성 및 교지 제작
EBS 명예기자단
00대학교 명예기자단
00구 청소년 블로그 기자단 우수 기자상
개인 블로그 운영
독서체험 한마당 독서 논술
독도 과거대회
4H 인문학 특강
소논문(1,2학년)
고등학생 토론 및 면접 캠프 참여
미디어커뮤니케이션학과 진로체험 다녀옴</td></tr>
</table>

학생이 학교에서 주도적으로 하는 활동

"내가 했던 것은 (O)표시 해보세요.
그리고 해야할 것은 (✩)해보세요!"

합격데이터

동아리 활동		
	진로관련	방송반(3년간), 신문반 동아리, 영화제작동아리, 교내 기자단(3년), 신문방송학 동아리, 교지편집부, 광고기획, 연극영화제작반, 광고캠페인
	봉사	안전청결지킴위원회, 또래 멘토링
	사회계열	지리 관련 학술동아리, 경제동아리, 역사토론동아리, 사회과학탐구토론동아리, 사회문제 토론 및 캠페인 활동, 시사토론
	어문	영자신문부, 영자신문 스크랩, 국어 동아리
	토론	역사토론 동아리, 시사토론
	독서	고전영화감상동아리
	발명, 창작	아트코드(그림 동아리), 글쓰기, 창업동아리, 신문반동아리, 영화제작동아리, 교내 기자단(3년), 신문방송학 동아리, 영상부, 아두이노 동아리, 연극영화제작반, 광고기획, 광고캠페인
	기타	ARTLIER(진로동아리), 홍보 동아리, 프라모델동아리, 방송댄스동아리 흥미로운 과학 주제탐구 동아리, 과학관련 탐구활동 동아리, 문이과융합 주제탐구동아리

봉사활동 (시간 및 주목할 봉사)	**시간**: 평균 160시간 내외 **특징**: 지역센터와 연계하여 교육봉사활동 참여*, 지역 내 보육원 봉사, 지역센터와 연계하여 다문화가정 자녀 교육봉사**, 드림온 어린이 합창단 후원, 연탄봉사, 소록도 봉사, 점자 도서 입력 봉사*, 사회복지관 배식 도우미*, 요양원 매달 1회씩 봉사**, 중학생 멘토링, 효행 봉사단, 벽화그리기 봉사활동, 급식 배식 도우미*, 다문화 멘토링, 외국인 노동자 한글 봉사활동*, 한일포럼 아시아희망캠프 한국공정무역단체협의회에서 봉사활동, 신문활용교육 봉사활동(3년간)**, 교내활동을 통한 봉사 이외에 꾸준히 했던 봉사는 없었음, 대학진학박람회 홍보부장 봉사, 3년간 RCY
진로희망	이공계열 학생임 3년간 PD 3년간 제작자
과목별 세부능력 및 특기 사항	- 모든 교과에 걸쳐 바른 수업 자세와 학업역량이 우수함 - (문학) UCC 만들기 및 모둠수업 주장, 연극대본 작성 - (독서와 문법) 문학작품 활용 PPT 제작 및 발표 수업 - (문학) 삼포 가는 길 UCC 제작 - (일어) 일본문화 UCC 제작 - (독서와 문법) 영화 관련 논문 - 글쓰기 능력과 논리적 말하기 능력이 탁월함 - 글쓰기, 토론 등에서 논리적인 사고가 돋보임 - 클러스터 과정 국제정치1 이수 - 방과 후 영어, 수학 심화반 - 교내 토론 경험으로 조리 있고 설득력 있게 생각을 표현함 - 북한 인권 연구 - 세계지리와 문화, 세계화 탐구 - 영화를 비롯한 다양한 매체의 트렌드에 관한 과제연구 - 2학년 클러스터(문예창작전공실기), 3학년 주문형강좌(중국어회화) 이수 - 국어 소학회 - UCC활동 다수 - 영화감상과 비평 클러스터 이수 - 발명아이디어활동 - 인문학 특강 - 사회문제를 주제로 한 활동(발표 토론 등)이 많았음 - (법과 정치)판 시나리오 작성 - (사회문화)문화 변동에 따른 광고매체와 광고문화 변천 - (생명)세균 배양 실험을 통한 공익광고제작 - (영어)SNS는 우리 사회에 유익한가 - 광고 속에 나타난 화학 - 의견을 조합하고 정리하는 능력이 뛰어남

독서 (권수/ 주목할 책이름)		
	권수	평균 40권 내외
	특징	꾸준한 독서활동(3년간) 영화 관련 서적 독후 활동 독서량이 많고 고교 3년 동안 신문 사설을 꾸준하게 읽으면서 생각을 정리함

합격 총평		
	A학생	게임그래픽디자이너라는 자신의 꿈이 확고하고 관련 분야에 대한 지식이 많다는 것을 학교생활기록부 전반에서 볼 수 있었습니다.
	B학생	발표 및 토론에서 우수한 모습과 인성 및 대인관계에서의 두드러진 모습이 기재되어 있으며, 지속적인 전공 관심도와 활동이 돋보인 것이 장점이라 생각됩니다.
	C학생	3년간 방송부 활동을 하며 미디어 기술에 관심을 갖고 학교 홍보 영상 등을 직접 제작하며 미디어 기술이나 편집, 영상을 어떻게 적용할지 고민하는 모습이 동아리 활동 특기사항에 기재된 것이 장점이라 생각합니다.
	D학생	학교 신문 편집을 담당하며 '신문 내용을 어떻게 읽게 할 것인가?'에 대해 고민하고 이를 위해 독자의 시선으로 고민하거나 설문조사를 하는 등의 노력이 동아리 활동 특기사항에 기재되었습니다.
	E학생	광고와 미디어를 분석하는 활동을 통해 진로에 대한 이해를 높이고 꾸준히 분석하며 전공적합성을 키워온 점을 중심으로 학교생활기록부에 기재된 것이 장점이라 생각됩니다.
	F학생	폭넓은 학습과 높은 학업성취도를 갖고 있으며, 이를 기반으로 여러 분야로 문제를 바라볼 수 있는 능력을 갖추고 있다는 것이 교과 세부능력 및 특기사항에 매번 기록되어 있었습니다. 이러한 점에서 다양한 측면의 관점이 지원한 학과와 잘 맞았다고 생각이 듭니다.
	G학생	진로와 연관된 활동으로 수업과 연계하여 시나리오 작성, 문화 변동과 광고의 변화, 공익광고 제작, SNS와 사회 등 여러 활동을 했고 이러한 점이 학교생활기록부에 기재되었습니다. 이를 통해 전공적합성을 드러냈다고 생각됩니다.
	H학생	인문과 자연 분야를 아우르는 폭넓은 활동을 할 수 있는 능력이 강조된 학교생활기록부가 특징이었습니다. 전과한 학생으로 미디어는 인문학적 감성과 기술 두 가지 측면을 모두 고려할 필요성에 대해 진로 변경과 전과의 이유를 구체적으로 설명하며 관련된 두 활동을 꾸준히 이어나가 학교생활기록부의 일관성도 갖출 수 있었습니다.

I학생	3년간 진로가 일치하고 의견을 조합하여 정리하는 능력이 뛰어나다는 것을 드러내는 문장이 학교생활기록부에서 자주 등장하였습니다. 이러한 점이 장점으로 작용한 것으로 생각됩니다.
J학생	사회문제와 연관된 UCC를 제작하고 이를 친구들에게 전달하며 언론과 미디어의 파급 효과와 중요성에 대해 인식하고 관련된 전공을 공부하여 좋은 미디어 등을 만들 수 있는 제작자로서의 꿈을 구체화하는 모습을 학교생활기록부에서 해를 거듭하며 볼 수 있었습니다.

※ 자율활동 임원에서 **은 데이터상 5회 이상 , *은 데이터상 4~2회, 없는 것은 1회입니다. 봉사활동 특징에서 ***은 데이터상 100시간 이상 , **은 데이터상 100~80시간, *은 데이터 상 80~60시간, 없는 것은 60시간 미만이며, 굵은 글씨로 처리된 부분은 자주 등장한(3회 이상) 활동입니다.

미래 내가 해야 할 것

성적	
수상	
자율활동	
동아리활동	
봉사활동	
진로활동	
수업시간	
독서활동	

대한민국 헌법 1조 1항. 대한민국은 민주공화국이다. 2항 대한민국의 주권은 국민에게 있고, 모든 권력은 국민으로부터 나온다.

(3) 법, 행정학과

1. 내신

1~3점 초반(3점대 초반의 경우 숙명여대 농어촌 전형(법학과))

2. 수상

4개 영역으로 나눠 생각해 볼 수 있습니다.

1) 주제탐구, 프로젝트 : 자료 중 25%가 수상하였으며, 주제탐구는 진로와 관련된 활동이 포함되어 있습니다.
2) 어휘력 : 자료 중 30%가 수상하였으며, 영어 관련 단어, 스피치 등의 대회가 많습니다.
3) 글짓기, UCC 등 창작물 제출 관련 대회 수상 : 30%가 수상하였으며 한 명이 2개 정도 수상했습니다.
4) 인문학, 사회학 계열 수상 : 약 33%가 사회탐구와 관련된 주제 연구로 수상하였습니다.

3. 자율활동

학급 임원, 학생회 임원, 학급 자치법정 등이 있었습니다.

4. 진로활동

기록된 내용이 많지는 않았으나 지역 고등학교 학생자치협의회 고등부 회장, 지역 학생회장 토론회 참가, 경기학생 1,000인 원탁대토론회 또래 퍼실리테이터 참가 및 전체 회의 진행에 관한 내용이 있었습니다.

5. 동아리 활동

학생 대부분이 참여했으며 다음의 특징을 나타내고 있습니다.

1) 사회관련 동아리 활동 : 약 33%의 학생이 참여한 활동으로 사회인식 변화, 시사 탐구 등의 활동을 한 동아리입니다. 구체적 활동으로 위안부, 소방관 처우개선 문제, 시민단체 활동, 참여민주주의 등 민주주의에 관한 철학적 내용, 최저임금 인상에 대한 찬성, 경제 선순환, 군중심리논문과 관련된 내용이 있었습니다.
2) 진로관련 경찰 및 법 동아리 : 약 43%가 기록된 대표적인 활동입니다. 구체적 활동으로 자치법정동아리에서 변호사로 활동, 원전 문제를 행정적 관점으로 본 내용, 학교폭력예방 점심시간 순찰활동, 현직 경찰 특강, 모의재판 경연대회 등이 있었습니다.
3) 토론 관련 동아리 : 약 30%의 학생이 참여한 동아리입니다.
4) 봉사동아리 : 약 24%가 기록된 활동입니다.

6. 봉사활동

대부분 기록되어 있으며, 교내, 교외(지역센터 연계) 봉사가 많습니다. 주로 요양원 또는 아동보호소, 다문화 교육 등 봉사를 하였으며, 진로 관련 청소년 방범대 봉사, 학교 인성나눔부(생활지도 및 교통지도)봉사가 있습니다.

7. 과목별 세부능력 및 특기사항	대부분 토론 수업에 적극적으로 참여하며, 자신의 진로 연관 탐구 프로젝트를 진행하였습니다. 아래는 구체적인 활동 내용입니다. 1)(법과 정치) 부계혈통만 인정했던 호주제의 문제점을 설명하고 기존 호주제와 가족관계 등록제를 비교하여 발표2) (생활과 윤리) 법과 정치에 관심이 있어 칸트의 응보주의에 관심을 가지고 질문을 많이 함. 칸트의 '법이론'을 읽음. 오늘날 우리 사회에 응보주의를 적용하는 것은 범죄 예방 측면에서 한계를 지닌다고 생각함 3) 사회적 이슈를 법으로 바라보는 관점 발표 4) 지역 내 문제점 찾기 관련 정책 조사문제 해결 실행을 통해 사회문제 해결에 참여하는 활동을 함 5) 내가 찾아보는 사회이슈 활동을 통해 양심적 병역에 대해 고민함 6) (국어) 사회적 약자 관심, 스웨덴의 사회보장제도를 한국과 비교 7) (법과 정치) 범죄피의자 신상공개, 착한사마리아인법 토론/(한국사) 성리학유생 운동, 신진사대부 관련 토론 8) (세계사) 국가권력 정당성, 개성공단 폐쇄 반대, 4차 산업혁명으로 인한 일자리 감소 문제 해결을 위한 기본소득 도입 주장 9) (사회문화) 청소년 선거권 토론

학교 기본 정보

합격데이터

대학교	1)숙명여대 2)단국대 3)동국대 4)동국대 5)동국대 6)동국대 7)동국대 8)동국대 9)국민대 10)국민대 11)국민대 12)숙명여대 13)숙명여대 14)경희대 15)경희대 16)연세대 17)동국대 18)경희대 19)국민대 20)국민대 21)숙명여대 22)한양대 23)숭실대
전형명	1)농어촌학생 2)DKU인재 3)Do Dream 4)Do Dream 5)학교장추천 6)학교장추천 7)학교장추천 8)학교장추천 9)국민프런티어 10)국민프런티어 11)학교장추천 12)숙명인재 13)숙명인재 14)네오르네상스 15)네오르네상스 16)학교생활우수자 17)학교생활우수인재 18)네오르네상스 19)국민프런티어 20)국민프런티어 21)숙명인재 22)학생부 종합 23)SSU 미래인재
학과	법학부/법학과/행정학/경찰행정학과

나만의 데이터

(나에 해당하는 부분을 적어보세요!)

이 등급대의 학생부를 빅데타해서 분석한 자료임! 우수한 학생들의 학생부를 내가 가질 기회를 가지세요

합격데이터

전체학년 합산등급	1)3.26 2)1.85 3)1.6 4)2.53 5)1.63 6)1.74 7)1.66 8)1.56 9)2.3 10)2.39 11)2.64 12)2.08 13)2.03 14)1.49 15)2.04 16)1.1 17)1.08 18)1.59 19)2.3 20)1.88 21)1.86 22)1.54 23)2.71
전체학년 국영수탐 등급	1)2.41 2)1.84 3)1.4 4)2.4 5)1.73 6)1.65 7)1.68 8)1.51 9)2.17 10)2.26 11)2.28 12)2.08 13)1.87 14)1.54 15)2.04 16)1.04 17)1.08 18)1.78 19)2.3 20)1.78 21)1.86 22)1.54 23)2.5

나만의 데이터

(나에 해당하는 부분을 적어보세요!)

학교에서 학생에게 하는 활동

"내가 했던 것은 (O)표시 해보세요.
그리고 해야할 것은 (☆)해보세요!"

합격데이터

수상(분류)	토론	교내 토론 대회, 사회 토론 대회
	발표	중국문화발표대회, 영어프레젠테이션대회, 프로젝트 발표대회
	주제탐구	주제탐구대회(생활과 윤리), 시민교육포트폴리오대회, 인문학에세이대회
	어휘력	영어어휘능력평가, 영어주제연구발표, 영어워드 챔피언, 외국어노래경연, 국어어휘경시대회, 자기소개서 쓰기대회, 영어프레젠테이션대회, 우리말바로쓰기경시대회
	창작물제작(글짓기 포함)	영어UCC대회, 학술제전시대회, UCC경진대회, 학폭예방작품UCC부문, 금연문예공모전, 과학UCC, 진로UCC, 통일글짓기, 다문화인권영화감상문쓰기대회
	독서	독서경시대회, 독서골든벨, 독서 마라톤 대회
	사회관련	지리역사골든벨, 사회통합논술대회, 시사골든벨, 모의법정, 사회토론대회, 한국사바로알기대회, 인문학에세이 대회
	기타	수리창의력탐구대회, 과학탐구대회, 플래너활용, 지역 모니터링 대회, K-PAPS 체력왕 선발대회, 학업 계획 실천대회
자율활동	임원	학생자치회, 학생회 차장, 학급자치회장*, 총학생회 부회장, 바른 생활부원, 학급 임원
	멘토멘티	또래멘토링
	특성화 프로그램	학생 자치법정, 인문학특강
	기타	여러 가지 역량을 갖춘 리더로 기록

진로활동	나의 꿈 challenge를 통해 법과 관련된 지식을 스스로 쌓음 평소 시사 잡지 읽기를 즐김 지역 고등학교 학생자치협의회 고등부 회장, 지역 학생회장 토론회 참가 1,000인 원탁 대토론회 또래 퍼실리테이터 참가 및 전체 회의 진행 시민행복토론회, 교육청 탐구토론대회.

1.2 사회계열

학생이 학교에서 주도적으로 하는 활동

"내가 했던 것은 (O)표시 해보세요.
그리고 해야할 것은 (✩)해보세요!"

합격데이터

동아리 활동	진로관련	법정동아리, 자치법정반, 드림폴리스(학폭예방 점심시간 순찰활동, 현직경찰 특강), 경찰자율동아리, 법학동아리, 자치법정동아리(변호사로 활동, 원전 문제를 행정적 관점으로 본 내용이 기재)
	봉사	봉사동아리, 또래 상담동아리, 교육봉사 동아리
	사회계열	역사동아리, 심리동아리, 자치법정반, 사회문제토론반, 사회인식 변화 동아리 임원(위안부, 소방관 처우 개선 문제 등), 철학동아리(부장을 맡았고 참여민주주의 등 민주주의에 관한 철학적 내용을 기재), 경영경제동아리
	어문	영자신문반, 영어토론반, 외국 문화동아리
	토론	말하기동아리, 영어토론반, 미디어토론, 시사토론동아리
	독서	
	발명, 창작	영자신문반, 문예창작동아리, 신문편집반
	기타	진로탐색동아리, 학술동아리(군중심리논문), 자기주도학습 멘토링반, 첼로연주동아리
봉사활동 (시간 및 주목할 봉사)	시간	평균 180시간 내외
	특징	청소년 방범대 봉사, 학교 인성나눔부(생활지도, 교통지도) 봉사, 요양원 봉사**, 또래 학습멘토링, 한국장애인부모회, 한국 피해자 지원봉사, 정기적으로 지역시설(보육시설, 아동복지시설)에서 봉사함**, 공부방 학습지도 또래 멘토링, 지역아동센터와 연계하여 교육봉사활동 참여, 3년 동안 요양원에서 재능기부 봉사, 악기연주 형태의 재능기부, 교내 학생회활동, 학급 도우미 활동 등**, 청소년 수련관에서 체험부스 운영*
진로희망		3년 내내 경찰 3년간 기자 3년간 경찰관 1,2학년 아나운서, 3학년 법률전문기자 범죄심리학, 프로파일러(3년간) 초등교사/교육공무원/교육행정전문가 시민단체 활동가

과목별 세부능력 및 특기 사항	- 학습에 임하는 태도나 각종 평가에서 언제나 최선을 다하는 모습 - (법과정치) 부계혈통만 인정했던 호주제의 문제점을 설명하고 기존 호주제와 가족관계 등록제를 비교하여 발표. - (생활과 윤리) 법과 정치에 관심이 있어 칸트의 응보주의에 관심을 가지고 질문을 많이 함. 칸트의 '법이론'을 읽음. 오늘날 우리 사회에 응보주의를 적용하는 것은 범죄 예방 측면에서 한계를 지닌다고 생각함 - 사회계열에서 적극적인 발표 - 교육과정 클러스터 수강 - 사회이슈를 법으로 바라보는 관점 발표 - 성실하고 모범적인 학생, 지적 호기심과 탐구력, 교사와 질의응답을 통한 활발한 상호작용 - 사회 현상 토론에서 자신의 주장을 논리적으로 설명 - 사회 참여 활동 : 지역 내 문제점 찾기 관련 정책 조사문제 해결 실행을 통해 사회문제 해결에 참여하는 활동을 함 - 내가 찾아보는 사회이슈 활동을 통해 양심적 병역에 대해 고민함 - 자치법정 준비 내용 - 주요과목 이외의 과목들도 소홀히 하지 않아 높은 등급을 받음 - 2, 3학년 꾸준히 성적이 향상됨 - 자신의 진로와 관련된 다양한 활동들이 과목별 세부능력 특기사항에 기록되어 있음 - 사회문제 연구 및 토론 활동 다수 - 다양한 교과 내 활동에서 사회문제에 연결 방과 후 논술(2년간) - 성실하고 적극적인 수업태도는 기본이고, 교사와 학급 친구들에게까지 더 나은 수업을 위한 긍정적인 영향을 주는 학생으로 평가 - 교과 관련 다양한 발표 활동 - 행정과 교과를 연계한 보고서 작성, 수행평가 결과물 - 교과부장, 도우미 활동 다수 - 행정학과 관련된 교과세부능력특기사항 내용 - (국어) 언어폭력UCC, 사회적 약자 관심 - (법과정치) 범죄피의자 신상공개, 착한 사마리아인법 토론 - (한국사) 성리학유생 운동, 신진사대부 관련 토론 - (세계사) 배트맨 비판적 정리, 국가권력 정당성, 개성공단 폐쇄 반대, 4차 산업혁명으로 인한 일자리 감소 해결 기본소득 도입 주장 - (윤리와 사상) 사상에 대한 관심 - (사회문화) 청소년 선거권 토론 - (국어) 스웨덴 사회보장제도를 한국과 비교 - 토론 활동에 적극적으로 참여한 내용, 리더십과 학습 태도 우수한 내용
독서 (권수/ 주목할 책이름)	**권수** 평균 40권 내외 **특징** 독서활동 중 12권 정도 경찰 관련 책 법 관련 독서활동 기록 다수 언론과 사회에 대한 독서 다수 독서기록이 풍부함 행정학, 철학 등

합격 총평		
	A학생	3년간 지속적인 성적 상승이 장점이라 생각됩니다.
	B학생	긍정적이고 주위의 신망이 두텁다는 내용이 학교생활기록부에 잘 기재되어 인성적인 부분에서 긍정적인 평가를 받았을 것입니다.
	C학생	진로와 연관된 동아리 활동을 3년간 꾸준히 하면서 경찰과 연관된 활동이나 특강을 들었다는 내용이 학교생활기록부에 기재되었습니다. 이러한 점에서 전공적합성 부분을 보여줄 수 있었을 것입니다.
	D학생	학생자치 법정, 모의 법정, 법정동아리 등에서 활동하며 직접 변호사의 역할을 맡이 행정의 관점에서 문제를 설명하고 이러한 과정에서 법과 제도에 대한 이해, 논리적 사고력을 키우는 모습이 학교생활기록부에 잘 나타납니다.
	E학생	토론활동에 다수 참여하며 자신의 의견을 논리적으로 전달하는 능력과 다양한 의견을 수용하는 능력을 길러왔다는 것을 볼 수 있습니다. 이를 기반으로 여러 의견의 타협점을 실현할 방안과 효율적으로 운영을 위한 행정의 필요성을 알고 동아리를 구성하여 활동하는 모습도 볼 수 있었습니다.
	F학생	학교 인성 나눔부에서 활동하며 교통지도와 생활지도를 맡아 책임감 있게 수행하는 모습이 인성부분에서 높은 평가를 받았을 것입니다. 항상 규칙을 준수하고 모든 영역에서 적극적이며 최선을 다하는 모습이 신뢰를 받는 학생으로 기재되어 있었습니다.
	G학생	교과 세부능력 및 특기사항 전반에서 법에 대한 관심이 잘 기재되어 있었으며 특히 범죄피의자 신상공개, 착한 사마리아법 토론 등의 활동 안에서 학생의 정의관을 확립하고 진로에 대한 뚜렷한 목표가 드러나 있었습니다.
	H학생	높은 성적과 전 영역에서 높은 성취, 그리고 3년간 일치하는 진로와 교과 세부능력 및 특기사항, 동아리 등에서 매년 조금씩 진로를 구체화하는 모습을 보여주었습니다.
	I학생	학생의 경우 사회보장제도나 선거권과 같은 여러 사회문제에 대한 관심과 탐구가 학교생활기록부 전반에 기록된 것이 특징이며 이러한 점이 학생의 전공적합성을 드러낼 수 있었을 것입니다.
	J학생	언론, 사회, 법 영역에서 다른 학생들보다 월등한 독서량을 보여주었습니다. 이러한 독서량을 기반으로 수업에서 깊이 있는 사고를 보여주었던 모습이 교과 세부능력 및 특기사항에 잘 기재되어 있었습니다.

※ 자율활동 임원에서 **은 데이터상 5회 이상 , *은 데이터상 4~2회, 없는 것은 1회입니다. 봉사활동 특징에서 ***은 데이터상 100시간 이상 , **은 데이터상 100~80시간, *은 데이터 상 80~60시간, 없는 것은 60시간 미만이며, 굵은 글씨로 처리된 부분은 자주 등장한(3회 이상) 활동입니다.

미래 내가 해야 할 것

성적	
수상	
자율활동	
동아리활동	
봉사활동	
진로활동	
수업시간	
독서활동	

A나라 B나라가 무역전쟁을 하고 있어? C당은 또 무슨일이야? 정치, 외교전문가가 필요해!

(4) 정치, 외교학과

1. 내신 1~2등급 초반

2. 수상 4개 영역으로 나눠 생각해 볼 수 있습니다.

1) 주제탐구, 프로젝트 : 자료 중 43%가 수상하였으며, 주제탐구는 진로 관련 활동이 포함되어 있습니다. 청소년 제안 대회, 경제 SWOT 분석 발표대회, 정치과제 해결방안 발표대회 등이 구체적인 대회입니다. 보통 1~2회 수상하였습니다.
2) 영어, 외국어 : 자료 중 63%가 수상한 가장 대표적인 부문입니다. 영어 관련 단어, 스피치, 에세이, 발표 등입니다. 영어 외 제2외국어 관련 대회도 있습니다.
3) 토론 및 발표 : 자료의 약 50%가 수상하며 한 명이 2개 수상한 경우가 많았습니다. 토론이나 발표 주제는 다양하였으며 진로와 연관된 사회계열이 많습니다.
4) 인문학, 사회학 계열 수상 : 자료의 약 50%가 수상하며 사회탐구와 관련된 주제 연구 등이 있습니다. 2~3회 수상이 많으며, 경제정책 제안 사례도 있습니다.

3. 자율활동 학급 임원, 학생회 임원, 학급 자치법정 등이 있습니다. 특별히 국제문화교류부장, 모의UN활동, 유학생자치법정 판사도 있었습니다.

4. 진로활동 기록된 내용이 많지는 않으나 일본 국제자매학교 교류 참가, 경제이해력 검증시험 1급에 관한 내용이 있습니다.

5. 동아리 활동 대부분 참여했으며 다음 특징을 나타내고 있습니다.

1사회관련 동아리활동 : 약 72%의 학생이 참여한 대표적인 동아리로 역사 탐방, 사회인식 변화, 시사 탐구, 언론 관련 동아리 활동을 합니다. 구체적으로 관광 코스 작성, 북한 비핵화 토론, '중미무역전쟁'에 대한 기사 작성 등이 있었습니다.
2) 토론 관련 동아리 : 약 28%의 학생이 참여한 활동으로 사회, 역사 등의 다양한 주제를 가지고 토론하였습니다.
3) 그 외에 국제교류문화진흥원에서 문화해설사 활동이 있습니다.

6. 봉사활동 대부분 기록되어 있으며, 교내, 교외(지역센터 연계) 봉사가 많습니다. 많은 학생이 요양원 또는 아동보호소, 다문화 교육에 봉사하였으며, 번역, 서가 정리, 토론회 진행 보조 등의 활동이 있었습니다.

7. 과목별 세부능력 및 특기사항	토론 수업에 적극적으로 참여했으며, 진로와 연관 탐구 프로젝트를 진행하였습니다. 논리적으로 설명하는 능력에 대한 언급이 있었는데, 다음은 구체적인 활동 내용입니다. 1) '아동 노동 착취과정', '산업혁명에 따른 그늘에 대한 문제점 파악 및 해결방안', '고등학생들의 노인 인식 실태와 노인복지 문제에 대한 개선 방안' 등 교과 수업시간 중 자신의 관심 분야와 관련된 프로젝트 발표를 진행함 2) 심화선택(국제관계와 국제기구)과목 이수, 아랍어 과목 이수, 국제경제 클러스터수업 참여, 교내 체인지 메이커 학교의 기업가 정신 교육과정 수료
8. 독서활동 상황	대부분 폭넓은 독서를 했습니다. 편향되지 않은 다양한 사고를 기르기 위한 노력이 보였으며, 사회계열 독서가 많은 편입니다. '강자의 조건(이주희)', '판결을 다시 생각한다(김영란)' 등이 있습니다.

학교 기본 정보

합격데이터

대학교	1)동국대 2)연세대 3)연세대 4)한국외대 5)동국대 6)중앙대 7)한국외대 8)고려대 9)한국외대 10)고려대 11)고려대 12)고려대 13)고려대 14)국민대 15)국민대 16)연세대 17)경희대 18)한양대 19)한양대 20)건국대 21)건국대 22)경희대 23)고려대 24)고려대 25)고려대 26)고려대 27)국민대
전형명	1)학교생활우수인재 2)언더우드 3)국제특기자 4)학생부종합 5)Do Dream 6)다빈치전형인재 7)고른기회 8)일반 9)고른기회 10)사회배려자 11)일반 12)학교추천 I 13)학교추천 II 14)국민프런티어 15)학교장추천 16)활동우수형 17)네오르네상스 18)학생부종합 19)학생부종합 20)KU 자기추천 21)KU 자기추천 22)고교연계 23)사회배려자 24)일반전형 25)학교추천 I 26)학교추천 II 27)국민프런티어
학과	국제통상/국제학부/정치외교/정치국제학과 /중국외교통상학부/정치외교학과/정책학과

나만의 데이터

(나에 해당하는 부분을 적어보세요!)

학생 내신 등급

이 등급대의 학생부를 빅데타해서 분석한 자료임! 우수한 학생들의 학생부를 내가 가질 기회를 가지세요

○ 합격데이터

구분	합격데이터
전체학년 합산등급	1)1.37 2)1.1 3)1.3 4)1.42 5)1.59 6)1.58 7)2.23 8)1.95 9)2.35 10)1.24 11)2.06 12)1.15 13)1.2 14)2.27 15)2.34 16)1.0 17)1.5 18)1.7 19)1.5 20)1.23 21)2.0 22)1.4 23)1.24 24)2.06 25)1.15 26)1.2 27)2.27
전체학년 국영수탐 등급	1)1.24 2)1.06 3)1.32 4)1.12 5)1.6 6)1.31 7)2.16 8)1.81 9)1.86 10)1.19 11)2.12 12)1.13 13)1.17 14)2.31 15)2.26 16)1.0 17)1.5 18)1.6 19)1.44 20)1.23 21)1.9 22)1.45 23)1.19 24)2.12 25)1.13 26)1.17 27)2.31

○ 나만의 데이터

(나에 해당하는 부분을 적어보세요!)

학교에서 학생에게 하는 활동

"내가 했던 것은 (O)표시 해보세요.
그리고 해야할 것은 (✩)해보세요!"

○ 합격데이터

수상(분류)	토론	교내토론대회, 원탁토론대회
	발표	진로동아리대회, 진로발표대회, 글로벌리더스스피치대회, 학술발표회, 자율동아리발표대회, 나의꿈발표대회, 경제SWOT분석발표대회, 정치과제해결방안발표대회, 수학주제탐구발표대회, 자기주장발표대회
	주제탐구	학술제연구논문, 인문사회주제탐구대회, 사회현상주제탐구대회, 창의적사회문제해결대회, 과학탐구및환경프로젝트발표대회, 사회문화연구발표활동, 국제이해탐구, 윤리탐구보고서, 지역연계주제탐구(경제부분), 경제정책제안서
	어휘력	영어어휘경시대회, 영어경시대회, 중국어경시대회, 외국어 말하기대회, 제2외국어스피치콘테스트, 영어일기쓰기 대회, 영어신문기사공모전, 우리말겨루기대회, 고사성어, 영어또래학습경연대회, 영어독후포트폴리오, 한국문화홍보영어콘테스트
	창작물제작(글짓기 포함)	과학 festival 발명아이디어 경진, 진로포트폴리오대회, 자기소개서쓰기대회, 통일글짓기대회, 진로보고서쓰기, 문예작품공모전, 계기교육 UCC대회, 통일백일장대회
	독서	독서토론대회, 영어독후 포트폴리오
	사회관련	지리경시대회, 교내역사과거대회, 인문사회주제탐구대회, 사회문화경시대회, TED역사말하기 대회, 사회현상 주제탐구대회, 국제이슈, 인권, 시사상식, 사회문화 연구발표활동, 국제이해탐구, 윤리탐구보고서, 지역연계주제탐구(경제부분), 정치과제해결방안발표대회
	기타	모의면접대회, 청소년제안대회, 수학경시대회, 인물탐구, 학생자치법정 공로상, 융합과학대회, 과학탐구실험대회, 수리창의력대회, 과학탐구및환경프로젝트발표대회, 수학주제탐구발표대회, 국제포럼선발대회, 여행가이드 선발대회

자율활동	임원	학생회 활동, 학급 반장**, 학생회 학습부장, 국제문화교류부장, 학생자치회 부회장** (학생회 활동에서 인권문제에 대한 캠페인 실시), 유학생자치법정 판사, 학급자치회 회장**, 선거관리위원회 위원장
	멘토멘티	
	특성화 프로그램	모의UN활동, 인문학 특강
	기타	3년 동안 꾸준히 기사스크랩
진로활동		일본 국제자매학교 교류 참가, 경제이해력 검증시험 1급, R&E 과제연구 대상, 경사 과거대회 우수상, 영어 캠프, YOUNG LEADERS FORUM 참가, 팟캐스트 채널 개설, 중국어캠프, 꿈의 대학 이수, 모의UN총회 참가

학생이 학교에서 주도적으로 하는 활동

"내가 했던 것은 (O)표시 해보세요.
그리고 해야할 것은 (✩)해보세요!"

○ 합격데이터

동아리 활동	진로관련	관광 코스 작성 동아리, 중국어 동아리, 차이나통, 시사동아리, 모의유엔, 인권동아리, 법동아리, 정치언론이슈탐구반, 인문시사연구회 동아리, 사회복지 및 정책 관련동아리, 자치법정, 모의 선거, 모의재판, 동아리(북한 비핵화토론을 한 경험과 '중미무역전쟁'에 대한 기사 작성)
	봉사	또래교사활동
	사회계열	역사동아리, 역사문화 답사부, 시사동아리, 경제 관련 자율동아리, 언론 동아리, 정치언론이슈탐구반, 인문시사 연구회 동아리, 사회복지 및 정책 관련 자율동아리, 심리학 동아리
	어문	중국어 동아리, 차이나통, 국제펜팔동아리, 영자신문반
	토론	토론동아리, 인문독서토론
	독서	독서 동아리, 문학자율동아리, 인문독서토론
	발명, 창작	자기소개서 동아리, 영자신문반, 교지편집부, 글쓰기동아리
	기타	신문 스크랩, 국어 학습동아리, 방송반
봉사활동 (시간 및 주목할 봉사)	시간	평균 110시간 내외
	특징	교육봉사*, 번역 봉사활동 및 외국어 지원**, 월드비전, 독도사랑회캠페인, 또래멘토링 지역아동센터에서 교육 봉사 활동, 시립도서관 서가 정리 봉사활동*, '청소년이 말하는 원자력의 미래'합의회의 토론, 캠페인 활동, 청소년토크콘서트 사회 및 행사진행, 청소년 관련 복지 단체에서 꾸준히 봉사활동, 지역사회에 기여할 봉사활동을 찾아 능동적으로 실천함. 다문화멘토링***, 장애인 시설 봉사활동**, 다문화센터, 요양원 등에서 꾸준한 봉사활동**, 한국로타리청소년연합 동아리에 꾸준히 소속되어 다양한 봉사활동에 주도적으로 참여함*,

	단순한 봉사시간보다 장기간에 걸친 꾸준한 봉사를 강조 장애학생 활동 보조, 장애인 공동체 봉사
진로희망	자신의 진로를 1학년 때부터 명확히 정하여 노력함 문화콘텐츠기획자->문화콘텐츠기획경영자 진로 변경 사유를 구체적으로 입력 외교관
과목별 세부능력 및 특기 사항	- 발표 수업, 수행평가와 토론대회에 적극적으로 참여하여 논리적인 말하기 능력이 뛰어남 - 아랍어 이수 - 영어 의사소통 능력을 갖춤 - 영어, 일본어, 아랍어 등 외국어 공부를 즐겨함 - 윤리와 사상의 공부 방법과 과목에 대한 호기심을 논문 작성으로 발전 - 사회과 소논문, 각종 토론 활동 다수 - '아동 노동 착취과정' '산업혁명에 따른 그늘에 대한 문제점 파악 및 해결방안, '고등학생들의 노인 인식 실태와 노인복지 문제에 대한 개선 방안' 등 교과 수업 시간 중 자신의 관심 분야와 관련된 프로젝트 발표를 진행함 - 교과학습 내용을 전공 및 진로와 관련하여 탐색하고 분석함 - 비판적 사고력과 응용력이 뛰어나 기존 지식에 대한 의문을 제기하고 학습한 내용을 실제 사회 현상에 적용하여 새로운 해석을 함 - 지적 호기심이 강해 문과지만 지구과학을 수강하고 과학 분야 행사에 적극적으로 참여하는 등 도전적이고 학구적인 태도를 보임 - 토론활동 활발 - 교과 수행평가와 자신의 진로와 연계한 결과물이 많음 - 시사 이슈에 대한 관심이 교과 특기사항, 토론대회 참여, 사회과 필드리서치 특기사항에 잘 반영되어 있음. - 심화선택(국제관계와 국제기구) - 전 학년에 걸쳐 사회 교과 관련 학습 활동 내용(수업 참여의 성실성, 관련 경시대회 참여) - 사회이슈와 연관된 교과 활동 - (국제경제 클러스터수업) 경제외교의 비중이 늘어남에 따라 경제 분야에 관한 지식습득의 필요성을 느끼고 국제경제 클러스터수업에 참여함. 국제경제를 배우며 국제 사회에 대해 깊이 있게 탐구함 - (독서와 문법) 행복 탐구(언어와 행복의 관계를 밝힌 후 우리 학교생활에서 실천함) - (한국사) 건송 전형필의 사례에서 본 우리 문화재의 가치, 윤동주의 부끄러움에 대해 고찰함 - (동아시아사) 일본의 집단주의(국가주의)에 대해 발표함 - 지구촌 당면 문제를 주제로 모의 수업 - 이한응 열사 특강 참여 - 클러스터(과제연구) - 차이나 캠프 - 사회교과 소논문 활동, 각종 토론활동이 두드러지게 돋보임 - 토론활동 활발 사회과 과목 성적 우수함

독서 (권수/ 주목할 책이름)		
	권수	평균 30권 내외
	특징	독서 활동이 꾸준함(3년간) 사회과학 관련 독서량이 많음 분야를 나누지 않고 다양하게 독서함 수준 높은 독서 강자의 조건(이주희), 판결을 다시 생각한다(김영란)

합격 총평		
	A학생	3년간 성적이 지속적으로 상승한 것이 장점이라 생각됩니다.
	B학생	토론대회에 여러 번 참가하고 좋은 성적을 내며 두각을 나타냈습니다. 자신의 의견을 논리적으로 전달하여 다른 사람을 설득할 수 있는 능력을 갖추고 있음이 학교생활기록부에 기록되었습니다.
	C학생	다양한 주제로 탐구활동을 진행하였고 이러한 활동의 결과물로 사회 현상 및 문제를 바라보는 안목을 키웠다는 평가가 기재되어 있었습니다. 문제 해결을 위한 정책과 국제적 동조에 관한 의견 발표도 기재되어 전공적합성 부분에서 좋은 평가를 받았을 것입니다.
	D학생	국제이슈, 인권, 국제 이해 등의 사회적 문제나 국제적 문제와 관련한 교내 대회에서 계속 수상하였고 점차 등위가 올라가는 모습을 보였습니다. 이러한 점에서 전공적합성과 발전가능성 두 가지 측면을 모두 볼 수 있었을 것입니다.
	E학생	미중 무역 분쟁 등 최근 국제이슈를 중심으로 동아리에서 토론을 진행하고 기사를 작성하는 내용이 기재되었으며, 사회와 국제 정세에 대한 관심이 교과 세부능력 및 특기사항 전반에 고르게 등장하였습니다.
	F학생	인권, 복지 등에 관심이 많은 학생으로 관련 동아리에서 3년간 성실하게 활동했음을 볼 수 있었습니다. 동아리에서 복지에 필요한 정책이나 인권을 위한 국가 간 협조 필요성을 조사하고 이를 보고서로 작성, 친구들에게 전달하는 과정이 동아리 특기사항에 기재되었습니다.
	G학생	토론에 참여하거나 진행을 맡아 활동한 내용이 다수 있었습니다. 특히 지역사회나 청소년 관련 토론에서 미래 정책에 대한 의견을 주고받는 내용이 구체적으로 기록되어 장점으로 작용했다고 생각됩니다.
	H학생	외국어 능력이 매우 우수하며 교과 전반에서 진로와 연관하여 탐구하는 모습을 보여주었습니다. 특히 아동 노동, 노인복지 등의 관심분야와 연관된 구체적인 활동이 교과 세부능력 및 특기사항에 잘 나타났습니다.

I학생	모든 교과에서 우수한 성적을 받았으며, 상대적으로 중요도가 낮다고 여겨질 수 있는 과학 등의 성적을 보였습니다. 다양한 대회에 참여하여 성과를 얻는 모습이 도전 정신과 지적호기심을 보여주었다 생각됩니다.
J학생	독서를 꾸준히 많이 한 것이 특징이며 이를 기반으로 비판적 사고력과 응용력으로 학습 내용을 사회 현상에 적용하고 새로운 해석을 도출하는 모습이 교과 세부능력 및 특기사항에 잘 나타났습니다.

※ 자율활동 임원에서 **은 데이터상 5회 이상 , *은 데이터상 4~2회, 없는 것은 1회입니다. 봉사활동 특징에서 ***은 데이터상 100시간 이상 , **은 데이터상 100~80시간, *은 데이터 상 80~60시간, 없는 것은 60시간 미만이며, 굵은 글씨로 처리된 부분은 자주 등장한(3회 이상) 활동입니다.

미래 내가 해야 할 것

성적	
수상	
자율활동	
동아리활동	
봉사활동	
진로활동	
수업시간	
독서활동	

이 옷은 어때? 소재는 어때? 가장 멋진 옷을 만들겠어!

(5) 의류, 의상학과

1. 내신

- 1~2등급 중반

전반적으로 의류, 의상학과의 경우 관련된 동아리 활동을 기반으로 창의성을 갖추고 학교생활에 성실한 학생이 많았습니다.

학교 기본 정보

합격데이터

대학교	1)경희대 2)성균관대 3)이화여대 4)숙명여대 5)연세대
전형명	1)학교생활충실자 2)성균인재 3)미래인재 4)숙명인재 5)면접형
학과	의류디자인/의상학/의류산업/의류학과/의류환경

나만의 데이터

(나에 해당하는 부분을 적어보세요!)

학생 내신 등급

이 등급대의 학생부를 빅데이터해서 분석한 자료임! 우수한 학생들의 학생부를 내가 가질 기회를 가지세요

합격데이터

전체학년 합산등급	1)2.73 2)1.46 3)2.66 4)2.0 5)1.24
전체학년 국영수탐 등급	1)2.52 2)1.46 3)2.64 4)1.92 5)1.19

나만의 데이터

(나에 해당하는 부분을 적어보세요!)

학교에서 학생에게 하는 활동

"내가 했던 것은 (O)표시 해보세요.
그리고 해야할 것은 (✩)해보세요!"

합격데이터

수상(분류)	토론	
	발표	
	주제탐구	
	어휘력	영어 에세이 대회, 영단어 스피드퀴즈
	창작물제작(글짓기 포함)	직업박람회 소감문 쓰기 대회, 창의적구조물대회, 양성평등글짓기, 학급신문만들기, 주제별 체험학습 보고서, 학교 상징 디자인 대회
	독서	논술독서노트쓰기
	사회관련	사회참여발표대회, 사회문화 발표대회, 생활과 윤리 탐구 발표대회
	기타	존중어 실천
자율활동	임원	전교학생회 회장, 부회장
	멘토멘티	
	특성화 프로그램	영재학급 과학, 수학 이수, 학교 안 예술학교
	기타	3년 동안 꾸준히 기사스크랩
진로활동	진로(국제 사회복지사)와 관련해 영어, 봉사, 언어 능력 부각	

학생이 학교에서 주도적으로 하는 활동

"내가 했던 것은 (O)표시 해보세요.
그리고 해야할 것은 (✩)해보세요!"

합격데이터

동아리 활동	진로관련	패션동아리, 디자인창조반, 미술동아리, 연극부 의상담당
	봉사	
	사회계열	
	어문	
	토론	독서토론 자율동아리
	독서	
	발명, 창작	과학실험 동아리
	기타	

봉사활동 (시간 및 주목할 봉사)	시간: 평균 100시간 내외 특징: 노인종합복지관**, 3년간 멘토링 봉사활동 참여**
진로희망	패션디렉터(3년간)
과목별 세부능력 및 특기 사항	- 사회문제에 관심이 많고 해결방안을 구체적으로 제시 - 사회과목을 특히 잘하고 사회과목과 관련된 수상경력 많음 - 영어 심화과목 수강(영어 심화 작문) - 진로와 관려한 내용이 과목별 세부능력 특기사항에 많이 있음 - 경기 꿈의 대학 강좌 수강(패션이미지와 컬러스토리, 프랑스어)
독서 (권수/ 주목할 책이름)	평균 20권 내외

합격 총평		
	A학생	리더십이 뛰어나고 창의적인 기획력으로 여러 가지 일을 추진하고 진행한 모습이 학교생활기록부에 기재되었습니다.
	B학생	다양한 창작활동에 참여하면서 창의성을 보여주었다고 생각됩니다. 진로 연관된 동아리 활동과 경기 꿈의 대학에 참여하면서 진로에 대해 열정과 전문성을 키우고자 노력하는 모습을 보여준 것이 장점이라 생각됩니다.

※ 자율활동 임원에서 **은 데이터상 5회 이상 , *은 데이터상 4~2회, 없는 것은 1회입니다. 봉사활동 특징에서 ***은 데이터상 100시간 이상 , **은 데이터상 100~80시간, *은 데이터 상 80~60시간, 없는 것은 60시간 미만이며, 굵은 글씨로 처리된 부분은 자주 등장한(3회 이상) 활동입니다.

미래 내가 해야 할 것

성적	
수상	
자율활동	
동아리활동	
봉사활동	
진로활동	
수업시간	
독서활동	

II

교육계열 합격 로드맵

2024 변화하는 학생부 기록 120% 활용 비법! 2탄

생활기록부 구분	2022, 2023 대입	2024 대입 이후
1. 교과활동	·과목당 500자 ·방과후 (수강) 내용 미기재	·과목당 500자 ·방과후 (수강) 내용 미기재 ·영재, 발명교육 실적 대입 미반영
2. 종합의견	연간 500자	연간 500자
3. 자율활동	연간 500자	연간 500자
4. 동아리 활동	연간 500자 ·자율동아리(30자) 기재 ·청소년단체활동 단체명만 기재 ·소논문 기재 금지	연간500자 ·자율동아리 대입 미반영 ·청소년단체활동 미기재 ·소논문 기재 금지
5. 봉사활동	·특기사항 미기재 ·교내외 봉사활동 실적 기재	·특기사항 미기재 ·개인봉사활동 실적 대입 미반영(단, 학교교육계획에 따라 교사가 지도한 실적은 대입 반영)
6. 진로활동	연간 700자 ·진로희망분야 대입 미반영	연간700자 ·진로희망분야 대입 미반영
7. 수상경력	·교내수상 학기당 1건만(3년간 6건) 대입 반영	·대입 미반영
8. 독서활동	·도서명과 저자 기재	·대입 미반영

교과활동

※ **2022~23학년 대입** : 방과후 활동 내용 미기재 | **2024학년도 대입** : 영재, 발명교육실적 대입 미반영

분석과 제안 현재 추세는 비교과로 포함되는 세부능력 및 특기사항 글자 수가 줄어들고 있습니다. 방과 후 활동 미기재, 2024년 대입시 학생부에 영재·발명교육 실적은 반영되지 않습니다. 결론은 기존보다 글자 수가 줄어들었습니다. 유일하게 교과별 세부능력 및 특기사항은 글자 수가 늘었습니다. 고등학교의 과목별 세부능력 특기사항은 모든 교과(군)에 모든 학생을 대상으로 입력하게 되었습니다. 교양 및 예체능 교과군 등에도 모든 학생의 세부능력 특기사항 작성이 적용됩니다. 즉, 수업 시간의 특기사항 작성 범위가 확대되어 수업이 가장 중요하다고 생각됩니다. 창의적 체험활동과 독서 활동, 수상에서 줄어든 부분과 미기재 항목을 수업 활동에서 적극 드러내어 그 활동이 기재되는 게 좋습니다.

행동특성 및 종합의견

※ **2022~2024학년 대입** : 연간 500자

분석과 제안 종합의견은 1000자에서 500자로 줄었습니다. 글자 수가 줄면서 중요도가 줄었다고 생각할 수 있습니다. 이제는 교사 추천서도 폐지되었기에, 이 500자가 학생 개인의 추천서로 간주할 수 있습니다. 대학에서도 종합의견에서 미사여구 대신 객관적인 사례 중심으로 학생의 역량이 기재된 것을 신뢰할 만한 학생 추천서로 판단하고 있습니다. 멘토링이나 모둠 활동 평가를 통해 학생의 리더십이나 공부 방법이 작성 가능합니다. 배려와 나눔의 태도와 학교 공동체 안에서 드러나는 학생 개인의 인성 역량도 기술되어야 합니다. 행동특성 및 종합의견은 담임선생님이 학생을 객관적으로 관찰한 내용을 바탕으로 작성됩니다.

자율활동

※ **2022~2024학년 대입** : 연간 500자

분석과 제안 학교 주도의 활동에 대해 작성되는 부분이 자율활동입니다. 학생은 학교 행사에 적극 참여하고 그 때마다 배우고 느낀 점을 적고 이를 포트폴리오로 만들어 보관해야 합니다. 요즘 학교마다 권장하는 활동 중 자율탐구가 있습니다. 자율탐구활동은 학생이 스스로 주제 선정과 보고서 작성까지 전 과정을 수행하는 활동입니다. 해당 주제를 자신의 진로를 찾는 데 활용할 수 있고, 평소 학생이 궁금한 내용을 조사하여 이를 정리하는 것도 가능합니다.

학생부에 단발성 행사보다 지속적으로 활동하는 행사가 기술되면 좋습니다. 학생은 더 많은 행사 참여를 통해서 본인의 역량을 길러 이를 잘 드러내야 할 것입니다. 또 진로에 맞춘 자율 교육과정과 학교 및 학급 특색활동을 활용하는 방법도 있습니다. 학교에는 최대한 개인화 할 수 있는 여건이 조성되어야 합니다.

동아리활동

※ **2022~23학년 대입** : 자율동아리 연간 1개 기재(30자만 기재), 청소년 단체명만 기재, 소논문 기재금지

2024학년도 대입 : 청소년 단체활동 미기재, 소논문 기재금지

분석과 제안 학교내 창의적체험활동 동아리 외에 학생의 자발적인 활동으로 만들었던 자율동아리가 2024학년 대입부터는 큰 의미가 없어집니다. 대안으로 우수하다고 평가받은 자율동아리를 창의적체험활동 동아리 부서로 전환하는 방법도 있습니다. 이때 학생은 학교에 지도 교사 신청과 동아리 개설을 요청해야 합니다. 학교에서도 유명무실한 동아리를 폐지하거나 통폐합시키는 노력이 필요합니다. 교과연계 탐구 스터디를 구성해서 교과와 학업 부분, 진로연계 탐구 스터디와 그 과정 속에 배려, 나눔, 역경 극복의 리더십까지 보여줄 수 있는 기회를 만들어 활용하면 됩니다.

봉사활동

※ **2022~23학년 대입** : 특기사항 미기재, 교내외 활동 실적기재

2024학년도 대입 : 특기사항 미기재, 개인봉사활동 실적 대입 미반영. 단, 학교봉사 실적은 반영

분석과 제안 개인 봉사활동의 미반영은 봉사활동이 의미가 없어진 것으로 해석하면 안됩니다. 개인 봉사활동의 미반영은 개인의 여건에 따른 불평등의 여지를 없애고, 학교 봉사활동을 장려하는 것이 목적입니다. 이제껏 선배들이 했었던 우수한 봉사활동을 학교 계획으로 가져와서 관심 있는 학생 모두가 참여하게 만들어 주어야 합니다.

학교 교육계획에 따라 실시한 봉사활동의 경우 교사가 직접 관찰하고 평가한 학생의 특기사항은 필요시 '행동특성 및 종합의견'란에 입력이 가능합니다. 이를 활용해서 봉사활동의 특기사항을 볼 수 있으니 많이 활용할 수 있습니다.

진로활동

※ **2022~2024학년 대입** : 연간 700자, 진로희망분야 대입 미반영

분석과 제안 진로 희망 분야는 20022학년 대입부터 상급학교에 제공하지 않습니다. 진로 희망 분야는 학생이 희망하는 학과 및 계열에 지원동기라 할 수 있습니다. 그러나 이제 제공하지 않으므로 진로활동이나 다른 영역의 세부능력 및 특기사항에 작성되게 해야 합니다.

대신에 진로활동 특기사항 참고자료를 담임 상담이나 교과교사 혹은 진로상담 교사의 상담 및 관찰·평가 내용으로 구체화시켜 놓았습니다. 따라서 학교는 학생이 진로를 찾는 활동을 다양하게 준비해고 이를 진로 수업에 적용해야 합니다. 학생은 진로 찾기 행사와 진로성숙도를 높이는 활동에 적극 참여하면서 자신의 진로 분야에 대한 정보를 착실히 모아, 포트폴리오를 쌓는 것이 중요합니다.

수상경력

※ **2022~23학년 대입** : 내역기재, 교내수상 학기당 1건만, 3년간 6건 대입반영
2024학년도 대입 : 내역기재, 대입 미반영

분석과 제안 학교에서 진행하는 모든 활동은 학생의 성장을 기대하며 진행합니다. 따라서 학생은 자신의 발전을 점검하거나 역량 강화를 위해서 대회 참여를 추천합니다. 수상 대회에서 많이 하는 보고서 쓰기, 실험 및 토론 대회를 수업 활동과 연계할 수도 있습니다. 학생은 수업과 학교 활동에 적극적으로 참여하고, 교과 선택에 다양한 활동을 하는 교과를 수강하는 방법도 좋습니다.

학교생활기록부 작성으로 보면 2022, 2023학년도 대입을 준비하는 학생은 학교에서 진행되는 연간 대회 및 행사 내용을 파악하고 자신이 드러낼 수 있는 대회를 학기당 1개 이상을 선택적으로 집중하는 것을 추천합니다. 이를 통해 학생의 피로도를 줄일 수 있습니다.

2024학년 대입부터 수상내역을 상급학교에 제공하지 않습니다. 따라서 대학에 제공한다는 의미로 대회 참여보다는 대회 대신 활동으로 전환해 활동 참여를 통해 길러진 역량을 교과별 세부능력 및 특기사항과 창의적 체험활동 등에 연계되어 학교생활을 진행해야 합니다.

독서활동

※ **2022~23학년 대입** : 도서명과 저자 | **2024학년도 대입** : 도서명과 저자 기재, 대입 미반영

분석과 제안 학교에서 진행하는 모든 활동은 학생의 성장을 기대하며 진행합니다. 따라서 학생은 자신의 발전을 점검하거나 역량 강화를 위해서 대회 참여를 추천합니다. 수상 대회에서 많이 하는 보고서 쓰기, 실험 및 토론 대회를 수업 활동과 연계할 수도 있습니다. 학생은 수업과 학교 활동에 적극적으로 참여하고, 교과 선택에 다양한 활동을 하는 교과를 수강하는 방법도 좋습니다.

학교생활기록부 작성으로 보면 2022, 2023학년도 대입을 준비하는 학생은 학교에서 진행되는 연간 대회 및 행사 내용을 파악하고 자신이 드러낼 수 있는 대회를 학기당 1개 이상을 선택적으로 집중하는 것을 추천합니다. 이를 통해 학생의 피로도를 줄일 수 있습니다.

2024학년 대입부터 수상내역을 상급학교에 제공하지 않습니다. 따라서 대학에 제공한다는 의미로 대회 참여보다는 대회 대신 활동으로 전환해 활동 참여를 통해 길러진 역량을 교과별 세부능력 및 특기사항과 창의적 체험활동 등에 연계되어 학교생활을 진행해야 합니다.

교육계열
합격 포트폴리오

나만의 합격 학생부 활동을 구성하자!

· 각 계열별 들어가는 글을 먼저 읽으세요.

· 각 계열별 데이터 분석과 합격 데이터를 보면서,
나만의 합격 포트폴리오를 구성해보세요.

교육계열 합격 로드맵

1 교육계열

가) 교육계열 들어가며

교육계열은 유아교육, 초등교육, 중등교육으로 나눕니다. 유아교육학과 초등교육은 교육대학에, 중등교육은 사범대학에 진학하면 교원자격증을 취득할 수 있습니다. 교육대학원에 진학하는 방법도 있지만, 이 책에서는 대학 학부 입학만 다룹니다.

(1) 유아교육학과

1.8 ~ 2.8등급 학생이 많고, 학급 임원 경험이 고등학교 6학기 중 평균 1~2회 정도입니다. 교육 관련 봉사활동이 두드러집니다. 지역의 아동복지센터, 유치원, 가정어린이집, 국공립 어린이집 등에서 많은 봉사활동을 합니다. 또 교육봉사동아리, 영어연극동아리, 동화구연 자율동아리 활동이 많습니다.

독서활동은 교육 관련 일반 주제나 유아 발달에 관한 책을 읽은 사례가 있습니다. 교과 세부능력 및 특기사항에 수업 및 학교 수업에 즐겁게 열심히 참여했다는 평가가 일관되고 그에 걸맞게 다양한 분야의 수상 실적을 갖추고 있습니다. 수상 개수가 많지는 않지만, 다양한 분야와 학교의 행사에 열심히 참여하고 있음을 엿볼 수 있습니다.

(2) 초등교육과

1.0~1.5등급 학생들로 내신 성적이 높습니다. 모든 과목에서 우수한 성적을 유지하는 학생이 많습니다. 고등학교 3년 동안 평균 2회 학급 임원활동을 한 경우가 대다수입니다. 교육 봉사동아리 같은 교육 관련 활동도 하지만, 토론동아리, 교지편집부 등 다양한 동아리 활동에 참여하였습니다.

꾸준하고 지속적인 봉사활동이 눈에 띄고 복지관 독서 도우미, 교육봉사, 지역아동센터 봉사활동이 많습니다. 독서에서도 교육 외에 인문, 사회, 예술, 수학, 과학 등 다양한 분야에서 지적인 호기심을 보이는 '팔방미인'형이 많습니다. 2015개정교육과정 교양과목인 '교육학'을 수강하는 것도 좋은 방법입니다.

(3) 중등교육 (인문사회계열)

국어교육과, 영어교육과, 사회교육과, 역사교육과, 윤리교육과, 지리교육과, 제2외국어교육과, 한문교육과

1.1~2.6 등급 학생이 많고, 학과보다 학교별 점수 차이가 큰 것이 특징입니다. 교육에 대한 꾸준한 관심이 생활기록부에서 드러나기도 하지만 대개 1~2학년 때, 여러 분야에 관심을 보이다 3학년 때,진로를 결정하거나, 다른 진로를 갖고 있다가 전향한 경우가 많습니다.

지역아동센터 봉사, 또래멘토링, 도서관 및 청소년 수련관 봉사활동 등 교육과 관련된 봉사활동이 많으며, 100시간 이상 실시했습니다. 영어교육이나 제2외국어와 같이 특정 언어를 다루는 학과에 진학하는 학생은 그 언어를 다루는 교과에서 특히 높은 성적을 보입니다. 자율동아리, 세부능력 및 특기사항 란에 언어에 관한 관심과 적성, 특기가 일관되게 드러납니다.

교육 도서 외에 학과 관련 독서를 많이 합니다. 역사교육과의 경우 '역사교육'에 서적 외 역사 교양서적을 다수 읽습니다. 영어교육과는 '영어교육'에 서적 외에 영문학 서적을 꾸준히 읽은 독서 이력을 가진 학생이 많습니다. 평균 학년별로 10권 이상의 독서 이력을 보이며, 전반적으로 독서 권수가 많은 편입니다.

(4) 교육학과

1.3 ~ 2.6등급 학생이 많습니다. 교육 전반에 대한 학문을 연구하는 만큼, 교육 자체에 집중한 봉사활동, 동아리활동, 독서활동이 두드러집니다. '최고의 교사', '에밀', '교사역할훈련', '캐나다 교육 이야기' 등 교육에 대한 서적을 읽습니다. 봉사활동은 지역아동센터나 학교 내에서 멘토링 활동을 하는 등 교육 관련 봉사활동이 공통적입니다. 임원활동은 2~3회 정도 되고, 수업과 학교 행사와 활동에 관심과 적극적인 참여를 보입니다.

이제부터 실제 합격사례를 분석, 재분류하여 '교육학과', '유아, 초등교육과', '국어, 영어교육과', '사회교육계열' 이렇게 네 가지로 살펴보겠습니다. 학과별로 차이가 있을 수 있으나 공통분모로 여기는 그룹을 통해 학생의 이해에 도움을 주려 위와 같이 분류하였습니다.

데이터 분석은 실제 데이터를 정리한 요약본을 다시 표로 정리하였습니다. 자신의 학교생활기록부와 비교, 분석할 공간을 따로 만들어두었으니, 실제 합격 데이터와 학교생활기록부를 비교하면서 부족한 부분은 보완하고, 강점을 부각할 방법을 찾으며 읽으면 도움이 될 것입니다.

나) 교육계열 데이터 분석과 합격데이터

어떻게 하면 더 나은 교육을 할 수 있을까? 무엇이 올바른 교육일까?

(1) 교육학과

1. 내신

1~2점 초반(학교별 차이 있음)

2. 수상

4개 영역으로 나눠 생각할 수 있습니다.

1) 토론, 발표 : 자료의 38%가 토론과 발표대회에서 수상했습니다. 수상은 1~2회입니다.(평균 1.48개)
2) 주제탐구 : 자료의 75%가 수상하였으며, 주제탐구는 시사 탐구 등 폭넓게 여러 분야를 보입니다. 수상은 1~2회로 나타났습니다.
3) 어휘력 : 자료의 38%가 영어 관련 단어, 스피치, 프레젠테이션 대회가 있습니다.
4) 글짓기 등 창작물 제출 관련 대회 수상 : 75%가 수상한 대표적인 수상으로 평균 2~3개의 수상이 있습니다.

3. 자율활동

학급 임원, 학교 임원, 또는 교지 편집장 등 리더 활동이 있습니다.

4. 진로활동

캠프 참여, 교육 관련 R&E가 있었습니다.

5. 동아리 활동

대부분 참여했으며 다음의 특징이 나타납니다.

1) 진로 관련 교육 동아리 활동 : 자료의 약 80%가 기록된 가장 대표적인 활동입니다. 일회성보다 2년 이상 꾸준히 참여한 학생이 많았습니다. 세계 교육 관련 내용을 찾거나 또래 상담 등 교육학 전반에 걸친 관심을 보여줍니다.
2) 멘토멘티 활동 : 약 33%의 학생이 참여한 동아리입니다. 교육 관련 활동이나 단독으로 멘토-멘티만 활동한 사례도 있었습니다.
3) 사회, 인문학 관련 동아리 : 독서나 신문을 제작하는 동아리에 약 33%의 학생이 참여하였습니다.
4) 그 외 봉사동아리, 학교 방송부 등 사람과 대면하는 활동을 하며, 가끔 동아리 리더로 활동한 사례도 보입니다.

6. 봉사활동

아동센터 등 아동 교육 봉사가 가장 많습니다. 약 80% 학생이 보여주며, 교내 멘토멘티 활동에 33%의 학생이 참여하였습니다. 교육 봉사 외에선 아름다운 가게 등 사회적 활동과 국제교류 봉사, 장애아 재활 치료센터 봉사, 교통지도 등 활동이 많았습니다.

7. 과목별 세부능력 및 특기사항

많지는 않으나 적극적으로 수업에 참여하고 토론하는 모습을 보여줍니다. 진로 관련 내용이 기록되기도 하고, 다양한 사회 현상에 관심을 두고 분석하거나 관련 클러스터 등을 이수한 사례도 있습니다.

8. 독서활동 상황	●	'최고의 교사(EBS 최고의 교사 제작팀), 에밀(장 자크 루소), 교사역할훈련(토머스 고든), 캐나다 교육 이야기(박진동), 아이들은 어떻게 배우는가(존 홀트), 지혜로운 교사는 어떻게 말하는가(칙 무어만), 학교를 넘어서(존 홀트), 침묵으로 가르치기-학생 위주 토론식 수업(도널드 L. 핀켈), 아이들에게 온 마음을(바실리 알렉산드로비치 수호믈린스키), 글쓰기 어떻게 가르칠까(이오덕)'를 읽은 사례가 보입니다.

2.1 교육계열

학교 기본 정보

합격데이터

대학교	1)고려대 2)숙명여대 3)이화여대 4)이화여대 5)동국대 6)동국대 7)연세대 8)숙명여대 9)숙명여대
전형명	1)학교장추천 2)숙명미래인재 3)고른기회 4)고교추천 5)학교장추천 6)학교장추천 7)면접형 8)숙명인재 9)숙명인재
학과	교육학과/교육학부

나만의 데이터

(나에 해당하는 부분을 적어보세요!)

학생 내신 등급

이 등급대의 학생부를 빅데이터해서 분석한 자료임! 우수한 학생들의 학생부를 내가 가질 기회를 가지세요

합격데이터

전체학년 합산등급	1)1.14 2)1.33 3)1.6 4)1.35 5)1.65 6)1.38 7)1.16 8)2.27 9)1.73
전체학년 국영수탐 등급	1)1.12 2)1.33 3)1.6 4)1.39 5)1.72 6)1.37 7)1.14 8)2.11 9)1.57

나만의 데이터

(나에 해당하는 부분을 적어보세요!)

학교에서 학생에게 하는 활동

"내가 했던 것은 (O)표시 해보세요.
그리고 해야할 것은 (✩)해보세요!"

합격데이터

구분	분류	내용
수상(분류)	토론	교내 학생 토론대회
	발표	영어프레젠테이션대회, 윤리적쟁점탐구대회
	주제탐구	과제연구대회, 지구환경지킴이프로젝트대회, 창의지성교육실천대회
	어휘력	영어대회, 언어사고력탐구한마당
	창작물제작(글짓기 포함)	글쓰기대회, UCC대회, 포트폴리오우수작, 자기소개서쓰기대회, 백일장, 시민교육포트폴리오대회
	독서	다독상
	사회관련	시사능력탐구한마당, 윤리적 쟁점탐구대회
	기타	진로대회, 인문논술대회
자율활동	임원	학생회 부회장, 학급반장*, 학생회 차장, 학급 자치 부회장
	멘토멘티	
	특성화 프로그램	문학 강좌 특성화프로그램
	기타	기자단
진로활동		학교주관 진로캠프 참여, 교육 R&E

학생이 학교에서 주도적으로 하는 활동

"내가 했던 것은 (O)표시 해보세요.
그리고 해야할 것은 (✩)해보세요!"

합격데이터

구분	분류	내용
동아리 활동	진로관련	교육 관련 자율동아리, 교수학습 동아리, 멘토멘티, 예비교사동아리, 학습 멘토 관련 동아리, 또래상담, 교육 봉사, 참교사 동아리, 월드에듀동아리
	봉사	다문화가정 아동 학습지, 학습 멘토 관련 동아리, 멘토멘티, 또래상담, 교육봉사
	사회계열	인문학 동아리
	어문	
	토론	
	독서	책쓰기반
	발명, 창작	신문부 동아리
	기타	방송반 아나운서, 학교홍보동아리

봉사활동 (시간 및 주목할 봉사)	시간	평균 160시간 내외
	특징	지역아동센터에서 지속적인 교육봉사, 학교 내 학습도우미***, 등굣길 지도 봉사활동, 다문화가정자녀 멘토링, 지역아동센터 학습지도 봉사*, 다문화 가정 자녀 지원 봉사*, 아름다운 가게 봉사*, 월드비전 봉사*, 지역아동센터 및 초등학교 교육봉사, 외국인 대상 국제교류 봉사, 장애아재활치료센터, ㅇㅇ시종합자원봉사센터 등에서 꾸준히 교육 분야 봉사활동을 함**, 교내에서도 배움동행 멘토링, 환경정화, 급식질서 등의 봉사활동 꾸준히 실천함. 방학 중 초등학생 학습지도**, 학교 교통지도*, 초등생 학습 멘토링 봉사활동을 지속한 것이 특징이며 3년간 꾸준히 봉사***
진로희망	교육공학자/교육공학자/교육학자	
과목별 세부능력 및 특기 사항	- 많은 교사가 학생의 적극적인 활동에 대해 언급하고 칭찬함 - 교내 수학, 영어, 방과 후 학교 수업에 꾸준히 참여함 - 1~2학년 방과 후 학교 디베이트 수업에 꾸준히 참여함 - ㅇㅇ시 고교토론대회 및 유네스코 대회협회 고교토론대회에 참가하여 수상함 - 교내의 다양한 대회 꾸준히 참가하여 수상함. 진로(교사)와 관련된 내용 언급이 많음 - 발표 수업에 적극적으로 참여하여 공적 말하기 상황에서 자신감 있게 자신의 의견을 전달함 - 토요학교 경영학 전공기초(40시간) - 다른 학생들에게 멘토의 역할을 잘 수행 - 다양한 활동(글쓰기, 발표, 심화학습, 토론, 보고서 등) 내용이 기록됨 - 클러스터, 주문형 강좌 수강 - 교과수업시간에 진로 분야와 연계된 활동이 특징임 - 특히 구체적인 사회 현상에 대해 관심을 가지고 탐구한 노력이 있음 - 전반적인 성실성, 학습 태도 학습능력 등에 대해 언급이 됨 - 경기도 교육과정 클러스터 과제연구(사회)에 참여함	
독서 (권수/ 주목할 책이름)	권수	평균 40권 내외
	특징	최고의 교사(EBS 최고의 교사 제작팀), 에밀(장 자크 루소), 교사역할훈련(토머스 고든), 캐나다 교육 이야기(박진동), 아이들은 어떻게 배우는가(존 홀튼), 지혜로운 교사는 어떻게 말하는가(칙 무어만), 학교를 넘어서(존 홀튼), 침묵으로 가르치기-학생 위주 토론식 수업(도널드 L. 핀켈), 아이들에게 온 마음을(바실리 알렉산드로비치 수호믈린스키), 글쓰기 어떻게 가르칠까(이오덕) 인문학적 소양독서와 진로독서

합격 총평		
	A학생	1~3학년 모두 큰 성적변동 없이 일관되게 좋은 성적을 받아 학교장추천 전형으로 지원한 것이 합격 요인으로 생각됩니다.
	B학생	교과활동 외에 비교과활동을 열심히 하였으며 특히, 디베이트, 토론 및 책 쓰기 활동을 열심히 했습니다. 이를 통해 글쓰기 능력과 사고력을 키워 교내외 토론 대회 수상, 학생 작품이 실린 동아리 책 집필 등의 성과가 학교생활기록부에 기재되었습니다.
	C학생	전공과 관련된 독서활동을 꾸준히 하였으며 특히 3학년 때 교육자율동아리를 만들어 독서활동을 겸하면서 면접까지 대비한 것이 합격 요인으로 생각됩니다.
	D학생	모든 교과에서 우수한 성적을 갖고 있으며 교사들의 좋은 평가가 거의 모든 학교생활기록부 영역에서 나타났습니다. 교육 봉사 및 진로와 관련된 독서를 하였고 교수학습 이론을 탐구하는 동아리에서도 두각을 나타낸 모습이 잘 기재되어 있었습니다.

※ 자율활동 임원에서 **은 데이터상 5회 이상 , *은 데이터상 4~2회, 없는 것은 1회입니다. 봉사활동 특징에서 ***은 데이터상 100시간 이상 , **은 데이터상 100~80시간, *은 데이터 상 80~60시간, 없는 것은 60시간 미만이며, 굵은 글씨로 처리된 부분은 자주 등장한(3회 이상) 활동입니다.

미래 내가 해야 할 것

성적	
수상	
자율활동	
동아리활동	
봉사활동	
진로활동	
수업시간	
독서활동	

 나만의 맞춤 가이드.

안녕~ 여러분!! 오늘은 합격에 대해서 알아볼 거에요. 잘할 수 있지요^^

(2) 유아, 초등교육과

1. 내신

1~2점 후반(학교별 차이가 존재, 3점 중반은 삼육대 농어촌전형(유아교육과)) 전반적으로 초등교육과가 1점대, 유아교육과가 2점대였습니다.

2. 수상

5개 영역으로 생각할 수 있습니다. 초등교육과는 대부분 학생의 수상 실적이 있어 그 비율이 유의미하지 않아 생략합니다.

1) 토론, 발표 : 수상 등위가 높은 편으로 팀 활동으로서의 모습을 보여줄 대회 수상이 많았습니다. 토론영역은 인문, 자연계를 나누지 않았습니다.
2) 주제탐구, 경시대회 : 인문계열 학생은 인문계(사회, 지리)의 경시대회 수상을, 자연계열의 학생은 자연계(과학)의 수상이 있으며 공통 영역인 수학, 영어의 경우 많은 학생이 보입니다.
3) 어휘력 : 영어뿐 아니라 제2외국어 스피치 등 다양한 분야 수상이 있으며, 영어 발표 및 프레젠테이션, 영어 감상문 등 다양한 종목 수상이 있습니다.
4) 글짓기, UCC 등 창작물 제출 관련 대회 수상 : 자기소개서, 감상문 쓰기, 진로체험 활동만이 아닌 여러 영역에서 고르게 수상형태가 나타났습니다.
5) 인성 관련 모범상 등 표창을 받은 학생이 많았습니다.
6) 그 외 여러 활동에 폭넓게 참여하는 모습을 보이며, 초등과 유아는 전 영역을 다루는 만큼 학생이 계열, 영역을 가리지 않는 모습을 보입니다.

3. 자율활동

대부분 학급 임원이나 학생회 활동을 하였습니다. 멘토링 활동이나 학습부원으로 활동하며 스터디플래너를 제작하는 사례도 있습니다.

4. 진로활동

노동교육에 대한 소논문을 작성한 사례가 있습니다.

5. 동아리 활동

대부분 참여하며 다음의 특징을 나타내고 있습니다.

1) 언어 및 토론 활동 : 자료의 30%의 학생이 참여하며 평균 2회로 나타납니다.
2) 교육 관련 동아리(멘토링포함) : 자료의 60% 이상 교육 동아리에 참가, 평균 2회로 나왔습니다. 멘토링 동아리를 운영이나 멘토링 활동에 참여한 사례가 많으며, 봉사와 연계한 동아리도 많습니다.
3) 봉사동아리 : 약 22%의 학생이 참여하였습니다.
4) 탐구(사회, 과학) 관련 동아리 : 자료의 28% 정도 학생이 참여하였습니다. 그러나 두 가지 동아리 모두 참여한 학생은 없었으나 융합 동아리 참여 사례는 있습니다.
5) 동화구연과 교지편집 동아리가 있습니다. 교지 편집 동아리는 교육 기사를 작성, 전공에 관한 관심을 보여줍니다.

6. 봉사활동

정량적으로 평균 200시간 이상의 봉사활동 시간을 보입니다. 활동 대부분은 아동센터, 보육원, 인근 초등학교에서 어린아이를 상대로 합니다. 주로 멘토링이나, 동화 구연 봉사, 음악지도 봉사, 미술치료 봉사, 진로교육, 독서 재능기부 등의 다양한 활동이 보입니다. 그 외 요양원 봉사, 학교 행사 진행 및 청소년 캠페인 활동 등의 활동 내용이 있었습니다.

7. 과목별 세부능력 및 특기사항

많은 학생이 수업에 적극적으로 참여하고 발표, 토론, 모둠활동에서 리더로의 모습을 보여줍니다. 교과를 가리지 않고 우수하며, 진로 연관 활동도 잘 나타납니다. 아래는 구체적인 활동 내용입니다.

1) 경기 꿈의 대학(유아, 특수교육)이수
2) 학습 보조 자료 제작을 하고 발표
3) 에듀클러스터 활동
4) (국어) 초미세먼지와 초등교육의 방향에 관한 발표
   (화학) 초등학교 앞 불량식품의 성분에 관한 발표
   (사회문화) 다문화가정, 이민자차별에 관한 발표
5) 교육문제에 관한 연구 및 토론

8. 독서활동 상황

전공과 연계하여 교육 관련 교육자, 교육 사상 책을 많이 읽었습니다.

학교 기본 정보

합격데이터

대학교	1)중앙대 2)중앙대 3)이화여대 4)가천대 5)가천대 6)경기대 7)덕성여대 8)삼육대 9)삼육대 10)성신여대 11)서울교대 12)서울교대 13)서울교대 14)서울교대 15)서울교대 16)서울교대 17)서울교대 18)서울교대 19)서울교대
전형명	1)일반 2)다빈치형인재 3)미래인재 4)가천프런티어 5)가천프런티어 6)KGU 학생부종합 7)덕성인재 8)농어촌 9)학교생활우수자 10)학교생활우수자 11)농어촌 12)교직인성우수자 13)교직인성우수자 14)교직인성우수자 15)교직인성우수자 16)사향추천인재 17)사향추천인재 18)사향추천인재 19)사향추천인재
학과	유아교육/초등교육

나만의 데이터

(나에 해당하는 부분을 적어보세요!)

학생 내신 등급

이 등급대의 학생부를 빅데타해서 분석한 자료임! 우수한 학생들의 학생부를 내가 가질 기회를 가지세요

합격데이터

전체학년 합산등급	1)1.87 2)2 3)1.96 4)3.22 5)3 6)2.05 7)2.48 8)3.48 9)2.6 10)2.05 11)1.33 12)1.52 13)1.43 14)1.36 15)1.21 16)1.12 17)1.12 18)1.41 19)1.41
전체학년 국영수탐 등급	1)1.87 2)1.64 3)2.02 4)3.22 5)3.21 6)2.19 7)2.43 8)3.6 9)2.84 10)1.86 11)1.43 12)1.5 13)1.4 14)1.43 15)1.41 16)1.12 17)1.07 18)1.37 19)1.41

나만의 데이터

(나에 해당하는 부분을 적어보세요!)

학교에서 학생에게 하는 활동

"내가 했던 것은 (O)표시 해보세요.
그리고 해야할 것은 (✩)해보세요!"

합격데이터

수상(분류)	토론	토론대회, 독서토론대회
	발표	영어프리젠테이션대회, 동아리주제탐구발표대회, 인문사회 PPT
	주제탐구	인문학술한마당, 사회조사분석발표대회, 동아리주제탐구발표대회, 노벨과학에세이, 시사탐구보고서대회
	어휘력	영어에세이쓰기대회, 영어 어휘경시대회, 영어학술문화제, 영어논술쓰기대회, 글로벌의사능력평가, English Book Presentation, 영어동화구연대회, 제2외국어능력시험, 영어스피치대회, 영어촌극, 영어독서감상문대회, 영어독서UCC만들기, 팝송
	창작물제작(글짓기 포함)	UCC제작, 감상문쓰기대회, 자소서쓰기대회, 태양열조리기만들기대회, 과학창의축전 부스체험수기, 인포그래픽 어워드수학과학제소감문쓰기대회, 과학교양포트폴리오대회, 과학에세이쓰기, 장애인의날기념문예대회, 다문화 독도통일글짓기, 영화제작, 역사알리기, 문학제UCC부문, 발명품 대회
	독서	독서기록장쓰기, 독서토론대회
	사회관련	역사탐구, 인문사회 PPT, 독도탐구한국지리지역,사회조사분석발표대회, 지리경시대회, 세계지도퍼즐맞추기대회, 시사탐구보고서대회, 지리올림피아드대회, 동서양사상경시대회
	기타	또래 튜터링 활동, 학습 플래너, 진로로드맵, 플래너쓰기, 심폐소생술 대회, 수학 관련 대회상.
자율활동	임원	학급임원*, 학생회 환경부 차장, 부장, 학급 자치 회장 활동, 학급부회장, 학생회*(스터디플래너 제작)
	멘토 멘티	또래 멘토링 멘토
	특성화 프로그램	
	기타	
진로활동	2년간 노동교육을 공부하며 소논문을 작성	

학생이 학교에서 주도적으로 하는 활동

"내가 했던 것은 (O)표시 해보세요.
그리고 해야할 것은 (☆)해보세요!"

○ 합격데이터

동아리 활동	진로관련	학습 멘토링 자율 동아리, 유치원교사동아리, 유아교육 동아리, 동화구연 자율동아리, 수학교구제작 동아리, 교육문제 심화탐구, 또래교사 동아리, 교육학개론 동아리
	봉사	요양원 봉사동아리, 교육봉사동아리
	사회계열	세계문제(환경, 인권)탐구, 사회 정치 참여반
	어문	영어연극동아리, 영어수필동아리, 영어원서 읽기동아리, 영어소논문동아리, 영자신문동아리
	토론	시사토론동아리, 독서토론 자율동아리
	독서	문학 동아리, 독서토론 자율동아리
	발명, 창작	영자신문동아리, 교지편집부(교육에 대한 기사 자주 썼음)
	기타	학습동아리, 과학 탐구 관련 동아리
봉사활동 (시간 및 주목할 봉사)	시간	평균 190시간 내외
	특징	아동복지센터 교육봉사활동** 교내 및 유치원 봉사** 교육 봉사활동 3년간 꾸준하게 참여 어린이집, 아동센터에서 봉사** 지역아동센터에서 꾸준한 봉사활동*. 2학년 때 지역구에서 열린 청소년축제 행사에서 봉사 요양원 봉사*** 교내 각종 도우미 봉사활동 등에 참여함. 지역아동센터에서 꾸준히 봉사활동을 함. 아이들을 돌보는 봉사활동뿐 아니라 동화 구연 봉사 활동도 함*** 지역아동센터/멘토링/청소년 운영위원회*** 3년간 특히 2학년 동안 봉사시간을 많이 확보하였으며, 활동 장소 및 내용이 유아교육이라는 희망 전공과 관련됨*** 국공립 어린이집 봉사활동 및 또래 학습멘토링 활동 3년 내내 꾸준히 활동함*** 3년 동안 꾸준히 교육봉사*** 양로원 봉사 3년, 아동센터 봉사*** 지역복지관, 청소년 수련관 봉사*** 평생교육원 교육봉사, 지역아동센터 교육봉사, 교내 장애우돕기, 비평단 캠페인, 어린이재단 캠페인*** 1, 2학년 때 도서관 봉사, 3학년 때 초등학생 교육 봉사에 참여함. 교내 멘토링 봉사활동에 꾸준히 참여함** 진로관련 아동센터에서 학습 및 음악지도 봉사활동을 3년간 지속적으로 실시*** 3년간 매주(1학년 영어/2,3학년 과학)교육봉사*** 3년간 교육동아리를 하면서 실제 초등학교에서 진로교육*** 독서재능기부(초등학교에서 방학에 직접 수업을 하는 활동)***

진로희망	진로 일치
과목별 세부능력 및 특기 사항	- 노력에 관한 내용이 많음 - 거의 모든 교과에서 바른 수업태도와 학습 보조 자료 제작하고 발표 - 성적 상승 - 경기꿈의대학(유아, 특수교육)이수 - 예의 바르고 적극적임, 지적 호기심과 탐구력, 협력성, 성실성, 교사와 질의응답을 통한 활발한 상호작용, 또래학습으로 교학상장 등의 내용이 대부분의 교과 세부능력 및 특기사항에 기록. 경기꿈의학교에서 유아교육과 관련된 강좌를 수강함 - 에듀클러스터 활동 - 고등학교 3학년 국어, 초미세먼지와 초등교육의 방향에 관한 발표를 함 - 고등학교 3학년 화학 초등학교 앞 불량식품의 성분 파헤치기에 관한 발표를 함 - 고등학교 3학년 사회문화, 다문화가정, 이민자차별에 관한 발표를 함 - 각 세부능력 및 특기사항 부분 부분마다 친구들이 모르는 것을 친절히 설명해주고, 발표에 적극적이고, 수업에 단정히 임한다고 기록 - 과제 수행에 있어 주제에 적합한 다양한 정보를 수집, 배열 조직하여 특색 있고 창의적인 자료를 만들어 내는 지식정보처리역량이 매우 뛰어나 창의적인 자료를 만들어냄 - 학습 열의가 뛰어나고 질문을 통해 깊은 사고와 이해를 하며 능동적인 태도로 수업에 참여함 - 조원들의 장점을 발견하고 이에 맞게 역할 분담을 하는 등 리더십과 책임감이 있어 향후 교사로서의 활약이 기대됨 - 수업시간 주위의 친구들이 문제에 친절히 설명하는 모습을 자주 보이는 배려심 많은 학생임 - 수업 분위기를 이끌어 가고 활동수업에서는 열정적인 준비와 활기찬 태도가 최고인 학생으로 담당교사도 배울 점이 많은 학생임 - 교육문제에 관한 연구 및 토론활동 다경험 - 다양한 교과 내 활동에서 교육문제와 연관시키는 활동 다수 - 교육과 연관 지어 기록 - 발표의 기회가 있을 때마다 적극적으로 자료를 수집해 발표함 - 조별과제 시 조원들을 잘 이끌고 도와준 점 등 배려를 실천한 내용이 잘 언급되어 있음
독서 (권수/ 주목할 책이름)	**권수**: 평균 30권 내외 **특징**: 교육 관련(교육 사상가) 다량의 독서 진로 관련 독서 다수 교육에 관한 독서 다수, 다양한 분야의 독서활동 독서를 꾸준히 함. 교육 분야뿐 아니라 인문, 사회, 예술, 수학, 과학 등 다양한 분야의 지적인 호기심을 보임

합격 총평		
	A학생	고등학교 초반에는 교육대학교를 목표로 생활기록부를 작성했으나 유아교육을 지원하였습니다. 진로 변경이 있지만 어린 학생들을 가르친 봉사활동에 관한 내용이 많아 광역적인 측면에서 진로가 일치하였다 생각합니다.
	B학생	전공과 관련된 독서활동이 꾸준히 나타나며 3학년 때 교육자율동아리를 만들어 독서활동을 겸하면서 면접을 대비한 것이 합격 요인이라 생각됩니다.
	C학생	분야를 가리지 않고 다양하고 많은 대회에 참가하여 좋은 결과를 얻었습니다. 교과 성적 또한 모든 영역에서 우수한 결과를 보여주었습니다. 이를 통해 여러 과목의 이해도, 지적 호기심을 확인하였고 여러 교과를 가르쳐야 하는 희망 진로에 장점이 되었다고 생각합니다.
	D학생	각종 토론대회 참여 및 수상, 학급임원 활동, 팀 단위의 대회에서 리더십을 보여주는 모습을 볼 수 있었습니다. 꾸준한 튜터 활동과 교육봉사를 통해 인성적인 부분이 좋은 평가를 받았을 것입니다.
	E학생	진로와 관련 동아리에 참여, 특히 동화구연 동아리 활동을 진행하면서 앞으로 어떤 방식의 수업을 할 것인지에 대한 고민을 하는 모습이 동아리 특기사항에 기재되어 있었습니다. 또한, 현재 교육의 문제에 대해 알아보고 이를 고찰하는 내용도 학교생활기록부에서 볼 수 있었습니다.
	F학생	교육문제를 심화 탐구하는 동아리에서 현재 진행되는 수업과 연관하여 탐구하고 자신만의 수업 모형을 고민하는 토의 내용이 구체적으로 기재되었으며, 매년 진로 관련 동아리를 진행하며 교사철학이 구체화 된 모습을 학교생활기록부에서 볼 수 있었습니다.
	G학생	유아교육 동아리, 경기 꿈의 대학에서 진로 관련 수업 이수 등을 통해 전공적합성을 보여줄 수 있었다고 생각되며, 봉사도 진로와 연관하기 위해 어린이집이나 유치원 봉사를 꾸준히 한 것이 장점이라 생각됩니다.
	H학생	수업 중 진로와 연관한 발표가 거의 모든 교과 세부능력 및 특기사항에 기재될 정도로 적극적이고 많이 활동하였습니다. 성적이 우수하며 여러 선생님의 신뢰와 칭찬을 학교생활기록부에서 볼 수 있었던 것이 긍정적으로 평가 된거라 생각됩니다.
	I학생	진로와 연관하여 많은 독서를 하였고 다양한 영역에서 여러 분야의 지식을 쌓고자 폭넓게 책을 읽는 내용을 볼 수 있었습니다. 이를 기반으로 여러 교과를 가르치는 진로희망과 연관된 지적 호기심과 전공적합성을 볼 수 있었을 것입니다.

※ 자율활동 임원에서 **은 데이터상 5회 이상 , *은 데이터상 4~2회, 없는 것은 1회입니다. 봉사활동 특징에서 ***은 데이터상 100시간 이상 , **은 데이터상 100~80시간, *은 데이터 상 80~60시간, 없는 것은 60시간 미만이며, 굵은 글씨로 처리된 부분은 자주 등장한(3회 이상) 활동입니다.

미래 내가 해야 할 것

성적	
수상	
자율활동	
동아리활동	
봉사활동	
진로활동	
수업시간	
독서활동	

국어, 영어 교육의 매력은 언어를 가르친다는 것이죠. 같이 보아요.

(3) 국어, 영어교육과

1. 내신

1~3점 중반(3점대 중반은 가톨릭관동대 CKU리더전형(영어교육))

2. 수상

4개 영역으로 나눠 생각할 수 있습니다.

1) 토론, 발표 : 자료의 35%가 토론과 발표대회 수상을 보입니다. 보통 1회이고, 발표보다는 토론 부문이 좀 더 많습니다.
2) 주제탐구, 프로젝트 : 자료의 71%가 수상하며, 주제탐구는 진로 관련 활동이나 동아리 활동이 포함되었습니다. 평균 1~2회 이내로 보입니다.
3) 어휘력 : 자료의 65%가 수상하며, 영어 단어, 스피치 대회가 많습니다. 연속으로 수상한 경우도 대다수라 2회 수상한 사례가 많습니다. 영어영역 포함 '동북아시아언어'와 관련 수상도 보입니다.
4) 글짓기, 독서, UCC 등 창작물 제출 관련 대회 수상 : 자료의 71%에 수상경력이 있습니다.
5) 진로 탐구발표에서 '영어 사교육 실태 조사', '영어 조기교육의 효과 및 인식'을 주제로 탐구하여 탐구논문을 작성한 사례가 인상적입니다.

대부분 학급 임원이나 학생회 활동을 하였습니다. 멘토링 활동이나 학습부원으로 활동하며 스터디플래너를 제작하는 사례도 있습니다.

3. 자율활동

학급 임원, 학생회 임원, 기숙사 회장, 대회 사회자 등이 있으며, 멘토링 활동 기록이 많습니다. 지역 연계 멘토링과 교과서 재구성 프로젝트 참여 사례가 있었습니다.

4. 동아리 활동

대부분 참여하며 다음의 특징을 나타냅니다.

1) 어문, 창작 : 어문계열이나 학교 신문부 활동은 약 60%가 기록된 가장 대표적인 활동입니다.
2) 진로 연관 교육 동아리 : 약 53%가 기록되었으며, 예비 교사 준비반만이 아닌 교육 전반, 탐구동아리도 있습니다.
3) 독서, 토론 관련 동아리 : 약 60%가 참여한 동아리입니다. 독서토론, 시사 토론 활동을 보입니다.
4) 봉사동아리 : 약 35% 기록된 활동입니다. 멘토링 활동, 상담활동 동아리활동도 포함하였습니다.
5) 사회, 인문학 동아리 : 약 30% 학생에게 기록되었습니다.
6) 특별한 형태로 교구제작 동아리가 돋보이고 뮤지컬 동아리에서 주도적 역할을 보인 사례도 있었습니다.

5. 봉사활동

대부분 기록되며, 진로 연계 지역아동센터, 교육봉사, 재능기부(영어책 읽어주기), 도서관에서 교사 활동이 많습니다.

7. 과목별 세부능력 및 특기사항	대부분 수업에서 조장, 리더, 일일교사, 멘토링 활동을 했으며, 진로 관련 탐구 프로젝트를 진행하였습니다. 아래는 구체적인 활동 내용입니다. 1) 한국전쟁 외국의 교과서 기술을 주제로 한 5분 스피치 발표 2) (윤리와 사상) 교육자의 중요성, 존경하는 철학자로 교육학자 존 듀이 발표 3) UCC 촬영하고 그 속에서 교사 역할 수행함

학교 기본 정보

합격데이터

대학교	1)서울대 2)한양대 3)고려대 4)고려대 5)고려대 6)동국대 7)동국대 8)동국대 9)한양대 10)가톨릭관동대 11)고려대 12)이화여대 13)한양대 14)한양대 15)가톨릭관동대 16)상명대 17)인하대 18)인하대
전형명	1)지역균형 2)학생부종합 3)학교장추천 4)사회배려자 5)일반전형 6)Do Dream 7)Do Dream 8)Do Dream 9)학생부종합 10)CKU 리더 11)학교추천 I 12)고교추천 13)학생부종합 14)학생부종합 15)CKU 리더 16)상명인재 17)고른기회 18)인하미래인재
학과	국어교육/영어교육

나만의 데이터

(나에 해당하는 부분을 적어보세요!)

학생 내신 등급

이 등급대의 학생부를 빅데타해서 분석한 자료임! 우수한 학생들의 학생부를 내가 가질 기회를 가지세요

합격데이터

전체학년 합산등급	1)1.34 2)1.25 3)1.19 4)1.55 5)1.7 6)2.3 7)2.28 8)2.21 9)1.78 10)2.94 11)1.24 12)1.31 13)1.79 14)1.58 15)3.46 16)2.46 17)2.34 18)1.76
전체학년 국영수탐 등급	1)1.31 2)1.16 3)1.25 4)1.6 5)1.7 6)2.33 7)2.38 8)2.35 9)1.86 10)2.94 11)1.25 12)1.3 13)1.9 14)1.47 15)3.47 16)2.59 17)2.19 18)1.76

나만의 데이터

(나에 해당하는 부분을 적어보세요!)

학교에서 학생에게 하는 활동

"내가 했던 것은 (O)표시 해보세요.
그리고 해야할 것은 (✩)해보세요!"

합격데이터

수상(분류)	토론	독서토론대회, 시사토론대회
	발표	프리젠테이션대회, 롤모델발표대회, 자율동아리발표대회, 체험학습소감문발표
	주제탐구	소논문탐구대회, 진로논문 탐구대회, 프로젝트탐구활동보고서, 인문사회계열프로젝트 연구대회(사회계열), 융합문제해결력, 또래학습보고서, 소논문(영어 사교육 실태 조사, 영어 조기교육의 효과 및 인식 등)
	어휘력	영어독서록, 영어UCC Contest, 영자신문기사공모전, 영어일기쓰기대회, 영어 스피치대회, 팝송대회, 영어 에세이쓰기대회, English Speech Contest, 동북아시아언어및문화교류증진대회, 영어원서리딩퀴즈대회, 영어스토리텔링논술상
	창작물제작(글짓기 포함)	자기소개서쓰기대회, 인성백일장, 학교폭력예방글짓기대회, 영화포스터부문, 영상제부문, 체험학습소감문발표, 재난안전문화행사
	독서	
	사회관련	시사토론대회, 인문사회논술경시대회, 한국사탐구대회, 우리역사바로알기, 사회참여대회
	기타	멘토멘티스터디활동대회, 수학경시대회, 복지나눔실천대회, 언어캠페인 활동
자율활동	임원	학급임원*, 학급 반장**, 기숙사 자치 회장, 학생회 간부, 학급 부반장
	멘토 멘티	꿈나루반 멘토링
	특성화 프로그램	교육의 날 행사 개최, 학급 내 학습공동체 프로젝트 추진, 교과서재구성프로젝트 활동
	기타	외국인에게 이메일을 통해 한국어 가르쳐 줌
진로활동		교육청관련 진로 행사 참가 지역 고등학생 토론대회 발표 등 진로 관련 활동과 함께 관심분야 의외 활동도 다양하게 참여

학생이 학교에서 주도적으로 하는 활동

○ 합격데이터

동아리 활동	진로관련	교육동아리, 멘토-멘티활동자율동아리, 예비교사동아리, 교구제작자율동아리, 카운슬러동아리활동
	봉사	또래상담동아리, 카운슬러동아리활동
	사회계열	사회토론부동아리, 인문학자율동아리, 사회문제탐구반, 자치법정동아리
	어문	영어 NIE, 영어작품이해와 인물탐구반, 영자신문반, 영어봉사 동아리, 영어스토리텔링자율동아리
	토론	독서토론동아리, 사회토론부동아리
	독서	책쓰기동아리, 독서동아리
	발명, 창작	학교신문동아리, 영자신문반 교구제작자율동아리
	기타	VANK, TED, 뮤지컬
봉사활동 (시간 및 주목할 봉사)	시간	평균 180시간 내외
	특징	중학생 멘토링, 병원 봉사활동(3년간 꾸준히), 다문화 어린이 학습지도*** 교육봉사 2년간** 지역아동센터 봉사*** 지역아동센터 아동 학습지도 봉사활동 3년간 꾸준히 활동함*** 청소년수련관(1대1 멘토링 수학 학습지도)** 종합사회복지관(방과 후 아카데미 학습지도 활동)** 사단법인 하나누리(실 목도리 뜨기) 초원교실 지역아동센터-학습지도 및 청소** 지역복지관에서 교육봉사*** 도서관 봉사활동 등 국어교사의 진로와 연관 활동을 함** 지역아동센터에서 교육봉사활동 지속적으로 활동*** 지역아동센터에서 1, 2, 3학년 내내 주기적으로 학습지도 봉사를 진행함.*** 3학년 때도 여름방학 전까지 꾸준히 봉사를 진행함 YMCA, 요양원, 도서관, 지역아동센터 등에서 꾸준히 봉사활동을 함** 1, 2학년 동안 꾸준히 교육봉사활동 실시 아동센터와 도서관에서 영어 학습지도 및 영어책 읽어주기 봉사*** 2학년 때부터 교육봉사동아리 활동** 도자기축제 통역 봉사
진로희망	초등교사에서 영어교사로 진로가 바뀜	

2.1 교육계열

과목별 세부능력 및 특기 사항	- (국어) 정읍사, 훈민정음 서문 등 문법적으로 분석. 중세 국어의 모음 체계의 변천에 대해 스스로 조사 한시, 연시조, 자유시 등 창작 - 친구들에게 자습 시간을 활용하여 문법 강의를 함 - 교사학생 학습공동체에서 논문 작성(1학년 때, 2학년 때) - 한국전쟁 외국의 교과서 기술을 주제로 한 5분 스피치 발표 - (윤리와 사상) 각 사상가의 입장을 현대적인 시각에서 재구성. 정보 사유론/공유론을 활용하여 시사적 문제에 접근 - 다른 과목에서도 교육이나 언어에 대한 시각으로 접근했다는 기록이 많음 - 수학 거꾸로 수업 도우미 활동 - 국어 문법 스터디 장 - 문학 조별수업 조장 - 협동학습 모둠 장 - 학급 멘토링 - (윤리와 사상) 교육자의 중요성, 존경하는 철학자로 교육학자 존 듀이 발표 - 진로와 관련하여 UCC 촬영하고 그 속에서 교사 역할 수행함 - 모든 수업시간에 적극적으로 참여하고 PPT를 만들어 발표하고 토론하는 역할을 주도적으로 함 - 수업 분위기 조성을 위해 학습시간에 배울 학습지를 미리 배부하고 조용히 수업을 진행할 수 있게 분위기를 조성함 - 다양한 주제에서 분석 및 발표 활동 - 국어, 사회 시간의 토론활동 - 영어, 역사 교과 부장활동 - 친구들 앞에서 가르쳐주는 방식의 발표 활동 - 집중력 있는 수업 태도와 적극적인 학습 태도를 강조함 - 학습관리능력과 자기주도학습 능력을 강조함 - 수업활동에 적극적인 참여와 리더십을 강조함. 교과 시간에 적극적으로 참여한다는 표현이 있으며, 교사의 칭찬이 들어있음 - 모둠 활동 시 조장으로서 조원들과 협력하여 우수한 결과를 만들어 냄 - 수업에 활력을 주는 친구들과 공유하고 함께하는 활동들을 많이 함 - 멘토링 활동 다수, 일일교사 다수 - 발표 수업 때 다른 학생들의 이해도를 충분히 고민하여 과목에 따라 다양한 방법을 시도하고 이에 대한 교사의 평가가 높음 - UCC, PPT를 활용하여 전달력을 높임 - 경기 꿈의 대학에 참가하여 '세계 각국의 교육 비교하기' 강의를 수강함 - 1일 교사로 활동한 경험이 다수임 - 국어와 영어 교과를 빼어나게 잘 하고 수업 태도와 학업 의지가 훌륭하다는 칭찬이 교과 세부능력 및 특기사항에 자세히 서술되어 있음 - 3년간 영어부장으로 멘토링 활동에 꾸준히 참여. 방과 후 활동(110시간) 참여 - 사교육에 의존하지 않고 학교 교과 및 비교과 활동에 꾸준히 참여함 - 주문형강좌 '과제연구' 수강

독서(권수/주목할 책이름)		
	권수	평균 28권 내외
	특징	에밀(장 자크 루소), 조선언문실록(정주리), 국어 문법 교과서 연구(최호철), 언어로 세운 집(이어령), 국어의 풍경들(고종석), 학교혁명(켄 로빈슨, 루 애로니카), 배움의 공동체(손우정), 중세 한국어 개설(김동소), 교사가 말하는 교사, 교사가 꿈꾸는 교사(권제원), 한시 미학 산책(정민), 자신의 진로와 연관된 독서활동 기록이 많음 과학 과목 독서 없음, 교육 관련 도서 다수

합격 총평		
	A학생	3년 동안 교사의 역할, 교육의 목표 등에 대해 진지하게 고민한 흔적이 생활기록부에 남아 있는 것이 장점이라 생각됩니다.
	B학생	전공 관련이 아니더라도 많은 책을 읽고 깊은 생각을 하려고 노력한 모습이 학교생활기록부에 나타납니다.
	C학생	언어적인 감각이 좋은 모습이 학교생활기록부에 나타납니다.
	D학생	순수한 마음으로 국어를 좋아하고 진지한 생각으로 교육자를 꿈꾼다는 것이 학교생활기록부에 나타난 것이 장점이라 생각됩니다.
	E학생	본래 초등 교사를 희망했던 학생으로 높은 성적과 전 영역에서 우수한 성취를 보인 학생입니다. 국어 교사로 진로를 변경하는 이유를 구체적으로 작성하였으며 진로 변경 이후 국어 교과 등에서 심층 탐구를 진행한 내용을 볼 수 있었습니다.
	F학생	외국어 계열의 수상을 다수 갖고 있으며 어학 능력이 출중하다는 기록이 많이 있었습니다. 학급 임원으로 활동하며 학급 관리와 리더십에 대한 긍정적인 평가와 학교 교육의 날 행사를 직접 기획하며 고민을 하는 과정이 학교생활기록부에 구체적으로 기재되었습니다.
	G학생	교육 동아리, 또래 상담동아리에 적극적으로 참여하며 교사로서의 역량을 키워나가는 모습이 동아리 특기사항에 기재되어 있었습니다. 또한, 영어스토리텔링 동아리에서 활동하면서 수업에 적용할 방안에 대해 고민하고 이를 영어책 읽어주기 봉사와 연관하여 효율적인 방안에 대한 제안이 기재되어 있었습니다.
	H학생	멘토링 교육 봉사가 3년간 꾸준히 많은 양이 있었습니다. 교구제작 동아리에서 수업에 사용할 수 있는 교구를 고민하고 이를 봉사와 연계하여 활용하고자 노력하는 모습이 동아리 특기사항에 구체적으로 기재되어 있었습니다.
	I학생	교과 수업에서 부장이나 보조 교사의 역할을 수행했던 것과 진로와 연관한 활동, 교사들의 좋은 평가 등이 교과 세부능력 및 특기사항 등에 구체적으로 적혀있었습니다. 또한, 진로 관련 및 다양한 방면의 독서도 학생의 장점으로 생각됩니다.

※ 자율활동 임원에서 **은 데이터상 5회 이상 , *은 데이터상 4~2회, 없는 것은 1회입니다. 봉사활동 특징에서 ***은 데이터상 100시간 이상 , **은 데이터상 100~80시간, *은 데이터 상 80~60시간, 없는 것은 60시간 미만이며, 굵은 글씨로 처리된 부분은 자주 등장한(3회 이상) 활동입니다.

미래 내가 해야 할 것

성적	
수상	
자율활동	
동아리활동	
봉사활동	
진로활동	
수업시간	
독서활동	

역사, 지리, 일반사회, 윤리 공부할 것이 많네.^^

(4) 사회계열교육과

1. 내신

1~3점 중반(3점대 중반은 가톨릭관동대 CKU인재전형(지리교육))

2. 수상

4개 영역으로 나눠 생각할 수 있습니다.

1) 사회 관련 대회 : 자료의 70%가 수상하며 2회 이상이 많습니다.
2) 주제탐구, 프로젝트 : 33%가 수상하였으며, 사회 교과와 연계하여 탐구하는 모습을 보여 주었습니다. (사회 현상 분석, 역사 인물 탐구 등)
3) 토론, 발표 : 자료 중 33% 정도 수상하였습니다.
4) 영어 관련 대회 : 자료의 44%가 수상하였습니다.
5) 그 외 다양한 대회에 적극적으로 참가한 사례가 많았습니다.

3. 자율활동

학급 임원, 학생회 임원활동 기록이 많았습니다. 그 외 디베이트클럽활동, 토론심화캠프, 교육청진로클러스터수업이수(교육심리학) 등이 있습니다.

4. 진로활동

'경기도교육청 중국동북3성 역사문화 탐방' 활동이 기록된 사례가 두드러집니다.

5. 동아리 활동

대부분의 학생이 참여하며 다음의 특징을 나타냅니다.

1) 교육동아리 : 자료의 50% 이상 학생이 참여한 동아리로 다양한 교육적 주제(교육 정책, 교육 혁신, 모의 수업)로 활동하였습니다. 교육봉사 동아리도 있습니다.
2) 사회관련 동아리 : 75% 학생들이 참여한 대표적인 동아리로 사회이슈에 토론 활동을 하는 동아리가 많았으며 진학하는 학과와 연관하여 활동한 사례가 많습니다.
3) 영어 동아리 : 영어 토론, 어휘 등 영어 관련 동아리도 27%가 참여하였습니다.

6. 봉사활동

대부분 학생에게 기록되어 있으며, 진로와 연계, 지역아동센터, 교육봉사, 재능기부(영어책 읽어주기), 도서관에서 교사 활동이 많았습니다.

7. 과목별 세부능력 및 특기사항

대부분 수업에서 조장, 리더, 일일교사, 멘토링 활동을 했으며, 진로 관련 탐구나 프로젝트를 진행하였습니다. 아래는 구체적인 활동 내용입니다.

1) (세계지리) 자발적으로 수업도구인 '지리마블'을 만들고 수업에 직접 활용하여 학우들에게 도움을 줌2) 교육 정책 패러다임 보고서 작성

8. 독서활동 상황

- 1~3점 중반(3점대 중반은 가톨릭관동대 CKU인재전형(지리교육))
독서활동은 대부분 교직 관련 도서를 읽었습니다. '바른 우리말 사용설명서(KBS 한국어연구회)', '에밀(장 자크 루소)', '초등교사를 위한 행복한 교실 만들기: 12가지 TIP(추광재 외)', 나는 대한민국의 교사다(조벽), 아이들에게 세상을 배웠네(명혜정), 가르칠 수 있는 용기(파커 J.파머), 최고의 교육은 어떻게 만들어지는가(마틴 메이어, 레네 메이어 하일) 등입니다.

학교 기본 정보

합격데이터

대학교	1)이화여대 2)이화여대 3)성신여대 4)인하대 5)동국대 6)이화여대 7)고려대 8)동국대 9)이화여대 10)강원대 11)한국교원대 12)공주대 13)공주대 14)서울대 15)서울대 16)고려대 17)동국대 18)동국대 19)가톨릭관동대
전형명	1)미래인재 2)미래인재 3)학교생활우수자 4)인하미래인재 5)학교생활우수인재 6)미래인재 7)일반전형 8)Do Dream 9)미래인재 10)미래인재 11)학생부종합우수자 12)잠재능력우수자 13)잠재능력우수자 14)지역균형 15)지역균형 16)고교추천 II 17)Do Dream 18)학교장추천 19)CKU 리더
학과	사회교육/역사교육/윤리교육/지리교육

나만의 데이터

(나에 해당하는 부분을 적어보세요!)

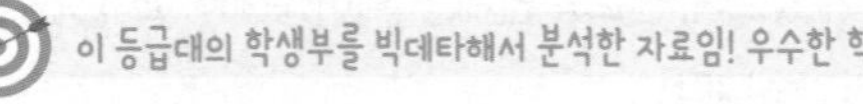

합격데이터

전체학년 합산등급	1)1.43 2)1.37 3)2.6 4)1.52 5)1.42 6)1.15 7)2.7 8)1.44 9)1.77 10)2.17 11)1.77 12)2.7 13)1.84 14)1.16 15)1.16 16)1.69 17)1.92 18)1.67 19)3.47
전체학년 국영수탐 등급	1)1.43 2)1.38 3)2.94 4)1.52 5)1.42 6)1.15 7)2.6 8)1.52 9)1.63 10)2.12 11)1.64 12)2.4 13)1.84 14)1.08 15)1.11 16)1.57 17)1.91 18)1.78 19)3.4

나만의 데이터

(나에 해당하는 부분을 적어보세요!)

"내가 했던 것은 (O)표시 해보세요.
그리고 해야할 것은 (✩)해보세요!"

합격데이터

수상 (분류)	토론	교내토론대회
	발표	인문사회소논문발표대회
	주제탐구	사회교과프로젝트학습대회, 인문사회소논문발표대회, STEAM R&E과제공모대회, 사회참여보고서대회, 자율동아리활동보고서대회, 주제심화탐구보고서쓰기대회, 논문읽기를통한주제탐구구현대회
	어휘력	영어원서읽기대회, 우리말 퀴즈대회, 보카마스터, 영어 UCC, 영어에세이쓰기대회, 영어스토리텔링대회, 영어워드챌린지대회
	창작물제작 (글짓기 포함)	분리수거표어포스터대회, 바른생활표어포스터대회, 소명창작프로젝트, 역사UCC주제탐구 대회, 체험활동소감문 쓰기대회, 학교홍보UCC, 지리시사공익광고공모전
	독서	독서지식인상, 책쓰기대회, 1월1권읽기 프로젝트, 사회과학서적서평공모전, 독서능력평가대회, 독서감상문쓰기대회
	사회관련	법경시대회, 학생인권퀴즈대회, 사회문화발표경시대회, 사회교과프로젝트학습대회, 역사교과연계창의력대회, 역사독서퀴즈골든벨, 지리올림피아드, 동서양사상경시, 우리역사바로알기, 지리시사공익광고 공모전, 역사인물탐구발표 대회
	기타	수리창의력대회, 과학경시, 수학경시대회, 또래멘토상, 커리어파일경진대회, SW경진대회, 예술관련대회
자율활동	임원	학생회 문화조성부 임원(다양한 학교 행사를 기획하여 운영), 학급 임원**, 학급 회장*, 전교부회장
	멘토 멘티	학급 내 멘토멘티활동
	특성화 프로그램	교내 소논문대회, 디베이트클럽활동, 토론심화캠프, 클러스터(교육심리학)
	기타	책 보내기(이집트), 기아체험 주제보고서 및 심화탐구
진로활동		경기도교육청 중국동북3성 역사문화 탐방 진로독서발표동아리활동, 수시캠프참가(인문경제학 캠프)

 학생이 학교에서 주도적으로 하는 활동

"내가 했던 것은 (O)표시 해보세요.
그리고 해야할 것은 (☆)해보세요!"

합격데이터

동아리 활동	진로관련	교육정책, 예비 교사동아리, 교대사대 관련 자율동아리
	봉사	교육봉사동아리
	사회계열	사회적 이슈에 관해 토론하는 동아리, 역사동아리, 외교관련동아리, 심리동아리, 역사탐구반, 유네스코 동아리(현장연구 프로그램 참여), 동아시아 연구반
	어문	일본문화 자율동아리, 영어신문반, 영어원서강독부, 세계문화탐구반
	토론	
	독서	
	발명, 창작	
	기타	과학탐구반, 방송반
봉사활동 (시간 및 주목할 봉사)	시간	평균 150시간 내외
	특징	학교 캠페인 봉사활동*** 3년간 지역장애아동센터에서 봉사활동 지역사회의 다양한 행사 도우미로 참여 교육 봉사활동*** 1, 2학년 지속적인 교육 봉사활동 실시*** 초등학교 교육봉사** 노인봉사* 고려인 학생들에게 한국어 멘토링 봉사 활동을 함** 다문화 초등교육 봉사* 장애아동 토요학교 보조봉사*** 교육봉사단 활동 멘토멘티, 자율동아리 교외봉사(교육동아리)*** 지역아동센터 교육봉사** 또래멘토링 등 교내 봉사 및 연탄 나누기, 노인복지회관, 눈썰매장 안전관리요원 등 다양한 교외 봉사*** 방학 때마다 지역아동센터에서 학습지도 봉사** 교내 멀티기자재 도우미 도서관, 복지관 등 개인 봉사
진로희망		진로 사항과 실제 지원 학과와 불일치 역사교사(3년간) 1학년: 초등교사 / 2, 3학년: 교사 1학년-기자/2, 3학년-지리교사로 진로 희망이 일관적임

과목별 세부능력 및 특기 사항	- 방과 후 프로그램 적극 참여 - 사회이슈 관련 보고서나 프로젝트 발표 활동 등이 교과 세부능력 및 특기사항에 상세히 기재됨 - (한국지리) 생태학적 국토관리 사례 포트폴리오 수행평가, 독도 연구보고서 작성 수행평가, 도시재개발 관련 자료로 논술문작성, 제주 지역 여행 조사보고서 작성 - (지구과학) 한반도 내 지질 명소에 대한 조사 및 조별 발표 수행평가 - (기술가정) 노인 특성과 노후 생활에 대한 토론 - (문학) 독서토론 후 서평 작성 및 진로와 연계한 발표, 소논문에 대한 주제발표를 교사의 수업처럼 발표 - (독서와 문법) 모둠별 비문학 독해활동에서 본인의 인지구조 활용한 재구조화 - (법과 정치) 리틀맘에 대한 경제적 지원과 관련한 법안 만들기, 여성 농업인을 위한 평등법 발표 - 역사 관련 과목에서 흥미를 갖고 다양한 주제에 주도적인 모습 기록 - 2년간 사회 교과 또래 멘토링(멘토로 활동) - 1학년 때부터 필요한 방과 후 수업을 선택하여 총 10시간 이상 수강 - 학교 교과 및 비교과 활동에 꾸준히 참여 - 각 교과에서 활동을 역사와 교육적 내용으로 쓰여 있음 - 스토리텔링을 이용한 설명 - 교내동서양고전읽기대회를 위해 선정된 인문, 예술, 사회과학, 자연과학 분야 총 50권의 책에 대한 정보를 익히고 독서 퀴즈대회에 참가하였으며, 이를 통해 고전의 가치를 알고 고전 읽기를 생활에서 실천함 - 평소 사회교과에 대한 흥미와 관심이 많아서 수업 집중도가 높으며 매사에 적극적으로 참여하는 학생임 예습과 복습을 철저하게 하여 수업내용의 이해도가 높고 자기주도적인 학습계획으로 사회현상에 대한 원인과 결과에 대한 분석과 미래에 대해 추론하는 능력이 우수한 학생으로 합리적인 사고와 분석력으로 다양한 분야에서 발전이 기대되는 학생임 - 영어 관련 교과 세부능력 및 특기사항이 특히 많음 - 전교부회장 활동을 하면서 3학년 교과 성적이 향상됨. 고전 및 문학 교과를 통해 확장형 글쓰기 활동을 꾸준히 하여 '결말 다시 써보기', 어린왕자를 재해석한 왕과 어린왕자(조세희)를 읽고 '나만의 어린왕자' 라는 소설을 창작함 - 지리탐구기반야외조사에서 측정도구를 사용하여 지리조사를 하였으며, 경주양동마을을 직접 탐사하여 지형조사 및 인터뷰 등을 종합한 포스터를 제작 - 기회가 있을 때마다 자발적으로 학우들에게 수업을 진행함 - 멘토로서 활동하며 멘티 개인의 능력에 따라 눈높이 설명을 해주었다는 것이 기록되어 있음 - (한국지리) 수업시간에 배운 내용을 실생활과 적용하는 능력이 뛰어남. '교사로서 다문화 사회에 나타나는 문제점을 해결할 방안을 제시하며, 우리 지역에 나타난 환경문제와 관련된 토론을 적극적으로 진행함 - (세계지리) 자발적으로 수업도구인 '지리마블'을 만들고 수업에 직접 활용하여 학우들에게 도움을 줌 - 윤리교사라는 일관된 진로희망이 있어 각 교과 시간에 실시한 탐구발표 수행평가 등에서 진로 관련 활동을 꾸준히 함으로써 다양한 교과에서 학생의 진로와 관련 있는 내용이 다수 적힘 - 주문형 강좌, 글로벌 문화 체험 캠프 독서토론 프로젝트 등 각종 교과 관련 활동에 적극적으로 참여함

<table>
<tr><td rowspan="2">독서
(권수/
주목할
책이름)</td><td>권수</td><td>평균 18권 내외</td></tr>
<tr><td>특징</td><td>사회 및 교육 분야 다수의 독서활동
다양한 분야의 책을 꾸준히 읽음
바른 우리말 사용설명서(KBS 한국어연구회), 에밀(장 자크 루소),
'지리교육'보다는 '교육'에 초점을 맞춰서 읽음
나는 대한민국의 교사다(조벽), 아이들에게 세상을 배웠네(명혜정), 가르칠 수 있는 용기(파커 J.파머), 최고의 교육은 어떻게 만들어지는가(마틴 메이어, 레네 메이어 하일)
진로뿐만 아니라 사회문화 인문학 관련 도서를 읽음</td></tr>
</table>

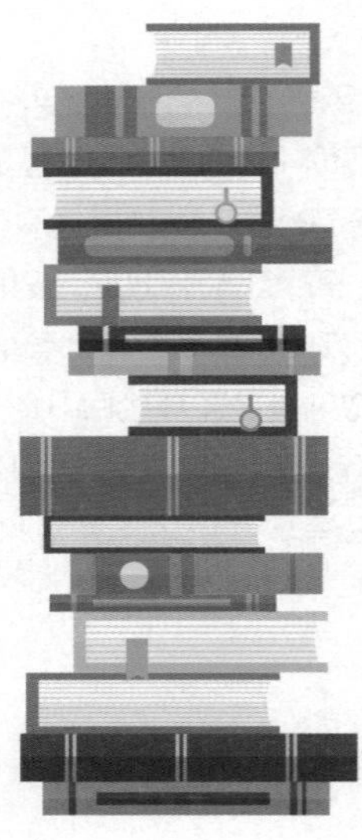

합격 총평		
	A학생	교대를 목표로 3년간 전과목 고른 최상위권 내신등급을 받은 것이 장점이라 생각됩니다.
	B학생	교육청 진로클러스터 수업 이수(교육심리학) 등 교육 관련된 폭넓은 활동이 기록되었습니다.
	C학생	한국지리의 깊이 있는 이해와 관심이 잘 기재되어 있어 합격할 수 있었다고 생각됩니다.
	D학생	교내 영자매거진반, 토론동아리, 진로독서발표대회 등 다양한 비교과활동을 참가한 것이 장점이라 생각됩니다.
	E학생	장래희망인 '교사'를 중심에 두고 다양한 활동을 전개한 것이 장점이라 생각됩니다.
	F학생	학교생활을 교대에 초점을 맞추어 활동을 많이 한 반면, 지리에 관련된 내용과 독서가 생활기록부 기재가 다소 부족하였으나 교육과 관련하여 여러 측면에서 활동한 것이 합격 요인이라 생각됩니다.
	G학생	교내에서는 멘토, 멘티 활동을 하고 교외로 교육 봉사를 꾸준히 나가면서 교사의 자질을 기르는 모습이 보였습니다. 또한, 흥미가 있는 분야만이 아닌 다양한 분야를 폭넓게 읽는 것과 교육과 연관된 독서를 하면서 학생 스스로 지적호기심을 채워나가는 모습을 볼 수 있었습니다.
	H학생	교육 동아리와 사회 관련 동아리를 병행하며 한쪽에 치우치지 않고 지식과 교사로서의 전문성을 쌓기 위해 노력하는 모습이 동아리 특기사항에 잘 드러났습니다.
	I학생	교과 세부능력 및 특기사항에서 자발적으로 친구들에게 수업을 진행하고 질문을 해결해주는 모습과 다문화 사회의 문제점을 해결하기 위한 교사의 노력과 관련된 발표가 구체적으로 기록되었습니다. 또 수업 교구를 제작하여 친구들과 공유하는 모습도 볼 수 있었습니다.

※ 자율활동 임원에서 **은 데이터상 5회 이상 , *은 데이터상 4~2회, 없는 것은 1회입니다. 봉사활동 특징에서 ***은 데이터상 100시간 이상 , **은 데이터상 100~80시간, *은 데이터 상 80~60시간, 없는 것은 60시간 미만이며, 굵은 글씨로 처리된 부분은 자주 등장한(3회 이상) 활동입니다.

미래 내가 해야 할 것

성적	
수상	
자율활동	
동아리활동	
봉사활동	
진로활동	
수업시간	
독서활동	

2.1 교육계열

우리 사회에 꼭 필요합니다. 모두 합격해서 훌륭한 선생님 되세요.

(5) 특수, 불어, 체육교육과

1. 내신

1~2등급 중반

대부분 교육계열과 큰 차이 없이 성실한 학교생활, 진로와 관련된 노력이 보이며 봉사활동이 많은 특징이 있습니다.

학교 기본 정보

합격데이터

대학교	1)인하대 2)서울대 3)이화여대 4)이화여대 5)가톨릭대 6)가톨릭대
전형명	1)인하미래인재 2)지역균형 3)고교추천 4)미래인재 5)잠재능력우수자 6)잠재능력우수자
학과	체육교육/불어교육학과/특수교육

나만의 데이터

(나에 해당하는 부분을 적어보세요!)

학생 내신 등급

이 등급대의 학생부를 빅데타해서 분석한 자료임! 우수한 학생들의 학생부를 내가 가질 기회를 가지세요

합격데이터

전체학년 합산등급	1)2.25 2)1.61 3)1.24 4)2.19 5)2.87 6)1.5
전체학년 국영수탐 등급	1)2.48 2)1.64 3)1.24 4)2.07 5)2.72 6)1.5

나만의 데이터

(나에 해당하는 부분을 적어보세요!)

학교에서 학생에게 하는 활동

"내가 했던 것은 (O)표시 해보세요.
그리고 해야할 것은 (☆)해보세요!"

합격데이터

수상 (분류)	토론	토론 대회, 관심평론대회
	발표	교내말하기대회, 나의비전과 미션발표대회, 주제탐구발표대회
	주제탐구	건축물이용안전상식교육활동 보고서대회, 팀프로젝트(소논문)대회, 주제탐구발표대회
	어휘력	영어에세이, 영어말하기대회, 스펠링비대회, 특수교사진로 관련영어말하기대회

	창작물제작 (글짓기 포함)	UCC대회, 자기소개서쓰기대회, 진로직업체험보고서쓰기대회
	독서	수학독후감쓰기대회, 서평문쓰기대회
	사회관련	인문논술대회
	기타	학업계획실천대회, 학습플래너쓰기대회
자율활동	학급 반장	

학생이 학교에서 주도적으로 하는 활동

"내가 했던 것은 (O)표시 해보세요.
그리고 해야할 것은 (✩)해보세요!"

○ 합격데이터

동아리 활동	진로관련	특수반 학생들과 함께 하는 동아리, 교육(교사) 관련 동아리, 상담 동아리
	봉사	봉사동아리, 멘토멘티동아리, 상담동아리
	사회계열	심리동아리, 인권동아리
	어문	영자신문반
	토론	
	독서	
	발명, 창작	영자신문반
	기타	진로탐색동아리, 의학, 과학 관련 동아리
봉사활동 (시간 및 주목할 봉사)	시간	평균 120시간 내외
	특징	복지관에서 학습지도 봉사활동을 꾸준히 참여, 환경캠페인 관련 봉사활동에 참여** 노인 병원 작은 음악회 활동 * 다문화가정 자녀 멘토링* 특수학교, 장애인기관, 아동지원센터 3개년 간 봉사 관련 동아리 활동 지속***
진로희망	3년간 특수교사	
과목별 세부능력 및 특기사항	- 전 교과 성적 우수(전 교과 과목별 세부능력 및 특기사항 기술됨) - 2학년 심화과목 국제경제 이수 - 수학특강 프로그램, 자기주도학습코칭 프로그램, 교내 논술캠프 참가 및 활동 - 방과 후 학교 독서토론프로그램, 토요학교 교육학 전공기초, 인문학강좌 - 진로 관련 발표, 멘토멘티 활동 - 영어 수업시간 중 진로 희망인 특수교사에 대해 조사하고 영어 표현을 탐구함	

2.1 교육계열

	- 일본어 수업시간 중 현대문학 읽기를 통해 교사가 되기 위해 고민하는 사람들에게 추천하는 서평을 작성함 - 스터디그룹 활동을 통해 멘토 멘티 활동 - 독서와 문법 시간에 특수교육의 문제점을 제시하고 통합교육 실시의 필요함을 제시한 비평문을 완성함
독서 (권수/ 주목할 책이름)	셰익스피어의 4대 비극(셰익스피어)

합격 총평		
	A학생	특수반 친구들과 함께 동아리 활동을 진행하면서 아이들을 챙겨주며 진정으로 도와주고 싶은 마음과 그 방법을 고민하는 과정이 동아리 특기사항에 기재되었습니다. 특수학교에서 봉사활동을 하며 다양한 상황에 대해 고민하는 모습이 학교생활기록부에 나타났습니다.
	B학생	예체능 계열의 진로를 희망하는 다른 학생들과 달리 모든 교과에서 적극적으로 참여하고 높은 성취를 보였습니다. 여러 선생님의 긍정적인 표현이 학교생활기록부에 나타났으며, 진로와 관련된 동아리도 꾸준히 참여하였습니다.
	C학생	어학 관련 대회의 수상이 많고 멘토링 봉사, 진로 관련 발표 등을 학교생활기록부에서 볼 수 있었습니다.

※ 자율활동 임원에서 **은 데이터상 5회 이상 , *은 데이터상 4~2회, 없는 것은 1회입니다. 봉사활동 특징에서 ***은 데이터상 100시간 이상 , **은 데이터상 100~80시간, *은 데이터 상 80~60시간, 없는 것은 60시간 미만이며, 굵은 글씨로 처리된 부분은 자주 등장한(3회 이상) 활동입니다.

미래 내가 해야 할 것

성적	
수상	
자율활동	
동아리활동	
봉사활동	
진로활동	
수업시간	
독서활동	

합격학생부 세부능력 및 특기사항

합격하는 세부능력 및 특기사항(세특)은 다르다!
선생님과 적극적으로 소통하라.

합격 학생부 세부능력 및 특기사항

가. 세부능력 특기사항 핵심 정리

수도권 대학에서는 정시 비중이 소폭 증가하는 경향을 나타내고 있으나 학생부종합전형에 대한 비율은 거의 감소하지 않았습니다.

지역		수시				정시			합계
		교과	종합	논술	실기	수능	실기	기타	
선발 인원 (명)	주요 15대학	2,971	19,434	5,978	2,547	12,407	1,016	0	44,353
	서울	9,603	27,059	7,920	4,655	20,686	2,618	33	72,574
	인천	1,723	2,311	562	310	1,761	131	0	6,798
	경기	14,743	7,674	1,624	2,799	9,080	1,747	75	37,742
	수도권	26,069	37,044	10,106	7,764	31,527	4,496	108	117,114
	전국	137,473	73,408	12,119	18,965	67,403	8,900	306	318,268
선발 비율 (%)	주요 15대학	6.7	43.8	13.5	5.7	28.0	2.3	0.0	100.0
	서울	13.2	37.3	10.9	6.4	28.5	3.6	0.1	100.0
	인천	25.3	34.0	8.3	4.6	25.9	1.9	0.0	100.0
	경기	39.1	20.3	4.3	7.4	24.1	4.6	0.2	100.0
	수도권	22.3	31.6	8.6	6.6	26.9	3.8	0.1	100.0
	전국	43.2	23.0	3.8	5.9	21.2	2.8	0.1	100.0

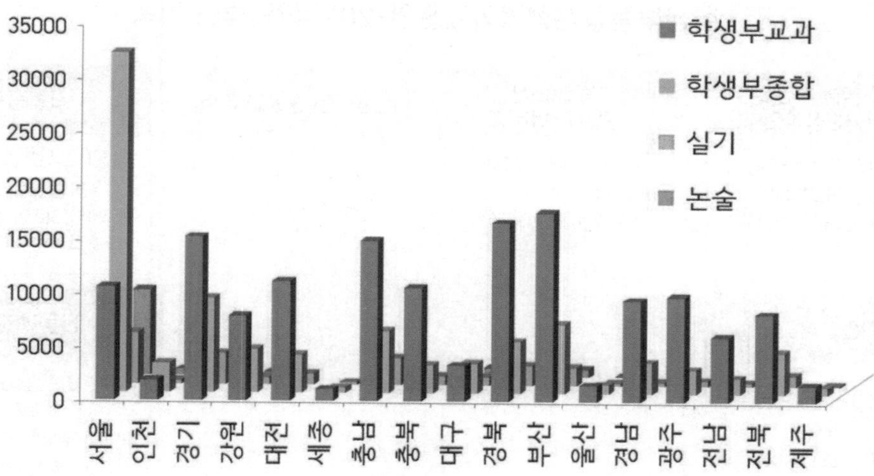

〈2019년 시행기준 정원 외 제외 입학생 모집인원〉

비수도권보다 수도권에서 학생부 종합전형의 인기가 높습니다. 이에 대학에서 학생부종합전형에 대한 불신을 감소시키고자 다양한 학생, 학부모, 교사 대상 연수를 진행하고 있습니다. 지역 교육청도 대학과의 연계를 통해서 입시 설명회를 개최합니다. 이러한 설명회에서 강조하고 있는 부분은 바로 세부능력 및 특기사항입니다. 다음은 서울대학교의 학생부 종합전형 서류 종합평가에 대한 설명입니다.

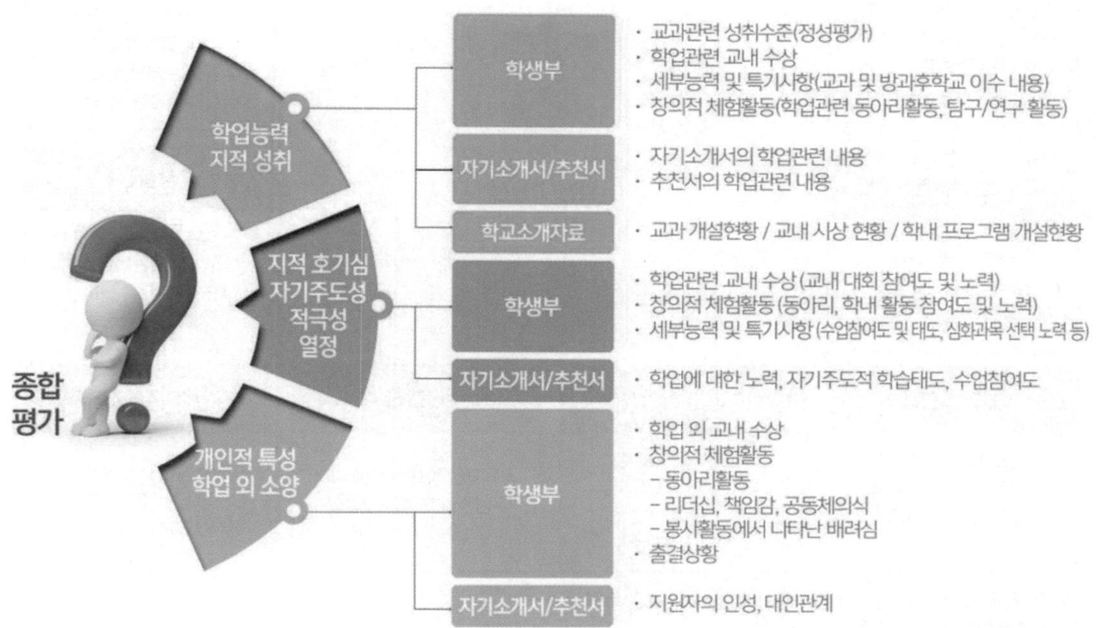

〈출처 : 서울대 입학처 - 서울대학교 학생부종합평가 기준척도〉

3.1 세부 능력 특기 사항

• 학생부종합전형평가표준안-2019학년부터 적용 •

전공 관련 교과목 이수 및 성취도
고교 교육과정에서 지원 전공(계열)에 필요한 과목을 수강하고 취득한 학업성취의 수준

전공에 대한 관심과 이해
지원 전공(계열)에 대한 궁금증을 해결하기 위해 주의를 기울인 태도와 알고 있는 정도

전공관련 활동과 경험
지원 전공(계열)에 대한 관심을 충족시키기 위해 노력한 과정과 배운점

협업능력
공동체의 목표를 달성하기 위하여 상호 신뢰를 바탕으로 함께 돕고 함께 생활할 수 있는 역량

학업성취도
교과목의 석차등급 또는 원점수(평균/표준편차)를 활용해 산정한 학업능력 지표와 교과목 이수 현황, 노력을 기반으로 평가한 교과의 성취수준이나 학업적 발전 정도

나눔과 배려
상대방을 존중하고 이해하여 원만한 관계를 형성하며, 타인을 위하여 기꺼이 나누어 주고자 하는 태도와 행동

전공 적합성

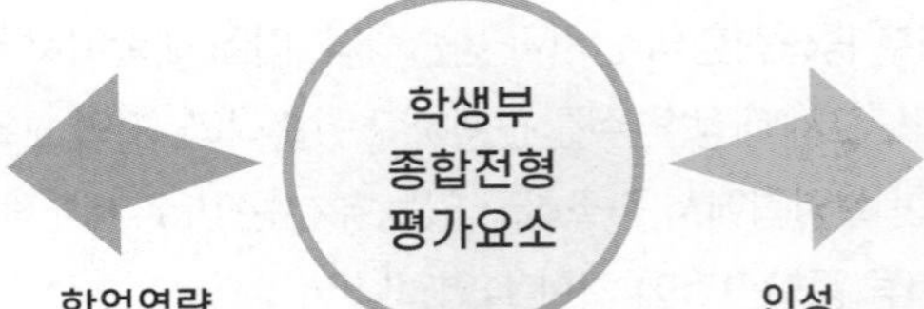

학생부 종합전형 평가요소

학업역량 / 인성

학업태도&학업의지
학업을 수행하고 학습을 해 나가는 자발적인 의지와 태도

학습자가 스스로 학습목표를 성정하고 적절한 학습 전략을 선택하여 계획을 수립 및 실행하는 과정

소통능력
상대방의 의견을 경청하고 공감할 수 있으며, 자신의 정보와 생각을 효과적으로 전달할 수 있는 역량

도덕성
공동체의 기본윤리와 원칙에 따라 행동하고, 부정 또는 부당한 행동을 하지 않는 태도

발전 가능성

탐구활동
어떤 대상에 대해 호기심을 가지고 깊고 폭넓게 탐구 할 수 있는 능력

성실성
책임감을 바탕으로 꾸준히 노력하여 자신의 의무를 다하는 태도와 행동

자기주도성
스스로 목표를 설정하고 적절한 전략을 선택하여 계획을 수립하고 실행하는 성향

경험의 다양성
학교교육의 다양한 영역에서 직접 겪거나 활동하면서 얻은 성장 과정 및 결과

리더십
공동체의 목표 달성을 위해 구성원의 화합과 단결을 이끌어 가는 역량

창의적 문제 해결력
창조적이고 논리적인 사고로 문제를 해결하는 능력

출처. 건국대, 서울여대, 연세대, 중앙대, 한국외대 공동연구 학생부종합전형 평가표준안

이 책을 읽는 독자도 나의 세부능력 및 특기사항이 어떻게 평가되는지 알아야 합니다. 먼저 학생부종합전형의 평가요소와 항목의 정의를 확인해야 합니다. 학업역량 부분은 아래의 표로 이해하시면 됩니다.

1. 학업성취도

교과목의 석차등급 및 원점수, 성취등급을 활용하여 산정한 학업능력지표와 교과목 이수현황, 노력 등을 기반으로 평가한 교과의 성취수준 및 학업에의 발전 정도

2. 학업 태도와 의지

학업을 수행하고 학습을 해나가는 자발적인 의지와 태도 또는 학습자가 스스로 학습 목표를 설정하고 적절한 학습전략을 선택하여 계획을 수립 및 실행하는 과정

3. 탐구활동

어떤 대상에 대해 호기심을 갖고서 깊고 폭넓게 탐구할 수 있는 능력

세부 평가 내용을 생각했을 때 '학업성취도' 항목에서 교과 성적은 다른 지원자에 비해 어느 정도인가? 성적은 고르게 유지되나? 성적이 올라가고 있나? 대학 공부를 위해 필요한 기본과목의 성적은 어느 정도인가? 희망 전공과 관련해 도전적인 과제나 과목을 이수하기 위해 노력했나? 과목별 이수자 수의 규모는 어떻게 되나? 등 평가 방향을 생각할 수 있습니다.

또한 '학업 태도와 의지' 항목에서 새로운 지식을 획득하기 위해서 스스로 노력하는가? 자발적인 성취동기와 목표의식이 있는가? 교과 활동으로 지식의 폭을 확장하는 노력이 있는가? 수업에 적극적이고 집중력을 갖고서 참여하는가? 등 평가합니다.

마지막으로 '탐구 활동' 항목에서 교과에서 이루어지는 탐구 활동에 적극적으로 참여하는가? 각종 교과 탐구 활동을 통해 창의적 결과물을 만들어내는가? 탐구 활동에 표출되는 학문에 대한 열의와 지적 관심이 있는가? 평가합니다.

두 번째, 전공 적합성에 관한 내용입니다.

1. 전공 관련 교과목 이수 및 성취도

고교 교육과정에서 지원 전공(계열)에 필요한 과목을 수강하고 취득한 학업 성취의 수준

2. 전공에 대한 관심과 이해

지원전공(계열)에 대한 궁금증을 해결하기 위해 주의를 기울인 태도와 알고 있는 정도

3. 전공 관련 활동과 경험

지원전공(계열에 대한 관심을 충족시키기 위해 노력한 과정과 배운 점)

이를 기준으로 각각의 세부 평가 내용을 만들어 보면 '전공 관련 교과목 이수 및 성취도' 항목에서는 지원 전공과 관련된 과목을 이수하였는가?, 스스로 선택해 수강한 과목은 얼마나 되는가?, 지원 전공과 관련된 교과 성적이 우수한가? 등을 판단해 볼 것입니다.

다음으로 '전공에 대한 관심과 이해' 항목에서 지원 전공에 대한 흥미와 관심이 있는가? 지원 전공에 대해 올바르게 이해하고 있는가? 자신의 경험과 지원 전공의 연관성을 설명할 수 있는가? 판단합니다.

마지막으로 '전공 관련 활동과 경험' 항목에서 지원 전공에 관련된 교과관련활동(세부능력 특기사항, 수상 등)이 있는가? 지원 전공 관련 창의적체험활동(자율/동아리/봉사/진로)이 있는가? 독서는 적절한 수준(권수, 독서 영역, 책의 수준)인가? 판단할 것입니다.

학생부종합전형 평가요소 중 세 번째로 인성에 관한 내용입니다. 학생부종합전형에서 인성이란 착하고 나쁨의 개인적 성향이 아닌 타인과의 관계나 공동체 관계에서 봅니다. 아래에 표로 정리하였습니다.

1. 협업능력
공동체의 목표를 달성하기 위하여 상호 신뢰를 바탕으로 돕고 함께 생활할 수 있는 역량

2. 나눔과 배려
상대방을 존중하고 이해하여 원만한 관계를 형성하며 타인을 위하여 기꺼이 나누고자하는 태도와 행동

3. 소통능력
상대방의 의견을 경청하고 공감할 수 있으며, 자신의 정보와 생각을 효과적으로 전달할 수 있는 역량

4. 도덕성
공동체의 기본윤리와 원칙에 따라 행동하고, 부정 또는 부당한 행동을 하지 않는 태도

5. 성실성
책임감을 바탕으로 꾸준히 노력하여 자신의 의무를 다하는 태도와 행동

인성 관련 세부평가 내용 중 첫 번째 '협업' 항목에서 자발적인 협력을 통해 공동과제를 완성한 경험이 자주 보이는가? 협력이 부족한 상황에서 사람들을 설득해서 협동한 경험이 있는가?, 공동과제나 단체활동을 좋아하고, 구성원으로부터 인정을 받는가? 평가합니다.
두번째, '나눔과 배려' 항목에서 타인을 위해 자신의 것을 나누고자 하는 경험이 지속되는가? 봉사활동이 규칙적이고 생활화되었는가? 나와 다른 생각을 하는 상대방의 처지를 이해하고 존중하는 노력을 하였는가? 평가합니다.

세 번째, '소통능력' 세부평가 내용으로 공동과제수행이나 모둠 활동, 단체 활동에 타인의 의견을 경청하고, 상대방의 관심 사항과 요구를 공감하는가? 수업이나 교과 외 활동에서 자신의 의견을 효과적으로 표현하는가? 자기 생각이나 의견을 논리적이며, 체계적으로 기술한 경험이 있는가? 새로운 지식이나 사고방식에 대한 열린 마음으로 적극적으로 받아들이고 있는가? 판단합니다.
네 번째, '도덕성'과 '성실성'에서 자신이 속한 집단이 정한 규칙과 규정을 준수하고, 자신에게 불리한 경우라도 이를 준수하여 노력하는가? 자신이 속한 구성원들에게 인정과 신뢰를 얻고 있으며 바람직한 행동으로 모범이 되는가? 규칙이나 규정을 어긴 경우 자신의 잘못을 인정하고 개선하려는 노력을 기울이는가? 등을 판단합니다.

학생부종합전형 평가요소 중 발전가능성 알아봅니다.

1. 자기주도성
스스로의 목표를 설정하고 적절한 전략을 선택하여 계획을 수립하고 실행하는 성향

2. 경험의 다양성
학교교육의 다양한 영역에서 직접 겪거나 활동하면서 얻은 성장 과정 및 결과

3. 리더쉽
공동체의 목표 달성을 위해 구성원의 화합과 단결을 이끌어 가는 역량

4. 창의적 문제해결력
창조적이고 논리적인 사고로 문제를 해결하는 능력

먼저, 자기주도성입니다. '자기주도성' 항목에서 교내 다양한 활동에서 적극적으로 활동을 수행하는가? 새로운 과제를 주도적으로 만들고 성과를 냈는가? 기존에 경험한 내용을 스스로 확장하려고 노력하는가? 평가합니다.

다음으로, '경험의 다양성' 항목에서 자율, 동아리, 봉사, 진로활동 등 체험 활동을 통해 다양한 경험을 쌓았는가? 독서활동을 통해 다양한 영역에서 지식과 문화적 소양을 쌓았는가? 본인의 진로와 직접적인 연관이 없더라도 다양한 영역에서 적극적이고 성실하게 참여했는가? 자신의 목표를 위해 도전한 경험을 통해 성취한 적이 있는가? 생각할 수 있습니다.

세 번째, '리더십'에서 학생회, 동아리 등의 활동에서 주도적인 역할을 수행한 경험이 있는가? 구성원의 화합과 단결을 이끌어가기 위한 구체적인 행동 경험이 있는가? 공동체의 목표를 달성하기 위해 계획하고 실행을 주도한 경험이 있는가? 평가합니다.

마지막, '창의적 문제해결력'에서 교내활동 과정에서 창의적인 발상을 통해 일을 진행한 경험이 있는가? 교내활동 과정에서 나타나는 문제점을 적극적으로 해결하기 위해 노력했는가? 주어진 교육환경을 극복하거나 충분히 활용한 경험이 있는가? 세부적으로 평가합니다.

학생부 서류평가에서 어떤 부분을 평가하는지 알아보았고 해당 핵심 역량에서 세부평가 기록도 확인했습니다. 중요한 점은 대학에서 어떤 학생을 뽑고 싶은지 이를 통해 알려주었다는 것입니다. 학업역량 부분에서 3가지 척도 세부평가 항목을 보았을 때 비슷하거나 반복된 단어가 있습니다. 이를 정리하면 다음과 같습니다.

학업역량
도전적 과제, 도전적 과목, 자기 주도적 태도, 자발적 성취(목표의식), 새로운 것 창출, 적극적, 집중, 학문에의 열의와 관심, 호기심 등

전공적합성 역시 대학에서 언급한 평가요소에 핵심단어가 숨어 있습니다. 이를 추출하면 다음과 같습니다.

전공적합성
자신의 경험과 연계, 지원 전공에 흥미 관심, 지원 전공 관련 활동 등

인성과 발전가능성 역시 아래처럼 정리합니다.

인성
자발적 협력, 설득, 단체 활동, 인정, 나눔, 타인을 위해, 이해와 존중, 배려, 공동과제, 논리적이며 체계적, 규칙준수, 타의 모범 등

발전가능성
주도적, 적극적, 경험의 확장, 다양한 경험, 도전의 경험, 화합과 단결, 공동체 목표에 대한 실행 경험, 극복, 문제 해결, 창의적 발상 등

위에 제시된 단어나 표현, 활동이 세부능력 및 특기사항에 반복적으로 기록되면 그 중요성을 나타내는 동시에 학생에 대한 평가 점수가 높아진다는 것을 의미합니다. 미사여구 대신 학생이 가진 고유한 특성을 대학에서 필요로 하는 핵심단어에 맞춘다면 입시에서 좋은 평가로 자연스럽게 이어질 것입니다. 이는 학생의 능력을 체계적으로 구조화시킵니다.

앞서 우리는 다른 학생이 합격한 학교생활기록부의 굵직한 부분의 활동과 계열별 합격 학생의 재구성된 생활기록부를 보았습니다. 우리의 목표는 세부능력 및 특기사항을 통해 자신의 강점과 특성을 드러내는 것입니다. 위에 제시한 핵심단어를 잘 이용해서 나만의 세부능력 및 특기사항을 만들 수 있도록 학생과 학부모, 교사도 함께 고민하면 더 충실한 학교생활기록부가 만들어질 것입니다. '준비하는 자에게는 반드시 기회가 온다'라는 말처럼 미리 준비하여 희망하는 학과에 입학하기를 기원합니다.

나. 학교에서의 주도적 활동에 세부능력 및 특기사항

앞에서 합격사례 데이터를 보았습니다. 계열별 합격한 학생들의 수상, 자율활동, 진로활동, 동아리활동, 봉사, 진로희망, 교과 세부능력 및 특기사항, 그리고 독서에 이르기까지 많은 데이터를 제공하였습니다. 이 글을 읽는 독자는 남의 이야기이니 넘어갈 게 아니라 속해 있는 학교와 주어진 환경에 맞추어서 어떻게 하면 나만의 로드맵을 구성할지 고민해야 합니다.

이제 합격을 위한 세부능력 및 특기사항을 제공합니다. 들어가는 말에 소개하였지만, 2015개정교육과정이 시행되며 세부능력 및 특기사항의 중요도는 높아졌다 할 수 있습니다. 등급이 나오지 않는 과목에 대한 평가를 세부능력 및 특기사항으로 표현하는 상황에서 지원자뿐만 아니라 대학과 고등학교에서도 이부분에 대한 고민이 커졌습니다.

이 책에서 최근 학생부종합전형에 합격한 학생의 활동을 재구성하여 독자에게 제공합니다. 그리고 그 활동에 대한 세부능력 및 특기사항을 만들었습니다. 희망하는 계열에서 원하는 활동과 세부능력 및 특기사항이 무엇인지, 재구성된 세부능력 및 특기사항을 읽어보면 학교생활에 도움이 될 것입니다.

들어가기에 앞서 유의사항이 있습니다.
첫째, 제시된 내용은 누군가의 활동이었을 것임으로 이 책에 있는 내용 그대로 학생부에 입력하는 것은 절대 안 됩니다.
둘째, 최근 학교생활기록부 기록상황이 변경되어 쓸 수 없거나 인용에 힘든 부분이 있습니다. 소논문이나 지역 간의 활동은 표기할 수 없습니다. 하지만 수업상황에서 활동한 내용으로 풀어서 기록은 가능할 거 같습니다.
셋째, 더 많은 정보를 독자에게 주려 노력하였습니다. 여기서 제공하는 세부능력 및 특기사항 예시를 참고하여 학교활동을 하고 그것이 나만의 세부능력 특기사항에 잘 기록되기를 바랍니다.

인문계열 세부능력 및 특기사항

세특 속에서 중국을 찾아볼까요!(인용할 세부능력 및 특기사항에 O표 하세요)

가) 중어중문학과

생활기록부 영역	작성 내용
인적, 출결 상황	3년 개근 끝판왕 Tip 인적, 출결사항은 기본적으로 학생의 학교생활 충실도를 볼 수 있습니다. 미인정(무단)결석, 지각 등은 학생에 대한 부정적 이미지를 평가자에게 줄 수 있습니다. 질병지각 및 질병결석이 있다면 그 학생의 건강 상태도 체크합니다. 따라서 지각 및 결석을 되도록 하지 않을 것을 추천합니다.
수상경력	한자왕선발대회(최우수상) 제2외국어발표회(중국어 부문 / 우수상) 소논문발표회(우수상) 중국어노래겨루기대회(공동수상4인 / 최우수상) 동아리 활동 발표대회(최우수상) 다문화체험수기쓰기대회(장려상) 창의인성의날보고서쓰기대회(최우수 / 3번) 글로벌문화탐구대회(공동수상 3인 / 장려상) 끝판왕 Tip 수상경력입니다. 학생의 관심사와 그동안 해왔던 노력의 결실을 확인할 수 있습니다. 2019년 기준 1학년부터는 상급학교 진학 시 1학기당 1개의 수상만 등록할 수 있습니다. 따라서 어떤 상을 자신의 수상에 표시할지 고민하면서 학교 수상대회 점검이 필요합니다. 해당 생활기록부는 중어중문학과를 희망하는 학생의 것으로 구성해 보았습니다. 한자왕, 중국어발표, 중국어 노래부르기, 다문화 체험 등 다양한 수상을 했습니다. 주요한 맥락은 모두 중국 관련이라는 것입니다. 학교에서 중국 관련 활동에 참여하고 수상을 했다는 것은 자기소개서나 면접에 활용할 수 있으니 미리 정리해두기를 추천합니다.
진로 희망사항	1학년 중국어 번역가 2학년 중국 왕복 비행기승무원 3학년 중국 왕복 비행기승무원 끝판왕 Tip 진로희망 사항은 2019년 기준으로 1학년부터 창의적 체험활동 진로 부분으로 넘어가고, 입시에 미적용됩니다. 2022 대입에 크게 영향을 미치지 않겠지만, 2020과 2021 대입에 큰 영향을 미칩니다. 1학년에는 중국어 번역가로 중국어에 관심을 보였고 2, 3학년 때 중국어를 이용한 직업 비행기승무원을 희망하였습니다. 지속적인 관심과 어떤 분야에 구체적으로 쓸지 잘 나타냈으므로 대학 입학 후 어디에 학업의 관심을 둘지 알 수 있는 자료입니다.

자율활동

과학의 날을 맞이하여 '미래사회 과학기술의 변화와 과학 안전'을 주제로 과학논술 쓰기 활동을 함으로써 과학적 탐구력과 사고력을 증진함. 더불어 과학기술의 중요성을 깨닫고, 과학기술자들이 지녀야 할 사회 윤리적 책임감에 대하여 깊이 인식하는 계기가 됨.
다문화 체험 주간을 맞이하여 다문화 관련 다채로운 체험 활동을 함. 다문화 체험 수기 쓰기를 통해 차별과 편견 없이 더불어 살아가는 삶의 태도를 확립하였으며, 다문화가족을 이해하고 글로벌 시민의식을 함양하는 계기가 됨.
바른 생활부 부원으로 교통안전 도우미, 아침 등교 시 인사 캠페인, 학생 생활 인권 지킴이, 점심시간 안전 지킴이, 흡연 없는 학교를 위한 캠페인을 진행함으로써, 안전하고 행복한 학교를 만들기 위한 활동에 솔선하여 적극적으로 참여함. 동아리 발표회에서 학생 입장 및 자리 안내, 행사장 뒷정리 등을 맡아 성공적인 동아리 발표회를 위해 이바지함.

체육행사에서 '줄다리기, 피구, 단체줄넘기' 종목에 학급 대표로 참여하여 협동과 배려를 배웠으며, 승패에 상관없이 경기를 즐기는 태도가 중요함을 인식함. 행사가 끝난 후 솔선수범하여 쓰레기 줍기, 분리수거 등 뒷정리를 함.
체험학습을 통하여 김포공항에 견학을 가서 중국과 우리나라를 왕복하는 비행기의 승무원을 만나 인터뷰를 하며 중국어와 현지 문화에 대한 지식을 습득함.
1, 2학기 학급 반장으로서 교사와 학생 사이의 소통을 돕고, 각종 학급 및 학교 행사에 적극적으로 참여하여 타의 모범이 되었으며 민주적인 리더십을 발휘하여 공정한 학급문화를 형성하고 민주적인 학급회의를 운영함.
고등학교 2학년 학생자치회 선거에 선거관리위원으로 선출되어 공정하고 올바른 학생자치 선거를 위한 활동에 적극적으로 참여함.
'고마운 학교' 행사에 참여, 보이지 않는 곳에서 학생이 수업을 들을 수 있도록 힘써주시는 보건 선생님께 감사의 편지 쓰는 활동을 하였음.

1학기 학급 부반장으로서 학급 친구들과 적극적으로 의사소통을 하며 학생들의 의견을 모으고 교사에게 전달하는 등 대화와 소통의 학급문화를 정착시키기 위해 노력함. 그 과정에서 본인의 의견을 적극적으로 개진하기보다는 중재자로서 친구들의 상반된 이견을 조율하는 역할을 하였음.
학교 비전 공유를 위한 교육공동체 100인 대토론회에 참가하여 성장 덕목을 주제로 한 모둠 토론에 임함. 비속어 사용, 무기력한 수업 분위기, 꿈이 없는 학생들, 학급 내 무책임, 교우관계에서 발생하는 다양한 문제들을 교육 비전 성취의 방해되는 요소들로 지적하고 꿈과 진로에 대한 내실 있는 지도의 필요성, 학창시절 목표 설정, 취미활동 등으로 방황을 최소화하는 것, 친구들과의 소통 방법 고민하기를 해결책으로 제시함. 진지하고 성실한 토론 태도로 모둠 구성원들의 의견 교환에 크게 기여.
'고마운 학교' 행사에 참여하여 보이지 않는 곳에서 학생들이 수업을 들을 수 있도록 힘써주시는 행정실 선생님께 감사의 편지를 작성하는 활동을 하였음.
급우들의 의견을 모아 학급 행사를 기획하였으며, 서로 배려하고 존중하는 학급문화 형성에 기여.
또래 멘토로서 일주일에 2시간씩 영어와 관련하여 멘티의 학업을 돕고, 학교생활과 수업에 잘 적응할 수 있도록 배려하여 멘티의 학업 의지를 높임. 멘토링 1박2일 야영에 멘티와 함께 참여하여 설영, 식사 준비, 뒷정리 및 다양한 체험활동을 하며 생존과 공존능력을 키움. 특히 생활 이끔이로서 자질구레한 뒷정리를 도맡아 할 뿐만 아니라, 조원들이 인솔 교사의 지시에 따라 질서 있게 행동하고, 체험 활동 시에는 소집 및 진행 시간을 잘 지킬 수 있도록 이끌어 줌.
3학년 학생자치회 선거에 선거관리위원으로 선출되어 공정하고 올바른 학생자치 선거를 위한 활동에 적극적으로 참여함.
교내 합창 발표회에서 학급의 합창단원 중 알토 역할을 맡아 주 멜로디에 화음을 넣고 리듬표현을 정확하게 하며 제창과 2중창으로 노래함.

끝판왕 Tip

창의적체험활동 중 자율활동입니다. 1학년 때 자율활동으로 다문화 체험을 주관하고 바른 생활부 부원으로 학교를 위한 봉사를 했다는 것을 알 수 있습니다.
2학년 때 체육행사에 참가해서 협동심을 배웠다는 것을 알 수 있으며, 체험학습으로 김포공항에 갔을 때 만난 승무원과 인터뷰를 즉석에서 하는 적극성도 파악할 수 있습니다. 1, 2학기 반장으로서 학급 이야기로 리더십을 표현할 수 있는 활동이 있습니다.
3학년에는 2학년에 이어 학급 부반장을 맡았고, 학교활동 중 학교 비전 공유를 위한 토론 대회에 참가, 현실적 문제에 대해 건설적 토의를 할 수 있는 역량을 가졌음을 보여줍니다. 또 2학년부터 한 '고마운 학교' 행사에 참여하여 자신이 누린 것에 감사함을 알고, 또래멘토링 활동에도 참여하는 등 자율활동 내용이 유기적으로 쓰여 있음이 드러납니다.

봉사활동

다문화센터에서 일주일에 2번씩 3년간 봉사함.

끝판왕 Tip

봉사활동은 단순하나 중어중문학과를 희망하는 학생이 다문화센터를 봉사했다는 것은 자신의 전공 희망을 잘 살린 것으로 판단됩니다. 물론 봉사활동을 어디서 했냐는 것보다 학생의 수준에서 진심어린 마음이 드러나는게 중요합니다. 봉사 장소를 고민하기보다 스스로가 할 수 있는 봉사를 찾아보길 추천합니다.

동아리활동

(시리우스) 중국어 번역가를 희망하며 진로에 관련된 정보 즉 관련 학과를 공부함. 세계시민의 자질을 연구하면서 문화적 편견을 해소하고 중국과 한국이 서로의 문화를 알릴 수 있는 글을 번역하여 우호적인 외교 관계를 만드는 토대가 될 중국어 번역가가 되고 싶어함.

(U&A Club) 동아리장으로서 테드에서 시청한 강연을 '여성 기업가들이 자금을 덜 받는 실제 이유'라는 강연을 소개하고, 스크립트를 준비해 감명 깊은 부분의 단락을 통째로 암기함. 미국, 영국의 드라마와 애니메이션을 영어 자막과 함께 감상하면서 영어 실력을 점검하고, 드라마를 보는 중 모르는 단어와 문장을 스마트폰으로 찍어두었다가 이후에 검색하여 확인하는 등 자신의 영어 실력을 보완하기 위한 노력을 보임. 이해되지 않는 관용구도 적어두고 학습함.

(토론무서워 : 자율동아리) 본인의 진로 관련 인생 그래프를 그려 발표함으로써 자신의 삶을 돌아보고 미래를 함께 생각해봄. '무감독시험' , '학생부 종합전형 폐지', '구급차 유료화', '사형제도', '정규직 전환', '로봇과 인공지능', '난민'에 대한 생각을 이야기하며 토론하는 시간을 가짐. 본인이 희망하는 '중어중문학과'에 대해 알아보고 소개함. 면접관과 면접자가 되어 모의 면접을 하는 시간을 가짐.

(중국어를 판다) 중국어 번역가를 꿈꾸며 언어에 대한 열정이 많은 학생으로 동아리 내 신문스크랩 번역 스터디를 구성하여 활동함. '부지깽이가 길면 손을 데지 않고, 불이 세면 젖은 나무도 탄다.' 등의 속담번역을 통해 관계를 소중히 하는 중국문화를 깨달으며 깊이 있게 중국어를 학습함. 동아리장으로서 부원 모집, 중국 여행 및 문화 홍보지 제작, 활동 제시 등 적극적으로 활동함. 특히 서로의 진로를 공유하며 소극적인 부원들과 공감하고 세계문화 체험 활동을 제시하여 부원들의 참여를 적극적으로 변화시킴. 동북공정 강의를 보고 중국의 실리적 의도와 대립한 입장을 정리할 뿐 아니라 위안부와 같은 공유 가능한 공통의 문제를 통해 협력할 방안을 제시함.

끝판왕 Tip

동아리 활동은 학교에서 자신의 관심사를 가장 높게 드러낼 수 있는 부분입니다. 따라서 대학의 평가도 학생이 어떤 동아리를 했는지에 관심이 많습니다. 1학년 진로 탐구반은 중국어 번역가에 관한 내용이 들어있습니다. 2학년 U&A Club(United kingdom & America Club)에서 학생은 자신의 외국어 공부 실력을 드러낼 적합한 활동을 하였습니다. 또한, 토론대비 동아리에서 중어중문학과에 대해 탐구함이 기술되어 있습니다. 3학년 때 중국어 신문스크랩 번역 스터디 동아리를 구성, 활동하면서 자신의 학업역량을 잘 드러낸 학교생활기록부 기록이 돋보입니다. 또 동아리장으로서의 다양한 활동이 이 학생의 리더십을 잘 표현해 줍니다.

진로활동

1학년

진로수업의 경영 시뮬레이션 보드게임 활동 과정에서 코인의 거래 방식과 게임의 운영 방식을 새롭게 디자인하는 창의적인 능력을 보여줌.

직업 세계의 변화와 필요한 역량에서 4차 산업혁명과 관련된 동영상 시청 후 직업변화를 주제로 토론하며 사회의 변화와 자신의 진로를 연결해 생각하는 기회를 얻음. 또한, 창업가 정신을 알아본 후 창업가 역량 자기평가에서 아이디어 창출과 문제 해결 측면의 우수성을 보임.

2학년

진로페스티벌에서 자신의 진로희망인 중국 왕복 비행기승무원과 연관된 중어중문학과를 선택하여 대학 교육과정과 동아리에 대한 정보를 듣고 평소 갖고 있던 중국어와 중국문화에 관한 관심이 더욱 커졌다는 소감문을 작성함. 또한, 진학에 도움이 되는 교내·외 활동이 무엇인지 질문하면서 자신이 진학하고 싶은 학과에 대해 진지하게 탐색해보는 계기가 됨.

직업윤리의 이해에서 자신의 관심직업인 중국 왕복 비행기승무원에게 요구되는 직업윤리로 공적인 마인드를 제시하였으며 직업윤리 수준 평가를 통해 건강한 직업의식을 형성함.

체험학습을 통해 대학탐방을 하며 중국 왕복 비행기승무원이라는 자신의 꿈을 이루기 위해 노력해야겠다는 다짐과 함께 구체적인 진로 계획을 작성함.

3학년

SNS에서 학생회 페이지를 운영하며 대학별 입시 설명회, 진로 관련 내용을 게시하여 학생들과 학교의 소통을 활성화하기 위해 노력함.

창의 인성의 날에 중국어 교과를 선택하여 중국어로 무리한 부탁을 하는 승객에게 번역기를 사용하지 않고 중국어로 대처하는 승무원의 영상을 보고 모국어가 아닌 언어로 설명을 하는 모습에 영감을 받음.

끝판왕 Tip

1학년 진로활동에서 특징적인 것은 없지만 진로에 대한 고민은 파악할 수 있습니다. 2학년부터 구체적으로 진로와 연관된 활동을 하고, 직업윤리 이해에서 중국 왕복 비행기승무원으로 진로가 결정됨을 알 수 있습니다. 3학년 창의 인성의 날 행사에서 중국어 교과를 선택하여 진로를 구체적으로 탐색하는 자기 주도성을 보여줍니다.

과목별 세부능력 특기사항

1학년

국어 : 수업 태도가 바르고 진지하며 교사의 발문에 적극적으로 반응하여 수업이 원활하게 진행되는 데 도움을 줌. 자신의 한자 능력을 바탕으로 어려운 어휘의 의미를 유추하고 주어진 학습과제를 조별활동 및 협력학습 등을 통해 수행함. 경쟁을 당연시하는 사회에 대한 자료를 읽고 자신의 주장을 밝히고 일정한 근거를 통해 이를 반박하는 논술문을 작성하여 제출함. '전족과 인습'을 주제로 발표함. 전족의 개념과 과거와 현재 중국에서 전족이 어떤 의미를 지니고 있는지를 PPT를 통해 전달함. 전족의 문제점을 현재의 성형과 비교하여 다른 학생들에게 발표 주제에 대한 흥미를 유발하고 주제가 갖는 사회적 의미에 대해 생각하는 기회를 제공함.

통합사회 : (중략) … 독도 바로 알기 수업시간에 독도 교재에서 제시된 활동과제를 수행함. 수업이 끝난 후 자발적으로 독도가 역사적, 지리적으로 우리 땅인 이유를 논설문 형식으로 정리하여 발표하고 팜플릿과 포스터를 그려서 학급 게시판에 게시하여 학우들의 독도에 대한 인식을 환기시킴.

한국사 : 늘 성실한 자세로 수업에 집중하고, 역사에 대한 왕성한 호기심으로 많은 질문을 던져 학우들에게 모범이 됨. 사료 분석 능력과 문제해결력이 뛰어나고, 자신만의 역사적 관점을 뚜렷하게 제시함. 역사적 사건의 인과관계를 파악하고 역사적 사실을 추론하는 능력이 돋보임. 평소에도 학습 자료를 잘 준비해와 학습에 진지하게 임하였으며, 6.25 전쟁 진행 과정을 PPT와 자신에 말의 진행속도를 맞춰서 설명함. 전쟁의 분기점마다 PPT에 분기점의 원인에 관련된 시각자료를 띄워 반 친구들의 6.25 전쟁에 대한 이해도를 끌어올림.

2학년

한국지리 : 수업에 임하는 태도가 적극적이며 내용 이해도 빠른 학생임. 우리 독도에 관심이 높아 교과 활동시간에 '2020 독도'라는 제목의 독도 홍보물을 제작하였으며 독도의 여러 지역과 다양한 명칭을 조사하여 역사적으로 우리 조상들의 인식을 알아보고 독도가 우리나라 땅이라고 주장할 수 있는 근거들을 제시하는 등 다양한 활동에 적극적으로 참여함. 교과와 관련 기본개념이나 용어를 어려워하는 경향이 있었으나, 학습 내용을 반복하여 정리하고 자신의 방식으로 이해하는 노력을 통하여 지리 교과에 대한 흥미를 높여 즐겁게 학습하게 됨. 한반도의 주요 산지에 의해 좁은 공간에서도 다양한 기후 현상이 나타나는 이유를 이해하여 설명함. 교통 발달에 따른 대도시권의 형성 및 확대 과정을 설명하고 그로 인한 근교 농촌과 주민 생활의 변화를 조사하여 설명함. 독도 관련 모둠 활동에서는 '알아야 지킨다'라는 표어를 작성하여 발표에 이용하고, 독도의 구체적인 위치와 생태 및 자원 분포에 대한 자료를 수집하고 조사하여 친구들에게 박수를 받음.

생활과 윤리 : 윤리부장으로 활동하며 원활한 모둠수업과 협동학습이 이루어질 수 있도록 수업시간마다 학습 준비를 도우며 성실하고 책임감 있는 자세로 수업에 참여함. 토론 활동을 할 때 자신의 의견을 논리 있게 말하며, 타인의 논거에 대해 반론을 날카롭게 하지만 원만한 교우관계를 유지함. 환경문제에 관심이 많아 수업 중 관련 영상을 보고 환경 오염의 근본 원인에 대해 발표함. 일상생활 속에서 편리함을 위해 대수롭지 않게 행동하는 인간의 이기심을 환경 오염의 근본 원인으로 꼽음. 지구 온난화에 대한 경각심을 느끼고 책임 있는 행동을 하도록 친구에게 권고하며 환경을 보호하기 위한 구체적인 실천방안 세 가지를 작성하고 실천하는 등 스스로 노력하는 모습이 인상 깊음. 사회정의와 이상 사회 구현에 관심을 두고 이상적인 국가와 제도에 관한 탐구 능력을 키움. 정의 사회의 조건으로 인권 보장, 법적 정의 확보, 자신의 신념을 표현하고 지지할 수 있는 개방성을 제시함. 사회정의의 다양한 의미를 이해하고, 사회정의와 관련된 문제점을 인식함.

화법과 작문 : 학업에 대한 열의를 갖고 수업에 적극적으로 참여함. 화법을 위해 필요한 지식을 이해하고 이를 활용하여 억양, 어조와 같은 반언어적 표현과 시선 처리, 몸짓과 같은 비언어적 표현을 적절하게 사용하여 의미를 전달함. 자유주제로 발표하는 시간에, '중국의 민주화 운동'을 천안문 사태를 중심으로 사건의 경위를 상세히 말하고, 오늘날 중국이 있기까지의 전개 과정을 자료 사진과 함께 제시하여 이웃 나라 중국을 이해하는 데 많은 도움이 됨.

한문 I : 성어의 의미와 유래에 관심이 많아 성어 수업에 적극적으로 참여하였으며, 학습한 성어를 언어생활에 적절하게 활용할 수 있어 짧은 글짓기 만들기 활동을 통해 재치 있고 의미 있는 문장을 만들어 냄. 좌우명 논술 활동을 통해 논어의 '민어사이신어언' 문장을 선택하여 논술함. 말하기는 쉽고 행동하기는 어려워서 함부로 쉽게 말을 하는 태도를 경계하며 '일에는 민첩하고 말에는 신중하라'는 공자의 말씀 속에 담긴 의미를 내면화해서 자신의 삶의 지표로 삼음. 평소 한자와 중국어에 관심이 많아 한자 지식이 풍부하고 수업시간에도 적극적으로 참여함. 부수 한자 익히기 수업에서 부수가 한자의 뜻과 관련이 있음을 알고 이를 이용하여 한자의 뜻을 쉽게 유추해 냄.
성어의 의미와 유래에 관심이 많아 성어 수업에 적극적으로 참여하였으며, 성어의 음과 의미를 정확히 발표할 수 있음. 또한, 학습한 성어를 언어생활에 적절하게 활용할 수 있어, 짧은 글짓기 만들기 활동을 통해 재치 있고 의미 있는 문장을 만들어 냄. 좌우명 논술 활동을 통해 맹자의 '불위야비불능야' 문장을 선택하여 논술함. 핑계 대고 하기 싫을 때 자신을 합리화하는 태도를 경계하며 '하지 않는 것이지, 할 수 없는 것이 아니다.'라는 속에 담긴 의미를 내면화해서 삶의 지표로 삼음.

끝판왕 Tip

과목별 세부능력 및 특기사항입니다. 1학년 세부능력 및 특기사항에서 학생이 역사에 관심이 많음을 알 수 있습니다. 통합사회시간의 독도 관련 활동, 한국사 시간에는 6.25 전쟁 발표를 통해 이를 보여주었습니다. 특히, 1학년 국어시간에 한자 능력을 드러낸 것은 중국어 관련 학업역량을 보이는 사례입니다.
2학년 한국지리 시간에는 중국문화에 흥미를 보여 중국 왕복 비행기승무원을 꿈꾸나 여전히 우리의 역사에 관심이 있고 생활과 윤리과목의 세부능력 및 특기사항에서 보여주듯이 현재 문제시되는 것에 관심을 가지며 자신의 주장을 드러내는 발전 가능성을 나타냅니다.
3학년 때 국어 시간과 한문 시간의 세부능력 및 특기사항을 눈여겨보아야 합니다. 3학년 때 화법과 작문 시간에 중국에 대한 관심을 잘 표현했으며, 한문 교과에서는 특히 한자와 중국어에 대한 관심이 많아 적극적으로 참여한 사실을 알 수 있습니다. 한문 세부능력 및 특기사항을 통해 한자에 대한 자신감이 파악되며 그만큼 실력이 있다는 것 또한 그릴 수 있습니다.

독서활동 상황

내 이름은 공동체입니다(장성익), 만주의 아이들(박영희), 처음 읽는 중국사(전국역사교사모임), 안녕?중국!(김희교), 나는 개입니까(창신강), 새로운 생각은 받아들이는 힘에서 온다(김용택), 세계사를 움직이는 다섯 가지 힘(사이토 다카시), 슈퍼차이나(김영철), 중국이 내게 말을 걸다(이욱연), 큰발 중국아가씨(렌세이 나미오카), 이만큼 가까운 중국(이욱연), 완득이(김려령), 미드 속 문화를 알면 영어가 보인다(J&L English Lab), 우리 땅 독도 동해바다 한국해(양재룡), 클라우스 슈밥의 제4차 산업혁명(클라우스 슈밥), 삐뚤 빼뚤 가도 좋아(이남석) …

끝판왕 Tip

독서활동상황 대부분이 중국과 관련 내용입니다. 더불어 역사에 관한 관심도 알 수 있는 학교생활기록부 정리 상황입니다.

행동특성 및 종합의견

학급 분위기를 이끌어 나가는 리더십이 있으며 모든 학급 구성원과 관계가 원만함. 예의가 바르고 학급 내에서 바른 생활습관을 지니고 실천하는 학생임. 지적 호기심이 풍부하고 수업시간 집중력이 좋음. 영어 실력이 좋아 모르는 문제를 질문하는 친구들에게 영어를 가르쳐주면서 학급 내 면학 분위기를 조성하는 모습이 돋보임. 영민하고 사리 판단력이 뛰어나 학교에서 교사의 학급 운영을 적극적으로 도와주고, 학급 어울림 마당 등에서 교사와 급우들을 잘 이해하며 배려하는 모습이 보임. 학기 초 전교 회장 선거에 출마하여 학교생활에 적극적으로 참여하고, 결과가 좋지 않더라도 낙담하기보다는 긍정적으로 받아들이는 모습을 보임. 높은 창의적 태도를 보여 학습과제나 일상의 문제를 해결할 때 다양한 해결책을 찾아낼 수 있음. 자신이 좋아하는 분야에 대하여 열정을 가지고 노력하므로 원하는 목표를 이루어 낼 것으로 앞으로의 미래가 기대되는 학생임.

주변 상황과 사람들에 대해 좋은 면을 먼저 보려고 하는 긍정적인 시각을 갖고 있으며 사소한 것에 얽매이지 않고 큰 줄기를 파악하고 남을 이해할 줄 아는 넓은 아량을 갖고 있으면서도 자신이 맡은 일에 대해서는 한치의 소홀함도 허락하지 않는 꼼꼼한 성격을 갖고 있어 매사에 최선을 다해 임하려는 자세를 지님. 뛰어난 기량과 재능을 갖고 있으면서도 다른 사람들에게 그것을 내세우지 않고 전체의 목표를 위해 헌신적으로 참여함으로써 주변의 친구들로부터 두터운 신망을 받으며 폭넓은 친분 관계를 유지하고 있음. 1학기에는 교실 바닥 쓸기를 담당하여 친구들과 협력하여 깨끗한 교실환경 유지에 기여했으며, 출석부 관리 및 기록내용 정리를 반장일과 함께 담당하여 매시간 교과목을 파악하고 이동 수업 시 교실의 문단속과 전등 및 냉난방 기기에 대한 책임을 맡아 자신의 역할에 대해 실수 없이 책임을 다하는 꼼꼼한 면을 보여줌. 영어 교과목에 대한 성취도가 매우 높고 흥미도 갖고 있어 다양한 분야에서 두각을 나타낼 수 있을 것으로 기대되며 다양한 사회문제에 대해서도 꾸준한 관심을 갖고 해결을 위해 고민하고 있어 다른 학생들에게 모범이 되고 있으며 앞으로 사회에 꼭 필요한 인재로 성장할 것으로 기대됨.

끝판왕 Tip

행동특성 및 종합의견은 담임교사의 추천서라고 볼 수 있습니다. 1학년 학생기록에서 리더십을 드러내고, 영어 실력이 뛰어난 것을 알 수 있습니다. 또한, 문제 발생 시의 태도를 알 수 있어서 인성 및 학업역량도 보여줍니다. 2학년 때 학급에 봉사하는 봉사정신에 대한 기술이 돋보이며, 사회문제에 고민하고 있음을 알고 있습니다. 인성과 발전 가능성을 알 수 있는 대목입니다.

인문계열 세부능력 및 특기사항

일본어 교사를 꿈꾸는 학생의 생기부입니다. 기대되는데요~ (인용할 세부능력 및 특기사항에 O표 하세요)

나) 일어일문학과

생활기록부 영역	작성 내용
인적, 출결 상황	3년 개근 끝판왕 Tip 인적, 출결사항은 기본적으로 학생의 학교생활 충실도를 볼 수 있습니다. 미인정(무단)결석, 지각 등은 학생에 대한 부정적 이미지를 평가자에게 줄 수 있습니다. 또한 질병지각 및 질병결석이 있다면 그 학생의 건강상태도 체크를 해 볼 수 있습니다. 따라서 학교에 지각 및 결석이 없는 것을 추천합니다.
수상경력	교과우수상(일본어 Ⅰ, 일본어 Ⅱ, 영어 등 다수) 표창장(모범부문) 인문독서포트폴리오대회(우수상) 문학UCC대회(장려상) 일본어스피치대회(장려상) Dream speech contest(장려상) 독도 팜플렛, UCC 대회(우수상) 끝판왕 Tip 수상경력입니다. 학생의 관심사와 그동안 노력의 결실을 확인할 수 있습니다. 2019년 기준 1학년부터는 상급학교 진학 시 1학기당 1개의 수상만 등록 가능합니다. 따라서 어떤 상을 자신의 수상에 표시할지 고민하며 수상 내역 확인이 필요합니다. 해당 학교생활기록부는 일어일문학과를 희망하는 학생으로 구성했습니다. 문학에 강점을 보이며, 일본어 교과우수상, 일본어 스피치 대회에서 수상하는 등 일본어에 관심이 많고, 학교에서 노력했음을 볼 수 있습니다. 학교생활기록부상에 작성되지 않은 부분은 자기소개서와 면접에서 나타낼 수 있으니 수상 관련 에피소드를 정리하길 추천합니다.
진로 희망사항	1학년 일본어 교사 2학년 일본어 교사 3학년 일본어 교사 끝판왕 Tip 진로희망 사항은 2019년 기준으로 1학년부터 창의적 체험활동 진로 부분으로 넘어가고 대학입시에 적용되지 않습니다. 2022년 대입에 크게 영향을 미치지 않지만 2020년, 2021년 대입에 큰 영향을 미칩니다. 1학년부터 3학년까지 3년간 일본어교사를 희망함을 알 수 있습니다. 일어일문학과를 지원하지만, 대학교에서 교직 이수를 할 뜻을 비치고 있습니다. 단순 학과 선택으로 그치는 것이 아니라 대학에서 해당 학생이 어떠한 목표로 학교생활을 할지 가늠할 수 있습니다. 신중하게 작성하길 바랍니다.

자율활동

1학년

심폐소생술교육을 통해 응급상황에서 생명을 지킬 방법을 습득하여 적극적으로 실천할 것을 약속하였고 장애이해교육을 통해 사회적 약자에 대해 배려하는 마음을 키움.
점심시간을 이용해 실시된 교내 학급대항 스포츠 활동에서 선수로 활약함.
독도 사랑 행사의 가사 짓기 활동에 참여하고, 독도에 대해 몰랐던 지식을 조사를 통해 알게 되었고, 독도를 아끼고 사랑하는 마음을 가지게 됨. 후에 세계 여러 사람에게 독도가 한국 땅이라는 사실을 널리 알릴 수 있도록 노력해야겠다고 생각함.
반별 학급 활동으로 팀별로 사진을 찍고 정리하여 사진 전시회를 개최할 때 설명을 일본어로 번역하여 전시함.

2학년

2학기 학급 반장으로서 학급 친구들과 적극적으로 의사소통을 하며 학생들의 의견을 모아 교사에게 전달하는 등 대화와 소통의 학급문화를 정착하기 위해 노력함. 그 과정에서 본인의 의견을 적극적으로 개진하기보다는 중재자로서 친구들의 상반된 이견을 조율하는 역할을 하였음.
2학기 자율활동 시간을 이용하여 플래시몹 활동을 준비함. 개인적인 연습뿐만 아니라 연습을 하지 않은 친구들을 학급 위원으로서 모아서 함께 연습하는 등 여러 사람의 높은 기량을 이끌어 보임. 안무를 완성하도록 반 친구들을 격려함.
멘토멘티 활동에서 멘토 역할을 자원해 자신의 특기 과목인 일본어에 대하여 어려움을 겪는 친구를 도와주며 나눔을 실천함.
다문화 이해 교육을 통해 요즘 중요해지고 있는 다문화가정의 사회적 차별을 학생들에게 대물림시키지 않도록 지도하는 교사가 되고 싶다고 생각함.
나라사랑교육 통일 관련 프로그램에 참여하여 탈북하신 분들께 북한 주민들의 생활을 듣고 통일의 정당성과 목적을 알게 되어 구체적인 방법에 대해 고민해 봄. 통일하면 북한의 학생들을 지도할 때, 차별하지 않도록 교육하는 방법을 생각하는 기회를 가짐.
학급회의를 통해 한 축제에서 학급별 부스 아이템을 뻥튀기 아이스크림으로 결정하고 판매 부스 운영 방법에 대해 협의함. 서로 의견을 나눠 판매 가격과 판매 방법, 홍보물 제작에 대해 논의하였으며 위안부 할머니들의 생활을 지원하는 나눔의 집에 수익금을 기부하기로 결정함.
신입생 OT 멘토 활동에 참여하여 1년 동안의 학교생활을 신입생들과 공유하고 조언을 하는 등 멘토 역할을 수행함. 이틀 동안 한 반의 멘토 역할을 하면서 학교 행사 및 동아리, 중학교와 고등학교의 차이점 등을 세세하게 공유하고 신입생들과 함께 시간을 보내는 등 적응을 도와주려고 노력함.

3학년

외국 언어 마당에 참여하여 일본의 문화와 관련된 부스를 운영하여 일본의 문화와 언어의 아름다움에 대하여 홍보하는 활동을 진행함.
인성교육 프로젝트에 성실히 참여하여 다양한 인성 요소를 익히고 자기 생각과 행동에 대해 깊이 성찰하는 기회를 가짐. 친구와 자신이 서로에게 주는 영향을 깨닫고 자신이 좋은 습관을 키우면 친구에게도 좋은 영향을 줄 수 있다는 생각을 가진 후, 자신의 좋은 습관을 기르려 노력함.
멘토멘티 활동에서 멘토 역할을 자원해 일본어 공부와 관련하여 단어 외우는 활동을 도와줌.

끝판왕 Tip

창의적체험활동 중 자율활동입니다. 1학년 자율활동내용으로 점심시간을 이용한 교내 학급 대항 스포츠 활동을 넣으면서 사회성을 보입니다. 특히 반별 학급 활동으로 팀별 사진을 찍고 정리하여 사진 전시회를 하였는데 이 학생은 자신의 장점인 일본어를 이용하여 자신의 색깔을 내었음을 볼 수 있습니다.
2학년에 학급 반장을 하면서 그 뒤에 숨어 있는 이야기를 자기소개서 3번에서 쓸 수 있도록 만들었습니다.
또한, 다문화 이해를 통해 자신의 진로인 교사의 연결점을 찾는 세부능력 및 특기사항이 됩니다.
3학년 때는 외국 언어 마당에 참여했다는 점, 2학년부터 멘토 멘티 및 통일 관련 활동을 꾸준히 해온 점으로 학생의 지적인 장점과 인성의 장점을 잘 드러낸 세부능력 및 특기사항입니다.

봉사활동	지속적인 다문화 교육봉사 지속적인 지역아동센터에서 봉사 끝판왕 Tip 봉사활동은 일어일문학과를 희망하는 학생이 다문화 교육 봉사와 지속적인 지역아동센터 봉사는 자신의 일본어 능력을 살릴 기회가 됩니다. 또 이 학생은 일본어 교사를 목표로 미래교사로서의 태도를 배울 수 있는 좋은 봉사활동이 될 수 있습니다.
동아리활동	 1학년 **(동북아문화반)** : 관심 있는 일본의 대학과 학과에 대한 정보 및 문화 관광 정보를 성실히 조사하여 파워포인트로 정리·발표함으로써 진로의식과 발표력을 향상시킴. 한·중·일 문화 삼국지 및 일본광고 등 일본문화 관련 영상을 조사하여 동아리에서 함께 보고 일본 현지사정과 관련된 서적을 읽고 토론하는 시간을 통해 동남아 문화 간의 차이를 잘 비교 정리하여 자신의 느낀 점을 잘 공유함. 롤 플레이 시간에는 일본인의 언어 행동의 특성을 잘 이해하고 즐겁게 참여함으로써 일본어로 대화하는 능력을 기름. 동아리 발표회에서는 부서 이벤트(애니메이션퀴즈, 전통놀이)를 제안하고 일본의 전통의상을 입고 돌아다니며 이벤트의 홍보를 함.  2학년 **(토론 : 자율동아리)** 본인의 진로 관련 인생 그래프를 그리고 발표함으로써 자신의 삶을 돌아보고 미래에 대해 함께 생각해 봄. '무감독시험', '학생부 종합전형 폐지', '사형제도', '정규직 전환', '로봇과 인공지능', '유전자 조작'에 대한 생각을 이야기하며 토론하는 시간을 가짐. 일본에 대해 관심이 많아 일본의 여러 문화적인 측면에서도 토론 주제를 제시함. 면접관과 면접자가 되어 모의 면접을 해보는 시간을 가짐.  3학년 **(일본문화체험및탐구동아리)** : 동아리 회장으로 동아리를 구성, 활동 내용에 대한 아이디어를 제공함. 리더십을 발휘하여 동아리의 목표를 향해 구성원들과 함께 활동을 진행함. 일본어의 가장 기본인 히라가나와 가타카나부터 일본의 문화와 관련된 단어 'かわいい'등에 대하여 자세히 발표함. 유명 여행지에 있는 문화, 지리, 역사, 전통을 조사하여 조원들과 함께 나누는 활동을 하고, '기묘한 이야기'라는 일본의 영화를 통하여 일본의 생활상을 엿보는 활동을 진행함. 동아리 발표회에서는 일본사진관과 유사한 분위기를 만들어 손님을 유치하고 총괄 진행을 맡아 친구들의 손길이 닿지 않는 부분까지 세심하게 신경을 써 부스의 활동을 원활히 진행할 수 있도록 도움. **(진로탐색반)** : 자신의 진로에 대해 탐색을 하고 그 미래에 도달하기 위하여 자신이 해야 할 일과 단계적인 목표를 설정함. 자신의 장점 및 단점을 목표에 이용하기 위한 구체적인 방법을 생각함. 학교에서 3년간 이룬 일을 자신에게 칭찬하고, 후회되는 일이 있다면 그 일을 하지 않기 위해 어떤 일을 해야 할지에 대해 생각하고 교훈 삼음. 끝판왕 Tip 동아리 활동은 학교에서 자신의 관심사를 가장 드러낼 수 있는 부분입니다. 대학도 학생이 어떤 동아리를 했는지에 관심이 많습니다. 1학년 때 동북아문화반과 토론자율동아리를 했습니다. 동남아문화반은 학생의 큰 관심사인 일본 알기 노력을 위해 넣었습니다. 대학 및 광고, 도서와 같은 일본의 다양한 문화를 알아보는 세부능력 및 특기사항을 만들었습니다. 그리고 토론동아리에서 다양한 토론을 해보면서 시사에 관심이 많다는 점과 일본과 관련된 토론을 했다는 것을 언급했습니다. 구체적으로 일본에 대해 어떤 토론을 했는지는 자기소개서에서 표현할 수 있습니다.

2학년 때는 동아리 활동과 이름을 구체적으로 일어일문학과와 관련되도록 '일본문화체험 및 탐구동아리'로 만들었고 동아리 활동을 일본어에 있는 여러 단어의 유래와 줄임말과 신조어 등 현대의 언어 사용 현황 공부에서 시작하여 전체적 문화상을 같이 나누고 공부할 수 있도록 하였고, 동아리 회장으로서 리더의 모습이 비치도록 세부능력 및 특기사항이 만들어졌습니다.
3학년은 앞선 동아리보다 부족할 수도 있지만, 3년간의 이룬 일을 정리하면서 부족한 부분을 채우기 위한 동아리를 만들었습니다.

직업인과 만남으로 시작하는 직업 경로 설명회에 참여하여 일본어 통역가를 만나 직업에 대한 이해도를 높이고 진로 계획을 세움.
자신이 되고자 하는 일본어 선생님의 실무와 월급, 애환 등을 알아보기 위해 학교에 계신 일본어 선생님의 인터뷰를 하고 인터뷰 내용을 정리하여 발표함.
자신이 가고자 하는 대학교를 탐방하는 '어느 학교' 활동을 통해 자신이 가고자 하는 학교에 방문하여 일어일문학과의 학생들을 인터뷰함. 학생들에게는 학교에 입학하기 전에 무엇을 준비하면 좋을지, 과목 중 힘든 과목은 무엇이 있는지 등을 질문하여 기록하고 학교에 돌아와서 인터뷰한 내용을 카드뉴스로 만들어 학급의 게시판에 게시함.

직업 in 직업 人 활동을 통해 희망하는 직업에 대해 어떤 준비가 필요한지 조사하고 그 준비 과정을 희망하는 직업을 가진 직업인을 찾아가 추가로 준비할 것이나 혹은 조언을 받는 활동을 함.
가치관과 직업선택 활동을 통하여 자신의 가치관에 대해 깊이 있게 생각해보고, 자신의 희망직업과의 관계에 대해 친구들에게 발표함.
진로시간에 진행된 '진로 어떤 방법으로 알아보지?' 활동에서 '히라가나도 모르던 일알못은 어떻게 90일만에 일본어 천재가 되었을까(미다스북스)'를 읽고 자신의 장래희망인 일본어 선생님이 되어서 자신의 일본어 지식을 어떻게 전달할지와 자신의 일본어 학습방법에 대하여 되돌아볼 기회가 되었다고 함.
3주간 진로시간 동안 이루어진 관심사가 비슷한 친구들끼리 모둠을 이루어 함께 제작하였던 진로신문 만들기에서 '동남아시아의 문화'를 주제로 동남아시아의 문화와 관련된 정보를 친구들에게 알기 쉽게 전달하기 위해서 구상하며 노력하는 모습을 보임.

'찾아가는 첨단기기 교실' 활동에서 VR의 이해와 활용에 관한 프로그램에 참여하여 VR의 이론을 공부하고 관련 영상들을 시청하며 일본어 선생님으로서 미래에 교육에서 여러 스마트 기기의 활용 방안에 대해 생각해 볼 계기가 됨.
직업윤리의 이해에서 자신의 관심직업인 일본어 교사에게 요구되는 직업윤리로 공적인 마인드를 제시하였으며 직업윤리 수준 평가를 통해 건강한 직업의식을 형성함.

끝판왕 Tip

진로활동은 1, 2, 3학년 모두 일본어 교사 희망 관련 세부능력 특기사항을 만들어 보았습니다.
1학년 때 직업 경로 설명회에서 일본어 통역가의 특강을 들으면서 직업에 이해도를 향상시키기 위한 활동을 작성하였습니다.
2, 3학년에는 구체적으로 일본어 교사를 희망하는 학생의 진로활동을 고려하여 만들었습니다. 진로시간에 주도적으로 활동하는 모습과 비슷한 진로를 가진 친구들끼리의 정보 나눔을 넣었습니다.
특히 3학년 직업윤리 배움의 시간에서 기업가뿐만 아니라 교사라는 직업도 어떤 윤리가 요구되는지를 생각하는 활동을 만들어 세부능력 및 특기사항 란에 기록하였습니다.

과목별 세부능력 및 특기사항

국어 : 문화에 대한 글을 읽고 일본의 '마츠리'를 예로 들어 PPT자료를 만들고 발표하였으며 어떻게 계승이 되는지와 앞으로 계승될 방식에 대해 잘 설명함.

영어 : 매 수업시간이 끝나고 수업내용을 요약하는 학습일지를 빠짐없이 작성하며 자신의 학습 과정을 지속해서 성찰하고 효과적인 학습 전략을 탐색하기 위해 꾸준히 노력함. 수업시간에 적극적으로 질문하고 발표하며 영어 발음 및 구문에 대한 자신의 가설을 검증하고 증명하고자 애씀.

기술·가정 : 저출산, 고령화와 관련된 자료를 읽고 스스로 질문을 만들어 본 후 이를 바탕으로 모둠별 토의 주제를 정해 문제의 원인을 파악하고 해결방안을 정리함.

체육 : 급우간 친화력을 높이기 위해 경기 주선을 잘하며 경기 규칙에 대한 이해도가 높아 심판의 역할도 잘 수행하여 분위기 좋은 관계 형성에 앞장섬.

문학 : 일제강점기의 문학작품을 읽고 일본의 문화에 흥미 있지만, 일본의 만행을 인지하고 그에 대하여 비판적인 시각에서 바라볼 수 있는 통찰력을 가진 학생임.

일본어 I : 수업내용에 대한 이해가 빠르고 짝을 이루어 실시하는 회화 발표 및 협동학습에 꾸준히 참여하여 수업시간에 배운 내용을 확인하며 일본어 운용에 대한 적극적인 자세를 가짐. 즐거운 수업 분위기를 조성함. 일본어 회화 활동에 빠짐없이 참여하여 일본어 운용의 시간을 늘려가고자 노력함. 일본어 형용사 과거형을 쓰임에 맞게 잘 표현하였으며 억양 및 상대방에게 전달되는 목소리의 크기 등을 자연스럽게 잘 발표함. 후쿠와라이를 비롯한 놀이 활동을 통해 일본어 위치 및 형용 표현을 적절히 사용하여 적극적으로 참여함. 일본어 위치표현을 정확하게 말할 수 있음. 겐다마, 다루마오토시 등 일본의 전통놀이 체험 활동을 통하여 일본문화를 깊이 있게 이해함. '내가 소개하는 일본문화 소책자 만들기' 활동에서, 평소 일본의 재난대응에 관심을 가지고 '일본의 재난대응'이라는 주제로 수준 높은 결과물을 완성함. 특히, 일본의 재난 훈련 및 모의 체험을 할 수 있는 시민방재센터를 소개하며, 우리나라의 재난 관련 정책에도 관심을 두고 조사하는 계기가 됨.

동아시아사 : 중국에서 '주'의 쇠퇴 이후 나타난 봉건제의 붕괴와 춘추 전국 시대에 각 국가의 발전 모습 및 변화상을 정리하여 친구들에게 발표하였고, 진의 중국통일 이후 도량형, 화폐, 문자 및 사상 통제 등 시황제의 통일 정책에 관련된 보고서를 작성함. 성리학의 성립과 확산 이후 동아시아 지역에 신분 차별의 공고화, 여성의 지위 하락 등의 부작용이 나타났음을 확인하고, 현재까지 성리학의 영향이 많이 남아 있는 동아시아 지역에서 여성과 약자에 대한 차별 해소를 위한 방안을 토의하고 UCC 및 팜플릿을 제작함. 센카쿠열도, 시사 군도, 스프래틀리 군도 등 동아시아 지역의 영토 분쟁 지역과 독도의 상황을 비교해보며, 독도 영유권을 주장하는 일본의 논리를 비판하고 독도가 한국 고유의 영토임을 외국인에게 알리는 홍보물을 작성함. 냉전 체제로 인해 6·25전쟁이 일어났음을 이해하고 이산가족문제, 정권에 대한 비판 탄압, 평화에 대한 위협 등 분단 상황의 문제점을 분석한 후 이를 해소하기 위해 통일이 필요함을 주장하는 논술문을 작성함.

한문 I : 한자의 의미를 풀이하거나 어원을 발표하며 자신뿐만 아니라 다른 급우들의 한문 이해정도를 한 단계 끌어 올림. 한문에 익숙해지기 위하여 일상생활에서 사용하는 단어 중 한문으로 작성할 수 있는 단어들을 찾아 각 한자의 의미와 그 의미가 어떻게 이루어져 단어의 뜻을 갖는지에 대해 작성하여 교실 벽에 게시함. 자신의 이름을 한자로 쓰고 뜻을 풀이하며 이름이 가지고 있는 의미를 친구들 앞에서 발표하며 자신의 삶 방식에 대해 생각하는 기회를 가짐.

	정보 : 자신이 친구들에게 일본어를 가르쳐주는 것에 활용하고자 히라가나와 가타카나 학습 프로그램을 제작하기 위해 선생님을 찾아와 프로그램에서 이미지 파일을 올리는 방법에 대하여 질문함.
	끝판왕 Tip 과목별 세부능력 및 특기사항입니다. 1학년 세부능력 및 특기사항에는 언어 관련 세부능력 및 특기사항을 넣었습니다. 1학년 때 일본어 공부를 하지 않기 때문에 언어 학습 면이 뛰어나다는 것을 공통과목 중 국어와 영어에서 나타낼 수 있습니다. 교사를 희망하므로 전 과목에서 성실성을 나타내는 것을 추천함에 따라 기술·가정 및 체육 세부능력 및 특기사항을 작성하였습니다. 2학년 때는 언어 관련 세부능력 및 특기사항을 적어보았습니다. 언어 수업이지만 일본과 관련지어 작성하였고, 일본어 세부능력 및 특기사항은 학생의 활동을 꼼꼼히, 동아시아사 수업에서는 문화에 대한 관심도를 잘 드러낼 수 있도록 만들었습니다. 3학년 세부능력 및 특기사항에서 일본어와 한문이 연결이 자연스러워 보이도록 작성하였습니다. 정보 시간에는 미래 일본어 교사의 모습을 담기 위해 학습 프로그램을 만들고자 하는 학생의 모습을 담아내었습니다.
독서활동 상황	'애니메이션으로 보는 일본(살림)', '10대를 위한 일본어 첫걸음(길벗이지톡)', '일본어 왕초보를 위한 애니메이션 학습법(비팬북스)', '일본문화(소와당)', '연금술사(문학동네)', '오베라는 남자(다산책방)', '소소낭만, 일본 소도시 여행(꿈의지도)', '초고령사회 일본에서 길을 찾다(페이퍼로드)', '여행 일본어 무작정 따라하기(길벗이지톡)', '일본어 교사에게 자주하는 질문 100(동양문고)', '일본 일본일 일본문화(다락원)', '히라가나도 모르던 일알못은 어떻게 90일만에 일본어 천재가 되었을까(미다스북스)' 끝판왕 Tip 독서활동상황 도서 대부분이 일본과 일본어와 관련입니다. 독서를 통한 배움의 방법이 있고 이 부분을 잘 살리기 위한 추천도서를 적었습니다.
행동특성 및 종합의견	 1학년 바른 생활습관이 잘 형성되어 있으며 주어진 일을 성실하게 이행하고 말과 행동이 의젓해 급우간에 신뢰가 두터움. 어려운 처지의 학생을 도와주고 스스럼없이 친구로 지내는 따뜻한 마음을 가진 학생으로 책임감도 강해 학급의 특별구역인 도서실 청소를 일 년 내내 담당하며 학급을 위하여 봉사함. 진로에 대해 깊이 성찰하고 이를 이루기 위해 뚜렷한 목표를 세우고 부족한 것을 찾아 채우려는 노력을 꾸준히 함. 학급 내 역할 분담 활동을 성실하게 잘 해내었으며 주번이나 학급 청소 활동 시에 자신이 맡은 일을 잘 해냄. 학급 내에서 관심과 도움이 필요한 사항에 대해 알려주어 학급이 효율적으로 운영될 수 있도록 도움을 주었음.  2학년 차분하고 온화한 성품을 지니고 있으면서도 자기주관이 뚜렷한 학생으로 사고방식이 긍정적이고 학교생활에서 적극적인 태도가 눈에 띄는 학생임. 교우관계에 있어서 신중한 언행과 배려심이 깊어 학우들의 어려움을 먼저 이해하고 도와주며 먼저 상대방을 배려하는 이타적인 모습이 엿보임. 학급회의를 할 때 소수의 의견을 무시하지 않고 존중하는 모습을 볼 수 있으며 항상 모든 사람을 평등하게 대하고 약자를 먼저 배려하는 등 인간을 대하는 태도와 가치관이 성숙함. 교사와 친구들에게 예의가 바르고 신중한 태도로 대화하는 모습에서 상대방이 존중받고 있다는 느낌을 받게 하며 일 년간 단 한 번도 지각하지 않는 성실함이 돋보임. 교복 착용 등 학교생활의 기본적인 규칙을 존중하고 준수하는 학생임.

학업에 있어서 일본어 교과에 흥미와 관심을 가지고 노력하는 모습이 돋보이며 학생들이 일본어에 대해 모르는 것을 물어볼 때 이해하기 쉽도록 자세히 설명해주는 것을 엿볼 수 있었음. 자신의 진로에 신중하며 진로 관련 분야나 프로그램을 시청하며 노력을 지속함. 이러한 노력을 지속한다면 미래가 기대되는 학생임.

끝판왕 Tip

행동특성 및 종합의견은 담임교사의 추천서라 할 수 있습니다. 도서실 청소를 일 년 내내 담당한다는 점과 학급 내 역할 분담 활동에서 성실히 해냄은 담임교사밖에 알지 못합니다. 1, 2학년 세부능력 특기사항에서 개성이 강하다기보다는 신중하고 차분한 학생임을 드러냅니다. 또한, 일본어에 대한 학생의 자신감과 능력도 작성해줄 수 있는 부분이라 넣어 보았습니다.

2 사회계열 세부능력 및 특기사항

PD가 되고 싶은 학생의 학생부. 같이 볼까요^^(인용할 세부능력 및 특기사항에 O표 하세요)

가) 언론·방송·매체학과

생활기록부 영역	작성 내용
인적, 출결 상황	개근 끝판왕 Tip 인적, 출결사항은 기본적으로 학생의 학교생활 충실도를 보여줍니다. 미인정(무단)결석, 지각 등은 학생에 대한 부정적 이미지를 평가자에게 줄 수 있습니다. 질병지각 및 질병결석이 있다면 그 학생의 건강 상태도 가늠합니다. 가장 추천하고 싶은 것은 3년 개근입니다.
수상경력	외국문화글쓰기대회(최우수상) 학교폭력예방글짓기공모전(우수상) 진로체험부스활동우수상(공동수상, 3인) 파손도서생활수기대회(장려상) 독서포트폴리오대회(최우수상) 독도글짓기 대회(우수상) 과학의날행사(과학 에세이 쓰기 부문) 영어글쓰기대회(우수상) 끝판왕 Tip 수상경력입니다. 학생의 관심사와 해왔던 노력의 결실을 확인할 수 있습니다. 2019년 기준 1학년부터는 상급학교 진학 시 1학기당 1개의 수상만 등록할 수 있습니다. 따라서 어떤 상을 자신의 수상에 표시할지 고민하며 수상 점검이 필요합니다. 학교생활기록부는 언론 방송 매체 분야를 희망하는 학생의 것으로 구성해 보았습니다. 외국 문화 글쓰기, 학교폭력 예방 글짓기, 체험 부스 활동, 파손도서 수기, 독서 포트폴리오, 독도 글짓기 등 여기서 맥은 이 학생의 수상 대부분이 글짓기 관련이라는 것입니다. 학교에서 글짓기와 관련된 다양한 수상이 있다는 것은 글짓기 실력을 인정받았으며 관심 분야가 넓다는 것을 드러냅니다. 수상은 학교생활의 결론에 해당하니 그 중간 과정은 자기소개서에 표현할 수 있습니다. 따라서 어떤 수상인지도 매우 중요한 부분입니다.
진로 희망사항	1학년 프로듀서 2학년 프로듀서 3학년 다큐멘터리 프로듀서 끝판왕 Tip 진로희망 사항은 2019년 기준으로 1학년부터 창의적 체험활동 진로 부분으로 넘어가고 입시에 적용되지 않습니다.2022년 대입에 크게 영향을 미치지 않겠지만 2020년, 2021년 대입에 큰 영향을 미칩니다. 1, 2학년 때는 프로듀서 직업을 선택하였고 3학년에 구체적으로 다큐멘터리 프로듀서로 직업을 정하였습니다. 학교생활기록부를 살펴보면 사회문제에 관심이 많은 것으로 보아 이를 다큐멘터리로 제작하여 알리고 싶은 학생의 생각을 엿볼 수 있습니다.

자율활동

독도 사랑 행사의 글짓기 활동에 참여하고, 독도에 대해 몰랐던 지식을 책을 참고하며 알게 되었고, 독도를 아끼고 사랑하는 마음을 가지게 됨. 후에 세계 여러 사람에게 독도가 한국 땅이라는 사실을 널리 알릴 수 있도록 노력해야겠다고 생각함.

과학·수학 교보재 만들기에 참가하여 효율적인 학습을 위해 과학 원리나 이론을 이용하여 교보재를 제작함. 우주 진화설을 모형으로 제작하여 한눈에 알아보기 쉽도록 정리함. 친구들과 단합하여 효율적으로 제작하였고, 교과서보다 부교재를 사용하는 것이 학습능력이 향상된다고 생각하는 계기가 됨.

수도권 중심의 문화 및 교육으로 인해 점점 정체성을 잃어가는 시민들의 회복을 주제로 우리 지역 소개하기 영상 대회에 참가함. 직접 우리 지역을 소개할 만한 곳을 조사 및 촬영하여 사진 자료를 통해 항공사 가이드 형식으로 책자와 발표자료를 제작하여 발표함. 새로운 형식으로 발표를 준비하면서 기존 틀에서 벗어나 듣는 사람을 설득하고 자연스럽게 하는 발표하는 능력을 기를 수 있게 됨.

별빛 독서 캠프에서 시집을 읽고 자신의 인생 시를 찾는 계기가 되는 시간을 갖고, 'The great debater'를 보고 민주주의 국가의 시민으로서의 자질을 깨달음. 또한. 급우들과 시를 공유함으로써 유대감과 친밀감을 형성하고. 문학작품에 한 걸음 다가가는 계기가 됨.

학생회 선거에서 학생들을 대표하여 의견을 전달할 수 있는 일꾼을 선출한다는 생각에 후보자들의 선거 공약과 유세를 비교해보며 진지하게 선거에 참여함.

과학, 수학 UCC 제작 및 전시회에 참가하여 수업시간에 학습하는 과학을 뮤직비디오 형식으로 직접 UCC를 제작함. 원자번호 암기로 힘들어하는 급우들을 위해 과학송을 만듦. 팀원과의 갈등이 있었지만 이를 슬기롭게 해결하는 면모를 보임.

다문화 이해 교육을 통해 요즘 중요해지고 있는 다문화가정의 사회적 차별 문제를 해결할 방법에 대해 고민해 보고 사회적인 관심을 환기할 수 있는 언론인이 되고 싶다고 생각함.

나라사랑교육 통일 관련 프로그램에 참여하여 탈북 경험이 있는 강연자가 들려주는 북한 주민들의 생활을 듣고 통일의 정당성과 목적을 알게 되어 구체적인 방법에 대해 고민해 봄. 자신이 할 수 있는 일들과 국가의 거시적인 정책 방향에 대해 생각해 봄.

나라사랑교육 독도 관련 프로그램에 참여하여 독도에 관한 자료를 조사하여 독도를 알리는 홍보 엽서를 만들어 봄.

학급회의를 통해 한축제에서 학급별 부스 아이템을 뻥튀기 아이스크림으로 결정하고 판매 부스 운영 방법에 대해 협의함. 서로 의견을 나눠 판매 가격과 판매 방법, 홍보물 제작에 대해 논의하였으며 수익금으로 위안부 할머니들의 생활을 지원하는 나눔의 집을 돕기로 결정함.

신입생 OT멘토 활동에 참여하여 1년 동안 학교생활을 하면서 겪었던 활동을 신입생들에게 공유하고 조언을 하는 등 멘토 역할 수행함. 이틀 동안 한 반의 멘토 역할을 하면서. 학교 행사 및 동아리. 중학교와 고등학교의 차이점 등을 세세하게 공유하고. 신입생들과 함께 시간을 보내는 등 적응을 도와주려고 노력함.

과학·수학 한마당에 참여하여 방송부원으로서 전반적으로 카메라 생중계 역할을 맡음. 여러 친구가 참여하는 모습을 카메라에 담으면서 친구들이 화면을 보고 기뻐할 때 자신 또한 그 모습을 보고 뿌듯해하는 공감 능력을 보임. 분실물이 들어왔을 때는, 즉흥적으로 무대 위에서 안내를 통해 사람들이 소지품을 찾을 수 있도록 도와줌. 다른 동아리의 부스에 참여하면서 자신이 몰랐던 과학적 원리를 알게 되는 과정에서 큰 흥미를 느낌.

성 인권 교과서 정책 연구 학교 특색 사업으로 배움중심 수업, 비주얼 싱킹 활동, 캠페인 활동 등 성 인권 교과서 수업을 통해 바람직한 가치관 형성에 이바지하고 성인지 감수성이 높아짐. 비주얼싱킹 활동을 통해 성 인권에 관해 자세한 사례를 접하게 됨. 성교육을 통해 올바른 성 인식을 하고, 양성평등을 위해 자신이 할 수 있는 일에 대해 생각함.

성 인권 학예행사의 글짓기 활동에 참여하며 성에 대해 미래에 우리가 가져야 할 성 가치관에 대해 글을 지어 봄.

3.1 세부 능력 특기 사항

학급회의를 통해 월드비전의 세계시민학교 프로그램 중 나눔 클래스에 지원하여 학급 학생들이 매달 용돈을 모아서 케냐의 삼부루 마을에 식수를 지원하는 사업에 참여하여 배려와 나눔의 의미를 생각해보며 꾸준하게 실천함. 한국체육제를 통해 학급의 친구들과 협력하여 놋다리밟기와 줄다리기 같은 단체경기에 참가하고 응원을 열심히 하며 선수들을 격려함. 행사 후에는 쓰레기 분리수거를 직접 하는 등 주변 환경정화에 노력함.
'인문학 콘서트-나를 찾아 떠나는 여행'에서 우리나라의 전통책 만들기와 영어 동화 읽기를 하고, 이를 통해 우리나라의 책 유래를 통해 책의 원리를 알게 되어 신기했고, 다도 예절을 배우며 마음을 가다듬는 시간을 가짐.

끝판왕 Tip

창의적체험활동 중 자율활동입니다.
1학년 자율활동에 독도 사랑 글짓기 활동에 참여하였고 이를 통해 독도를 널리 알려야겠다고 생각했다는 부분, 우리 지역 소개하기 영상 대회에 참가했다는 것으로 학생이 작문 능력을 기르는 활동을 하고, 영상을 통해 자기 생각을 표현할 능력이 있음을 알 수 있습니다.
2학년 때는 과학, 수학 UCC 제작 및 전시회에 참여하여 뮤직비디오를 통해 원자번호를 암기할 수 있도록 조력했다는 부분이 있습니다. 이 부분은 자기소개서와 연관 지어 공부 법, 인성 부분과 엮을 수 있습니다. 그리고 다문화 이해, 북한 주민 실상, 독도에 대한 교육 등으로 사회문제에 관심이 많은 언론인의 역량이 있음을 드러낸 세부능력 및 특기사항입니다. 또한, 신입생 OT활동과, 과학·수학 한마당에 참여하는 활동을 통해 인성을 드러낸 세부능력 및 특기사항입니다.
3학년에 성 인권에 대한 이해와 관심을 표현한 부분이 있어 학생의 다양한 이슈와 주제에 흥미가 있음을 엿볼 수 있습니다. 월드비전 프로그램에 참여하여 봉사 정신을 나타내기도 합니다.

봉사활동

과학창의축전 과학 체험프로그램에 참여하기 위하여 1학기 동안 매주 주말에 실험과 주제를 탐구하여 준비한 '빛과 캐릭터' 부스를 운영하여 어린이뿐만 아니라 청소년에게도 교육 봉사를 하며 나눔과 배려를 실천함. 직접 과학 원리를 설명하고, 함께 만드는 과정에서 다양한 사람들을 만나 체험자들이 이해하는 과정을 보며 뿌듯함을 느낌.
글로벌 지식 나눔 NGO단체 관련 동영상 편집 작업 봉사활동을 일주일에 한 번씩 3년간 함.

끝판왕 Tip

봉사활동은 학생이 희망하는 프로듀서가 되면 하고 싶은 일을 기반으로 영상 편집 봉사활동을 작성해보았습니다. 물론 프로듀서가 되고 싶다고 영상 편집에 관한 봉사를 무조건 해야 하는 것은 아닙니다. 모든 봉사활동은 의미 있습니다. 봉사활동을 하면서 의미와 봉사의 참뜻을 찾는다면 그것이 가장 좋은 봉사활동입니다.

동아리활동

1학년

(교지편집반) 교지 편집 및 제작에 필요한 과정을 계획 단계부터 자료 수집 및 기사 작성에 이르기까지 적극적으로 참여하며 성실하게 활동함. 자료 수집 및 편집 과정을 통해 교지 제작 과정의 어려움을 느꼈고, 어려움 속에서 기사 작성의 성취감 또한 느낌. 특히 연예 관련 기사를 작성하며 자신이 흥미 있는 부분을 자세히 써 봄으로써 기사 작성의 재미를 깨닫고 진로에 확신이 생겼음을 편집후기에 작성함. 교지를 교정하고 편집하며 글을 쓰는 능력이 향상되었고 1년간 학교의 다양한 활동을 기록한다는 점에 책임감을 지고 맡은 일을 해냄. 고되고 힘들었지만 일을 해냈다는 성취감을 느낄 수 있어서 자신감을 가지게 됨.

2학년

교내 학예제 행사 중 합창제에서는 사회자, 연극발표제에 마이크 담당자, 가요제에서는 촬영을 담당하는 등 진행 도우미로서 역할을 수행함. 체육대회를 비롯한 각종 교내 행사의 원활한 진행을 위해 방송부원들과 협력하여 마이크, 빔, 노트북 설치 등 철저한 준비와 안내를 도움. 재난대응 안전 한국 민방위 대피, 소방 훈련 등 위기 상황에서 시나리오 작성을 잘 수행함. 영화를 감상한 후 뒷이야기를 창작해 소설을 완성해 보는 등 폭넓은 인문 소양을 바탕으로 뛰어난 창의력을 보임. 디지털 영상과 음향에 대해 관심이 많아 시청자 입장에서 부원들과의 열정적인 토론을 이끄는 모습도 칭찬받을 만하며 그 결과도 좋은 편임.

(빛의마법사 : 자율동아리) '3D 캐릭터 디자인 활동'에 참여하여 일요일 4시간씩 교내 과학실과 과학 공간에서 새로운 과학체험 활동 프로그램을 계발하고 일반화하여 '동아리 체험 활동'을 수행하였음. 점토를 이용하여 음각상을 제작하고 '돋움효과'와 '따름 효과'를 실현하여 과학체험활동 부스를 2회 운영함.

3학년

(방송부) 방송부에서 총무의 역할을 맡으면서, 모든 구성원과 친목을 도모하며 동아리 활동에 적극적으로 참여함. 특히 동아리 부원을 모집하기 위한 홍보지 제작 시에 현재 방영 중인 프로그램을 활용한 창의적인 아이디어를 제시하는 등 남다른 기획력을 발휘함. 교내 대회 '다시 쓰는 도서 대회'의 수상자와 함께 라디오를 진행하면서 그 작품에 대해 인터뷰 형식으로 소개함. 학교 홍보 영상에서 아나운서를 맡아 인터뷰를 진행하고 학교를 소개하는 등 외부인에게 우리 학교를 알릴 수 있는 발판을 마련함. 이러한 경험을 통하여 많은 사람 앞에서 자신감을 가지고 명료하게 말할 수 있는 계기가 됨. 방송평가 프로젝트를 통해 대본과 시나리오 등의 피드백을 받아 바람직한 방송을 만듦. 행사가 끝나고 난 후에는 다음 행사의 더 나은 활동을 위하여 친구들과 고민하고, 미리 준비하는 성실한 모습을 보여줌. 이를 바탕으로 앞으로 어떤 분야로 나아가더라도 자신의 의지와 자신감을 바탕으로 좋은 결과를 끌어낼 수 있는 무한한 역량을 지닌 학생으로 판단됨.

(미디어토론 : 자율동아리) 청소년 복지시설의 소홀한 운영 실태에 대해 SNS 및 인터넷을 통해 알리고 청소년들이 참여할 수 있는 환경조성 방안을 구체적으로 마련해 봄.

끝판왕 Tip

동아리 활동은 학교에서 자신의 관심사를 가장 드러낼 수 있는 부분입니다. 대학도 학생이 어떤 동아리를 했는지 관심이 많습니다.
1학년 교지편집반은 교지 편집의 전 과정을 학습하며, 예비 기자로서 필요한 역량을 쌓았음을 알 수 있습니다.
2학년 방송부 활동으로 사회자, 마이크 담당자, 촬영 담당 등에 기여한 부분이 많음을 알 수 있고 학교 방송부 활동으로 자신이 나아갈 진로를 체험해본 좋은 사례입니다. 자율동아리 빛의마법사활동은 자율활동과 봉사활동 내용의 연결이 자연스럽게 보이며, 자연계열에도 관심이 있는 학생임을 보여줍니다.
마지막으로 3학년에는 방송부의 총무 역할을 맡으면서 창의적인 아이디어와 책임감이 있는 학생의 모습을 드러내었습니다.

진로활동

비전 보드를 통해 방송 PD를 꿈꾸게 된 계기, 하는 일, 되는 방법, 핵심 역량, 생애 계획, 앞으로 노력해야 할 점 등 진로와 관련하여 탐색한 내용을 정리하여 발표함. 또한, 자신의 흥미, 적성검사 결과와 방송 PD라는 진로와의 적합 여부를 점검하여 진학 목표 대학, 관련 학과에 대해 수집한 정보를 설명함.

진로 설계서 발표 활동에 자신의 진로의 방향을 알아보고 시대에 맞는 직업과 자신의 흥미 및 적성과 연관 짓는 계기가 되기를 바라며 참가함. 다양한 검사를 통해 자신에 대해 이해한 후 활동에 참여함. 자신이 희망하는 직업과 4차 산업혁명 시대를 연관 지어 생각해보고, 희망 분야와 관련된 독서를 함으로써 진로의 방향을 파악해 나감. 다른 사람을 도와주는 것을 좋아하는 것을 보아 사회복지사 직업이 적합하나 더 넓은 시야로 사람들에게 알리는 PD라는 직업을 선택하게 됨.

진로 동영상 미키 김의 '스타 복강 쇼'와 진로영화 '패치 아담스'를 통해 자신을 되돌아보며 어떤 삶을 살아갈 것인지에 대해 계획수립과 실천하려고 노력하는 모습을 보임. 또한, 방황하던 자신의 진로를 탐색하려고 진로직업정보 탐색활동 보고대회에 적극적으로 참가하여 우수한 성적을 거두면서 자신의 진로설계에 대안 방향과 확신을 하게 됨. 또한, 이러한 진로설계 활동을 하면서 미래사회 전망으로서 4차 산업혁명 시대의 사회상을 함께 고려해야 한다는 것을 깨닫게 됨.

언론인이 되고자 하는 자신의 진로와 연관 지어 미디어의 기초인 커뮤니케이션의 정의와 유형에 대해 알아봄. 미디어 테크놀로지가 발달하면서 변화가 생길 수 있는 수용자의 개념에 대해 알아보고, 방송 제작 과정과 방송 기술 등에 대해서도 발표함. 건전한 미디어 사회가 되기 위해서는 어떠한 점을 개선할 필요가 있는지에 대한 토론 활동에서 생각을 논리적으로 말하고 다른 의견을 경청함.

한 해 동안 동아리 시간에 했던 활동들을 바탕으로 동아리 부스대회에 참가함. TV 프로그램을 활용하여 직접 촬영한 사진과 발음 연습용으로 활용했던 대본을 활용하는 등 이를 바탕으로 게임을 제작하여 부스를 운영함. 또한, 부원들과 함께 학생들의 교내 생활을 담은 영상을 제작하여 송출하고, 라이브 촬영의 대본을 작성하고, 부스에 참가하는 학생들이 즐거움을 얻고 활발히 소통하려고 노력하는 모습을 보임. 지금까지 했던 활동을 되돌아보는 시간이기도 했지만, 게임을 하는 학생들의 심리를 활용하고 이에 학생들이 즐거워하게 만들었던 점에서 매우 뿌듯해하는 모습을 보임. 다른 부스에도 적극적으로 참여하는 등 활발하게 참여하는 모습이 매우 인상적임.

자신이 희망하는 진로와 진학준비를 위하여 '한국아카데미 진학설계 프로그램학과 페스티벌'에 자신의 희망학과를 미리 체험함. 진로 설계서 발표 활동에서 탐색한 직업들과 연관성을 비교함으로써 페스티벌을 통해 학과뿐만 아니라 광고나 배우 등 PD가 하는 일은 여러 연관성이 있다는 것을 알게 됨.

사회문제에 관심이 많고 진지하게 진로를 탐색함. 꿈 탐색활동으로 세계적인 관심사인 '북미 정상회담'을 주제로 선정하여 북미, 남북, 한미 정상회담의 내용과 그 회담을 바라보는 국가들의 입장과 이해관계를 조사하여 정리함. 활동을 통하여 국제 담당 기자로서의 나의 역할에 대해 생각해봄으로써 진로에 대한 진지한 태도를 보임.

'장기로드맵 발표 활동'에 자신의 진로에 대해서는 끊임없이 고민하고 노력하는 모습을 보였지만, 미래를 상상해보지는 못한 아쉬움 때문에 이번 활동에서 미래에 대해서 진지하게 고민하고 노력하기 위해 참가함. 학급 대표로서 발표회에서도 직접 발표를 함으로써 꿈에 대해 두려움보다 자신감을 가지게 됨. 친구들의 조언과 칭찬을 통해 부러움보다는 꼭 이루겠다는 의지를 다지는 계기가 되었고, 플래닝 학습을 통해 실천하는 모습을 보임.

끝판왕 Tip

진로활동에서 이 학생은 1학년 때부터 방송 관련 직업에 관심이 많음을 알 수 있습니다. 사회복지사와 직업 갈등이 있었지만, 다양한 검사를 통해 널리 알릴 수 있는 방송이 적합함을 확인한 과정을 기술하여, 학생이 가지고 있던 고민을 잘 작성해 놓았습니다.

2학년 진로활동으로 동아리 부스대회에 참가함을 적어놓았습니다. 직접 촬영한 사진 및 발음 연습용으로 활용한 대본 등을 바탕으로 게임을 하였고, 좋은 호응을 받은 점 등이 학생이 진심으로 이 활동들을 좋아함을 나타내줍니다. 또한, 진학설계 프로그램에 참여하여 구체적인 진학 설계도 하고 있음을 알 수 있습니다. 사회문제에도 관심 있음을 학교생활기록부에서 언급해 예비 언론인으로서의 다방면의 역량을 드러내주고 있습니다.

3학년 때는 학급 대표로 발표하는 등 자신감을 가질 활동을 하여 역량 성장을 가져왔음을 알 수 있습니다.

과목별 세부능력 및 특기사항

국어 : 자신의 관심 진로 분야와 관련된 글 '궁금해요! 기자가 사는 세상'을 읽고 독서 발표 수업을 준비함. 발표를 위해 어려운 용어들이나 원리를 인터넷 검색을 통해 따로 공부하고 조사하여 쉬운 말로 바꿔 말하는 등 적극적인 문제 해결과 상대방을 고려하는 말하기 능력을 갖춤. 발표 후 자신이 한 활동을 적어보는 활동에서 독서 발표 수업을 통해 배운 점과 앞으로 개선해야 할 점 등을 상세히 기록하는 등 자신을 성찰하는 능력이 뛰어남. 발표 및 말하기 연습을 통해 대본을 보지 않고 학생들과 소통하면서 말하는 등 발표 및 말하기 능력이 향상되는 모습이 돋보임. 공부를 교과서와 문제집, 인터넷 등에서 꼼꼼하게 확인하고 정리하는 등 공책을 만들어 틈틈이 시간이 날 때마다 보고 한글맞춤법 및 표준발음법에 점점 익숙해짐. 오답 노트를 작성하여 틀린 이유와 문항을 분석하여 자신이 부족한 부분을 인식하고 채워나가는 노력을 함.

영어 : 모둠에서 '이끎이'로서 역할, 분량 나누기 등에 공정하게 조율하는 모습을 보임. 사진을 통한 본문 내용 유추하기 모든 활동에서 적극적이고 기발한 유추로 급우들의 이해를 도움. 교사의 발문에 언제나 상호작용하려 애를 쓰고 질문에 답을 하려 노력함. 동명사의 쓰임을 정확하게 알고 이를 고치는 활동에서 가장 정확하고 신속하게 해결함. 본문 어휘 학습 모둠 활동에서 가장 정확하고 신속하게 의미를 찾고 공유함. 본문에 나오는 도치, 독립분사구문 문장을 정확하게 알고 모둠원들에게 알기 쉽게 설명함. 본문 내용을 정확하게 이해하고 이를 급우들의 눈높이에 맞춰 설명하려 노력하는 모습이 돋보임. 본문 어휘 학습 모둠 활동에서 가장 정확하고 신속하게 의미를 찾고 조별로 공유함. 본문의 가정법, 가정법 대체 어구를 찾아 급우들에게 본문 이해에 도움을 주고 심화학습을 통해 호기심을 가지고 끝까지 해결하려는 노력을 보임.

한국사 : 수업시간에 적극적이고 성실한 태도로 교사와 눈을 맞추며 열의를 보이는 우수한 학생임. 국내외 정세를 유기적으로 연관 지어 이해하기 위해 관련 서적을 찾아 읽는 열정을 보이며, 한국사의 흐름을 큰 시야로 바라보려고 노력함. 역사에 관심과 호기심이 많으며 역사 관련된 서적을 틈틈이 읽음. 특히 조선 시대와 관련된 사항을 잘 파악하고 있음. 삼국시대로부터 통일신라, 고려, 조선 시대로 이어지는 정치, 경제, 사회, 문화의 전반적인 역사의 흐름을 체계적으로 잘 이해하고 있음. 수업시간에 열정적으로 선생님의 질문에 대답하며, 적극적으로 상호작용하려는 모습을 보임. 역사의 모든 영역에 왕성한 호기심을 가지고 수업에 임함.

고전 읽기: '작품 해석하기' 활동에서 '남염부주지'라는 소설의 뒷이야기를 상상하고 창작하면서 실존하는 영화에 내용을 접목하는 등 풍부한 상상력과 창의력이 돋보이는 학생임. 수업시간에 배운 작품을 독서를 통해 당시 사회 배경을 심층적으로 학습하면서 문학작품에 대해 배경지식을 쌓으려고

노력하며 이에 흥미를 가지고 꾸준히 노력함. 더 궁금하거나 자신이 부족하면 질문을 통해 해결하고, 친구들과 함께 의논하면서 서로의 부족한 점을 보완해주고 뿌듯함을 느끼는 모습이 인상적임. 청중들의 공감대를 형성하고 강조해야 하는 부분이 확연히 드러나는 점에서 공통점을 찾음. 이를 바탕으로 지금까지의 자신의 발표에 대해 부족함을 인지하고 개선해야겠다고 다짐함.

동아시아사 : 동아시아에 현존하는 갈등과 분쟁에 대해 알아보고 화해를 위한 방법을 탐구하는 수업에서 독도 문제에 대해 우리와 일본의 입장을 살펴봄. 그리고 독도를 수호하고 홍보할 방안을 모둠 수업으로 진행함. 모둠 활동 중 일본의 총리에게 보내는 그림 편지를 만듦. 정중함과 당당함이 드러나는 문장을 구사하여 독도 문제에 대한 우리의 입장을 잘 표현함.

사회·문화 : 수업시간에 항상 교사와 활발히 의사소통하며, 많은 호기심을 가지고 적극적으로 참여하는 모습을 보임. 자신의 진로와 관련하여 대중문화의 문제점을 파악하는 부분에서 더욱 관심을 가지며 독서를 통해 더욱 깊이 학습하려는 모습을 보임. 특히, 사회적 불평등과 교육의 불평등 등 불평등에 관해 관심이 매우 많아 로렌츠곡선 및 지니계수에 대해 알아보는 등 심층적인 학습을 함. 수업시간에 배운 내용을 문제 풀이를 통해 확인하며 자신의 호기심을 해결하려고 노력하는 확고한 의지를 보임. 특히 계층 표 분석 문제를 새로운 방식으로 해결하여 급우들에게 알려주고 이해를 돕는 등 나눔을 꾸준히 실천하는 학생임. 가족 관련 표 문제를 새로운 방식으로 해결하는 등 창의력이 돋보이며 문제를 다차원적인 측면에서 접근하는 학생임. 항상 이전에 학습한 부분과 연관하여 사회적 지식을 쌓아가는 모습이 매우 인상적이며 서로가 기쁨과 슬픔을 나누어 행복한 사회를 만들어 보려는 의지가 대단한 학생임.

확률과 통계 : 항상 수업시간에 활발하게 참여하여 눈에 돋보이는 학생임. 수업을 잘 듣고 교사가 개념을 설명하며 든 예시까지 모두 기억할 정도로 수업에 적극적임. 교사와 질의응답을 자주 하며, 부족한 부분을 보완하고, 1학기에 비해 더욱 자신감을 가지고 학습에 임하며 실력을 쌓음. 통계 단원에서 교과서에 수록된 문제를 해설에 있는 방식이 아닌 자신의 방식으로 발표하면서 친구들의 반응을 보고 추가설명을 곁들여 심층적인 풀이를 하는 높은 문제해결력을 뽐냄. 또한, 돌발 문제에도 당황하지 않고 침착하게 설명하는 자신감 있는 모습을 보임. 사교육에 의존하지 않고 자기 스스로 공부하며 보충하고 싶은 부분은 질문지를 통해 적극적으로 문제를 해결하고자 하는 태도를 보임. 그리고 친구들과 수학적 지식을 공유하면서 함께 해결하고자 하며 이를 통해 뿌듯함을 느낌. 더 알고 싶은 부분은 책을 통해 보충하는 모습에서 수학에 대한 흥미가 높은 학생이라고 생각하며 앞으로 더욱 발전할 가능성이 크다고 기대됨.

영어 회화 : 수업시간마다 친구들과 영어로 일상을 물어보고 답하는 등 적극적으로 영어 회화를 꾸준히 함. 자기소개 시간을 가져 자신을 소개하고. 영어로 질의응답 시간을 가짐. 1주간 있었던 이슈를 친구와 대화 형식으로 발표하면서 처음과 다르게 더욱 자신감을 가지고 영어 회화에 적극적으로 참여하여 꾸준히 발전하는 모습을 보임. 대학수학능력시험, AI, 안락사에 대해 영어로 발표를 할 때, 자신의 의견을 발표하는 부분에서 문법에 있어 부족함을 보였지만, 유창하게 회화를 구사하는 등 열정적으로 참여함. SNS에 대한 찬 • 반이라는 주제로 토론을 할 때, 다차원적으로 발생할 수 있는 영향을 심층적으로 분석함. 후에 모든 의견을 수용하여 최종적으로 의견을 정리함. 이 모든 과정을 글로 한 번 더 정리하면서 이전 활동에서 얻었던 피드백을 적극적으로 활용하여 최대한 정확하게 작성하려고 함. 마지막 수업에서 미래 직업 계획을 작성하면서 자신의 진학과 진로에 대한 마음을 공고히 함. 영어에 대해 흥미 있어 더욱 적극적인 모습으로 임하는 점이 인상적임.

과목별 세부능력 및 특기사항입니다.
1학년 국어 시간에 '기자가 사는 세상'을 읽었다는 세부능력 및 특기사항이 나옵니다. 학생이 1학년부터 방송에 관심이 많음을 알 수 있습니다. 또한 '~발표 및 말하기 능력이 향상~'이라는 문장이 있습니다. 이것은 자기소개서 1번에 쓸 수 있는 좋은 소재가 됩니다. 이후 세부능력 및 특기사항에 공부하는 학생의 모습을 보여주고 있어 권장할만 합니다. 영어 세부능력 및 특기사항으로 영어를 잘하는 학생인지 나타냅니다. 더불어 친구 눈높이에 맞추어 이끎이 활동을 했다는 것은 인성 부분을 드러낸 사례입니다.
2학년 고전 읽기 시간에 발표하는 학생의 모습을 볼 수 있습니다. 이를 통해 일이 생겼을 때 학생이 대처하는 모습을 엿볼 수 있는 세부능력 및 특기사항입니다. 동아시아사는 역시 학생이 사회문제에 관심이 많음을 알 수 있고, 사회·문화 수업 역시 사회에 관심이 많으며 이를 공부하는 학생의 모습이 드러나 있습니다.
3학년 영어 회화 세부능력 및 특기사항을 주목해야 합니다. 1주일간 있었던 이슈를 가지고 영어로 토론을 하였으며 많은 주제를 다루면서 자신감 및 지식이 커나갔음을 알 수 있습니다. 그리고 마지막에 진학과 진로에 대해 언급을 해준 점이 매우 좋습니다.

독서활동 상황

아우를 위하여(황석영), 우황청심환(박원서), 인현황후전(작자 미상), 위대한 게츠비(F,스롯페츠제럴드), 재미있게 살고 싶으면 예능피디(신정수), 예능 PD와의 대화(홍경수), PD가 말하는 PD(김민식 외 4인), 정의란 무엇인가(마이클센델), JTBC 팩트 체크(JTBC팩트체크팀), 내 영혼이 따뜻했던 날들(프리스트카터), 일본군 위안부 그 역사의 진실(요시미 요시아키), 노인과 바다(헤밍웨이), 유토피아(토머스 모어), 사회 계약론(장 자크 루소), 선을 위한 힘(레슬리 R 크러스치필드), 왜 도덕인가(마이클 센델) …

꿀판왕 Tip

독서활동상황에서 학생의 관심사와 심화 내용을 접할 수 있습니다. 이 학생의 독서는 PD 관련과 사회문제를 다루는 도서에 집중됩니다. 독서활동상황은 자기소개서에 언급 가능하고 대학 면접 시 꼭 물어보는 부분이니 읽은 책 내용 정리는 꼭 필요합니다.

행동특성 및 종합의견

자기 자신에 대한 자존감이 높으며 항상 당당하고 자신감 넘치는 태도로 학교생활을 해나가고 책임감이 강해서 성실하게 맡은 역할을 잘 수행함. 학급의 다양한 단체 행사에 자발적으로 협력하고 유머가 있는 학생으로 교우 관계도 원만함. 학급의 1인 1역할로 소식지 배부를 맡아서 학교에서 배부하는 설문지와 가정통신문을 매일 빠짐없이 학생들에게 배부하고 통계 처리를 하는 등 맡은 역할을 잘 수행함. 또한, 교지를 만들면서 전체 내용을 구성하고 주제를 선정함. 학급별로 원고를 정리하고 기사를 작성하는 것이 힘들었지만 책임감으로 원고를 작성하여 교지를 완성하였으며 뿌듯함을 느낌.

활발하고 명랑한 성격으로 간혹 실수하더라도 자신의 부족했던 부분을 인정할 줄 알고 개선하기 위해 노력하고 있음. 친구가 잘못된 행동을 하면 진솔하게 조언을 해줄 수 있고 자기 생각을 솔직하게 표현할 수 있는 학생임. 판매 부스의 수익금을 위안부 할머니들의 생활을 지원하는 나눔의 집에 도움을 드리기로 하는 등 나눔을 실천함. 꼼꼼하고 계획성이 있어서 정해진 원칙과 계획에 따라 자료를 잘 정리하여 학습에 임함. 또한, 자신만의 확고한 기준과 생각을 하고 있어 다른 사람의 의견에 흔들리지 않고 자신의 신념을 고수하는 편임. 수업시간에 했던 내용을 혼자만의 학습지를 만들어 노트에 정리하면서 복습을 하고 자기 주도적 학습에 참여하여 자기 발전을 위해 꾸준하게 노력하였으며 성적도 향상됨.

끝판왕 Tip

행동특성 및 종합의견은 담임교사의 추천서와 같습니다. 1학년에서 자신감과 책임감을 나타내었습니다. 학급에서 기사 작성을 하는 역할을 맡은 걸 보면 학급 친구들과 담임 선생님께 인정받고 있음을 파악할 수 있습니다. 2학년 때 나눔의 모습을 나타내면서 신념이 곧은 학생이라는 것과 자기소개서 1번에 표현할 수 있는 자신의 공부 방법 내용을 적어놓아 담임 선생님 입장에서 학생의 공부 모습을 표현한 점이 매우 좋은 행동특성 및 종합의견입니다.

2 사회계열 세부능력 및 특기사항

통역사에서 외교관으로 변경된 이유를 세특으로 찾아보세요.

(인용할 세부능력 및 특기사항에 OIE 하세요.)

나) 국제·외교학과

생활기록부 영역	작성 내용
인적, 출결 상황	질병 지각 2회 끌판왕 Tip 인적, 출결사항은 기본적인 학생의 학교생활 충실도를 보여줍니다. 미인정(무단)결석, 지각 등은 학생에 대한 부정적 이미지를 평가자에게 줄 수 있습니다. 이번에 질병 지각 2회를 넣었습니다. 단계별 면접에서 질병 지각의 이유가 무엇인지 물어볼 수 있습니다.
수상경력	교과우수상 (다수) 학생토론대회 (최우수) 독도사랑대회 (장려) Dream Reciting Contest (최우수) 한자왕 선발대회(3년간 우수) 표창장(선행) 진로포트폴리오대회(장려) 논술대회 (최우수) 제2외국어스피치대회 (중국어부분, 2학년 장려, 3학년 우수) 끌판왕 Tip 수상경력입니다. 학생의 관심사와 해왔던 노력의 결실을 확인할 수 있습니다. 2019년 기준 1학년부터는 상급학교 진학 시 1학기당 1개의 수상만 등록할 수 있습니다. 따라서 어떤 상을 자신의 수상에 표시할지 고민하면서 학교 수상목록을 점검해야 합니다. 학교생활기록부는 국제 • 외교학과를 희망하는 학생의 것으로 구성했습니다. 토론 및 스피치 대회 수상을 넣어보았습니다. 모든 학과에 중요하지만, 국제 • 외교학과에서는 의사 전달 및 상대방과의 협상과 타결이 돋보여야 합니다. 토론을 통해 생각을 나누며 자신의 의사를 명확히 할 대회가 있다면 참가하기를 추천합니다. 학교생활기록부에 작성되지 않은 부분은 자기소개서와 면접에서 나타낼 수 있으니 수상에 관련된 에피소드를 정리하길 추천합니다.
진로 희망사항	1학년 통역사 2학년 외교관 3학년 외교관 끌판왕 Tip 진로희망 사항은 2019년 기준으로 1학년부터 창의적 체험활동 진로 부분으로 넘어가고 입시에 미적용됩니다. 2022년 대입에 크게 영향을 미치지 않을 수 있지만 2020년과 2021년에는 큰 영향을 미칩니다. 1학년은 통역사를 준비하였지만, 2~3학년 때는 외교관을 꿈꾸었음을 알 수 있습니다. 꿈이 바뀌게 된 계기가 생활기록부상에 기재되어 있다면, 유기적으로 연계된 학생부라고 할 수 있습니다.

3.1 세부 능력 특기 사항

자율활동

학급별 자치활동에서 '학급 규칙과 1인 1 역할 정하기'에 적극적으로 참여하여 자신의 의견을 논리적으로 말하고, 다른 친구들의 의견을 경청함으로써 민주적 의사소통 능력을 기름.
다문화 체험 주간을 맞이하여 다문화와 관련된 다채로운 체험 활동을 하였음. 다문화체험수기 쓰기를 통해 차별과 편견 없이 더불어 살아가는 삶의 태도를 확립하였으며, 다문화가족에 대해 이해하고 글로벌 시민 의식을 함양하는 계기가 됨.
멘토링 프로그램에 참여하여 영어 교과학습 멘토로서 멘토링이 필요한 친구에게 학습 재능을 나누어주는 활동을 지속하여 면학 분위기 형성에 기여함.
체육행사에서 '줄다리기, 피구, 단체줄넘기' 종목에 학급 대표로 참여하여 협동과 배려를 배웠으며, 승패에 상관없이 경기를 즐기는 태도가 중요함을 인식함. 행사가 끝난 후 솔선수범하여 쓰레기 줍기, 분리수거 등 뒷정리를 함. 학급 친구 간의 우정을 더욱 돈독하게 쌓음.

대토론회에 참가하여 성장 덕목을 주제로 한 모둠 토론에 임함. 비속어 사용, 무기력한 수업 분위기, 꿈이 없는 학생들, 학급 내 무책임, 교우관계 등 교내에서 발생하는 다양한 문제들을 교육의 지향점을 방해하는 요소로 지적함. 꿈과 진로에 대한 내실 있는 지도, 학창시절 목표 설정, 취미 활동 등으로 방황을 최소화하는 것, 친구들과의 소통 방법 고민하기 등을 해결책으로 제시함. 진지하고 성실한 토론 태도로 모둠 구성원들의 의견 교환에 크게 기여.
독도사랑 활동으로 독도와 관련된 영상을 시청하고 관련 소책자를 직접 제작하는 활동을 통해 독도에 대한 올바른 지식을 쌓았으며 독도 주권의 중요성을 인식함. 또한, 독도 사랑의 마음을 글쓰기로 표현하고, 앞으로 독도에 대해 지속적인 관심을 가지고 우리 땅을 지키고자 노력해야겠다고 다짐함.
인문학 캠프에서 다문화 체험을 통해 베트남에 대한 선입견을 버리게 됨.

3학년

장애인 이해 교육에서 장애인들이 불쌍하기만 한 존재가 아니며, 충분히 스스로 할 수 있는 능력을 갖추고 있다는 것을 다시금 인지함. 무조건 도와주기보다는 도움을 요청했을 때 도움을 주는 것이 나으며, 장애인들에게 동정심을 느끼기보다는 비장애인들과 같은 격을 가진 존재로서 대하는 태도를 지녀야겠다고 느끼고 소감문을 적어서 제출함.
인성교육 프로젝트 '나는 어떤 사람일까?'에 성실히 참여하여 다양한 인성 요소를 익히고 자기 생각과 행동에 대해 깊이 성찰하는 기회를 얻음. 점점 시간이 지날수록 겸손해야 하며 말 한마디 행동 하나를 할 때도 상대방의 처지에서 생각하는 사람이 되어야겠다고 생각하였으며 겸손하지 못했던 지난날을 반성함. 또한, 자신의 존재가치를 높이기 위해 자신이 속한 사회에서 자신의 의견을 적극적으로 제시하고 스스로 한 말에 책임감을 가지는 삶의 태도를 지니겠다고 결심함.

끝판왕 Tip

창의적 체험활동 중 자율활동입니다.
1학년에 1인 1역할 정하기와 다문화 체험 주간을 만들었고 멘토-멘티 활동과 체육행사를 넣었습니다. 학과 특정 부분을 강조하는 세부능력 특기사항보다 전반적 학교생활을 위해 준비해야 할 내용을 넣어보았습니다.
2학년에 대토론회, 인문학 캠프 참여를 넣으면서 통역가에서 외교관으로 가게 되는 이유가 되는 활동을 구성했습니다. 학교활동에 그저 편승하여 졸업하는 것이 아닌 사회에 관심이 많아 주도적으로 참여하는 모습을 비추었습니다. 인문학 캠프 참여를 통해 다른 나라에 대한 자신의 시각을 바꾸는 계기도 보여줍니다.
3학년 장애인 이해 교육, 인성 프로젝트의 세부능력 및 특기사항을 넣고 인성의 교육을 잘 받고 행동하는 학생으로 표현하였습니다.

봉사활동

다문화센터에서 영어·수학 학습지도, 환경정화 봉사를 월 2회 2년간 함.

끝판왕 Tip

국제 • 외교학과를 지망하는 학생이 다문화센터에 가서 봉사하는 것을 표현하였습니다. 이때 다문화센터를 가게 된 것의 흐름은 자율활동에서 찾을 수 있습니다. 1학년 때 다문화 교육을 받게 되고 자신이 도울 수 있는 분야를 찾던 중 다문화센터에 가서 학습지도와 봉사활동을 한다는 것이 전반적으로 매끄럽습니다.

동아리활동

1학년

(WIPI)(What is policy issue?) 우리 사회의 이슈 쟁점들을 토의 토론하며 분석하는 활동을 통해 사회적 문제를 학생 시각으로 접근해 봄으로써 세상을 바라보는 시야를 넓힘. 동물 학대, 사형제도, 외국인 노동자 고용, 안락사, 공인의 사생활 침해, 음주운전, 누진세, 국제 난민, 국정교과서 반대 이유, 낙태, 유전자 재조합 기술, 도시화와 저출산 등 다양한 주제를 토론하고 벽보와 소책자로 작성하여 이에 대한 학생들의 관심을 촉구함. 친구들의 발표를 바탕으로 자신이 주장하는 바를 글짓기로 표현함.

2학년

(영드보고 영어하자) 다양한 주제의 TED 강연을 시청하고 영어 대본을 일부 암기하여 강연자의 발음, 억양, 몸짓을 모방해 발표하고 피드백을 나눔. 스크립트를 준비해 감명 깊은 부분의 단락을 통째로 암기하고 이를 통해 문장을 한 단어의 조합이 아닌 의미 전달을 위한 덩어리로 바라보고 빨리 해석을 할 수 있는 감을 가지게 됨. 조별활동의 팀장으로서 암기 및 발음을 어려워하는 친구들에게 많은 도움을 줌. 영국드라마 '셜록'을 감상하고 인상 깊은 대사를 한글로 적은 뒤, 이를 영어로 바꾸는 활동을 직접 진행함. 영어권 사람들이 쓰는 생활영어를 체험하고 단순하게 직역하는 것이 아닌 의역을 영작하여 영작 실력을 점검하며 본인이 발표하고 싶은 주제를 정하여 스크립트를 작성한 후 이를 발표함.

(문학올백 : 자율동아리) 문학 감상 동아리로서 다양한 문학작품을 분석하고 감상함. 또한, 수능에 출제 빈도가 높은 현대 시와 동서양의 고전 작품들을 발췌하여 공부하였음. 토론 방식이나 공부 방식에 대해 구성원들 사이에 이견이 많았으나 충분한 대화로 갈등을 잘 해결하였음.

3학년

(MC&S) 외교관이 되는 것을 목표로 중국어를 열심히 학습함. 문화박물관을 방문하고 인근 다문화센터에서 봉사활동을 진행함. 시험 기간에는 봉사하기보다 영어로 편지를 작성하고, 편지를 모아 대표로서 방과 후에 전달함. 인권에 대해 조원들과 조사하고 영어로 포스터를 작성한 후 동아리 부원들에게 소개함. 모든 활동에서 조원들과 협력하고 이견을 조율하는 모습이 돋보임. 동아리 발표회 때 활동 모습을 전시할 때 적극적으로 아이디어를 내고 전시와 정리를 도움.

(자유연구 : 자율동아리) '외국인에 대한 잘못된 인식과 해결방안'이라는 개인 연구주제를 선정하여 우리 사회에 남아 있는 흑인과 중국인에 대한 잘못된 편견 극복을 목적으로 다양한 문제의식과 참신한 해결전략을 제안하여 발표함. '인종차별의 문제점과 해결방안'이라는 연구주제를 깊이 연구하는 과정을 통해 우리 사회 안의 인종적 차별 의식에 대한 양적 분석과 인종차별 해결을 위한 다양한 대책을 고민하는 모습을 보임.

끝판왕 Tip

동아리 활동은 학교에서 자신의 관심사를 가장 잘 드러낼 수 있습니다. 대학도 학생이 어떤 동아리를 했는지에 관심이 많습니다.

1학년은 사회이슈를 다루는 동아리를 하였습니다. 쟁점을 토론하면서 자기 생각의 폭을 넓혀 나가고 남들에게 주장하는 기회를 얻는 활동을 표현하였습니다. 수업뿐 아니라 동아리 내에서 좋은 강의를 시청하여도 가능합니다.

국제 • 외교학 부문이므로 외국어에 대한 자신감과 학습에 대한 준비성을 나타내 보았습니다.
2학년 때는 중국어 실력을 위한 노력뿐만 아니라 영어 회화와 강연을 찾아보며 지식을 습득하는 모습을 통해 자신이 관심사인 중국어와 외교관이라는 직업에 다가가기 위해 영어 심화에 노력하는 모습을 표현했습니다.
부족한 과목인 문학 과목에 대한 보충을 위해 자율동아리에서 활동하는 모습을 넣었습니다.
3학년에는 외교관이라는 진로희망 앞에 봉사활동 및 동아리 발표 활동에 적극적인 모습을 표현하였고, 자율동아리로 사람들의 인식에 대한 고찰과 변화시킬 방안에 관해 연구하는 모습을 세부능력 및 특기사항에서 나타내었습니다.

진로활동

1학년

'미래의 내 모습은?'이라는 활동에서 '일반 공무원 초청' 강연을 경청하고 해당 직업인에게 궁금한 사항을 적극적으로 질문하여 흥미 있는 분야를 폭넓게 이해함.
평소 한자에 관심이 많아 고등학교 기초한자 1000자를 스스로 익히고 학습하였으며, 장래희망이 통역가로 한자문화권 언어공부에 매우 적극적으로 임함.
평소 중국어와 중국 인문. 사회. 역사, 문화 등에 관심이 많아 관련 정보를 탐색하고 이를 바탕으로 참신하게 내용을 구성하여 '중국에 대한 오해와 진실'이라는 PPT를 제작함. 또한, 유창한 발표능력을 발휘하여 PPT 내용을 자신감 있고 조리 있게 발표하였음.

2학년

진로페스티벌에서 자신의 진로희망인 외교관과 연관된 중국어 문학과를 선택하여 대학의 교육과정과 동아리 등에 대한 정보를 듣고 평소 갖고 있던 중국어와 중국문화에 관한 관심이 더욱 커졌다는 소감문을 작성함. 또한, 진학에 도움이 되는 교내·외 활동이 무엇인지 질문하면서 자신이 진학하고 싶은 학과에 대해 진지하게 탐색해보는 계기가 됨.
직업 세계의 변화와 필요한 역량에서 4차 산업혁명과 관련된 동영상을 시청한 후 직업변화에 대해 토의하며 사회의 변화와 외교관을 연관시켜보는 기회를 얻음.
긍정적 자아개념 형성에서 자신의 장점으로 적극적이고 긍정적인 삶의 태도를 제시하였으며 자아존중감 평가에서 보통 이상의 높은 점수를 받음.
직업윤리의 이해에서 자신의 관심 직업인 외교관에서 요구되는 직업윤리로 다른 문화에 대한 이해와 존중을 제시하였으며 직업윤리 수준 평가를 통해 건강한 직업의식을 형성함.
대학탐방 활동을 통해 자신이 진학하고자 하는 대학을 탐방하여 다양한 프로그램에 대해 흥미를 느끼고 목표를 명확히 잡음.

3학년

학과 탐색을 통해 자신이 희망하는 직업에 관련된 학과와 개설 대학에 대한 정보를 알아보고, 희망대학의 전형방법을 탐색하는 활동을 함.
대학입시 관련하여 대학교에서 제공한 입시 정보지를 직접 살펴보고 수시와 정시, 자신의 생활기록부 및 성적을 분석하여 대입제도를 이해하려 노력함. 자신이 진학하고자 하는 대학의 학생부종합전형에 대해 분석을 하고 정보를 얻음.
여름방학 인문학 캠프에서 중국문화체험, EM 샴푸 만들기, 책갈피 트리 만들기, 진로특강 프로그램에 참여하여 동아시아 국가 사이의 관계에 대해 좀 더 이해하고 관심 가지게 되었으며 진로와 나에 대해 돌아보는 계기가 되었음.

끝판왕 Tip

진로활동에서 1학년은 통번역가에 관심 있는 학생으로 만들었습니다. 이후 중국어를 좋아하는 학생이 통번역가에서 외교관으로 진로희망이 바뀌는 과정을 진로활동을 통해 확인할 수 있도록 하였습니다. 또 중국어에 관심을 유지함으로써 중국 외교관 분야로 진로를 정하는 과정의 세부능력 및 특기사항을 구성해 보았습니다.

과목별 세부능력 및 특기사항

1학년

통합사회 : 민족, 종교 문화의 차이로 인한 분쟁과 갈등을 주제로 한 논술형 수행평가에서 카슈미르 분쟁에 관한 신문 자료를 조사하여 갈등의 원인을 정확하게 찾아 분석하고 갈등에 대한 해결방안, 분쟁에 대한 우리나라의 외교적 태도를 논리적으로 작성하여 우수한 성적을 받음. 친구와 모둠을 만들어 우리나라의 무역에 관한 자료를 찾아 수집하고 파워포인트 자료를 제작하여 수업시간에 발표하였으며 발표에 임하는 자세가 바르고 자신감이 있어 친구들의 호응을 얻음. 독도 바로 알기 수업시간에 독도와 육지 사이 교제에 대한 활동과제에 흥미를 느껴 성실하게 수행함. 독도 영상 시청 후 독도가 역사적, 지리적으로 우리 땅인 이유와 독도 최초 주민 최종덕씨의 노고에 대한 감사함 등을 편지형식으로 작성함.

2학년

영어 I : 외교관을 꿈꾸는 학생으로 기본적인 언어 감각이 뛰어나고 학업 성취도가 매우 우수함. … 더불어 수준 높은 글을 읽을 수 있는 토대를 마련하고, 풍부한 독서를 통해 세계문화에 대한 이해 및 글로벌 리더로서의 상식을 함양함. …

정치와 법 : … 주제에 맞는 그림 그리기 활동 수업시간에 시민들이 절대군주의 전제정치와 억압에 맞서 자유권을 쟁취하는 모습을 그리고 시민이 정치의 주체가 되어야 민주정치가 발전할 수 있다는 생각을 창의적으로 잘 표현함. … 시사 주제발표 수업에서 국제분쟁에 관한 조사 및 발표를 통해 바람직한 국제관계의 방향을 모색하려는 태도를 기르고 세계시민으로서의 안목을 갖게 됨.

중국어 I : 중국어 교과에 대한 흥미와 열의가 높아 일상생활, 수업시간 속에서 궁금한 중국어 단어가 있으면 스스로 찾아보거나 수업시간에 질문하며 익히려는 모습을 보이는 등 중국어에 대한 흥미가 무척 강함. 수행과제에 대한 주제와 기준을 잘 파악하여 적절하고 참신한 주제를 선택하고 자료를 스스로 탐색하여 재구성하는 창조능력이 뛰어남. 수행평가에 임할 때 자신의 중국에 대한 배경지식 외에 자료를 통해 지식을 자발적으로 확장하여 습득하는 능력이 뛰어난 학생이며 그 과정을 통해 결과물을 최선을 다해 완성하는 태도를 보면서 이후 어떠한 과제나 문제해결과정 속에서 자신의 역량 이상의 것을 창조하고자 하는 의지력이 기대되는 학생임. 책에 있는 중국어 표현 활용능력뿐만 아니라 자신이 수행평가 과정에서 궁금한 중국 어휘에 관한 질문을 하며 확실한 중국어 표현 구사를 위해 노력하는 모습이 인상적임. 중국어 노래들을 즐겨 듣고 시간을 내어 중국어 공부 계획을 세워 공부하고 질의하는 열정이 많은 학생임.

동아시아사 : 중국에서 '주'의 쇠퇴 이후 나타난 봉건제의 붕괴와 춘추 전국 시대에 각 국가의 발전 모습 및 변화상을 시각자료로 정리하여 친구들에게 발표함. 또한, 발표 후 진의 중국통일 이후 도량형, 화폐, 문자 및 사상 통제 등 시황제의 통일 정책에 관련된 보고서를 작성함. 조공과 책봉을 중심으로 한 동아시아 지역의 외교 시스템이 국가마다 다르게 적용되는 모습을 분석하고, 이를 현재 우리나라를 둘러싼 여러 나라와의 외교 관계와 연결하여 앞으로 우리나라가 실시해야 할 외교 정책을 수립해 보는 활동을 하였음. 조선, 명 · 청, 에도 막부 등 16-19세기 동아시아 지역에서 이루어진 교역을 현재 한국, 중국, 일본 사이에 이루어지는 교역과 비교하여 교역 품목 및 규모의 흐름에 대하여 작성하고, 동아시아 3국이 지속적인 교역을 통해 화합을 이루어야 한다는 보고서를 제출하였음. 냉전 체제로 인해 6.25 전쟁이 일어났음을 이해하고 이산가족문제, 정권에 대한 비판 탄압, 평화에 대한 위협 등 분단 상황의 문제점을 분석한 후 이를 해소하기 위해 통일이 필요함을 주장하는 논술문을 작성함.

사회·문화 : 항공사 회장 일가의 갑질 사건을 조사해서 발표함. 실제 사례를 토대로 차분한 설명과 함께 학생들의 이해를 도움. 갑질은 인간의 존엄성을 침해하는 행위일 뿐 아니라 갑질은 대한민국의 이미지를 실추시키는 행동이라고 생각함. …

한국지리 : 교과와 관련하여 기본개념이나 용어를 어려워하는 경향이 있었으나 학습 내용을 반복하여 정리하고 자신의 방식으로 이해하는 등의 노력을 통하여 지리 교과에 대한 흥미를 높이고 즐겁게 학습하게 됨. 우리나라 주요 지역의 위치와 지역성 파악하기 활동에서 … 지역 특산물로 포도가 유명하게 됨을 지형적인 측면에서 잘 정리함.

한문 I : 평소 한자와 중국어에 관심이 많아 한자 지식이 풍부하고 수업시간에도 적극적으로 참여함. 부수 한자 익히기 수업에서 부수가 한자의 뜻과 관련이 있음을 알고 부수가 많은 한자의 의미를 쉽게 유추해 냄. 한자 성어 모둠 활동에서 한자 사전을 이용하여 한자의 뜻을 찾는데 뛰어난 능력을 보임. 그 의미를 모둠원들과 함께 풀어보는 과정을 통해 성어에 담긴 삶의 지혜를 깨닫고 자신에게 적용하고자 함.

끝판왕 Tip

과목별 세부능력 및 특기사항입니다.
1학년 사회 세부능력 및 특기사항을 적어보았습니다. 사회의 갈등 문제에 대해 고찰했으며, 우리나라와 무역 관계에 있는 나라에 내용을 수집하여 발표 자료에 넣었습니다. 이를 통해 통번역가에서 국제 및 외교학으로의 진로 변경 근거를 만들고자 하였습니다.
2학년 때는 언어와 사회계열 관련하여 세부능력 및 특기사항을 적어보았습니다. 영어 시간에 타 국어를 해석하는 능력을 갖추고 있다는 것을 표현하였고 특히 관심 있는 중국어 시간에는 중국어 실력이 월등하다는 것을 표현했습니다. 사회계열로 정치와 법, 동아시아사를 넣어서 국제분쟁 이슈에 대한 관심과 주변 나라들의 상황을 이해하기 학습을 했다는 것을 세부능력 및 특기사항에 작성했습니다.
3학년에는 중국어와 연결 지을 한문에 대한 세부능력 및 특기사항과 사회문화, 한국지리를 넣었습니다. 중국어와 한문은 연결성이 높아 한자 습득에 뛰어남을 표현하였고 사회문화에서 최근 이슈에 관심이 높은 학생이며 한국지리 시간에는 학습방법에 대한 숨어 있는 학생의 이야기를 자기소개서에 작성할 수 있을 듯하여 구성해 보았습니다.

독서활동 상황

'꾀 주머니 뱃속에 차고 계수나무에 간 달아놓고(장재화)', '국경 없는 마을(박채란)', '고려에 시집온 칭기스칸의 딸들(이한수)', '왜 세계의 절반은 굶주리는가?(장 지글러)', '내 이름은 공동체입니다(장성익)', '만주의 아이들(박영희)', '처음 읽는 중국사(전국역사교사모임)', '안녕? 중국!(김희교)', '청소년을 위한 비폭력 대화(김미경)', '멈추면 비로소 보이는 것들(혜민스님)', '세상을 움직이는 다섯가지 힘(사이토 다카시)', '슈퍼차이나(김영철)', '중국이 내게 말을 건다(이욱연)', '이만큼 가까운 중국(이욱연)'

끝판왕 Tip

독서활동은 중국과 사회, 인성 관련 내용의 도서를 실었습니다. 독서를 통해 알고 싶은 내용의 배움과 세상을 보는 통찰력이 생깁니다. 이 부분을 잘 살리기 위해 추천할 책을 적어놓았습니다.

행동특성 및 종합의견

자기관리가 철저하고 자투리 시간도 허투루 보내는 일 없이 시간을 계획성 있게 분배하여 실천하는 학생임. … 교내 멘토 멘티 활동을 1년 동안 꾸준히 유지하고 멘티뿐만 아니라 학습 도움이 필요한 친구에게 자신의 시간이 뺏기더라도 친구가 모르는 내용이 있으면 먼저 알려주려고 하는 모습에서 다른 사람에게 자신의 것을 나눌 줄 아는 이타적인 모습을 볼 수 있었음. … 진로의식이 확고하여 통역사가 되기 위해 관련 서적을 읽고 현지 문화를 이해하기 위해 관련 봉사를 하는 노력을 기울임. … 다른 학생들과 협력하여 문제를 해결하는 프로젝트 활동이나 다양한 교내 행사에 적극적으로 참여하고 팀원들과 역할 분배를 확실하게 하고 서로 양보하고 배려하며 자신이 맡은 일을 책임감 있게 수행하여 성공적인 결과를 도출함. …

… 평소 외국어에 관심이 많아 영어, 중국어, 한자 공부를 열심히 하며, 외교관이 되고 싶다는 뚜렷한 목표의식을 가지고 있음. 자신의 꿈을 이루기 위해 각종 진로와 관련된 교내 행사에 적극적으로 참여하고 관련 도서도 꾸준히 읽는 등 노력하는 모습을 보여 더 큰 발전이 기대되는 학생임. … 꾸준히 방과 후에 남아 자기주도학습을 성실하게 수행함. 남들이 기피하는 일을 도맡아 하는 이타정신과 어려운 사람들을 도와주는 봉사 정신이 투철하며, … 바자회 행사에 참여함으로써 본교의 어려운 친구들을 도울 기회가 있었으며, 이러한 참여가 나, 우리, 지역사회의 연계성을 이해하고 소통과 배려를 실천하는 계기가 됨.

끝판왕 Tip

행동특성 및 종합의견으로 담임교사의 추천서를 대신할 수 있습니다. 1, 2학년 각 담임선생님이 외국어 학습 능력이 뛰어남을 강조하였습니다. 통역사에서 외교관으로 진로가 변할 때의 공부 방법과 학교 활동을 작성하였습니다. 여러 친구와 협력하는 모습과 도움을 주는 모습을 통해 이타적이고 협력적인 태도를 나타냈습니다. 또한, 2학년에 수업이 아닌 시간에 학생이 꾸준하게 하는 독서와 중국어에 관한 관심을 보여주고자 했습니다.

교육계열 세부능력 및 특기사항

우리 아이들은 도담도담, 우리는 도닥도닥 해주자구요.

(인용할 세부능력 및 특기사항에 O표 하세요.)

가) 초등교육과

생활기록부 영역	작성 내용
인적, 출결 상황	개근 끝판왕 Tip 인적, 출결사항은 기본적으로 학생의 학교생활 충실도를 보여줍니다. 미인정(무단)결석, 지각 등은 학생에게 부정적 이미지를 평가자에게 줄 수 있습니다. 질병 지각 및 질병 결석이 있다면 그 학생의 건강 상태도 가늠한 근거가 됩니다. 이번에는 개근으로 넣었습니다.
수상경력	봉사상 다독상(2회) 융합과학대회(우수상) 영어독서경시대회(장려) 홍보UCC 만들기 대회(우수) 진로포트폴리오대회(장려) 통일시화전(우수) 교내코딩대회(우수) 끝판왕 Tip 수상경력입니다. 학생의 관심사와 해왔던 노력의 결실을 확인할 수 있습니다. 2019년 기준 1학년부터는 상급학교 진학 시 1학기당 1개의 수상만 등록할 수 있습니다. 어떤 상을 자신의 수상에 표시할지 고민이 필요합니다. 학교생활기록부는 초등교육과를 희망하는 학생의 것으로 구성해 보았습니다. 봉사, 다독, 과학, 영어, 코딩 등 다양한 부분의 수상경력으로 만들어 보았습니다. 각 수상에서의 학생의 모습, 역할 등은 자기소개서와 면접에서 말할 수 있으니 미리 내용 정리 필요합니다.
진로 희망사항	1학년 교사 2학년 초등교사 3학년 초등교사 끝판왕 Tip 진로희망 사항은 2019년 기준으로 1학년부터 창의적 체험활동 진로 부분으로 넘어가고 입시에 적용되지 않습니다. 2022년 대입에는 크게 영향을 미치지 않지만 2020년과 2021년 대입에는 큰 영향을 미칩니다. 1학년에는 교사를 희망한 학생으로 만들었습니다. 이후 2~3학년은 초등교사를 희망합니다. 학교에서 한 활동과 자신의 진로에 영향을 미친 일이 학교생활기록부에 있다면 스토리가 쭉 연결될 것입니다. 학생 진로에 영향을 미친 일을 찾아보는 것도 하나의 재미입니다.

자율활동

1학년 학생회의 학습총괄부 부장으로서 다양한 학생 행사를 기획하고 급식실 질서 유지, 우산 대여, 실내화 대여 등 학생들을 위한 복지 활동을 진행하였음. 학교폭력 예방교육과 성폭력 예방 교육에 참여해 학교폭력과 성폭력에 대한 경각심을 키우고 타인에 대한 이해와 배려심 있는 행동의 중요성을 인식함. 영상을 통한 학교폭력 예방 교육을 통해서는 피해 학생들의 감정을 공유하며 학교폭력의 심각성을 마음으로 느낄 수 있는 시간이 되었음.

학생 생활지도부 부원으로서 교통안전 도우미, 아침 등교 시 인사 캠페인, 학생 생활 인권 지킴이, 점심시간 안전 지킴이, 흡연 없는 학교를 위한 캠페인 등을 진행함으로써, 안전하고 행복한 학교를 만들기에 적극적으로 참여함.

심폐소생술교육을 통해 응급상황에서 생명을 지킬 방법을 습득하여 적극적으로 실천할 것을 약속하였고 장애 이해 교육을 통해 사회적 약자에 대해 배려하는 마음을 키움.

사이버범죄 예방 교육에 참여하여 다양한 사이버범죄 유형에 대해 알아보고 이를 예방하기 위해 생활 속에서 지켜야 할 예방 수칙에 대해 배워보는 시간을 가짐.

학급에서 자원자를 모아서 클럽활동 발표회에서 질서 유지를 맡아 발표회 전체를 질서 있고 안전하게 진행하여 성공적인 클럽활동 발표회를 위해 기여.

1학년 학생회 선거에 선거관리위원으로 선출되어 선거운동 준비, 선거운동 기준 설정, 선거 위반 행동 감독, 선거 개표 활동 등 공정하고 올바른 학생자치 선거를 위한 활동에 적극적으로 참여함.

2학년 학생자치회의 학습총괄부 부장으로서 교내 다양한 행사를 기획하고 지원하는 등 다양한 활동에 적극적으로 참여함. 교내 엘리베이터의 올바른 사용을 위한 캠페인, 스포츠클럽 대회 경기 운영 및 동아리 발표회 운영과 질서지도 및 행사 후 주변 환경정화 활동 등 다양한 학생자치 행사를 기획하고 참여하였으며, 친구들이 안전하고 쾌적한 하굣길을 위한 우산 대여프로그램 운영 등에 참여하여 학생 안전 및 복지를 위한 모든 활동에 능동적으로 참여함.

학생 생활지도부 부원으로 학생 아침맞이 활동에 꾸준히 참여하여 즐거운 등굣길을 만듦. 점심시간 학생 안전을 위한 질서 유지 캠페인 활동 등 교내 지도 활동에도 참여하여 질서 있는 학교운영이 가능하도록 이바지함.

2학기 자율활동 시간을 이용하여 준비한 '학기 말의 힘든 학교생활 즐겁게 하자'라는 주제로 한 플래시몹 활동에 참여하고 열심히 노력함. 특히 파트너별로 행진을 하는 동작에서는 코믹한 동작을 연출함으로써 관객들에게 웃음과 박수를 유도하였으며 전체적인 안무 구성에서 참신한 아이디어를 제시하여 작품의 완성도를 높임.

동아리 발표회에 학생회 임원으로 참여하여 공연을 위한 무대를 준비 과정에 참여하고 동아리별 발표 및 공연이 끝난 후 행사장 내 청소 및 의자 정리를 하여 원활한 발표회 진행과 뒷정리를 위해 학생자치회 선거관리 학급 도우미로서 선거기간의 부정 선거 적발 및 보고, 후보자 소견 발표 시 학급 정숙 지도, 투표자 명부 관리 및 투표용지 배부, 학급 투표소 설치, 학급투표함 관리, 학급투표함의 선거관리위원회 사무실 이관 작업 등의 업무를 수행하며 공정한 절차에 따라 학생자치회 선거가 진행되도록 역할을 함.

학생자치회 3학년 학습총괄부 부장으로서 자신이 맡은 역할을 성실하게 수행함. 학생자치회에서 주관하는 다양한 학교 행사들을 기획하고 운영하는 과정에서 학생이 중심이 되는 학교를 만듦. 올바른 가치관을 정립하고 공동체 의식을 증진함으로써 창의적이고 민주적인 리더십을 함양하였음.

학생 생활지도부원으로서 등굣길 인사 나눔, 일과 중 흡연 및 학교폭력 없는 건강한 학교 만들기 캠페인을 통한 즐거운 학교 만들기 활동을 함. 점심시간 흡연 없는 건강한 학교 만들기 캠페인을 통해 교내 기본 생활 습관 정착 및 학교폭력 캠페인 활동에 적극적으로 참여하였음. 또한, 등교 시 교문 앞 교통안전 도우미 활동을 성실히 하며 학우들의 안전한 등굣길을 도와주며 행복한 학교 만들기 활동을 진행함.
선거관리위원회 서기로서 공정한 선거가 이루어지도록 선거 운동 과정을 관리하고, 합동 소견발표회 등을 진행하였으며 투표, 개표, 선거 후 뒷정리까지 모든 과정에 적극적으로 참여하여 봉사함.

끝판왕 Tip

창의적 체험활동 중 자율활동입니다. 해당 학생이 학생자치회 부장과 학교 생활지도부 위원으로 3년간 활동했음을 나타냈습니다. 학교 행사를 기획하고 실행하는 모습을 표현하였습니다. 그만큼 학교 활동에 관심이 많고 열심히 참여했음을 알 수 있습니다. 학교에서의 다양한 활동을 계기로 자신이 생각하는 교사상을 만들 수 있습니다. 세부능력 및 특기사항 뒤에 느낀 점 등은 꼭 정리해서 자기소개서와 면접에서 표현해야 합니다.

봉사활동

일주일에 세 번씩 지역아동센터에서 사무 보조와 학생 교육 2년 동안 진행함.

끝판왕 Tip

봉사활동은 일주일에 3번씩 지역아동센터에서 2년 동안 진행한 것으로 만들었습니다. 이때 한 일은 사무 보조와 교육하는 활동입니다. 2~3학년에는 밖에서 본격적으로 봉사활동을 한 것으로 구성하였습니다. 이를 계기로 초등교사라는 진로에 확신을 가진 모습이 나타날 것입니다. 그렇다고 초등교사를 희망하면 모두 지역아동센터에 가야 하는 것은 아닙니다. 모든 봉사활동은 가치 있습니다.

동아리활동

(아고라 토론반) 찬반 토론을 위한 전래 동화(잠자는 숲속의 공주, 분홍신, 백설 공주)와 토론 핵심 주제를 직접 선정하여 모둠 내 토론과 릴레이 토론을 통해 논리적이고 자신감 있게 자신의 주장을 펼치면서도 포용적인 토론 분위기를 형성함. 세바시 강연(인문, 교육, 미래사회)을 보고 자기 진로에 대해 친구들 앞에서 강연함. 사형제도 및 법과 제도에 관한 적절하고 신뢰도가 높은 자료를 준비하여 토론에 임함. 반론과 최종 발언의 과정에서 상대 주장의 모순을 우선 지적하고 자신의 주장에 타당성과 합리성을 강조함. 교내 토론 행사 개최를 위해 1, 2학년 교실 홍보와 토론 순서 및 질서 관리를 맡아 최선을 다함.

(아고라 : 자율동아리) 우리 주변의 사회문제 중 특히 빈곤 및 인권문제에 관심이 높아 관련 내용의 토론 주제를 선정하는 데 적극적으로 참여하였으며 토론에서 동물 대상 실험의 부적절함을 주장함. 인권신문 만들기 활동에서 방대한 자료를 조사하여 기사를 작성하고 빈곤 문제와 관련된 UCC를 제작하는 등 현재 상황의 심각성을 알리고 해결방안을 모색함.

(아고라 토론반) 토론을 통해 올바른 가치관을 형성하고 사고력을 높이며, 이를 통해 자신의 진로를 찾고자 함. 진로 관련 인생 그래프를 제작하여 봄으로써 자신의 과거를 돌아보고 미래를 예측하는 시간을 가짐. 사회이슈인 사드배치, 군 가산점 제도, 원자력발전에 대한 찬반 토론을 진행하면서 사회문제에 관심을 가지고 이에 관한 생각을 정리하고 발표함. 교육과 관련된 토론에서는 거꾸로 수업에 관한 토론을 통해 현 교육의 문제점과 새로운 학습방법 이 학생들에게 주는 장점을 이야기함. 더불어 문·이과 폐지에 대한 찬반 토론을 진행함으로써 문·이과 폐지가 학생들에게 주는 장단점에 대해 발표함. 토론을 통해 자신이 찾은 진로와 관련된 대학의 면접 질문과 이슈를 중심으로 모의 면접을 진행함.

(아고라 : 자율동아리) 본인의 진로 관련 인생 그래프를 그리고 발표함으로써 자신의 삶을 돌아보고 미래에 대해 함께 생각해봄. 무감독시험, 학생부 종합전형 폐지, 구급차 유료화, 사형제도, 정규직 전환에 관한 생각을 이야기하며 토론하는 시간을 가짐. '우리는 플라스틱 없이 살기로 했다(산드라 크라우트바슐)'라는 책을 읽고 소개함. 본인이 희망하는 '초등교육과'에 대해 알아보고 소개함.

3학년

(아고라 토론반) 우리 사회의 이슈인 쟁점들을 토의·토론하며 분석하는 활동을 통해 사회적 문제를 학생 시각에서 접근함으로써 세상을 바라보는 시야를 넓힘. 투표 참여, 동물 학대, 사형제도, 외국인 노동자 고용, 광복절의 의미, 공인의 사생활 침해, 음주운전, 누진세, 국정교과서 반대 이유, 층간소음, 유전자 재조합 기술, 도시화와 저출산 등 다양한 주제에 대해 토의, 토론함. 사전 자료 조사를 담당하여 정리해 왔으며 토의 후 이를 기사로 작성하는 일을 담당함.

(테드보고영어알기 : 자율동아리) 다양한 주제의 TED 강연을 시청하고 영어 대본을 일부 암기하여 강연자의 발음, 억양, 몸짓을 모방해 발표하고 피드백을 나누며 영어의 듣기 및 말하기 공부에 힘쓰고 원어민의 영어 사용 행태를 본받고자 노력함. 영어 구문에 대한 이해와 자신감이 뛰어나고 영어의 강세를 습득하는 능력이 뛰어남.

끝판왕 Tip

동아리 활동은 학교에서의 관심사가 가장 잘 드러난 부분이 됩니다. 대학도 학생이 어떤 동아리를 했는지에 관심이 많습니다. 위 학생은 3년간 토론동아리에서 활동함을 알 수 있습니다. 자율동아리도 토론 관련 자율동아리도 가입하였으며, 3학년에는 영어 학습을 위해 [테드보고 영어알기]에 가입했습니다. 토론내용은 사회이슈 전반인 것을 알 수 있습니다. 자신의 진로가 교육이라고 반드시 교육만 할 필요는 없습니다. 다양한 사회 분야에 관심을 둔 것으로 나타냈습니다.
1학년 동아리 세부능력 및 특기사항에서 교내 토론행사를 위해 활동한 학생의 모습도 볼 수 있습니다. 이는 자율활동에서 학생회 임원인 학생이 동아리활동에도 학교 행사 준비에 헌신하고 있음을 알 수 있습니다.

진로활동

1학년

직업전문가 초청 직업 경로 설명회에 참여해 고등학교 교사의 강의를 듣고 갖춰야 할 소양과 전문지식, 진학방법 및 자격증 취득방법에 대해 알게 되었으며 직업에 대한 이해도를 바탕으로 진로 계획을 세움. 1학기 진로활동 시간에 실시한 청소년 적성검사결과를 바탕으로 본인의 적성에 적합한 직업 분야(교사, 관광통역사 등)에 대하여 진로탐색 활동을 함.
비전보드를 통해 초등교사가 하는 일, 되고 싶은 이유, 직업 전망, 필요한 역량, 현재 기울이는 노력, 앞으로 해야 할 계획 등 진로와 관련하여 탐색한 내용들을 정리하여 발표함. 또한, 자신의 흥미, 적성검사 결과와 교사라는 진로와의 적합 여부를 점검하여 진학 목표 대학, 관련 학과, 입시 결과에 대한 정보를 발표함.

2학년

'내가 만드는 꿈', '가치에서 이어지는 진로선택', '혁명, 대학입시'라는 주제로 3명의 강사가 강연한 '진로진학 토크콘서트'에 참여함. 진로에 대한 고민을 갖고 다양한 정보 탐색을 위해 특강에 참석하였다는 소감문을 작성함.
진로 UCC 만들기 활동에 교사, 상담사 선생님과 문제 아동에 관해 대화하는 형식으로 제작함. 선생님이 회상하는 형식으로 UCC를 만들어 문제 아동에 대한 선생님의 유연한 대응과 상담사의 학생 행동에 대한 전문적인 조언을 얻어 학생의 문제행동을 개선하며 영상을 마무리 지음.

3.1 세부 능력 특기 사항

자신에게 영향을 미친 콘텐츠의 주제발표에서 '암살 교실'에 대해 정리하여 제시함. 암살 교실에 나온 교사는 전 과목에서 학생들의 수준을 파악하고 학생마다 다른 수준의 문제를 내며, 수업시간에는 자유롭게 질문할 수 있는 환경을 만들어 주며, 학생들이 개인의 재능을 발휘할 수 있도록 공부뿐 아니라 각 예체능에 대한 환경 또한 조성할 줄 아는 모습이었고 자신이 꿈꾸는 이상적인 교사의 모습이라 생각함. 그래서 교사 직업군 중에 온전히 한 반을 맡아서 수업할 수 있는 초등학교 교사를 희망한다고 발표함.

미래의 명함 만들기 활동에서 초등교사가 된 자신의 모습을 상상하여 명함을 만든 후, 동창회에서 친구들과 서로 명함을 교환하는 활동을 해봄.
미래의 일기 써보기 활동에서 학생들과 소통을 하면서 수업 방식을 개선하고 체육 시간에는 함께 편안한 분위기로 활동을 하며 아이들이 흔히 싫어하는 수업인 영어 시간에 아이들이 자신의 수업을 듣고 즐거워하는 모습을 상상하여 구체적으로 어떤 방식으로 수업할지에 대하여 서술함.
직업인 인터뷰 활동을 통해 자신에게 수업을 해주셨던 초등학교 교사를 만나 구체적인 업무, 필요한 자질, 연봉, 미래의 전망에 대해 질문하고 답변 내용들을 체계적으로 정리하여 조리 있게 발표함. 또한, 인터뷰를 통해 학부모 전화의 부담감과 학생들의 수업 태도 때문에 겪는 여러 고충을 알게 되었지만, 학생들이 교사에게 고맙다고 할 때의 감동과 졸업 후 찾아오는 아이들의 모습에서 느끼는 뿌듯함 또한 알게 됨.

끝판왕 Tip

진로활동 1학년에서 교사 강의를 듣고 직업 지식을 찾아가는 모습, 적성검사와 비전 보드를 통해 교사를 준비하는 학생을 만들었습니다. 이때부터 초등교사 진로 흥미가 시작되었음을 표현하였습니다.
2학년 때는 진로 • 진학 콘서트 참여, 진로UCC제작, 주제발표 시간을 넣어보았습니다. 특히 신경 쓴 부분이 콘텐츠 주제발표에서 암살 교실 부분입니다. 실제 '암살 교실' 만화가 있고 이 컨텐츠를 접한 후 초등교사가 적합할 수 있다는 학생의 생각을 표현하기 위해 넣었습니다.
3학년에 명함 만들기, 미래 일기 쓰기, 직업인 인터뷰를 넣었습니다. 그중 직업인 인터뷰는 자신의 꿈을 위해 실제 초등학교 선생님을 만나러 가고, 현장 초등학교 선생님의 고충을 알 수 있는 의미 있는 활동입니다.

과목별 세부능력 및 특기사항

국어 : … '문·이과통합형 교육과정을 시행해야 한다.'라는 주제로 실시한 토론에 배심원으로 참여함. 각 토론자의 주장과 근거를 잘 경청함. …

수학 : 평소 수학을 어렵게 느끼고 좋아하지 않았는데, 자신감을 가지고 꾸준히 노력한다면 문제도 풀 수 있다는 생각으로 적극적으로 수업에 참여함. 특히 모둠별로 역할을 분담하여 직접 교과서 내용을 정리하고 문제를 풀이한 후 친구들 앞에서 설명하는 지식시장 활동을 통해 용기도 생기고 발표력도 향상되었으며. 경청하고 격려해 주는 친구들에게 고마움 느끼고 잘 설명할 수 있을 때까지 끝까지 포기하지 않는 마음가짐을 갖는 계기가 됨. …

영어 : … 존경하는 인물에 관한 발표를 할 때, 미국의 제32대 대통령 '루즈벨트'에 대해 조사하고 발표함. 소아마비에 걸려 하반신을 쓸 수 없음에도 이를 극복하고 주지사를 거쳐 미국 대통령에 선출되기까지 그의 부단한 노력과 의지에 감동하였으며 좌절에도 끝없이 노력하고 시도하는 사람에게는 불가능이란 없다는 것을 깨닫게 되었다고 이야기함.

통합사회 : … 청소년들의 정치 참여를 통해 민주주의의 발전이 가능하기에 청소년 선거권을 부여하는 것에 대해 찬성의 의견을 제시하고 산업단지의 필요성을 토론함. …

한국사 : 극화 수업 때 모둠 친구들과 함께 조선 시대 과거시험에 대한 대본을 작성하고 연극으로 표현함. 과거급제의 어려움, 출세를 향한 인간의 욕망, 시험 운영상의 부정부패 등을 실감 나게 표현하여 학급의 친구들이 당시 상황을 추측하는 데 큰 도움을 줌. …

통합과학 : … 꾸미는 역할을 맡아 딱딱하게 느껴질 수 있는 영양소 내용을 친근하고 귀엽게 그림으로 표현함. 수업내용을 한눈에 시각화하는 구성 능력도 뛰어남. 지난 시간에 배운 내용에 대해 매번 복습을 해오는 성실성이 돋보임.

기술·가정 : … 실습이 진행되면서 생긴 궁금한 점도 질문하며 오랜 시간 진행된 실습이 힘들 수도 있지만 웃는 얼굴로 참여하는 모습이 인상적임. …

정보 : 스크래치 프로그램을 사용해 '마법사와 악마'라는 제목의 게임을 만듦. 마법사 학생이 악마를 공격하면 위협을 느낀 악마는 번개를 피해 다니다가 결국 맞게 되고 죽는다는 게임을 설계함. 간단하고 단순한 게임이지만 여러 번의 시행착오 과정을 겪으면서 많은 생각과 궁리를 통해 문제 해결 능력을 키움. …

고전 읽기: … 교과서에 수록된 '아라비안나이트(미상)'을 읽고 '문'의 상징적 의미와 주인공이 노인의 저택의 문을 연 이유를 '호기심' 때문이라 답하고 궁전의 문을 연 이유는 '궁전 너머 더 훌륭한 보물이 있을 것이란 생각과 그것을 얻고자 한 욕심 때문이다.'라고 답하며 '우리는 이러한 욕심을 늘 경계해야 한다.'라고 발표한 것으로 보아 작품을 통해 자신의 관념에 영향을 받았다고 생각됨. …

문학 : … 우리 선조들이 해학과 풍자를 통해 힘든 현실을 웃음으로 승화해 나가려고 했다는 점을 '흥부가 (김연수 창본)'를 통해 학습, 발표하고 모둠 수업 시 자신의 생활 속에서 해학적 표현을 찾아보고 모둠별로 해학적인 표현을 만들어 그 표현법을 익혔으며 응용하여 만든 해학적인 내용을 발표하여 친구들과 선생님의 웃음을 자아냄. …

미적분 : … 학생들이 이해하기 쉽게 풀어서 설명하는 능력이 탁월하여 수학 우수멘토로 선정됨. 문제 만들기 모둠 활동에서 모둠 장을 맡아 부정적분의 원리와 적분과 미분의 관계 등의 개념을 설명하고 모둠원들의 참여를 독려함. …

영어 I, II : 영어학습에 대한 내적 동기와 자신감이 높아 발표에 열의를 보였으며 모둠학습 시 적극적으로 상호작용하고 협력을 통해 서로의 부족한 부분을 보완하며 과제를 해결함. … 소셜 네트워크 서비스 사용에 찬성 혹은 반대하는 글을 읽고 실시한 학급 토론에서 자신의 의견을 조리 있게 제시하고 상대측 의견을 논리 정연하게 반박함. … 한 달간 프로젝트를 진행하며 모둠원과 협력하고 배려하는 태도로 책의 줄거리를 이해하고 다양한 아이디어를 제시함. 직접 발표자료를 그리고 동영상으로 제작하며 창의성을 발휘함.

생명과학 I : … ABO식 혈액형, 색맹과 같은 구체적인 예를 통해 가계도 분석을 하는 방법을 친구들에게 설명하여 이해를 도움. … 교사의 질문에 대해 생각을 자신 있게 발표하는 태도가 돋보임. … '미스터리박스 게임'에서 오감을 이용하여 박스 안의 물체를 탐구하였으며, 이를 통해 과학 지식은 절대적이지 않으며 사회적 합의에 따라 언제든지 수정될 수 있다는 것을 이해하게 됨. …

윤리와 사상 : 유토피아에 대하여 학습하고 자신이 생각하는 이상 사회에 대한 논거를 구체적이고 논리적으로 제시함. …

정치와 법 : 수업에 임하는 태도가 항상 바르고 차분한 학습 태도가 돋보이는 학생으로 수업 중 집중도가 탁월함. 생활원리로서의 민주주의의 의미를 이해하는 능력이 돋보이며 참여의 중요성을 깨닫고, 민주적 정치 문화를 내면화하려는 노력이 엿보임. … 국민 참여 재판 제도가 적용된 형사 재판 사례를 분석하고 자신의 의견을 양형기준에 알맞게 제시하여 피력함으로써 준법의식을 고취하는 계기를 가짐.

언어와 매체 : … 단어의 의미 관계에 대한 지식을 바탕으로 동음이의어를 활용한 모둠 공익광고 만들기에서 하나의 작품을 만들어내기 위해 모둠 구성원의 협력과 단합, 배려와 인정하는 자세를 보여주었으며 재치 있는 문장 표현을 만들어 냄. …

확률과 통계 : 순열의 개념을 학습하고 활용하기 위한 가게운영 활동에서 모둠에 남아 모둠에 찾아오는 조의 친구들에게 문제해결에 필요한 개념과 해결 방법을 설명해 줌. …

영어독해와 작문 : … 수업시간에 단계별로 리뷰를 작성하는 방법을 배운 후, 자발적으로 자신이 감명 깊게 본 영화에 대한 리뷰를 영어로 작성하여 제출함. 서론, 본론, 결론에 맞게 논리적으로 글을 작성하였으며, 영화에서 어떤 점이 좋았는지와 영화를 누구에게 추천하는지 등을 자세하게 기술함. 영화의 중요한 부분을 적절한 어휘로 잘 요약함.

생활과 윤리 : … 모둠 토론으로 진행된 안락사 찬반 논쟁에서 발제자 역할을 맡아 자료를 분석한 후, 인간의 존엄성을 인정하지만 더 많은 생명유지를 위해 장기이식이 필요하기에 안락사를 인정해야 한다는 내용을 자세하게 설명하여 모둠입장을 정리하는 모습이 돋보임. … 가족 간의 윤리문제에서 가정과 사회가 하는 교육의 역할에 관한 자료를 수집하고 모둠원과 근거 찾기 활동을 통해 가족 윤리의 회복을 위한 사회 제도적 노력 차원에서 교육의 필요성을 강조함. 응용윤리의 근거가 되는 윤리학자들의 이론 이해를 위한 모둠 활동에서 쉬운 용어와 예시로 모둠원들의 학습을 도움.

지구과학Ⅰ : … 최근 발생한 중국의 인공위성 '텐궁'추락 사건을 조사하여 우주 쓰레기가 우주과학자뿐만 아니라 지구에 사는 생명체들에게도 악영향을 끼칠 수 있음을 밝힘. 우주 쓰레기가 회전하고 있는 이유를 물리적으로 설명하고 레이저, 우주 안개 분사기 등 우주 쓰레기 처리 방법을 설명함. …

한문Ⅰ : … 성어의 의미와 유래에 관심이 많아 성어 수업에 적극적으로 참여했으며, 성어의 음과 의미를 정확히 발표할 수 있음. 또한, 학습한 성어를 언어생활에 적절하게 활용할 수 있어, 짧은 글짓기 만들기 활동을 통해 재치 있고 의미 있는 문장을 만들어 냄. …

끝판왕 Tip

과목별 세부능력 및 특기사항입니다. 다른 계열의 세부능력 및 특기사항과 다르게 최대한 다양한 교과에서 작성되게 하였고 선생님이 되고 싶음을 표현하였습니다. 초등교사는 전 과목을 다 가르치기 때문에 다방면의 전공지식을 가지고 있어야 합니다.

1학년 세부능력 및 특기사항으로 국어, 수학, 영어, 한국사, 통합과학, 기술•가정, 정보를 넣었습니다.

2학년에는 고전 읽기, 문학, 미적분, 영어, 생명과학, 윤리와 사상을 넣었습니다. 쓸 수 있는 것은 다 작성했고 과목별 세부능력 및 특기사항에 학습을 어떻게 하는지 알 수 있도록 표현하였습니다. 그리고 예비 초등교사로서 모든 과목에 열심히 임하는 모습을 보이게 하였습니다.

3학년에 언어와 매체, 확률과 통계, 영어 독해와 작문, 생활과 윤리, 지구과학Ⅰ, 한문을 작성하였습니다. 각각 세부능력 및 특기사항을 작성했지만, 중요한 것은 모든 교과에 흥미가 있고 능동적으로 참여했던 것입니다.

독서활동 상황	4차 산업혁명 교육이 희망이다(류태호), 교육과정 문해력(유영시), 아무도 의심하지 않는 일곱 가지 교육 미신(대아자 크리스토둘루), 100권의 그림책(현운지,김정준), 칼 비테 교육법(칼 비테), 미래교육 미래학교(박희진, 신건철 외3), 미래의 교육(김경희), 아들이 초등학교에 갑니다(이진혁), 세계의 초등학교(에스텔 비다르), 남한산초등학교 이야기(김영주,박미경 외3) 끝판왕 Tip 독서활동상황은 주로 교육과 관련된 내용입니다. 2015개정교육과정에서 선택교과에 교육학이 생겼습니다. 미래 교육자를 생각한다면 꼭 선택하길 바랍니다. 교육 관련 도서는 시중에 많습니다. 이 부분을 잘 살리기 위한 추천도서를 적었습니다.
행동특성 및 종합의견	 1학년 밝고 긍정적이며 자기에게 주어진 일을 책임감 있게 처리하는 모범적인 학생임. 교육자로서의 뚜렷한 진로목표를 지니고 있으며 이를 위한 실천을 꾸준히 하고 있음. 학급 내에서 어려움을 겪는 친구들을 세심하게 배려하고 존중하는 고운 인성을 지니고 있을 뿐만 아니라 학생회의 학생 생활지도부원으로서 1년 동안 학생들의 아침맞이 활동에 참여하여 봉사활동을 펼쳤음. 바른말 쓰기 캠페인, 합창 발표회 등 학급 활동에 주도적으로 참여하여 행사가 잘 마무리될 수 있도록 최선을 다했으며, 스스로 바른 언어생활을 꾸준히 실천하여 다른 학생의 모범이 됨. 학급회의나 수업 중 모둠별 토론 등 집단 대화에서는 자신의 의견만을 고집하기보다는 다른 학생들의 의견을 경청하고 이해하려는 태도가 돋보임. 자신의 의견을 말할 때 차분하고 논리적인 태도로 임하여 다른 학생들의 귀감이 됨. 환경미화 등 학급 내에서 발생하는 문제에 대해서 창의적인 아이디어를 많이 제시하여 문제를 지혜롭게 풀어갈 수 있도록 하였음. 학업에 대한 열정과 몰입도가 매우 우수하여 전 교과의 성적이 고루 우수할 뿐만 아니라 수업 태도도 우수하여 앞으로의 발전이 더욱 기대되는 모범적인 학생임. 연말에 학교의 시설을 관리하고 청소해주시는 분들께 감사 편지를 쓰고 매사에 감사한 마음으로 생활하는 등 다른 학생들의 귀감이 됨.  2학년 자신이 알고자 하는 것에 대해서는 몇 번이고 반복해서라도 반드시 알아내는 끈기를 가지고 있으며 인내심을 갖고 꾸준히 노력하는 성격의 학생임. 친구들과 어울릴 때는 평범한 학생의 모습과 다름이 없이 다양한 친구들과 유대관계를 형성하며 학업 면에서 도움이 필요한 친구들에게 자신이 이해한 바를 차근차근 설명해주면서 나누는 기쁨을 몸소 실천하는 모습을 보임. 지역아동센터에서 돌봄이 필요한 학생들을 대상으로 일일 교사로서 봉사를 1년간 꾸준히 할 정도로 자신이 가지고 있는 것을 나눌 줄 알며 학급에서도 1년 동안 특별구역 담당을 맡아 교무실의 환경정리와 청소활동에 적극적으로 참여함. 다양한 방면의 책을 즐겨 읽어 많은 독서량을 자랑하며 학생회와 학생생활지도부 활동 등에도 적극적으로 참여하여 주어진 역할에 한 가지도 소홀함이 없이 시간을 관리하여 사용하는 모습에서 자기관리 능력이 뛰어남을 느낌. 초등교사가 되기를 목표로 하여 자신이 갖추어야 할 학업과 기본 소양을 갖추기 위해 여러 방면에서 노력을 기울이고 있으며 뜻하는 바를 이루기 위해 일관된 모습으로 노력하는 모습을 통해 앞으로의 발전 가능성을 기대할 수 있음. 끝판왕 Tip 행동특성 및 종합의견은 담임교사의 추천서라고 할 수 있습니다. 1학년은 모범적인 학생의 모습으로 학교활동을 정리하고, 담임이 학생을 보는 평가를 적었습니다. 따뜻한 마음씨를 가지고 있으며, 학업도 뛰어남을 칭찬했습니다. 2학년 때는 친구들과 관계가 좋으며 지역아동센터에서 했던 봉사활동 부분을 언급했습니다. 또 독서가 일시적인 것이 아니라, 꾸준히 하고 있음을 보여주고 초등교사에 적합한 소양을 가지고 있음을 언급했습니다.

교육계열 세부능력 및 특기사항

생소한 교육 정책 연구원을 희망하는 학생입니다. 얻어갈 게 많을 거 같아요.
교육계열 학생들 come on~(인용할 세부능력 및 특기사항에 O표 하세요.)

나) 교육학과

생활기록부 영역	작성 내용
인적, 출결 상황	3년 개근 끝판왕 Tip 인적, 출결 사항에서 기본적인 학생의 학교생활 충실도를 볼 수 있습니다. 미인정(무단)결석, 지각은 부정적 이미지를 평가자에게 줄 수 있습니다. 질병 지각이나 질병 결석이 있다면 그 학생의 건강 상태도 가늠할 자료가 됩니다. 이번에는 개근으로 넣었습니다.
수상경력	과학토론대회(우수상) 사회토론대회(최우수상) 모범상 꿈과끼전시대회(우수상) 끝판왕 Tip 수상경력에서 학생의 관심사와 노력의 결실을 확인할 수 있습니다. 2019년 기준 1학년부터 상급학교 진학 시 1학기당 1개의 수상만 등록할 수 있습니다. 어떤 상을 자신의 수상내역에 적을지 고민이 필요합니다. 학교생활기록부에서 과학, 사회 토론대회 수상, 모범상, 꿈과 끼 대회 수상으로 다양한 부분으로 만들어 보았습니다. 각 수상에서 학생의 모습, 역할 등은 자기소개서와 면접에서 말할 수 있으니 미리미리 내용 정리하길 추천합니다.
진로 희망사항	1학년 교육 행정가 2학년 교육 정책 연구원 3학년 교육 정책 연구원 끝판왕 Tip 진로희망 사항은 2019년 기준으로 1학년부터 창의적 체험활동 진로 부분으로 넘어가고 입시에 미적용됩니다. 2022년 대입에는 크게 영향을 미치지 않을 수 있지만 2020년, 2021년 대입에는 큰 영향을 미칩니다. 1학년 때는 교육 행정가를 희망한 학생으로 만들었습니다. 이후 2~3학년에 교육 정책 연구원을 희망합니다. 교육학과를 진학하고자하는 학생들 중 일부만이 선택하며, 학생들이 잘 모르고 있는 직업을 예시로 진로희망 사항을 선택해보았습니다.

자율활동

학급 반장으로서 교사와 학생들 사이의 소통을 돕고, 각종 학급 및 학교 행사에 적극적으로 참여하여 타의 모범이 되었으며 민주적인 리더십을 발휘하여 공정한 학급문화를 형성하고 민주적인 학급회의를 운영함. 학생역량함양과정에 참가하여 '회의 진행방법', '모두를 이끄는 리더의 자질', '사람이 사람에게 배울 것' 등 다양한 활동을 통해 체험중심의 공동체 생활을 바탕으로 협동심과 봉사 정신, 배려와 나눔을 통한 즐거운 학교 만들기에 주도적인 역할을 담당할 수 있는 리더로서의 능력을 키움.
'보이지 않지만 감사드립니다.' 행사에 참여하여 보이지 않는 곳에서 학생들이 수업을 들을 수 있도록 힘써주시는 교내 미화 노동자와 교육 행정가에게 감사의 편지를 작성하는 활동을 하며 교육 행정가로서의 꿈을 잡음.
학급회의에서 정한 규칙 중 지각 시 늦은 시간만큼 단어 쓰기 규칙이 있는데, 직접 지각한 시간을 확인하고, 단어 쓰기의 관리를 맡아 교사에게 하지 않은 학생을 알려줌.
학교축제에서 각 부스 진행하는 행사와 대회를 조사하고 관련 게시물을 만들어 전시함. 또한, 소책자와 학교에 처음 오시는 학부모 혹은 외부 분들을 안내하는 활동을 기획하고 직접 활동을 함.

학급 반장으로서 학급 친구들과 적극적으로 의사소통을 하며 학생들의 의견을 수합 하고 교사에게 전달하는 등 대화와 소통의 학급문화를 정착하기 위해 노력함. 그 과정에서 본인의 의견을 주장하기보다는 중재자로서 친구들의 상반된 의견을 조율함.
학급협의회에서 수업 태도와 수업 규칙에 관련된 의견을 제시하여 올바른 수업문화를 형성하고 소홀히 했던 수업 태도에 경각심을 갖도록 하여 학업 향상에 도움이 될 수 있는 의견을 제시함.
학급 1인 1역할로 학급 청결자 역할을 맡아 청결한 교실 만들기라는 학급특색활동에 적극적으로 참여함. 걸레를 이용하여 먼지를 제거하고 쾌적한 학급 사용을 위해 이바지함. 사용한 걸레는 깨끗하게 정리하여 말리는 등 세심한 모습을 보임.
민주시민 시간에 작은 힘으로 남을 돕는 것이 나와 상대방, 즉 우리에게 어떤 변화 혹은 나비효과가 찾아오는지에 대한 영상을 시청하고 지구촌 시대의 세계시민으로서 실천 방법을 찾아보고, 난민 수용에 대한 찬반 근거를 이해함.
학교축제에서 축제 중에 사용하는 각종 제품에 관련된 법안과 부정청탁 및 금품 수수의 금지에 관한 법률을 검색하여 만화를 통해 소개하는 전시물을 만들어서 전시함.

모둠별 게시판 토론으로 진행된 '공동체와 함께하는 민주시민 교육과 체험' 활동을 통해 모둠별 게시판 토론을 통해 다툼을 인정하고 인격체로 존중하는 것이 타인에 대한 폭력을 줄이는 것이라는 인식하고 민주주의 실현의 핵심인 참여와 연대 및 실천의 중요성을 앎.
학급 활동으로 진행한 '그룹 멘토' 활동에서 독서와 문법 과목 멘토를 맡아 학급 친구들과 공부하며 기본 개념부터 적용 문제까지 알려주며 자신의 공부법을 나누는 모습을 보임.

끝판왕 Tip

창의적 체험활동 중 자율활동입니다. 해당 학생이 1, 2학년 때는 반장 역할 수행함을 나타내었습니다. 학교 행사에 모두 참여하는 학생의 모습을 만들고 싶었습니다. 2학년은 학급 반장이면서 1인 1역할에서 솔선수범하는 모습을 나타냈습니다. 3학년 때 학급 반장은 아니었지만, 자신이 속한 학급에 도움이 되는 활동으로 그룹 멘토를 만들었습니다.

봉사활동

아동 돌봄교실 업무 보조 2년간 주 2회 봉사활동을 진행함.

끝판왕 Tip

봉사활동은 2년간 일주일에 2번씩 아동 돌봄교실 업무 보조를 넣었습니다. 2, 3학년에 본격적으로 밖에 나가 봉사활동을 한 모습을 표현하였습니다. 이를 통해 아동 교육의 현장을 체험해 볼 수도 있고, 지금 한계점도 고민할 수 있을 듯하여 만들었습니다.

동아리활동

(교육을 알자) 경기도 교육청의 현행 자치법규 중 학교정책과의 조례를 살펴보면서 혁신학교의 운영과 관련된 규정을 알게 됨. 또한, 혁신학교의 제도와 장·단점, 관련 기사를 수집하며 혁신학교가 어떤 구조로 수행되는 학교인지에 대한 지식을 '혁신학교, 그것이 알고 싶다'를 주제로 작성된 신문기사를 통하여 이해한 후, 모두에게 혁신학교에 대한 지식을 알림. 민주시민교육과의 조례를 살펴보며 경기도 교육청의 다문화, 인성, 통일, 탈북가정에 대한 정책을 알아보고 그림을 잘 그리는 친구와 함께 만화로 만들어 동아리 전체에서 진행하는 '교육에 대해 알고, 알려보자' 프로젝트에서 제작한 안내 책자의 '우리 지역의 교육 정책' 부분에 실음.

(교육을 알자) 학교에서 사용하는 천장 마감재에 학생들의 건강을 위협한 석면가루에 관하여 낸 기사에서 환경 관리규정에 어긋났다는 내용을 본 적이 있어 관련 정책을 조사해 보는 활동을 함. 경기도 교육청의 현행 자치법규 중 교육환경개선과의 '경기도 학교 석면 안전관리 및 지원에 관한 조례' 정책을 조사하고 「석면안전관리법」의 사각지대에 대해 고민함. 경기도 교육청의 현행 자치법규 중 학생건강과의 조례를 살펴보며 경기도 교육청의 우리가 평소 진로 시간 혹은 자율시간에 듣는 흡연 예방 교육, 응급처치 교육 등이 모두 경기도 교육청의 조례와 관련이 있다는 것을 알고, 동아리 전체에서 진행하는 '교육에 대해 알고, 알려보자' 프로젝트에서 제작하는 안내 책자의 '우리 지역의 교육 정책' 부분에 실음.

(교육? 나도 된다!) 1학년과 2학년, 3학년과 대학생 멘토로 한 조를 만들어 서로 멘토 멘티를 하며 한주 공부하는 시간을 가짐. 1학년과 2학년의 멘티에게 '동아리시간 이외의 시간에 찾아가도 알기 쉽게 기초부터 차근차근 알려준다.'라는 평을 들음. 월에 한 번씩 지원자를 모집하여 자기 학년 공부 내용을 발표로 정리하여 발표력을 키우는 활동에서 국어 과목의 발표를 하며 '고대 가요 총정리'라는 제목으로 구지가, 공무도하가, 황조가의 내용과 배경설화를 모두 정리함. 또한, 아무도 발표를 하지 않은 경직된 분위기에서 먼저 나서서 경직된 분위기를 파하고 모두 함께 참여할 수 있는 퀴즈를 냄.

끝판왕 Tip

동아리 활동은 학교에서 자신의 관심을 가장 잘 드러낼 부분입니다. 대학도 학생이 어떤 동아리를 했는지에 관심이 많습니다.

1, 2학년에 동아리 '교육을 알자'를 넣었습니다. 이 동아리 활동은 현행 경기도 교육청 자치법규를 학생들이 읽으면서 학교 시스템을 공부하고 이를 알리는 활동입니다. 혁신학교, 환경 등의 관리규정이 만들어졌지만, 실제 학생이 찾는 일은 드물고 현직 교사도 관심이 별로 없습니다. 학생이 교육에 관심이 있고 사람들에게 '교육도 알고 받자'라는 구호 아래 움직이는 예비 교육정책연구원의 모습을 표현하였습니다. 3학년에는 학업 역량을 드러내는 학습동아리를 넣었습니다.

진로활동

DISC 성격유형 진단을 통하여 의사 결정을 빠르게 내리며 주로 짧게 요점을 말하고 목소리가 크고 자신감이 있는 D 유형이 나옴.
인공지능과 관련된 영화 'A.I.'를 보고 미래사회의 변화에 대해 예측하며 교육 분야에 인공지능이 들어온다면 어떤 방식으로 들어올지, 어떤 규제가 필요할지에 대하여 생각해보는 시간을 가짐.
대학생과 함께 하는 소프트웨어 교육을 통해 컴퓨터 언어를 활용한 프로그래밍 언어를 학습함. C언어의 기본 구조, 변수, 수학 기호, 블럭 기호 등을 공부하며 간단한 프로그램을 만듦.
세계문화특강을 통해 여러 국가의 교육제도를 공부한 교육자의 강의를 듣고, 진정한 교육이란 무엇인지 이야기를 나누며 진로선택의 다양한 기준에 대해 생각해보는 시간을 가짐. 또한, 각 국가의 특징과 문화적 차이에 대해서도 생각해보고 각 제도를 우리나라에 적용했을 경우 문화 차이로 인해 어떤 차이가 나타날지에 대해 생각해 봄.

성찰 글쓰기 활동을 통하여 자기 자신이 평소에 아이스 브레이킹을 한다면서 했던 행동들이 자신과 친구의 사이에 거리감이 생기게 했을 수 있다고 생각하여 그에 대해 반성하고, 마음속에서 친구들이 못마땅하거나 규칙을 어기는 행동을 했을 경우 나쁜 말을 했던 것을 돌이켜보며 자신도 규칙을 어길 수 있는데 친구들에게 마음속에서라도 나쁜 이야기를 한 것에 대해 반성하고 다시 하지 않을 것이라 다짐함.
IT관련 기업을 견학하면서 기업의 제품들을 수업에 연계시켰을 때 학교에서 생길 수 있는 문제점에 대해 생각해보고 이를 예방하기 위해 어떻게 하면 좋을지에 대하여 고민하는 기회를 가짐.
영화 '로봇, 소리'를 보고 빠르게 변화하는 세상에도 가장 차가울 것으로 생각되는 로봇과 인공지능에 대한 상상으로 나온 따뜻한 영화이고, 기본적인 인성과 가치관의 중요성을 다시금 생각해봄.

비전 보드를 통해 교육 정책 연구원이 하는 일, 되고 싶은 이유, 직업 전망, 필요한 역량, 현재 기울이는 노력, 앞으로 해야 할 계획 등 진로와 관련하여 탐색한 내용을 정리하여 발표함. 또한, 자신의 흥미, 적성 검사 결과와 교육 정책 연구원이라는 진로와의 적합 여부를 점검하여 진학 목표 대학 및 관련 학과, 입시 결과에 대한 정보를 발표함.
'내가 만드는 꿈', '진로, 나의 가치가 우선이다.'라는 주제의 강연에 참여함. 진로에 대한 고민을 갖고 다양한 정보 탐색을 위해 특강에 참석하게 되었다고 소감문에서 밝힘.
직업인 교육 정책 연구원을 만나 구체적인 업무, 필요한 자질, 연봉, 미래의 전망에 대해 질문하고 답변 내용을 정리하여 하나의 정책을 정하는 과정에서 겪는 여러 고충을 알게 됨. 교육 정책 연구원과 관련된 여러 규정을 만들고 그 후의 좋은 결과를 예상해보면서 직업관을 고민함.

끝판왕 Tip

1, 2학년 진로활동은 교육과 인공지능에 대해 고민을 하는 학생으로 만들었습니다. 인공지능 시대가 왔을 때 '교육은 어떻게 바뀌어야 할 것인가?', '교사는 로봇으로 대체할 수 있나?' 등의 교육문제를 고민할 수 있을 것 같아 이를 넣었습니다.
3학년은 교육정책연구원이 하는 일과 그 이유를 구체적으로 정리하며 학교활동을 통해 자신의 진로에 확신하는 학생의 모습을 만들어 보았습니다.

3.1 세부 능력 특기 사항

과목별 세부능력 및 특기사항

국어 : 현대 사회에서 부정적 언어 표현이 늘어나는 원인과 현대인의 비속어 사용의 문제점을 지적하고 좀 더 바람직한 언어생활을 위해 요령 있게 말을 하는 방법에 대하여 학습 활동을 중심으로 자세하게 설명함. … 남북한의 언어 문제가 매우 다른 것에 대하여 그 원인이 남한은 주로 영어에서 온 외래어가 많고 이에 비교해 북한은 러시아에서 온 외래어가 많은 것에 대하여 이념적인 문제로 접근하여 이질적인 상황을 해결하는 방안에 대하여 친구들과 토의함. …

통합사회 : … 사회문제 접근에 있어서 건전한 비판 의식을 바탕으로 문제의 논점을 잘 이해하고, 자신의 주장에 대한 논리적 설득력이 돋보임. … 정치와 관련된 주요 개념과 이론을 정확하게 이해하고 이를 현실문제에 적용하는 능력이 탁월함.

통합과학 : 적극적으로 수업에 참여하며 과학에 흥미가 많고, 과학적 이론을 자신의 언어로 정리하고 표현하는 능력이 우수함. …

기술·가정 : 엔진 결함 관련 동영상을 보고 세타엔진의 문제점을 잘 진단하였고, 소비자의 관점에서 적절한 대응방식과 국가적 차원에서의 회사 규제 방안, 리콜의 필요성 등 다양한 문제 해결 방법을 논리적으로 제시함.

고전 읽기: 인권 운동에 관심이 있어 특히 '달라이 라마의 티베트 독립운동'이 간디의 비폭력 운동인 '사티아그라하'에서 영향을 받았다는 것을 알게 되어 기뻤다며 현재에도 전 세계적으로 일어나고 있는 민주화 운동에 지속해서 정신적 영향을 줄 수 있는 간디의 위대함이 다시 느껴진다고 감상평을 기록함. … '그리스인 조르바(카잔차키스)'를 읽고 현대인들에게 세상의 눈이 잣대가 아닌 자신의 의지대로 삶을 살아가는 진정한 자유가 무엇인지 생각하는 계기가 되었으며 관련 영화 및 다른 자료를 찾아봄. '이반 데니소비치, 수용소의 하루(솔제니친)'를 학습하고 '쇼생크 탈출'이라는 영화와 연관 지어 수용소 생활의 비참함을 알고 불합리한 사회 제도에 대해 비판함. …

미적분 : 수열의 극한 개념을 사용하여 '노력과 성공의 상관관계'를 주제로 시를 창작함. … 함수의 연속성에 대한 수학적 지식을 이해하고 창의적인 아이디어를 제시하여 생활 속의 다양한 상황을 함수로 표현함. … 모둠장을 맡아 '연예인 X의 실시간 스트리밍 수'를 주제로 미분법의 심화 학습 활동을 수행함. 조사한 자료를 분석하여 그래프로 표현하고 수업시간에 배운 개념을 사용하여 발표함. … 학습에 어려움을 겪는 급우들에게 자신의 문제풀이 방법을 공유하여 우수멘토 학생으로 선정됨. …

윤리와 사상 : 항상 성실한 태도로 수업에 참여하며 교과 이해도가 높음. 부족한 부분은 질문을 통해 더 깊이 알고자 노력함. 마지막까지 학습에 대한 의지를 갖추고 성실하게 수업에 참여함. 주어진 과제를 이해하고 분석하는 능력이 탁월하며 과제 수행 속도가 빠르고 단편적 사실들을 종합하는 체계적인 사고력을 지니고 있음. … 모둠 토론 활동에서 문·이과 통합에 대해 토론을 했는데 찬성 측의 입장으로 반대 측 입장을 수용하여 '문·이과를 통합하되 과목 선택의 자유를 넓혀 학생이 듣고 싶은 탐구 과목을 실제로 선택 및 편성될 수 있도록 하자.'는 의견을 제시함.

정치와 법 : … 생활원리로써 민주주의의 의미를 이해하는 능력이 돋보이며 참여의 중요성을 깨닫고, 민주적 정치 문화를 내면화하려는 노력이 엿보임. 국민의 기본권을 헌법 조항을 근거로 하여 학생들이 이해하기 쉽게 잘 설명하여 호평을 받음. 우리나라에서 실시하고 있는 선거구제와 대표자 결정 방식에 대해 장·단점을 사례에 알맞게 설명함. 활동수업 시 소년법 적용에 대한 형사 재판 절차와 형사 피의자 및 피의자의 권리 보호를 위한 제도를 논리적으로 잘 정리함.

	 3학년 … 국민 참여 재판 제도가 적용된 형사 재판 사례를 분석하고 자신의 의견을 양형기준에 알맞게 제시하여 준법의식을 고취하는 계기를 가져 논리적으로 잘 피력함. **사회·문화** : … 문화와 사회 단원 중 세계화가 진행되고 있는 우리 사회에 관심이 많아 교과서에 나와 있는 사례 외에도 직접 조사를 하여 발표하는 적극적인 태도를 보임. 문화의 변동과 세계화 부분을 배우면서 문화가 다른 나라에 어떻게 전파되는지에 대해 알게 되었고, 문화가 전파됨으로써 우리가 다른 나라의 문화를 받아들일 때 우리 문화와 공존할 수 있는 것에 많이 생각해보고 발표함. 다양한 문화를 수용하는 것에 있어서 문화 지체나 아노미 현상 등의 문제 발생을 예방하기 위한 새로운 규범과 시민의식이 필요한 것을 깨닫게 됨. **생활과 윤리** : … 토론 준비 과정에서 관련 자료를 수집 분석하여 상세하고 구체적인 논거를 제시하여 모둠 토론 과정에 기여. 특히 낙태 찬반 토론에서 우리나라뿐만 아니라 다른 국가들의 낙태에 관한 제도나 법을 비교 분석하여 적절한 논거를 제시하기도 함. 장기이식과 안락사 찬반 토론에서 생명에 대한 국가별 정책을 비교 분석한 후 우리나라에서 추구해야 할 바람직한 방향을 제시함. … 갑작스럽게 찬성과 반대를 바꾸어 토론할 때, 준비를 꼼꼼히 해와 가장 자신의 주장을 잘 피력하는 모습을 보임. … 꿀판왕 Tip 과목별 세부능력 및 특기사항입니다. 1학년 전체를 보면 언어 문제, 사회문제, 엔진 결함 문제 등 문제가 있을 때 어떻게 접근하고 해결해 나가는지 나타납니다. 논리적 설득력을 넣어 학생이 말하기에 재능이 있음을 나타내었습니다. 2학년 세부능력 및 특기사항으로 학생이 인권 운동과 교육에 관심이 있는 모습을 나타냈습니다. 3학년은 사회과 세부능력 및 특기사항을 만들었습니다. 사회문제에 관심이 많으며 이를 발표하고 친구들과 의견을 공유하는 학생의 모습을 표현하였습니다.
독서활동 상황	영어의 바다에 빠트리다(하광호), 영어공부 절대로 하지 마라(정찬용), 실패의 전문가들(정유리,정지영), 나의 직업 선생님(청소년 행복연구실), 가출청소년의 이해와 상담(김향초), 생각하는 10대를 위한 토론콘서트(백춘현), 천 번을 흔들려야 어른이 된다(김난도), 국제기구에 거침없이 도전하라(김효은), 아이들을 위한 하루 한 줄 인문학(김종원) 꿀판왕 Tip 독서 내용은 교육과 사회 이슈 관련 내용입니다. 독서를 통해 배움과 세상을 보는 통찰력을 얻을 수 있습니다. 이 부분을 잘 살리기 위한 추천도서를 적어놓았습니다.
행동특성 및 종합의견	 1학년 따뜻하고 섬세한 성격이며 밝고 긍정적인 에너지를 가지고 있어 급우들에게 좋은 영향을 줌. 원리원칙을 중요하게 여겨, 학급협의회를 통해 정해진 규칙과 학칙을 항상 준수하여 다른 친구에게 모범이 됨. 자신이 맡은 일에 최선을 다하며, 다른 친구들이 꺼리는 궂은일에 솔선수범하는 자세를 지님. 학급 반장으로서 학급의 모든 일에 앞장서서 책임감 있게 행동했으며, 수업 분위기 조성 및 원만한 관계 형성을 위해 적극적으로 노력함. 학급 내에서 급우간의 불화를 해결하기 위해 조정에 나섰으며, 친구들의 잘못을 비난하지 않고 격려하며 해결하기 위해 함께 노력함. 특히 성숙한 의사소통 능력과 민주시민 의식을 함양하여 어느 한쪽의 입장에 치우치지 않고 객관적인 입장에서 중재하고 화해를 도움. 교과 교사와 급우의 갈등을 지혜롭게 해결하고자 노력함. 교사를 비롯한 학교 내의 어른들과 친구들을 대함에 매사 예의를 갖추며, 올바르고 단정한 언행으로 다른 친구들에 귀감이 됨.

학업에 대한 의지가 강하여 꾸준히 플래너를 작성해 학습을 계획하고 학업에 몰두하였으며, 학급의 수업 분위기 조성에 앞장섬, 자신의 학습뿐만 아니라 학급 내에서 학습에 어려움을 겪는 친구들에게 보충설명 및 지도를 해 주는 태도에서 배려심이 돋보임. 학급 내 분리수거를 담당하여 교실 미화에 책임감 있게 앞장서서 실천함.

생각이 깊고 삶을 대하는 태도가 진정성이 있는 학생임. 학급의 크고 작은 모든 일에 긍정적으로 행동하는 모습에서 급우들과 교사들의 신뢰를 받음. 친구들에게 따뜻한 태도로 선의를 베풀며 교사에게 예의 있게 행동하며, 작은 규칙이라도 소홀히 하지 않는 모범적인 태도로 다른 친구들의 귀감이 됨. 학급의 궂은일에 솔선수범하고 소외되는 학생 없는 학급을 만들기 위해 노력함, 가령, 몸이 불편한 친구나 학업에 뒤쳐진 친구를 도와 모둠 수업이나 단체 활동에서 두루 어울릴 수 있도록 지원함. 또한, 학교생활에 부적응을 겪고 있는 친구를 곁에서 살뜰히 챙기고 더욱 성실히 학교생활에 임할 수 있도록 격려하고 응원하는 모습에서 배려심이 돋보임. 학급 구성원 모두가 즐거운 마음으로 참여할 수 있도록 독려함. 학업에서도 배움에 대한 의지와 노력이 다른 학생들보다 돋보이는 학생으로 교과 선생님들의 칭찬이 끊이지 않음. 모둠별 수행평가에서 모둠장으로서 구성원들의 의견을 존중하고 좋은 방향으로 함께 할 수 있는 협력적인 분위기를 도모함. 학습 동기가 낮은 구성원들에게 끊임없이 격려하고 보충설명을 제공하는 등 학습 멘토로서의 탁월한 능력을 보임. 특히 영어 교과에 관심과 흥미가 높아 자습 시간과 쉬는 시간에 영어 문제를 플고 있는 모습을 자주 볼 수 있어 학습에 대한 성실함이 돋보임. 자기주도학습 능력이 뛰어나 학습계획을 세우고 꾸준히 실천하며 이러한 노력으로 1학년에 비해 성적이 향상되는 성과를 얻음. 일 년 동안 진로 방향에 대한 치열한 고민과 자아 탐색으로 희망 진로를 확고히 하였으며, 구체적인 계획과 목표의식을 가지고 학교생활에 충실히 임함. 1학년에 비해 전 교과 영역에서 두드러진 성적 향상을 보였으며, 교내활동에도 적극적으로 참여하는 모습에서 자신의 삶에 대한 열정과 애착을 느낄 수 있었음.

끝판왕 Tip

행동특성 및 종합의견은 담임교사의 추천서라 볼 수 있습니다. 1학년 때는 학급 반장으로 학급에 일어나는 일을 공정하게 판단하는 모습을 나타내었습니다. 또, 학습에서 친구들을 도와주려는 따뜻한 심성을 가지고 있음을 보입니다. 2학년은 교사와 학생들에게 신뢰를 받는 학생의 모습을 나타내었습니다. 학급 친구들을 살뜰히 챙기는 배려심이 많은 학생으로 표현하였습니다.

Ⅳ

인문, 사회, 교육계열 교과선택

인문, 사회, 교육계열 교과선택

가. 선택과목이 온다.

1 대학입시와 선택과목

2018~2019년을 휩쓸었던 드라마 『스카이캐슬』은 대한민국의 입시와 사교육에 대해 화두를 던지며 대중의 관심을 끌었습니다. 특히 입시컨설턴트 '스앵님'의 존재는 충격적이었고, 한 방송사는 실제로 '스앵님'이 존재하는지 찾는 다큐멘터리 프로그램을 기획하여 방송(SBS스페셜 541회/입시코디 김주영을 찾아서)되기도 했습니다.

학생부의 구성은 〈교과〉와 〈비교과〉로 나누어집니다. 〈교과〉는 흔히 말하는 '내신'입니다. '내신등급'이 정량적인 지표라면 '세부능력 및 특기사항'은 정성적인 지표입니다. 여기에 동아리, 봉사, 독서활동 등의 〈비교과〉가 더해지는데, 비교과는 교과와 동떨어진 것이 아니라 교과에서 숫자로 나타나는 내신등급 이외의 다른 학업역량을 드러냅니다. ' 스앵님'은 주로 비교과 활동을 컨설팅해주고, 내신등급을 관리해주는 존재였습니다.

최근 대학입시에서 교과 영역에 '선택과목'이 등장했습니다. 새삼스러운 일은 아닙니다. 학생부에서 동아리가 중요했던 이유는 학생마다 다른 활동으로 개별화되기 때문입니다. 선택과목은 학생마다 다른 교과목의 조합을 보여줄 것입니다. 만약, 전체 12과목 중 3과목만 선택한다면 최대 220가지 조합이 나옵니다. 220명이 모두 다른 학생부를 가진다는 의미입니다. 학생이 직접 과목을 선택할 수 있다면, 이것은 동아리 활동과 달리 직접적인 학업역량을 드러낼 기회입니다. 선택과목이 학교현장에 정착되면, 이는 학업역량과 전공적합성을 효과적으로 드러낼 지표가 됩니다. 학생들은 〈비교과〉뿐만 아니라 〈교과〉 영역에서 모두 다른 학생부를 가지게 되는 것입니다. 이렇게 되면 대학입시에서 선택과목은 『스카이캐슬』에서 주인공들이 그렇게 가지고 싶은 '영재'의 동아리와 봉사활동보다 더 중요하게 작용할지 모릅니다.

선택과목은 이미 대학입시에 영향을 주고 있으며, 교육부와 대학은 이를 점점 더 확대하는 방향으로 움직이고 있습니다. 특히 학생부종합전형 확대와 맞물려 학생들이 이수하는 과목은 대학입시에서 더욱 중요해집니다.

드라마 『스카이 캐슬』은 학생부종합전형을 금수저 전형으로 인식시키는데 지대한 공헌을 했습니다. 하지만 실제로 학생부종합전형이 확대되면서 일반고 학생들이 선호도가 높은 대학에 합격하는 비율이 점차 늘어나며, 대학은 학생들이 공교육 안에서 어떻게 생활하고 있는지에 더 주목합니다. 즉 일반고 학생들에게 더 많은 기회를 주는 것은 정시 전형이 아닌 학생부종합전형입니다. 공정성과 신뢰도 문제가 있긴 하지만 대학은 서울대학교의 아로리 웹진 등 다양한 관련 자료를 공개하여 제도의 부족함을 메워나가고 있습니다.

2 2015개정교육과정과 선택과목

과목을 선택할 권한은 언제부터 학생에게 주어졌을까요? 우리 교육에 선택과목 개념이 최초로 등장한 것은 6차 교육과정이 고등학교에 적용된 1997년입니다. 이후 7차 교육과정에서 학생들이 자신의 과목을 선택한다는 규정이 다시 정비되었습니다. 하지만 7차 교육과정은 1985년생이 고등학교에 입학할 당시의 교육과정이고, 지금 고등학교 1학년은 2003년생인 것을 감안하면(2019년 현재) 무려 20년 동안 학교현장은 학생들에게 제한적인 선택만 제시했고, 대학 또한 학생이 무엇을 배웠느냐보다 내신등급에 관심이 높았던 것은 사실입니다.

2015개정교육과정은 2012년에 논의되기 시작하여 2015년에 고시된 교육과정입니다. 2015개정교육과정의 중요한 특징은 학교에서 지정하는 문·이과의 경계를 없애고 학생의 과목 선택권을 확대한 것인데, 고교학점제의 시행과 맞물려 안정화를 위해 박차를 가하는 중입니다.

2015개정교육과정은 고등학교 1학년에 공통과목을, 2~3학년에서 선택과목을 이수하도록 합니다. 과목선택에 대한 고민은 교원수급, 시간표 작성 등 학교현장을 고려했을 때 1학년 1학기에 마무리되는 경우가 생각보다 많습니다. 그런데 고등학교에 입학한 후, 한 학기 만에 진로선택을 하라니, 너무 가혹하지 않은가요? 놀랍게도 2015개정교육과정은 고등학교 1학년 학생이 중학교 1학년 자유학년제를 지내면서 진로탐색이 이미 끝났다는 것을 전제합니다. 중학교에서 진로 탐색을 마무리하고 고등학교에서는 진로와 관련한 기초를 다지기 위해 가장 적합한 과목을 선택하는 것이 2015개정교육과정입니다.

고등학생의 과목 선택권이 확대된 미국은 학부모들이 고등학교를 선택할 때 고려하는 첫 번째 조건이 희망 학교의 아카데믹 프로그램입니다. 자녀의 진로에 적합한 교육과정이 편성된 학교가 있다면 거주지 이전을 불사하기도 한답니다. 미국판 맹모삼천지교지요. 우리나라도 곧 이렇게 될까요? 아직도 일부 학교에서 임의로 문·이과를 구분하거나, 물리학 I 과 사회·문화를 동시에 선택하는 것을 제한합니다. 우리는 언제쯤 학교만의 특색 있는 아카데믹 프로그램이 만들어지고, 학부모와 학생은 학교의 교육과정을 보고 진학을 결정하게 될 날이 올지 모르겠습니다.

이전 교육과정이 학교가 정해놓은 계열(문·이과 혹은 인문사회·자연과학·공학 등)에 따라 수강 과목이 결정되었다면, 2015개정교육과정은 학생들이 자신의 계열에 따른 과목을 선택합니다. 과목 결정권의 주체가 바뀌는 것입니다. 교사가 협의회를 통해 결정하던 선택과목을 학생이 직접 선택하는 것입니다. 누가 선택하든 결국 학과나 계열에 필요한 과목은 정해져 있는 것이 아니냐 반문할 수 있습니다. 결론부터 이야기하면, 아닙니다. 왜냐하면, 대학의 학과는 다양하고, 학교에서 계열을 제시할 때 그만큼의 다양성을 확보할 수 없기 때문입니다. 또, 개개인에게 필요한 과목이 동일한 학과라도 달라질 수 있습니다.

SBS스페셜에서 방영된 '운인가 능력인가 공정성 전쟁' 편에서는 운칠기삼**[運七技三]**을 과학적으로 증명하는 이탈리아 연구진이 나옵니다. 연구진은 물리학자와 경제학자 팀으로 구성되어 있습니다. 이와 유사한 형태의 관심사가 있는 학생이 있다고 가정해보겠습니다. 학교에서 계열을 편성했다면, 경제학과를 진학할 학생은 사회과학계열로 편성된 교과목을 듣게 됩니다. 대부분 학교에서 사회과학계열 교육과정을 편성한다면『정치와 법』,『경제』등 사회 관련 교과와『확률과 통계』등의 수학 관련 교과를 편성할 것입니다.『물리학 I』과목을 수강할 기회는 전혀 없습니다. 학교가 정한 틀에 학생들을 가두면, 이탈리아 연구진과 같은 조합을 가진 개인을 길러내는 것은 불가능합니다. 학생 개인이 과목을 선택한다면,『경제』와『물리학 I』을 동시에 수강하여 자신의 진로나 흥미에 실제적 도움이 될 수 있습니다. 또한, 대학은 학생부를 통해 확인한 교과 선택의 조합이 의아해서 그 학생의 실제 이야기가 궁금해질 것입니다.

앞으로의 교육과정은 동일 능력을 지닌 동일 집단을 길러내는 것이 아닙니다. 핀란드에 이민 간 한국인 엄마가 담임교사와 상담을 했다고 합니다. "집에서 아이에게 영어라도 좀 가르칠까요?" 담임의 대답은 이렇답니다. "아니, 왜요? ○○이는 한국어를 하잖아요? 한국어를 할 수 있는 것이 그 아이의 능력이랍니다." 그렇게 각자의 언어를 쓰는 아이들이 모여 놀면 6학년 즈음에는 5개 국어를 한다고 합니다. 중국어를 쓰는 친구, 한국어를 쓰는 친구, 스페인어를 쓰는 친구, 영어를 쓰는 친구를 모두 하나의 틀에만 넣어 가두려고 시도하지 않은 결과입니다.

한국은 지금 저출산 시대입니다. 인구는 감소하고, 대량생산과 대량소비의 시대는 저물었습니다. 대량생산이 끝났다는 것은 표준화된 인적자원의 필요성이 없어진다는 의미입니다. 사회는 이제 똑같은 능력을 가진 사람을 원하지 않습니다. 개인이 가진 다양한 능력이 국가경쟁력이 될 것입니다. 학생마다 다른 과목을 선택하고 배우는 것이 그 출발점입니다.

3 고교학점제와 선택과목

고교학점제는 '진로와 적성에 따라 다양한 과목을 선택 이수하여, 누적 학점이 기준에 도달하면 졸업을 인정받는 교육과정 이수제도'로 정의됩니다. 대학에 가서 처음으로 학점제를 만났던 기성세대는 무언가 대단한 변화가 일어난 것 같지만, 사실 '학점'이라는 단어에 집중하면 큰 변화는 없습니다. 현재 우리나라 고등학교 교육과정은 '단위제'입니다. 단위란, 1주일을 기준으로 수업하는 시간의 양을 의미하고, 5단위라면 1주일에 5시간 수업을 한다는 의미입니다. 이것이 학점으로 바뀌면, 5학점은 1주일에 5시간 수업을 의미하는 것입니다. 명칭의 변화뿐이라니, 시시하지 않은가요?

고교학점제는 19대 대통령 선거에서 모든 후보가 공략으로 내걸었던 정책입니다. 단어의 변화뿐만 아니라 변화되는 점은 분명히 있습니다. 첫째, 과목에 대한 학생들의 성취수준으로 학점을 부여합니다. 대학에서 F학점을 받으면 학점인정이 되지 않는 것과 같습니다. 현재까지 우리나라는 출결일수만 일정 기준 일에 도달하면, 즉 학교만 열심히 다니면 학업성취에 상관없이 졸업 가능합니다. 그러나 고교학점제는 고등학교를 졸업할 수 있는 최소한의 학력 수준을 평가하고자 합니다. 고등학교를 졸업했다면, 최소한 이 정도 능력이 된다는 것을 나타내고자 하는 것입니다. 이 부분에 대해서는 우리나라 사람들의 정서상 초기 교육부에서 논의되는 점과 다르게 한국형 고교학점제라는 다른 방향으로 진행될 확률이 높습니다. 둘째, 학생들이 직접 수강신청을 한다는 것입이다. 고교학점제는 '학점'이 아닌 '선택권 확대'에 방점이 찍힙니다. 고교학점제가 시행되면 "학급별 시간표"는 사라지고 학생의 "개인시간표"가 만들어집니다. 학급의 학생이 모두 같은 과목을 듣지 않습니다. 학생의 개인시간표는 학생부의 개별화를 가져올 것입니다. '넌 이 과목에서 뭘 배웠니?' '왜 이 과목을 수강했니?' '이 과목 성적은 왜 나쁘니?'라고 면접에서 교과 관련 질문이 많아질 것입니다.

왜 선거에서 대통령 후보들 모두 고교학점제를 공약으로 내걸었을까요? 교육정책은 두부를 자르듯 갑자기 변화하지 않습니다. 그라데이션처럼 점진적으로 변화합니다. 고교학점제로 가는 길목에 2015개정교육과정이 존재하고, 그 이전은 문·이과의 경계가 사라진 7차 교육과정이 있습니다. 교육과정은 그라데이션처럼 변해왔지만, 학교, 학생, 교사, 학부모에게 이 변화가 두부 자르듯 갑자기 변한 것으로 보일 수 있습니다. 변화를 받아들여야 하는데 학교현장은 갑자기 학생의 모든 선택을 반영하기 힘듭니다. 우선, 교실이 부족합니다. 적은 수의 학생이 선택하는 과목까지 보장하기 위해서 확대학급이 필요합니다. 또 교사 수급이 자유롭지 않습니다. 어떤 해는 국어선생님이 넘치고, 어떤 해엔 수학선생님이 부족해질 수 있습니다. 가장 큰 문제는 학생이 필요로 하는 모든 과목을 학교 내에서 교사가 모두 가르치기 힘듭니다.

예를 들어, 교육과정에 있는 과목인『연극』,『심리학』,『철학』을 가르칠 교사가 얼마나 될까요? 자신의 전공교과 이외의 과목인『진로』나『논술』조차 가르치기 힘든 현재의 학교에서 교육부가 개설한 많은 과목은 사실 당장은 무용지물입니다. 이러한 문제점을 해결하기 위해 교육부는 10년을 두어 안정적인 제도 안착을 위해 노력하고 있습니다. 학교의 물리적 환경 개선을 위해 '공간 재구조화 사업'에 많은 예산을 투자하고, 학급당 인원수를 줄이고, 교사들의 교양과목 교육을 위해 연수를 제공합니다. 스펙트럼처럼 점진적 확대 과정에서 발생하는 문제들을 해결하고 한 걸음, 그리고 문제를 해결하고 또 한 걸음. 고교학점제는 그렇게 시행될 것입니다.

항간에서 고교학점제는 정권이 바뀌면 없어질 정책이라고 하지만, 그건 그렇게 말하는 사람들의 기대일 뿐입니다. 과목 선택권 확대는 7차 교육과정부터 준비되었으며 4차 산업혁명이라는 사회의 변화와 맞물려 나아갈 수밖에 없습니다. 교육부 관계자 또한 이렇게 말합니다. "고교학점제, 흔들림 없이 추진하겠습니다." 과목선택은 거스를 수 없는 흐름이 되고 있습니다.

나. 과목 선택의 원칙

1 과목의 구조와 종류

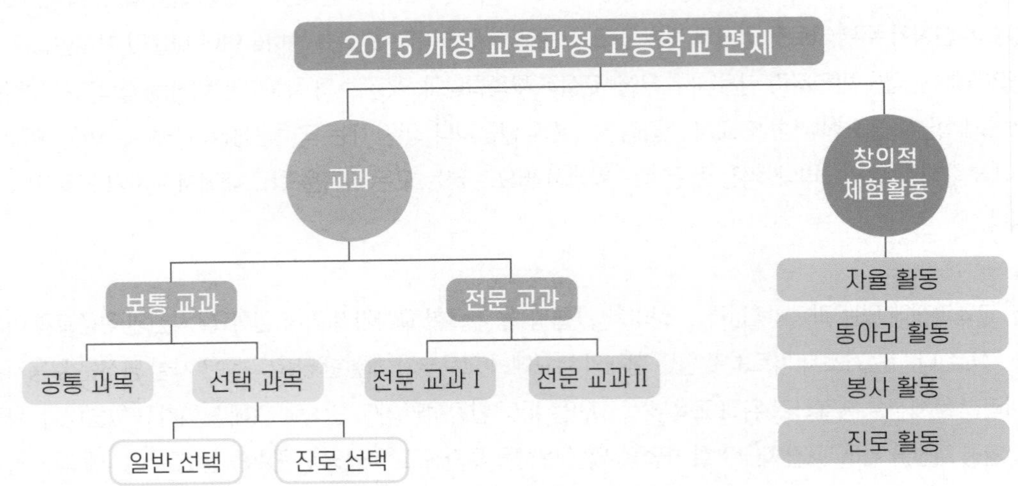

2015개정 교육과정 고등학교 편제

교과는 보통교과와 전문교과로 나눕니다. 일반적으로 보통교과는 일반고, 전문교과 I 은 특목고, 전문교과 II 는 특성화고등학교에서 이수합니다. 일반고에서도 전문교과 I 을 편성할 수 있고, 특목고에서 보통교과를 편성할 수도 있습니다.

보통교과는 공통과목과 선택과목으로 나눕니다. 공통과목은 각 교과의 기초적 소양을 함양하기 위해 선택과목을 이수하기 전 선행하는 과목이며, 국어·영어·수학·통합사회·통합과학·과학탐구실험·한국사 7과목으로 구성됩니다. 한국사를 제외하고 공통과목은 대학수학능력시험 과목에 포함되지 않지만, 고등학교 유형과 관계없이 모든 고등학생이 이수해야 할 필수과정입니다. 선택과목은 공통과목을 이수하고 수강하는 것이 원칙이므로, 공통과목은 대부분 고등학교 1학년에 편제되어 있습니다.

선택과목은 일반선택과 진로선택으로 나누어집니다. 일반과목과 진로과목은 성격상으로 분류되는 것일 뿐, 공통과목과 선택과목처럼 위계가 있는 구분이 아닙니다. 하지만 일반적으로 일반선택과목 이수 후 진로선택과목을 이수하는 것을 기본으로 합니다.

일반선택 과목은 고등학교 수준에서 교과별로 알아야 할 기본적인 내용으로 구성되어 있습니다. 일반선택과목이 모든 학생을 대상으로 폭넓게 선택할 수 있는 과목이라면 진로선택과목은 학생이 자신의 진로와 적성에 따라 선택합니다. 교과융합학습, 교과별 심화학습, 실생활 체험학습 등이 가능하도록 구성되어 있습니다. 학생들의 내신 등급과 관계없이 진로와 적성에 따른 과목선택을 장려하기 위해 2019학년도 고등학교 1학년부터 진로선택과목은 절대평가인 3단계 성취로 평가됩니다.

전문교과 I 은 보통교과가 심화된 형태로 특수목적고등학교에서 편성·운영되는 과목입니다. 일반고에서 전문교과 I 과목을 편성하는 경우, 보통교과의 진로선택과목으로 분류, 운영됩니다. 즉, 특목고에서 전문교과 I 이 편성된 경우 9등급제가 적용되는 상대평가이나 일반고에서 전문교과 I 은 절대평가가 적용됩니다. 전문교과 II 는 특성화 고등학교에서 편성·운영되는 교과로 전문 공통과목, 기초과목, 실무과목으로 구성되어 있습니다.

보통 교과

	교과(군)	공통 과목	일반 선택	진로 선택
기초	국어	국어	화법과 작문, 독서, 언어와 매체, 문학	실용 국어, 심화 국어, 고전 읽기
	수학	수학	수학 I , 수학 II, 미적분, 확률과 통계	실용 수학, 기하, 경제 수학, 수학과제 탐구
	영어	영어	영어 회화, 영어 I , 영어 독해와 작문, 영어 II	실용 영어, 영어권 문화, 진로 영어, 영미 문학 읽기
	한국사	한국사		
탐구	사회(역사/도덕포함)	통합사회	한국지리, 세계지리, 세계사, 동아시아사, 경제, 정치와 법, 사회·문화, 생활과 윤리, 윤리와 사상	여행지리, 사회문제 탐구, 고전과 윤리
	과학	통합과학 과학탐구실험	물리학 I , 화학 I , 생명과학 I , 지구과학 I	물리학 II , 화학 II , 생명과학 II , 지구과학 II , 과학사, 생활과 과학, 융합과학
체육·예술	체육		체육, 운동과 건강	스포츠 생활, 체육 탐구
	예술		음악, 미술, 연극	음악 연주, 음악 감상과 비평 미술 창작, 미술 감상과 비평
기초	기술·가정		기술 가정, 정보	농업 생명 과학, 공학 일반, 창의 경영, 해양 문화와 기술, 가정과학, 지식 재산 일반
	제2외국어		독일어 I 일본어 I 프랑스어 I 러시아어 I 스페인어 I 아랍어 I 중국어 I 베트남어 I	독일어 II 일본어 II 프랑스어 II 러시아어 II 스페인어 II 아랍어 II 중국어 II 베트남어 II
	한문		한문 I	한문 II
	교양		철학, 논리학, 심리학, 교육학, 종교학, 진로와 직업, 보건, 환경, 실용 경제, 논술	

음영 처리된 과목 : 수능 필수과목

밑줄 그어진 과목 : 수능 선택과목

 나만의 맞춤 가이드.

전문 교과 전문 교과 I

교과(군)	과목			
과학 계열	심화 수학 I 고급 물리학 물리학 실험 정보과학	심화 수학 II 고급 화학 화학 실험 융합과학 탐구	고급 수학 I 고급 생명과학 생명과학 실험 과학과제 연구	고급 수학 II 고급 지구과학 지구과학 실험 생태와 환경
체육 계열	스포츠 개론 체조 운동 체육 전공 실기 기초 스포츠 경기 체력	체육과 진로 탐구 수상 운동 체육 전공 실기 심화 스포츠 경기 실습	체육 지도법 개인·대인 운동 체육 전공 실기 응용 스포츠 경기 분석	육상 운동 단체 운동
예술 계열	음악 이론 합창 미술 이론 입체 조형 무용의 이해 무용 음악 실습 문예 창작 입문 고전문학 감상 극 창작 연극의 이해 연극 감상과 비평 영화 제작 실습 사진의 이해 사진 표현 기법	음악사 합주 미술사 매체 미술 무용과 몸 안무 문학 개론 현대문학 감상 연기 영화의 이해 영화 감상과 비평 기초 촬영 영상 제작의 이해	시창·청음 공연 실습 드로잉 미술 전공 실기 무용 기초 실기 무용과 매체 문장론 시 창작 무대기술 영화기술 암실 실기 사진 영상 편집	음악 전공 실기 평면 조형 무용 전공 실기 무용 감상과 비평 문학과 매체 소설 창작 연극 제작 실습 시나리오 중급 촬영 사진 감상과 비평
외국어 계열	심화 영어 회화 I 심화 영어 독해 I 전공 기초 독일어 독일어 독해와 작문 II 전공 기초 프랑스어 프랑스어 독해와 작문 II 전공 기초 스페인어 스페인어 독해와 작문 II 전공 기초 중국어 중국어 독해와 작문 II 전공 기초 일본어 일본어 독해와 작문 II 전공 기초 러시아어 러시아어 독해와 작문 II 전공 기초 아랍어 아랍어 독해와 작문 II 전공 기초 베트남어 베트남어 독해와 작문 II	심화 영어 회화 II 심화 영어 독해 II 독일어 회화 I 독일어권 문화 프랑스어 회화 I 프랑스어권 문화 스페인어 회화 I 스페인어권 문화 중국어 회화 I 중국 문화 일본어 회화 I 일본 문화 러시아어 회화 I 러시아 문화 아랍어 회화 I 아랍 문화 베트남어 회화 I 베트남 문화	심화 영어 I 심화 영어 작문 I 독일어 회화 II 프랑스어 회화 II 스페인어 회화 II 중국어 회화 II 일본어 회화 II 러시아어 회화 II 아랍어 회화 II 베트남어 회화 II	심화 영어 II 심화 영어 작문 II 독일어 독해와 작문 I 프랑스어 독해와 작문 I 스페인어 독해와 작문 I 중국어 독해와 작문 I 일본어 독해와 작문 I 러시아어 독해와 작문 I 아랍어 독해와 작문 I 베트남어 독해와 작문 I
국제 계열	국제 정치 한국 사회의 이해 현대 세계의 변화	국제 경제 비교 문화 사회 탐구 방법	국제법 세계 문제와 미래 사회 사회과제 연구	지역 이해 국제 관계와 국제기구

전문 교과 전문 교과 II

교과(군)	전문 공통 과목	기초 과목	실무 과목		기준 학과
경영·금융	성공적인 직업생활	상업 경제 기업과 경영 사무 관리 회계 원리 회계 정보 처리 시스템 기업 자원 통합 관리 세무 일반 유통 일반 국제 상무 비즈니스 영어 금융 일반 보험 일반 마케팅과 광고 창업 일반 커뮤니케이션 전자 상거래 일반	총무 비서 사무 행정 회계 실무 구매 조달 공정 관리 공급망 관리 수출입 관리 유통 관리 카드 영업 무역 금융 업무 손해 사정 전자 상거래 실무 방문 판매	노무 관리 인사 예산·자금 세무 실무 자재 관리 품질 관리 물류 관리 원산지 관리 창구 사무 증권 거래 업무 보험 모집 고객 관리 매장 판매	경영·사무과 재무·회계과 유통과 금융과 판매과
보건·복지		인간 발달 보육 원리와 보육 교사 보육 과정 아동 생활 지도 아동 복지 보육 실습 생활 서비스 산업의 이해 복지 서비스의 기초 사회 복지 시설의 이해 공중 보건 인체 구조와 기능 간호의 기초 기초 간호 임상 실무 보건 간호	영·유아 놀이 지도 영·유아건강·안전·영양지도 사회 복지 시설 실무	영·유아 교수 방법 대인 복지 서비스	보육과 사회복지과 보건간호과
디자인·문화 콘텐츠		디자인 제도 디자인 일반 조형 색채 관리 컴퓨터 그래픽 미디어 콘텐츠 일반 문화 콘텐츠 산업 일반 영상 제작 기초	시각 디자인 실내 디자인 디지털 디자인 영화 콘텐츠 제작 광고 콘텐츠 제작 게임 디자인 애니메이션 콘텐츠 제작 캐릭터 제작	제품 디자인 색채 디자인 방송 콘텐츠 제작 음악 콘텐츠 제작 게임 기획 게임 프로그래밍 만화 콘텐츠 제작 스마트문화 콘텐츠 제작	디자인과 문화콘텐츠과

교과(군)	전문 공통 과목	기초 과목	실무 과목		기준 학과
미용·관광·레저		미용의 기초 미용 안전·보건 관광 일반 관광 사업 관광 서비스 관광 영어 관광 일본어 관광 중국어	헤어 미용 메이크업 여행 서비스 실무 호텔 식음료 서비스 실무 유원 시설 서비스 실무	피부 미용 네일 미용 호텔 객실 서비스 실무 카지노 서비스 실무	미용과 관광·레저과
음식 조리		식품과 영양 급식 관리	한국 조리 중식 조리 소믈리에 바텐더	서양 조리 일식 조리 바리스타	조리·식음료과
건설		공업 일반 기초 제도 토목 일반 토목 도면 해석과 제도 토목 기초 실습 건축 일반 건축 도면 해석과 제도 건축 기초 실습 조경	토공·포장 시공 지적 공간 정보 융합 서비스 건축 도장 시공 단열·수장 시공 건축 마감 시공 조경 시공 조경 설계	측량 공간 정보 구축 건축 목공 시공 창호 시공 철근 콘크리트 시공 경량 철골 시공 조경 관리	토목과 건축시공과 조경과
기계		기계 제도 기계 기초 공작 전자 기계 이론 기계 일반 자동차 일반 냉동 공조 일반 유체 기계 자동차 기관 자동차 섀시 자동차 전기·전자 제어 선체 도면 독도와 제도 선박 이론 선박 구조 선박 건조 항공기 일반 항공기 실무 기초	기계요소 설계 선반 가공 연삭 가공 측정 방전 가공 워터제트 가공 사출 금형 설계 사출 금형 품질 관리 프레스 금형 설계 프레스 금형 품질 관리 기계 수동 조립 운반하역 기계 설치·정비 섬유 기계 설치·정비 고무플라스틱기계설치·정비 승강기 설치·정비 자전거 정비 냉동 공조 장치 설치 냉동 공조 유지·보수 관리 자동차전기·전자장치정비	기계 제어 설계 밀링 가공 컴퓨터 활용 생산 성형 가공 레이저 가공 플라스마 가공 사출 금형 제작 사출 금형 조립 프레스 금형 제작 프레스 금형 조립 기계 소프트웨어 개발 건설 광산 기계 설치·정비 공작 기계 설치·정비 농업용 기계 설치·정비 오토바이 정비 냉동 공조 설계 보일러 장치 설치 보일러 설치·정비 자동차 엔진 정비	기계과 냉동공조과 자동차과 조선과 항공과

교과(군)	전문 공통 과목	기초 과목	실무 과목		기준 학과
			자동차 섀시 정비	자동차 차체 정비	미용과
			자동차 도장	자동차 정비 검사	관광·레저과
			자동차 영업	자동차 튜닝	
			선체 가공	선체 조립	
			선박 도장	선체 품질 관리	
			기장 생산	전장 생산	
			선장 생산	선실 의장 생산	
			선체 생산 설계	항공기 기체 제작	
			항공기 엔진·프로펠러 제작	항공기 전기·전자 장비 제작	
			항공기 기체 정비	항공기 가스 터빈 엔진 정비	
			항공기 왕복 엔진 정비	항공기 프로펠러 정비	
			항공기 계통 정비	항공기 전기·전자 장비 정비	
			헬리콥터 정비	항공기 정비 관리	
			소형 무인기 정비		
재료		재료 시험	주조	제선	금속재료과
		세라믹 재료	제강	금속 열처리	세라믹과
		세라믹 원리·공정	금속 재료 가공	금속 재료 신뢰성 시험	산업설비과
		재료 일반	압연	비철 금속 제련	
		산업 설비	도금	전기·전자 재료	
			광학 재료	내열 구조 재료	
			생체 세라믹 재료	유리·법랑	
			내화물	연삭재	
			도자기	시멘트	
			탄소 제품	판금 제관	
			배관 시공	피복 아크 용접	
			가스 텅스텐 아크 용접	이산화탄소·가스 메탈 아크 용접	
			서브머지드 아크 용접	로봇 용접	
화학 공업		공업 화학	화학 분석	화학 물질 관리	화학공업과
		제조 화학	화학 공정 유지 운영	석유 화학 제품	
		단위 조작	고분자 제품 제조	무기 공업 화학	
			기능성 정밀 화학 제품 제조	바이오 화학 제품 제조	
			플라스틱 제품 제조		
섬유·의류		섬유 재료	방적	방사·사가공	섬유과
		섬유 공정	제포	염색·가공	의류과
		염색·가공 기초	텍스타일 디자인	구매 생산 관리	
		의류 재료 관리	생산 현장 관리	패션 디자인의 실제	
		패션 디자인의 기초	패턴 메이킹	비주얼 머천다이징	
		의복 구성의 기초	서양 의복 구성과 생산	니트 의류 생산	
		패션 마케팅	가죽·모피 디자인과 생산	패션 소품 디자인과 생산	
			한국 의복 구성과 생산	패션 상품 유통 관리	

교과(군)	전문 공통 과목	기초 과목	실무 과목		기준 학과
전기·전자		전기 회로 전기 기기 전기 설비 자동화 설비 전기·전자 기초 전자 회로 전기·전자 측정 디지털 논리 회로	수력 발전 설비 운영 원자력 발전 설비 운영 송·변전 배전 설비 운영 직류 송배전 제어·보호 시스템 설비 제작 전기 기기 제작 전기 설비 운영 외선 공사 자동 제어 기기 제작 자동 제어 시스템 운영 전기 철도 시설물 유지 보수 철도 신호 제어 시설물 유지 보수 전자 제품 생산 전자 부품 생산 전자 부품 소프트웨어 개발 전자 제품 영업 가전 기기 응용 소프트웨어 개발 전자 응용 기기 소프트웨어 개발 가전 기기 기구 개발 산업용 전자 기기 기구 개발 전자 응용 기기 기구 개발 정보 통신 기기 기구 개발 반도체 개발 반도체 장비 디스플레이 개발 디스플레이 장비 부품 개발 로봇 기구 개발 로봇 지능 개발 의료 기기 인허가 의료 기기 연구·개발 레이저 개발 3D 프린터 개발 가상 훈련 시스템 설계·검증	화력 발전 설비 운영 원자력 발전 전기 설비 정비 직류 송배전 전력 변환 설비 제작 전기 기기 설계 전기 기기 유지 보수 내선 공사 변전 설비 공사 자동 제어 시스템 유지 정비 전기 철도 시공 철도 신호 제어 시공 전자 제품 기획 전자 부품 기획 전자 부품 기구 개발 전자 제품 설치·정비 가전 기기 시스템 소프트웨어 개발 산업용 전자 기기 소프트웨어 개발 가전 기기 하드웨어 개발 산업용 전자 기기 하드웨어 개발 전자 응용 기기 하드웨어 개발 정보 통신 기기 하드웨어 개발 정보 통신 기기 소프트웨어 개발 반도체 제조 반도체 재료 디스플레이 생산 로봇 하드웨어 설계 로봇 소프트웨어 개발 로봇 유지 보수 의료 기기 생산 광부품 개발 LED 기술 개발 3D 프린터용 제품 제작 가상 훈련 구동 엔지니어링	전기과 전자과
정보·통신		통신 일반 통신 시스템 정보 통신 방송 일반 정보 처리와 관리 컴퓨터 구조 프로그래밍 자료 구조 컴퓨터 시스템 일반 컴퓨터 네트워크	네트워크 구축 무선 통신 구축 방송 제작 시스템 운용 시스템 관리 및 지원 시스템 프로그래밍 응용 프로그래밍 화면 구현 빅데이터 분석 정보 보호 관리	유선 통신 구축 초고속망 서비스 관리 운용 네트워크 프로그래밍 컴퓨터 보안 응용 프로그래밍 개발 데이터베이스 프로그래밍 사물 인터넷 서비스 기획	방송·통신과 정보컴퓨터과

교과(군)	전문 공통 과목	기초 과목	실무 과목		기준 학과
식품 가공		식품 과학 식품 위생 식품 가공 기술 식품 분석	곡물 가공 식품 품질 관리 면류 식품 가공 축산 식품 가공 유제품 가공 음료·주류 가공 농산 식품 유통 제빵	떡 제조 수산 식품 가공 두류 식품 가공 건강 기능 식품 가공 김치·반찬 가공 농산 식품 저장 제과	식품가공과
인쇄·출판·공예		인쇄 일반 디지털 이미지 재현 출판 일반 공예 일반 공예 재료와 도구	프리프레스 특수 인쇄 출판 편집 도자기 공예 석공예 보석 감정	평판 인쇄 후가공 금속 공예 목공예 섬유 공예 귀금속·보석 디자인	인쇄·출판과 공예과
환경·안전		환경 화학 기초 인간과 환경 산업 안전 보건 기초	수질 관리 폐기물 관리 산업 환경 보건 기계 안전 관리 건설 안전 관리 가스 안전 관리	대기 관리 소음 진동 측정 환경 생태 관리 전기 안전 관리 화공 안전 관리	환경보건과 산업안전과
농림·수산 해양		농업 이해 농업 기초 기술 농업 경영 재배 농촌과 농지 개발 농산물 유통 농산물 유통 관리 농산물 거래 관광 농업 환경 보전 친환경 농업 생명 공학 기술 농업 정보 관리 농산 식품 가공 원예 생산 자재 조경 식물 관리 화훼 장식 기초 산림 휴양 산림 자원 임산 가공 동물 자원 반려동물 관리 실험 동물과 기타 가축	수도작 재배 육종 종자 유통 보급 농촌 체험 상품 개발 농산물 품질 관리 과수 재배 화훼 장식 산림 조성 임산물 생산 펄프·종이 제조 가금 사육 한우 사육 말 사육 사료 생산 애완동물 미용 바이오 의약품 제조 연안 어업 원양 어업 염 생산 어업 환경 개선 내수면 양식 수산 생물 질병 관리 어촌 체험 상품 개발 일반 잠수	전특작 재배 종자 생산 농업 생산 관리 농촌 체험 시설 운영 채소 재배 화훼 재배 임업 종묘 산림 보호 버섯 재배 목재 가공 젖소 사육 돼지 사육 종축 동물 약품 제조 수의 보조 농업 생산 환경 조성 근해 어업 내수면 어업 어업 자원 관리 해면 양식 수산 종묘 생산 어촌 체험 시설 운영 수상 레저 기구 조정 산업 잠수	농업과 원예과 산림자원과 동물자원과 농업기계과 농업토목과 해양생산과 수산양식과 해양레저과

교과(군)	전문 공통 과목	기초 과목	실무 과목		기준 학과
		농업 기계 농업 기계 공작 농업 기계 운전·작업 농업과 물 농업 토목 제도·설계 농업 토목 시공·측량 해양의 이해 수산·해운 산업 기초 해양 생산 일반 해양 정보 관리 해양 오염·방제 전자 통신 기초 전자 통신 운용 수산 일반 수산 생물 수산 양식 일반 수산 경영 수산물 유통 양식 생물 질병 해양 환경과 자원 해양 레저 관광 요트 조종 잠수 기술			
선박 운항		항해 기초 해사 일반 해사 법규 선박 운용 선화 운송 항만 물류 일반 해사 영어 항해사 직무 해운 일반 열기관 선박 보조 기계 선박 전기·전자 기관 실무 기초 기관 직무 일반	선박 운항 관리 선박 통신 선박 기기 운용 선박 기관 정비	선박 안전 관리 선박 갑판 관리 기관사 직무 선박 보조기계 정비	항해과 기관과

〈2015개정교육과정 총론 참고〉

2 과목 선택시 지켜야 할 사항

교육과정은 국가에서 공통으로 제시하는 수준이 있는 영역이므로 편성·운영에 따른 제한이 존재합니다. 대학생들도 전공필수, 전공선택, 교양으로 나누어진 과목을 어떻게 나누어 수강해야 하는지 규칙이 존재하는 것처럼 학생 선택교육과정에도 지켜야 할 규칙이 있습니다.

(1) 3년간 교과 총 이수단위가 졸업이수 기준에 충족하는가?

3년간 학생이 이수해야 할 교과 총 이수 단위는 180단위입니다. 1학기 30단위씩 6학기에 해당하는 단위 수입니다. 현재까지 1학기에 30단위 이상을 듣더라도 조기졸업은 어렵습니다. 1학기를 조기졸업하기 위해서는 180단위를 5학기에 이수해야 하는데, 1학기당 36단위의 교과단위를 이수해야 합니다. 이는 현실적으로 불가능합니다. 소인수 심화 선택과목, 공동교육과정, 온라인 공동교육과정(이를 총칭하여 앞으로 플러스 교육과정으로 함)으로 이수한 경우, 단위 수를 인정받습니다. 하지만 1학기에 2단위 이상 이수하는 것은 운영시간, 학습량 등 문제로 현실적으로 불가능합니다. 플러스 교육 과정으로 1학기에 2~3과목 이상 이수해야 정규 교육과정의 1과목을 선택하지 않을 수 있으므로 플러스 교육과정으로 조기졸업은 거의 불가능합니다.

(2) 교과 영역별 또는 교과별 필수이수단위를 충족하는가?

교과별 필수 이수단위와 공통과목의 단위는 다음과 같습니다.

	국어	수학	영어	사회	과학	예술	체육	생활·교양
필수 이수 단위	10	10	10	10	10	10	10	16
공통과목	6~8	6~8	6~8	6~8	8~10	0	0	0

공통과목은 최소 이수단위가 6단위이므로 필수 이수단위를 충족하기 위해서는 공통과목으로 이수한 후에 각 영역에서 최소 1과목 이상 선택하여야 합니다. 공통과목 수강 이후 특정한 과목을 소외시키는 교육과정이 구성되지 않도록 한 조치입니다.

(3) 기초 교과 영역 총 이수 단위 총합이 교과 총 이수단위를 50%를 초과하지 않았는가?

기초영역은 국어, 영어, 수학 그리고 한국사입니다. 기초영역은 학문의 기초가 되는 과목이며, 한국사는 2015개정교육과정부터 기초영역으로 편성되었습니다. 탐구영역의 『사회』에 편성되어 있던 한국사가 기초영역으로 편성된 것은 한국사의 중요성을 강조하기 위함입니다.

학문의 '기초'가 되는 과목에 우리나라 교육은 비정상적으로 집중되어 있습니다. 때문에 국가에서 기초영역의 단위 수를 전체 교과 단위 수의 50% 이내로 제한하고 있습니다. 3년간 이수하는 단위 수가 180이므로, 기초영역의 단위 수는 90을 넘을 수 없습니다. 일반적으로 국어, 영어, 수학은 학교 교육과정으로 정해진 경우가 많으나, 완전 개방형 교육과정으로 과목선택의 범위가 넓은 학교는 반드시 이 조건을 고려하여 자신의 선택과목을 편성해야 합니다. 이 규정은 또한, 공동교육과정이나 소인수 과목, 온라인 공동교육과정 등 플러스 교육과정 수강신청에도 적용되므로 각별한 주의가 필요합니다.

플러스 교육과정의 기초영역 단위수

- 6학기 180단위 + 2단위(공동) = 182단위 중 50%
  → 91단위를 초과 이수할 수 없음.
- 6학기 180단위 + 2단위(공동1)+2단위(공동2) = 184단위 중 50 %
  → 92단위를 초과 이수할 수 없음.

(4) 진로선택과목을 3개 이상 선택하여 이수하여야 한다.

(5) 위계가 뚜렷한 과목은 위계를 지켜 이수하여야 한다.

학기당 이수 과목 수를 8개 이내로 선택해야 합니다. 단, 예술, 체육 영역의 모든 교과, 생활교양 영역의 교양교과(논술, 논리학 등), 실험·실습 위주의 교과(과학탐구실험), 진로선택과목은 과목 수에서 제외됩니다.은 또한, 공동교육과정이나 소인수 과목, 온라인 공동교육과정 등 플러스 교육과정 수강신청에도 적용되므로 각별한 주의가 필요합니다.

① 국어

명확한 위계가 설정되어 있지 않지만, 〈심화국어〉는 수준 높은 국어 능력을 통해 학문 활동을 하는데 필요한 전문성과 문제해결능력 함양에 적합한 과목으로 3학년 과정에서 이수할 것 권장합니다. 또 〈고전읽기〉는 허생전 등의 고전문학이 아닌 인문학, 자연과학의 고전을 읽는 과목입니다. 높은 수준의 읽기 능력이 필요한 과목으로 〈독서〉 수강 이후 이수할 것을 권장합니다.

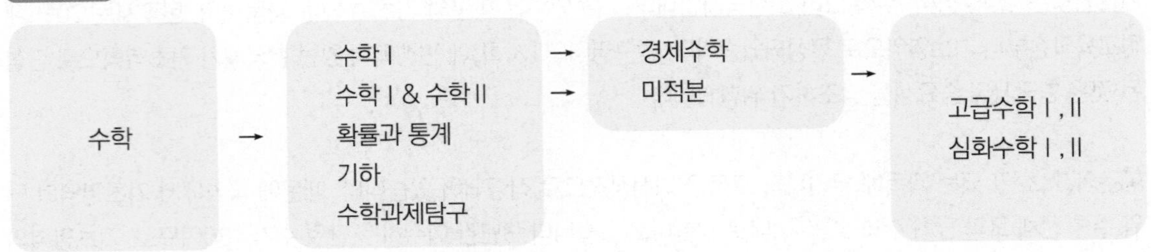

수학은 가장 위계가 엄격한 교과입니다. 대부분 과목이 공통과목의 '수학'만 이수하면 들을 수 있지만 경제수학은 수학 I , 미적분은 수학 I , II 를 이수해야 수강할 수 있습니다. 고급수학 I , II 는 대학 수학 이전 단계의 수준으로 과학고등학교나 영재학교에서 이수하는 과목이지만, 심화수학 I , II 는 앞선 수학 과목을 총정리하며 심화하는 과목으로 성격이 다릅니다. 유의하여 수강신청을 하도록 합니다.

③ 영어

	보통교과	전문교과
4기능 고른 발달	영어 → 영어 I → 영어 II 실용영어, 영어권 문화, 진로영어	심화영어 I → 심화영어 II
듣기 및 말하기 기능 위주	영어회화	심화영어회화 I → 심화영어회화 II
읽기 및 쓰기 기능 위주	영어독해와 작문, 영미문학읽기	심화영어독해 I → 심화영어독해 II 심화영어작문 I → 심화영어작문 II

영어는 듣기, 말하기, 읽기, 쓰기로 이루어져 있습니다. 영어교과는 위계가 엄격하지 않지만 전문교과 I 을 이수하기 위해서는 보통교과를 이수해야 합니다. 본인에게 필요한 영역에 맞추어 과목선택에 유의하기를 권합니다.

④ 과학

과학 I 과 과학 II 를 모두 편성하여 동시수강은 가능하나, 과학 II 를 이수한 후 과학 I 을 이수하는 것은 불가합니다. 과학 I 을 이수하지 않고 과학 II 를 이수하는 것은 바람직하지는 않으나, 규정에 어긋나지는 않습니다. 진로변경 시 참고하여 선택하도록 합니다.

〈융합 과학〉은 과학 I 과 과학 II 를 학습한 후 융합적 사고 함양을 위해 이수하는 것이 바람직합니다. 난이도가 높아 가볍게 선택해서는 안 되는 과목입니다.

전문교과 I 은 보통교과를 이수한 후 더욱 심화된 내용을 학습하는 과목으로 구성되며 〈고급과학〉, 〈과학 실험〉 등의 과목은 계열적으로 연계하여 이수합니다.

다. 과목 선택의 실제

① 1단계 : 진로 탐색 및 선택

과목 선택시 가장 중요한 것은 본인의 진로입니다. 진로 탐색이 끝난 학생들의 경우 고등학교 생활 방향이 정해져 그 일부분인 과목선택은 수월하게 할 수 있습니다. 특히 진로와 본인이 흥미를 느끼는 과목이 일치하는 것이 가장 바람직한 상태입니다. 과목선택 전 본인의 진로를 정하는 것이 좋습니다.

가) 여러 가지 생각을 통해 자신이 좋아하는 것 알아차리기

좋아하는 과목	
잘하고 싶은 것	예시] 여행가서 유창하게 영어하기
부러운 직업의 요소	예시] 수입, 안정성, 명예...등
지겨워도 버틸 수 있는 것	예시] 수학문제 풀기
위 내용을 종합하여 좋아하는 것 추리기	
내가 잘 하는 것	
잘하는 과목	
위 내용을 종합하여 잘 하는 것 추리기	
해보고 싶은 것	예시] 생각만 하면 움직이는 로봇 만들기
수업시간에 드는 딴생각	예시] 국어수업 중 과장법을 배우고, 그것이 진짜 과장인지 실제로 증명해보고 싶어짐
종합	

나) 진로검사를 통한 알아차리기

고등학교에서 1.2학년을 대상으로 연 1회 이상 의무적으로 진로 심리검사를 시행하도록 합니다. 학교에서 진행하는 진로검사 외 추가 검사를 하고 싶다면, 다양한 진로적성검사를 받아보는 것도 추천합니다. 인터넷 검색창을 통하면 유료 검사는 수없이 많고, 무료검사지도 있습니다. 아래에 제시된 무료 검사를 참고하도록 합니다.

검사도구 제공 및 실시기관	검사 특성 및 내용
워크넷	•고용노동부 산하 한국고용정보원에서 운영하는 워크넷 사이트의 청소년 및 성인용 심리검사 23종 무료 •'워크넷 고등학생용 적성검사'는 고등학생의 직업 및 학업 분야의 적성 능력을 측정하여 적합한 직업 및 학업분야를 추천해줌으로써 진로 방향 설정에 도움 제공 •'워크넷 대학전공(학과)흥미검사'는 대학에 진학하고자 하는 고등학교 학생 및 이와 동등한 자격 보유 자들에게 자신의 흥미에 기초하여 전공을 선택하고 결정하는데 도움 제공 •검사 전 회원 가입 및 로그인이 필수적으로 요구되며 검사 종료 후 바로 결과 확인 가능
커리어넷	•교육부가 지원하는 한국직업능력개발원 국가진로교육센터에서 운영하는 커리어넷 사이트의 중·고등학생, 대학생 및 일반용 심리검사 9종 무료 •'고등학생용 커리어넷 적성검사'는 현재 자신이 어떤 영역에 뛰어난 능력을 가지고 있는지 뿐만 아니라 적성검사 실시 결과 점수가 낮게 나온 영역에 대한 사후 보완방법에 대해서도 정보를 제시하여 학생의 성장과 변화를 촉진 •검사 전 회원 가입 및 로그인이 필수적으로 요구되며 검사 종료 후 바로 결과 확인 가능

Q. 진로검사 결과와 저의 희망진로가 다르게 나왔어요. 진로를 바꾸어야 하나요?

A1. 아닙니다. 진로 검사지는 적성을 찾기 위한 불완전한 검사도구입니다. 대부분의 사람들은 타고난 적성이 크게 다르지 않습니다. 진로와 적성이란 살아가는 환경과 과정에서 흥미를 가지게 된 것들이죠. 같은 법조인이지만, 판사, 검사, 변호사에게 요구되는 능력은 모두 다르죠. 하지만 진로 검사지는 모두 법조인으로 판단한답니다. 검사지는 보조도구로 활용하고, 자신을 믿으세요.

A2. 학생들은 아직 정확하게 해당 직업이 무엇을 하는지 잘 모르는 경우가 있습니다. 본인의 검사결과로 나온 직업을 충분히 탐색하는 시간을 가져보세요. 그 후에도 그 직업에 대해 부정적이라면, 자신을 믿으세요.
→ 본인이 어디에 해당하는지 신중히 생각하여 진로 검사지를 해석하도록 합니다.

다) 나에게 매력적인 학과 골라보기

진로 적성검사를 통해 나의 적성을 파악했다면, 관련 학과를 알아보아야 합니다. 이미 고려하고 있는 학과가 있더라도 비슷한 계열의 학과를 알아두는 것이 좋습니다. 수시전형의 경우 6개의 원서를 쓸 수 있는데 특정 대학 및 학과만을 고려했을 경우, 선택의 범위가 좁아질 수 있습니다.

서울대학교 학과 기준	
㉠	간호학과, 경영학과, 국어국문학과, 국사학과, 고고미술사학과, 경제학부, 건설환경공학부, 기계항공공학부(기계공학전공), 기계항공공학부(우주항공공학전공), 건축학과 , 교육학과, 국어교육과, 기악과(피아노전공, 현악전공, 관악전공), 국악과
㉡	노어노문학과, 농경제사회학부
㉢	독어독문학과, 동양사학과, 동양화과, 디자인학부(공예), 디자인학부(디자인), 독어교육과
㉤	미학과, 물리천문학부(물리학전공), 물리천문학부(천문학전공), 물리교육과, 물리치료과
㉥	불어불문학과, 바이오시스템·소재학부, 불어교육과, 방사선과
㉦	서어서문학과, 서양사학과, 사회학과, 심리학과, 사회복지학과, 수리과학부, 생명과학부, 산업공학과, 식물생산과학부, 산림과학부, 식품·동물생명공학부, 서양화과, 사회교육과, 수학교육과, 생물교육과, 소비자아동학부(소비자학전공), 소비자아동학부(아동가족학전공), 식품영양학과, 수의예과, 성악과
㉧	영어영문학과, 아시아언어문명학부, 언어학과, 인류학과, 언론정보학과, 에너지자원공학과, 원자핵공학과, 응용생물화학부, 영어교육과, 역사교육과, 윤리교육과, 의류학과, 약학과, 의학과, 임상병리학과, 의료공학과, 의료장비과, 응급구조학과, 의무행정과
㉨	중어중문학과, 종교학과, 정치외교학부(정치학전공), 정치외교학부(외교학전공), 지리학과, 지구환경과학부, 재료공학부, 전기·정보공학부, 조선해양공학과, 조경·지역시스템공학부, 조소과, 지리교육과, 지구과학교육과, 제약학과, 작곡과(작곡전공, 이론전공), 재활의학과, 작업치료학과
㉩	철학과, 체육교육과, 치의학과, 치위생과, 치기공과
㉪	컴퓨터공학부
㉫	통계학과
㉭	화학부, 화학생물공학부, 화학교육과, 한의예과

My Pick

마음에 드는 학과를 "있는 대로" 골라 쓰는 게 관건!

4 교과선택

② 2단계 : 계열과 선택과목

내가 선택한 학과가 어떤 계열에 주로 분포하는지 알아보면 본인이 어떤 계열에 흥미가 높은지 알 수 있습니다. 계열로 묶인 이유는 비슷한 역량이 필요하기 때문입니다. 고등학교 교육과정에서 세부학과에 일치하는 과목이 필요한 경우는 많지 않습니다. 경제학과의 경제, 공대의 물리와 기하, 의·생명 계열의 생명과학과 화학 등을 제외하고는 완벽하게 과목과 전공이 일치하는 경우는 많지 않습니다. 그러나 그 계열에 필요한 학문적 역량은 분명히 존재합니다.

대부분 사람의 적성은 크게 차이가 나지 않습니다. 대부분 직업은 적성이 아니라 적응이 중요한 요소입니다. 하지만 완전히 다른 성향의 경우, 적응이 힘들 수 있습니다. 구체적인 학과를 정하지 못했다면 최소한 계열만이라도 결정해야 합니다. 자신의 성향에 맞는 계열을 찾는 것만으로도 고민의 범위를 좁힐 수 있습니다. 「한국대학교육협의회」의 전공 표준 분류체계를 기준으로 일부 수정하여 계열별 학과를 제시합니다. 계열별 특징을 함께 제공하니, 자신이 어떤 계열에 적합한지 생각해봅니다. 이수하면 도움이 될 수 있는 선택과목을 제시합니다. 학과 공부에 필요한 과목은 음영 처리가 되어있고, 이외의 과목은 추천과목이므로 자유롭게 선택하도록 합니다.

가) 인문계열

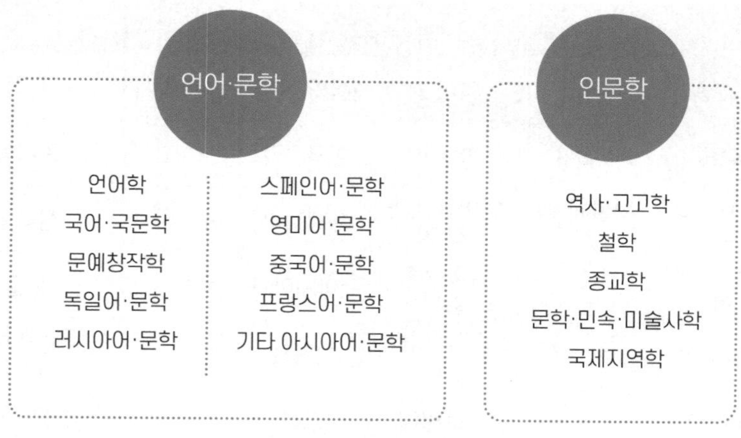

학과 분류(인문계열)

인문계열은 사람에 관한 학문입니다. 사람이 만들어낸 언어, 시간(역사), 이야기(문학), 믿음(종교), 생각(철학)에 관한 학문입니다. 삶의 근본에 관해 연구하는 인문계열은 크게 언어와 인문학 관련 학과로 구분됩니다. 어떤 학문보다 시간과 공간의 스펙트럼이 넓고, 상상력과 창의력이 중요한 계열입니다. 사소한 부분에서 하나의 이야기를 상상해보는 것, 사소한 현상에서 사상을 정립하는 것. 모두 창의력에서 시작됩니다.

대학의 어떤 전공도 공부하는데 가장 중요한 것은 빠르고 정확한 독해력이고, 특히 인문계열의 〈국어〉교과가 중요합니다. 대학에서 심도 있는 글을 분석하여 정확하게 독해하는 능력이 매우 중요합니다. 그러므로 국어에서 요구하는 읽고 이해하는 연습을 위해 교과서의 지문을 읽으며 글의 구조를 파악하고 내용을 정확하게 이해하는 연습을 해야 합니다. 같은 맥락에서 영어도 마찬가지입니다. 대학은 기본적으로 영어로 된 논문이나 책을 읽을 일이 아주 많습니다. 번역서가 많지 않고, 한국 교수도 해외 학술지에는 영어로 논문을 기재합니다. 안타까운 일이지만 현실이 그러하니 영어는 대학 공부를 위해 포기해서는 안 됩니다.

인문계열은 언어와 인문학 중심 역량이 필요하므로, 『기초영역』에서 국어와 영어 위주의 과목을 『탐구영역』에서는 윤리(윤리와 사상, 생활과 윤리, 고전과 윤리)와 역사(세계사, 동아시아사) 위주의 과목을 선택하는 것을 추천합니다. 탐구의 『과학』 교과 영역은 역사와 관련 깊은 '과학사'를 수강하는 것이 진학 이후 학습에 도움이 될 수 있습니다. 『생활·교양』 영역에서는 한문 Ⅰ 과 한문 Ⅱ 과목을 수강하는 것이 고전을 많이 연구하는 인문계열에 도움이 될 수 있습니다.

철학은 〈수학〉과 논리적 사고의 과정이 비슷하므로 수학 과목을 선택하는 것이 도움이 됩니다. 사학과는 역사를 기본으로 선택하고, 역사에서 세부적으로 흥미 있는 영역을 과목으로 선택하면 됩니다. 예를 들어 경제사에 관심이 많은 경우에는 역사와 경제 과목을 선택하는 것입니다.

(1) 인문계열 선택과목 – 언어·문학

인문 계열	기초			탐구		생활·교양	예체능
	국어	수학	영어	사회	과학		
언어·문학	독서	수학 I	영어 I	윤리와 사상	과학사	철학	연극
	문학	수학 II	영어 II	한국지리		논리학	미술 감상과 비평
	화법과 작문	확률과 통계	영어독해와 작문	세계지리		심리학	음악 감상과 비평
	언어와 매체		영미문학 읽기	동아시아사		논술	
	심화국어		영어권 문화	세계사		제2외국어 I · II	
	고전읽기		진로영어	경제		한문 I · II	
				정치와 법			
				사회·문화			
				사회문제 탐구			
				고전과 윤리			

(2) 인문계열 선택과목–인문학

인문 계열	기초			탐구		생활·교양	예체능
	국어	수학	영어	사회	과학		
인문학	독서	수학 I	영어 I	윤리와 사상	과학사	철학	미술 감상과 비평
	문학	수학 II	영어 II	한국지리		종교학	
	화법과 작문	확률과 통계		세계지리		논술	
	언어와 매체			동아시아사		제2외국어 I · II	
	고전읽기			세계사		한문 I · II	
				사회·문화			
				사회문제 탐구			
				고전과 윤리			

나) 사회과학계열

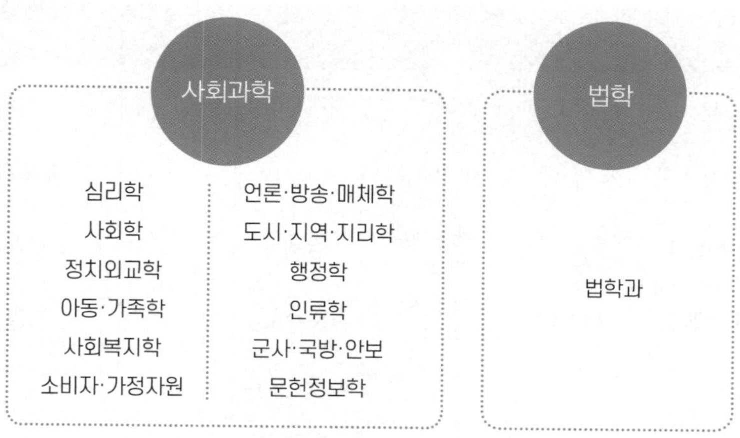

학과 분류(사회과학계열)

사회과학계열은 지극히 현실적인 학문입니다. 현실의 복잡한 현상들에 질서를 부여합니다. 질서는 법(법학), 제도(정치), 소통(외교)으로 부여됩니다. 이 계열은 실용성이 높고 취업이 쉽지만, 공부 내용이 어렵고 취업 후 스트레스도 심한 경우가 많습니다. 또 흔히 문과로 분류되지만, 규칙을 정립하는 학문이므로 수학과 관련된 부분이 많습니다. 대학 입학 후 엄청난 수학 내용에 당황하는 경우가 적지 않습니다.

영어권 국가에 학문의 뿌리를 두는 경우가 많아 〈영어〉 과목을 수강하는 것도 학업역량을 높이는데 도움이 됩니다. 〈과학〉 교과는 직접 관련이 높은 과목은 없으나, 사회탐구의 방법과 관련하여 현실에서 활용되는 '생활과 과학'을 수강하는 것을 추천합니다.

〈사회〉 교과의 경우, 일반사회(정치와 법, 사회·문화, 사회문제탐구 등) 분야의 과목을 가능한 이수하고, 이외의 선택권은 본인의 흥미와 진로에 맞추어 선택하면 됩니다. 사회과학계열은 학과별로 학문의 차이가 큽니다. 정치외교학과의 외교학을 전공할 경우, 각 국가의 상황을 이해하기 위해 지리(한국지리, 세계지리)나 역사(세계사, 동아시아사)를 선택할 수 있습니다. 희망하는 학과와 본인의 관심사를 조합하여 과목을 선택하도록 합니다.

(1) 사회과학계열-사회과학

사회 과학 계열	기초			탐구		생활·교양	예체능
	국어	수학	영어	사회	과학		
언어·문학	독서	수학 I	영어 I	세계지리		심리학	
	문학	수학 II	영어 II	세계사		교육학	
	화법과 작문	확률과 통계	영어독해와 작문	경제		보건	
	언어와 매체	경제수학	영미문학 읽기	정치와 법		논술	
	심화국어			사회·문화			
	고전읽기			생활과 윤리			
				윤리와 사상			
				사회문제 탐구			
				고전과 윤리			

(2) 사회과학계열-법학

사회 과학 계열	기초			탐구		생활·교양	예체능
	국어	수학	영어	사회	과학		
인문학	독서	수학 I	영어 I	경제		철학	
	심화국어	수학 II	영어 II	정치와 법		논술	
		확률과 통계	영어독해와 작문	사회·문화		한문 I · II	
				생활과 윤리			
				윤리와 사상			
				사회문제 탐구			
				고전과 윤리			
				고전과 윤리			

다) 교육계열

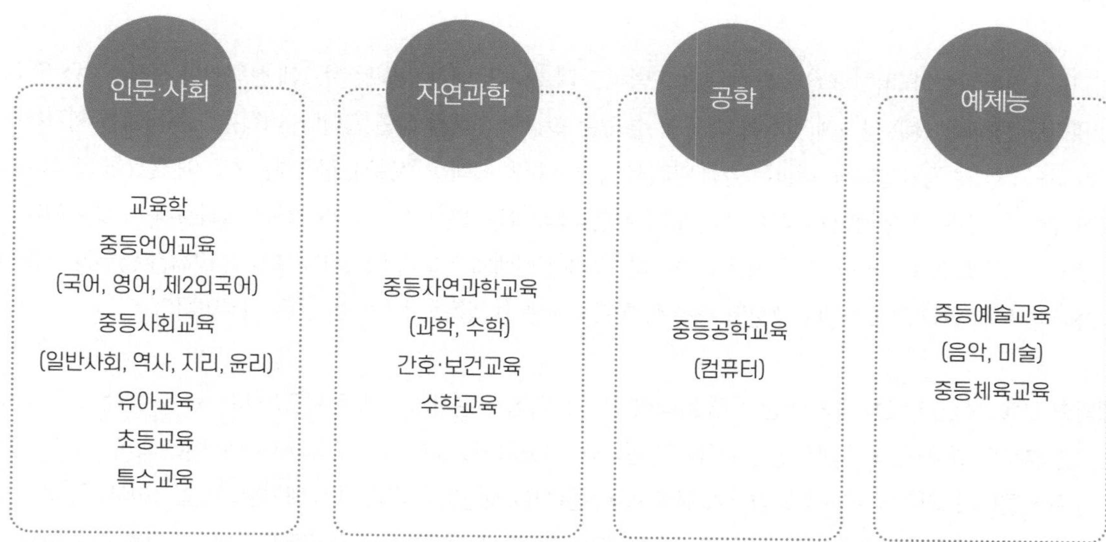

학과분류(교육계열)

교육은 지식과 문화를 전달하는 학문입니다. 많이 아는 것보다 얼마나 잘 전달하느냐가 중요한 계열입니다. 미성년자를 대상으로 진행되는 서비스이므로 잘 들어주고 이해하는 능력이 중요합니다.

구체적인 과목은 본인의 해당학과 관련 계열의 과목을 참고하면 됩니다. 여기에 공통으로 〈생활·교양〉 영역 교육학 수강을 추천합니다.

3 3단계 : 우리 학교 교육과정 살피기

학교마다 교육과정이 다릅니다. 학생 선택권의 범위도 다릅니다. 내가 다니는 학교에 선택권이 적다는 걱정은 하지 않아도 됩니다. 학교 사정에 맞추어 내가 할 수 있는 최선의 선택을 하면 됩니다. 대학은 고등학교를 평가하는 것이 아닌 학생을 평가합니다. 제한된 환경 안에서 학생이 어떤 선택을 했는지, 진학하는 학과에 필요한 과목이 학교에 개설되어 있는데 본인이 선택했는지 등을 고려합니다. 학과에 필요하다고 판단되는 교과를 듣지 않은 이유가 학교의 교육과정 때문이라면, 그 학생은 뽑습니다. 그러나 선택의 기회가 있었으나 학생이 피해간 경우라면 뽑지 않습니다. 우리 학교 교육과정에 개설된 과목 중 학과와 관련된 과목을 선택하는 것은 기본입니다.

개방형 교육과정은 학교마다 다양한 형태로 나타납니다. 아직도 문과와 이과를 학교가 나누는 등 선택이 매우 제한적인 경우도 있고, 선택이 매우 광범위하기도 합니다. 서울의 H고등학교의 교육과정은 4단위 7과목, 2단위 1과목만 제시됩니다. 거기에 교과목 일람표가 덧붙여지는 완전한 개방형입니다. 아직 대부분의 일반고에서 한 학기에 3~5과목 정도의 선택이 이루어지고 있습니다. 선택의 범위가 넓을수록 좋을 것 같지만, 반드시 그런 것은 아닙니다. 옷장에 옷이 많을수록 입고 나갈 옷은 없는 것과 같은 원리입니다. 진짜로 입고 나갈 옷이 없는 것이 아니라 선택을 하지 못하는 것입니다. 결정 장애 앞에서 우리의 방어기제는 '입을 옷이 없어'로 나타날 뿐입니다. 제한된 교육과정의 경우, 듣고 싶지 않은 과목도 학교 필수과정으로 수강해야 하기도 합니다. 이 시간이 의미 없고 낭비하는 것 같지만 고등학교의 모든 과목은 대학의 학문과 연결되지 않는 것이 없습니다. 실제로, 대학의 입장에서는 모든 과목을 수강한 학생을 바라지 않을까요?

모든 것은 일장일단입니다. 학교 교육과정이 어떻다고 불평하지 말고, 주어진 환경 안에서 가장 좋은 선택을 할 수 있도록 고민해야 합니다. 환경이 제한적이라면 대안을 찾아야겠지요. 대학은 고등학교에서 어떤 과목을 편성했는가보다 학생들이 어떤 과목을 선택하여 듣고, 고등학교 생활이 어떤지를 평가합니다.

교육과정이 전면 개방이라 하더라도, 대학수학능력시험이 존재하는 한 학생들의 선택은 수능과목 위주로 제한될 수밖에 없습니다. 이것을 대입의 이원화라고 합니다. 수능으로부터 자유로운 과목선택을 위해서는 대학입시가 변해야 합니다. 고교학점제를 비롯한 선택과목과 관련된 모든 정책은 학생부 종합전형의 확대와 함께 나아가지 않는다면 학생들에게 과목 선택권을 주는 일은 교사, 학부모, 학생을 모두 혼란스럽게 하는 정책이 될 뿐입니다.

4단계 : 대학별 교과 이수 기준 파악하기

선택과목이 대입에 등장하면서 학교는 매우 혼란스러워졌습니다. 이에 대학에서는 구체적인 과목을 지정하여 제시하지 않지만, 2022학년도 대학입시 선택과목 가이드라인을 제시하였습니다. 아직까지 대학은 반드시 고등학교에서 이수해야 할 과목을 제시할 예정은 없다 합니다. 대학이 줄 수 있는 최대한의 가이드라인은 현재 교과이수 기준과 수능과목 지정 정도입니다. 수능이 필요한 전형(정시, 학생부, 교과 등)으로 진학을 고려하고 있다면 이를 참고하여 과목을 수강하도록 합니다.

교과이수기준

2022학년도 서울대학교 교과이수기준

<table>
<tr><th>3과목 중 2개 충족</th><th>가산점 1점(유형 I)</th><th>가산점2점(유형 II)</th><th colspan="2">예시</th></tr>
<tr><td>수학</td><td>일반 4 또는
일반3 + 진로1</td><td>일반 4 또는
일반3 + 진로1</td><td colspan="2">수학 I , 수학 II , 확률과 통계(일반)
미적분(진로)</td></tr>
<tr><td rowspan="2">과학</td><td rowspan="2">일반2+진로2</td><td rowspan="2">일반3+진로2 (또는)
일반2+진로3</td><td>생명과학 I , 화학 I
생명과학 II , 화학 II</td><td>+ 지구과학 I 혹은
융합과학</td></tr>
<tr><td>1점</td><td>2점</td></tr>
<tr><td rowspan="2">사회</td><td rowspan="2">일반/진로 3</td><td rowspan="2">일반3+진로1
일반2+진로2</td><td>사회문화, 생활과 윤리,
한국지리</td><td>+
사회문제탐구</td></tr>
<tr><td>1점</td><td>2점</td></tr>
</table>

수능 지정 과목

2022학년도 수능 응시 영역 기준 (서울대학교)

모집단위	2022학년도 수능 응시 영역 기준	
인문대학 사회과학대학 간호대학(일부) 경영대학 농업생명과학대학 농경제사회학부 사범대학(교육학과, 국어교육과, 영어교육과, 독어교육과, 불어교육과, 사회교육과, 역사교육과, 지리교육과, 윤리교육과) 생활과학대학 소비자아동학부 의류학과(일부)	국어, 수학, 영어, 한국사, 탐구, 제2외국어/한문	[수학] 확률과 통계, 미적분, 기하 중 택1 [탐구] 사회/과학 구분 없이 택2
자연과학대학 간호학과(일부) 공과대학 농업생명과학대학(농경제사회학부 제외) 사범대학(수학교육과, 물리교육과, 화학교육과, 생물교육과, 지구과학교육과) 생활과학대학 식품영양학과, 의류학과(일부) 수의과대학 의과대학 치의학대학원 치의학과	국어, 수학, 영어, 한국사, 탐구 ※ 과학과목 응시기준 : 서로 다른 분야의 Ⅰ+Ⅱ 및 Ⅱ+Ⅱ 두 조합 중 선택	[수학] 미적분, 기하 중 택1 [탐구] 과학8과목 중 택2
미술대학 사범대학 체육교육과 음악대학 자유전공학부	국어, 수학, 영어, 한국사, 탐구	[수학] 확률과 통계, 미적분, 기하 중 택1 [탐구] 사회/과학 구분 없이 택2

2022학년도 수능과목 지정현황(20개교)

영역	과목지정여부		
수학	인문 계열	지정 없음	19개교
		확률과 통계	1개교 (서울과기대)
	자연 계열	지정 없음	12개교 (경남대, 극동대, 꽃동네대, 루터대, 배재대, 성결대, 수원가톨릭대, 인천대, 청운대, 청주교대, 한국외대, 한양대(에리카))
		기하 또는 미적분	8개교 (경희대, 고려대, 서강대, 서울과학기술대, 성균관대, 연세대, 이화여대, 중앙대)
탐구	인문 계열	지정 없음	전체
	자연 계열	지정 없음	11개교 (경남대, 극동대, 꽃동네대, 루터대, 배재대, 성결대, 수원가톨릭대, 청운대, 청주교대, 한국외대, 서울과학기술대)
		과탐2과목	9개교 (경희대, 고려대, 서강대, 성균관대, 연세대, 이화여대, 중앙대, 인천대, 한양대(에리카))

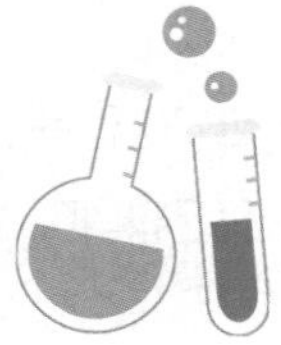

4 교과선택

라. 과목선택을 위한 조언

1 과목선택의 방법1 : 진로가 정해진 경우

해당 학과에서 요구하는 역량에 따른 과목을 학교 실정에 맞추어 선택하면 됩니다. 대부분의 대학 입학처 홈페이지에는 입학전형을 공개하고, 입학전형에는 학과별 요구하는 인재상이 제시됩니다. 그것을 자세히 읽어보면 어떤 역량을 필요한지, 그 역량을 기르기 위해 어떤 과목을 수강해야 할지 예상할 수 있습니다.

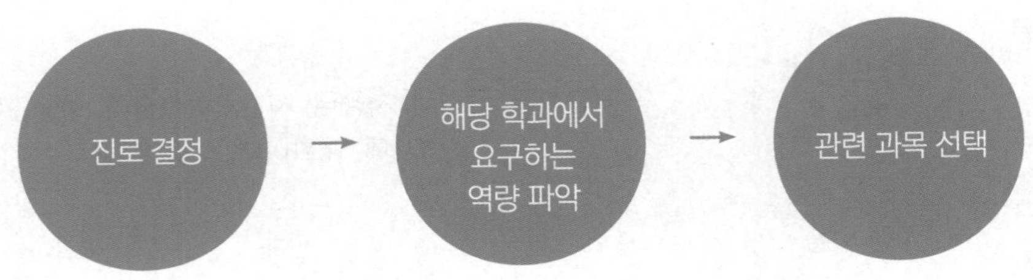

제시된 역량이 요구하는 과목의 사례는 아래와 같습니다.

인문계열		사회과학계열		공학계열	
철학과		사회과학계열		산업공학과	
독해 능력	국어 영어	수치분석	미적분, 확률과 통계 경제수학	프로그래밍 능력	정보
논리적 분석	수학	독해능력	국어. 영어		수학
기본개념	윤리와 사상	기본개념	경제	경제와 경영에 대한 이해	경제
동양철학	한문		사회문화		

우리는 과목을 선택할 때 '기본개념' 역량에만 집중합니다. 하지만 학과의 학문을 배우기 위한 배경지식, 그리고 다른 능력들 또한 중요하게 다룰 것을 추천합니다. 학과의 역량은 대학별 입학 전형자료를 통해 파악할 수 있습니다.

아래 내용은 서강대학교 2020 입학전형 책자의 컴퓨터공학전공 부분을 발췌한 것입니다. 컴퓨터공학은 수학과 컴퓨터 과학을 융합하는 학문입니다. 다른 역량보다 학문을 따라갈 수 있는 기초개념 능력을 요구하고 있음을 확인할 수 있습니다.

4차 산업혁명의 가장 핵심이 되는 전공

컴퓨터공학전공

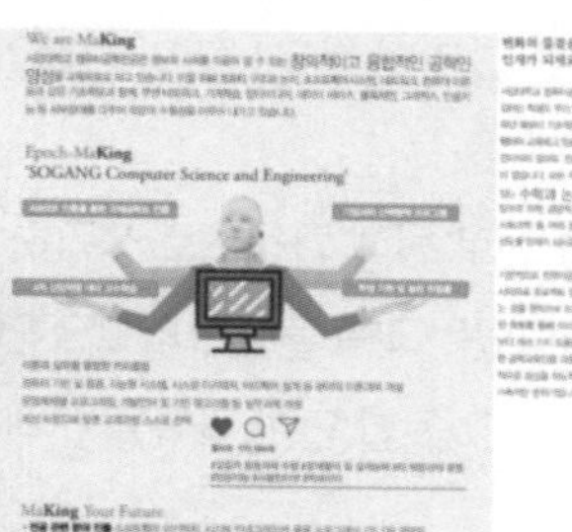

> 컴퓨터 공학은 하드웨어와 소프트웨어를 개발하는데 필요한 수학, 통계학, 전기공학 및 컴퓨터 과학을 융합하는 학문입니다.
>
> .....
>
> 컴퓨터를 처음 접하는 학생들도 무리 없이 따라올 수 있도록 기초적인 지식과 실습을 병행하여... 모든 학문의 기본이라고 할 수 있는 수학과 논리적 소양이....

출처 : 서강대학교 입학처 홈페이지

입학전형을 읽어도 무슨 말인지 모른다면 스스로 자료를 찾아보거나 부모님과 상의해도 좋습니다. 담임 선생님이나 관련 교과 선생님께 도움 요청하는 것을 추천합니다.

학과에서 요구하는 역량과 과목에 대해 알았다면, 이와 관련된 과목을 선택하면 됩니다. 학교에 개설된 과목이 전공과 관련 있다면, 반드시 수강해야 합니다. 본인의 학교 교육과정에 개설되어 있던(수강할 수 있었던) 경제를 듣지 않고 경제학과를 지원하면 속된 말로 서류 '광탈'입니다. 선택과목에서 대학이 중요하게 보는 것은 모든 과목을 어떻게 편성하여 수강하였나보다, 반드시 이수해야 하는 과목을 이수했는가에 집중할 것입니다. 해당 학과에서 요구하는 과목이 경제학과 경제 과목처럼 일차원적으로 드러나는 경우는 적습니다. 드러나지 않는 경우, 해당 학과에서 요구하는 역량을 바탕으로 과목을 선택해야 합니다.

전공 관련성이 일치하는(혹은 높은) 과목을 선택하고 난 뒤에 추가로 선택해야 할 과목이 남는 경우가 있습니다. 예를 들어 나에게 주어진 선택권은 3과목인데, 그중 이번 학기에 전공 관련성이 높은 과목은 2과목인 경우, 남은 1과목은 어떻게 할 것인가? 어떤 과목을 수강해도 상관없습니다. 그 과목에서는 기본개념이 아닌 다른 역량과 다른 의미를 찾아야 합니다. 선택과목은 학과와 관련성이 있는 과목을 반드시 수강하는 것이 원칙입니다. 이외의 과목에서는 어떤 유의미한 활동을 하고, 무엇을 배웠으며, 그 과목을 대하는 자세를 평가할 것입니다.

진로가 정해졌다면 입학전형 분석 등을 통해 본인에게 필요한 과목을 스스로 찾아 자신의 학업역량과 전공적합성을 나타내는 과목을 선택합니다. 전공과 일치성을 보이는 과목 외에 남은 과목은 흥미에 따라 선택합니다. 억지로 듣는 과목은 분명 힘든 시간을 남깁니다. 억지로 들은 과목이 운 좋게 학생부에 아름답게 기록될지라도, 아름다움은 거기까지입니다. 그 과목에서 유의미하게 스스로 남긴 것이 없다면, 면접이라는 관문에서 쓴잔을 마시며 면접장을 나오게 될 것입니다.

② 과목선택의 방법2 : 진로가 정해지지 않은 경우

과목선택이 이리저리 왔다 갔다 한다는 것은 아직 진로가 결정되지 않았다는 것입니다. 선택과목이 아닌 진로부터 생각해야 합니다. 내가 어떤 사람인지 아는 것. 그것이 과목선택의 시작입니다.

진로가 정해지지 않았다면 과목 수강 자체를 진로 탐색 과정으로 생각하면 됩니다. 이때 과목선택 방법은 간단합니다. 첫째, 덜 괴로운 과목을 선택합니다. 재미있는 과목을 들으라고 조언하고 싶지만, 학생들에게 모든 과목이 괴롭다는 것을 잘 알고 있습니다. 싫지만, 그래도 그중 할 만한 과목을 선택하면 됩니다.

다른 방법으로, EBSi에 들어가서 해당 과목 인터넷 강의를 들어보는 것을 추천합니다. 실제 수업을 들어보는 방법인데, 개인적인 경험에서 하는 조언입니다. 본인이 대학 진학을 고민하던 당시, 광고홍보학과에 진학하고 싶었으나 부모님은 반대했습니다. 너무나 반대가 심해 도서관에 가서 광고홍보 관련 전공 서적을 다 빌려놓고 일주일 동안 읽었습니다. 읽고 나니 '아, 이 길은 내 길이 아니구나.'라는 생각이 들어 과감하게 포기했습니다. 실제로 해보아야 압니다. 이것저것 고민하지 말고, 실제 과목 수업을 들어보세요. 무료 온라인 강의는 많습니다.

진로가 결정되지 않았다면 모든 영역의 과목을 골고루 들어놓으라는 조언을 합니다. 나중에 어떻게 될지 모르기 때문입니다. 대개 듣고 싶은 과목, 덜 괴로운 과목을 선택하다 보면 내가 좋아하는 것이 무엇인지 드러납니다. 진로를 결정하고 과목을 선택하는 것과 방향이 바뀌었을 뿐입니다. 어쩌면, 이 방향이 오히려 옳은 방향일지도 모릅니다.

내가 좋아하는 과목을 고르다 보면 본인도 모르는 사이 진로가 선명해질 것입니다. 과목을 지금 결정하지 못했다고, 낙담하지 마십시오. 대한민국 대부분의 고등학생이 구체적인 꿈을 갖지 못하고 있는 것이 현실입니다.

3 전공학과와 과목의 일치성은 기본이다. 거기에 더한다면,

학과와 본인의 선택과목이 전공 관련성이 있어야 한다는 것은 기본 중의 기본입니다. 공대를 희망하는 학생이 물리학Ⅰ, 기하 등의 수학 과목을 수강하지 않았다면 좋은 결과를 기대하기 힘듭니다. 자, 이제부터 공대를 희망하는 전국의 모든 고등학생이 '물리학'과 '기하'를 수강할 것입니다. 이 과목을 듣지 않았으면 분명 불이익을 받을 것입니다. 그런데 응시자들이 모두 똑같은 과목을 듣고 온다면 어떨까요? 마이너스는 없지만, 플러스도 없습니다. 여기에 자신만의 스토리 있는 과목이 필요합니다. 예를 들어 공대를 진학하는데 '물리'+'기하'+'미술창작'을 들은 학생이 있다고 합시다. 그 학생은 자신이 어떤 제품을 개발하는데 심미안적 관점이 필요해서 들었다는 설명을 덧붙이고, 미술 교과에서 공과대학과 어떤 접점을 찾았는지 설명할 수 있다면, 학업역량과 전공적합성 분야에서 높은 평가를 받을 것입니다.

선택과목에서 이루어질 수 있는 차별화 전략은 다음 2가지로 정리될 수 있습니다.

1. 여러 분야의 과목을 선택하여 전공과 관련한 '융합적' 지식을 습득할 것인가?
2. 한 분야의 과목을 깊이 있게 선택하여 전공과 관련한 '전문적' 지식을 습득할 것인가?

1을 선택한 경우라면, 전공과 과목의 일치성이 단순하게 드러나지 않을 것입니다. 해당 과목과 자신의 진로의 접점을 찾아 활동해야 합니다. 고등학교 교육과정에 있는 모든 교과는 대학의 과목과 연결되지 않는 것이 없습니다. 직접적인 연결은 보이지 않아도 다양한 교과 활동을 통해 자신의 진로와 연결고리를 찾고 자신만의 이야기를 만들어야 합니다.

1의 사례에서 학생은 본인만의 스토리를 만들어야 합니다. 어떤 학생은 사회적 현상을 물리적 법칙에 따라 식을 세우고 숫자로 표현하는데 흥미가 있다면 물리를 선택하고, 사회적 현상을 과학적으로 증명해내고 싶다면, 사회, 문화를 선택합니다. 전혀 관계없는 과목의 조합에 스토리가 필요합니다.

2를 선택했다면, 학교에 개설된 과목 중 최대한 라인(연결고리)을 만들어야 합니다. 예를 들어 물리학Ⅰ→ 물리학Ⅱ→ 고급물리의 단계로 이수하는 것입니다. 학교에서는 일정 인원수 이상의 학생들이 선택하는 과목만 개설 가능하므로, 심화 과목은 수강하기 쉽지 않습니다. 개설되지 않은 심화과목이 필요하다면, 공동교육과정이나 소인수 과목 등 플러스 교육과정의 형태로 이수하는 것을 추천합니다. 대학에서는 제한된 환경을 어떻게 극복해 나가느냐 또한 평가 기준으로 제시하므로 학교에 개설되지 않은 과목을 찾아 듣는 것도 좋은 방법입니다.

④ 내신 때문에 많은 학생이 선택하는 과목을 선택한다고?

과목선택에 앞서 학교에서 2~3차례 수요조사를 받습니다. 이 과정에서 수강인원이 적은 과목은 결국 폐강이 되는 상황에 이릅니다. 선택과목도 중요하지만, 내신을 잘 받아야 대학을 갈 수 있다는 것은 맞는 말입니다. 머리가 있어야 꽃도 꽂고 모자도 씁니다. 그러나 반은 맞고 반은 틀립니다.

내신등급이 단순하게 숫자로 환산되는 전형도 있습니다. 학생부 '교과' 전형. 단순 숫자로 평균을 내고, 줄을 세운 후 수능 최저등급을 요구하거나, 면접을 통해 학생을 평가합니다. 주로 국립대에서 입학생을 선발하는 방식입니다. 본인이 고3이 되어 반드시 학생부교과전형만 응시하겠다고 다짐한 경우, 내신등급을 위해 과목을 선택해도 됩니다. 그러나 서울 주요 15개 대학은 학생부'교과'전형의 비중을 줄이고 학생부'종합'전형의 비중을 늘리고 있습니다. 특히, 서울대학교의 경우 '교과'전형으로 선발하는 인원이 전혀 없습니다. 앞으로 대학은 학생부'종합'전형의 확대로 나아갈 것입니다. 이 흐름은 미래사회가 요구하는 인재상과 부합해 축소되기 어려울 것으로 보입니다.

학생부'종합'전형에서 내신 1등급은 같은 1등급이 아닙니다.

학년	학기	과목	이수 단위	등급	인원	원점수	평균	표준 편차
1	1	A	3	1	400	98	71.2	15.4
2	2	B	2	3	14	94	89.2	4.6

이 학생은 1학년 공통과목에서 1등급을 받았습니다. 그러나 2학년에서 14명이 선택한 과목을 94점으로 3등급을 받았습니다. 예를 들어 B과목이 물리학 II 와 같은 학생들이 어려워 선택을 꺼려 우수한 학생들이 선택하는 과목이라면? 그럼에도 불구하고 이 과목을 선택한 도전적인 의지를 높게 평가받을 것입니다. 단순하게 내신등급만으로 평가되지 않는다는 것을 알아야 합니다.

대학에서 학생을 평가할 때 교과 등급에 따른 학업 우수성뿐만 아니라 그 '질적' 수준이 어떠한지에 대해 학생부의 다른 영역(수상경력, 세부능력 및 특기사항 등)과 면접을 통해 복잡한 과정을 거쳐 검증합니다. 학업에 어려움이 있을 것을 알고 있음에도 '불구하고' 그 과목을 선택한 것, 대학에서는 전공에 대한 열의로 판단하지 않을까요? 선택하는 학생 수가 적어 내신 받기 힘들 거란 생각에 필요한 과목을 포기하면 대학도 압니다. 이 학생은 어려운 상황은 포기하는구나 하고 말입니다. 편한 길만 찾아가는 것이 학생부에 드러나지 않으리라는 믿음은 부질없습니다.

마지막 조언, 선택과목 이외의 과목에 대처하는 자세

나의 전공과 관련 없지만 『학교 필수과정』이라서 선택과 관계없이 들어야 하는 과목이 있습니다. 대학에 가서도 전공필수라는 과목이 있습니다. 100% 완전 선택은 어디에도 없습니다. 그런데 '나에게 필요 없는 과목은 대충하고 버리자'라는 생각을 한다면? 대학이 그 학생을 선택할 이유는 많이 줄어들 것입니다.

전공과 관련 없는 과목들은 '성실성' 항목으로 평가됩니다. 근시안적으로 나의 희망학과와 어떤 과목이 상관없어 보일 수 있습니다. 크게 보면 고등학교 교육에서 대학 전공과 연결되지 않는 것은 없습니다. 선택과목 이외의 과목에서, 혹은 본인의 진로와 직접적인 관련이 없는 과목에서 의미를 찾아내야 합니다. 그것이 진로와 관련된 의미이든, 교과목 자체의 학문적 특성이든 수강한 모든 과목에서 자신만의 깨달음이 있어야 합니다.

마. 학교에 필요한 과목이 개설되지 않았다면?

① 관련 분야 독서

학교에 개설되지 않은 과목을 공부하는 가장 쉬운 방법은 '독서'입니다. 그 분야에 관련된 대중 서적이나 개론서 모두 좋습니다. 현실적으로는 학교에 개설된 과목을 열심히 하고, 대학에서 배울 내용의 배경지식을 쌓는 것이 좋습니다. 학과와 관련된 전문서적을 읽는 것도 좋지만, 배움이 짧아 내용을 잘못 이해할 수 있으므로 가능하면 독서를 통해 다양한 배경지식을 쌓기에 초점을 두는 것이 좋습니다.

책을 읽을 때 반드시 기록해야 합니다. 여러 권의 책을 읽고 그냥 넘기는 것보다 한 권의 책을 꼼꼼하게 읽고 기록하는 것이 기억에 오래 남고 많이 배울 수 있습니다. 책을 읽기만 하면 저자의 생각을 받아들이는 것에 그치지만 이를 바탕으로 글을 쓰면 본인의 생각을 정리하여 비판적인 독서가 가능합니다. 기록은 '내가 어떤 책을 읽었어요.'의 증명이 아닙니다. 책을 읽은 뒤 내 생각을 확인하는 것입니다.

② 필요한 과목 찾아 독학하기

해당 과목 교과서를 찾아 스스로 공부를 하는 방법도 있습니다. 보통교과의 선택과목은 대부분 학교에서 개설됩니다. 하지만 심화 교과의 경우 수업이 개설되지 않은 경우가 많습니다. 관련 과목의 교과서를 구매하여 틈틈이 공부하는 방법입니다.

독학할 경우 스스로 정한 교재와 책 속에 담긴 개념을 이해하고 적용하는 연습의 과정에서 성취감을 가질 수 있습니다. 하지만 내용을 이해하고 적용하는 과정에서 처음 보는 개념이 많아 시간이 오래 걸립니다. 시간의 여유가 많으면 상관없지만, 내신과 수능 공부를 함께하는 고등학생에게 부담스러운 방법입니다. 또, 중요한 부분과 그렇지 않은 부분을 판단하는 것도 어려워 비효율적인 방법이 될 수 있습니다.

③ 인터넷 영상 활용하기

진로 관련 인터넷 영상을 활용하는 방법이 있습니다. 유튜브나 TED는 이미 유명한 학습 도구입니다. TED는 영어를 통한 강연이 주를 이루므로 전공 공부와 동시에 영어공부를 할 수도 있습니다. 관심 있는 강연을 찾아 반복해서 듣다 보면 영어 사용 능력뿐만 아니라 관심 분야에 대한 배경지식을 쌓을 수 있습니다. 공부를 책으로만 하던 시대는 지나갔습니다. 동영상이 제공하는 시청각 효과는 학습자에게 더욱 생생한 지식 쌓기에 도움을 줍니다.

미국 대학 강의를 일반인들에게 서비스하는 MOOC와 같은 K-MOOC의 도움을 받을 수도 있습니다. 해당 사이트에 들어가면 다양한 대학교 강의를 들어볼 수 있고, 본인의 진로와 관련된 강의를 직접 들으며 학습할 수 있습니다. 서울대학교에서도 'SNUON'를 통해 강의를 공개하고 있습니다.

미디어를 통해 학습할 때는 배운 내용을 기록하고, 정리하는 과정이 필요합니다. 자율동아리와 같은 형태로 관심사가 비슷한 친구들이 모여 학습 결과 및 발표 내용을 기록한다면 더욱 효과적입니다.

④ 이수할 수 있는 과목 활용하기

고등학교 교육과정에 대학 수업과 전혀 관련 없는 교과는 없습니다. 개설된 과목 중에서 본인의 진로와 관련이 깊은 단원을 깊이 있게 공부하면 대학 공부에 도움이 됩니다. 이수중인 교과목을 바탕으로 기초지식을 쌓고 이를 통해 자신의 관심사로 확장해 나가면 됩니다. 인터넷 자료 및 논문 검색, 독서 등을 통해 본인의 호기심을 스스로 해결해 나가는 과정이 중요합니다.

독자적으로 분리된 학문은 거의 없습니다. 다른 학문의 원리와 배경지식이 적용되는 경우도 많습니다. 물리학을 수강하고 싶으나 여건이 안 된다면 수학을 열심히 해서 기본기를 다지는 것이 물리학으로 접근을 쉽게 만들어 줄 수 있습니다. 유전자를 주제로 탐구할 경우 사회에서 GMO작물에 대한 찬반 토론이 가능하고, 국어 비문학에서 유전자 관련 학습뿐만 아니라, 유전자 재조합 기술의 문제점을 다룬 영어 지문 활용 등 생명과학에 한정된 학습이 아니라 다양한 과목과 분야에서 접근이 가능합니다.

5 동아리나 멘토링을 통해 친구와 함께하기

교육과정에 편성되지 않았거나, 수강인원이 적어 개설되지 않는 과목의 경우 혼자서 공부하는 것은 매우 힘듭니다. 교과서, 독서와 동영상을 활용하여 탄탄하고 꾸준하게 학습해나가는 방법은 '함께'하는 것입니다.

비슷한 관심사를 가진 친구와 함께 필요한 과목을 선정해 스터디를 하거나, 동아리를 구성하여 공부하는 방법을 권장합니다. 혼자서 공부하는 것보다 친구들과 함께 묻고 답하며 쌓아가는 과정에서 지식이 확장되어 감을 느낄 수 있을 것입니다.

6 플러스 교육과정 이수하기

학교 간 공동교육과정, 온라인 공동교육과정 등을 통해 개설되지 않은 과목을 이수할 기회를 제공하고 있습니다. 제시된 교육과정을 모두 이수한 후 추가로 수강하는 플러스 교육과정의 형태로 운영되고 있으며, 주로 전문교과 Ⅰ, Ⅱ에 해당하는 심화 과목을 편성, 운영하고 있습니다. 학교교육과정을 모두 이수한 후에 진행되므로 주로 야간이나 주말을 활용하여 수업이 진행됩니다.

학교 간 공동교육과정은 주변 여러 학교가 클러스터를 맺고 각 학교의 학생들이 거점학교에 모여 수업을 듣는 방식입니다. 예를 들면 인근에 위치하는 [가], [나], [다], [라] 고등학교가 클러스터를 맺고, 수요가 적으나 학생에게 필요한 과목을 개설합니다. 과목을 개설하는 학교가 거점학교가 됩니다. [가]고등학교가 심리학을 개설하고, [나], [다], [라] 고등학교에서 [가] 고등학교로 학생들이 심리학을 수강하기 위해 모입니다. 이때 [가] 고등학교가 심리학 과목 거점학교가 됩니다.

소인수 수업은 해당 과목에 대한 수요가 적은 것은 동일하나 강사 수급, 수강인원 등이 학교에서 단독으로 개설 가능할 경우 진행됩니다. 학교 간 공동교육과정과 차이점은 우리 학교 학생들만 듣는다는 점, 그리고 학교 간 공동교육과정이 절대평가인 것에 반해 학교교육과정 과목과 성적처리가 같은 방식이라는 점입니다.

온라인 공동교육과정은 쌍방향으로 진행되는 화상 수업입니다. 일반적인 온라인 수업은 강사가 동영상 강의를 하고 학생들은 이를 수용하는 역할이라면 온라인 공동교육과정은 온라인에서 실제로 진행되는 수업입니다. 온라인 공동교육과정은 주변에 클러스터를 맺을 학교가 없는 농어촌 지역에 우선권을 주고 있습니다.

플러스 교육과정은 학교에서 수요조사를 통해 과목에 대한 수요를 파악하고, 강사 수급 등의 절차를 협의한 후 학교운영위원회의 결정을 통해 개설과목을 결정합니다. 개설과목이 결정되면 일반적으로 가정통신문으로 안내가 되어 학생들의 선택을 받습니다.

플러스 교육과정은 진로와 관련된 심화 과목을 수강하므로 대학입시와 관련하여 매우 매력적으로 보입니다. 실제로 학교에서 1학년들의 신청이 가장 많은 것을 보면 이에 대한 기대감이 있음을 알 수 있습니다. 하지만 무턱대고 신청해서는 안 됩니다. 플러스 교육과정을 신청하기 전에 반드시 고려할 사항은 다음과 같습니다.

첫째, 과목의 위계를 고려하여야 합니다. 위계 없이 들은 심화 과목은 힘들게 이수했으나 의미가 없습니다. 1+1을 모르는 학생이 함수를 배워왔다고 잘했다고 칭찬할 수 없는 일입니다. 그래서 주로 고등학교 1학년이 듣고자 희망하지만 들을 수 있는 과목은 거의 없습니다. 수학 I 도 수강하지 않은 학생이 고급수학 I 이라니. 이치에 맞지 않을뿐더러 대학은 이 내용을 유의미하게 평가하지 않으니 괜한 고생만 하게 되는 결과가 됩니다.

둘째, 본인의 학교교육과정 내 선택과목과 유의미한 관계성이 있어야 합니다. 학교교육과정 안에서 기계공학과 관련된 과목을 선택하여 이수하였다면, 플러스 교육과정도 이와 관련된 고급수학, 고급물리학이나 물리실험과 같은 과목을 이수하는 것이 좋습니다. 학교 교육과정의 선택과목은 내신등급을 위해 수강자가 많은 과목을 골라 듣고, 플러스 교육과정만 본인의 진로와 관련된 과목을 들었다면 학교교육과정과의 연계성이 부족하여 의미가 상당히 줄어듭니다. 올바른 길로 가야만 의미를 더욱 찾을 수 있습니다.

셋째, 끝까지 해낼 수 있어야 합니다. 플러스 교육과정은 모든 과정이 일반 수업처럼 진행됩니다. 시험도 치르고 성적도 학생부에 기재됩니다. 학교 교육과정을 따라가면서 말 그대로 플러스로 운영되는 과목이므로 적지 않은 부담입니다. 심화 과목을 이수하고자 하는 학생들 대부분 관련 과목에서 학업능력이 뛰어난 학생들이 많아 진도가 빠릅니다. 이 모든 것을 감당하고 본인에게 실질적으로 도움이 된다고 생각할 때 수강하는 것이 좋습니다. 어설프게 시도했다가 힘만 빼고 도움이 되지 않는 경우가 발생할 수 있습니다. 중간에 포기한다면 아니함만 못한 시도가 됩니다. 플러스 교육과정은 자신의 역량을 충분히 고려한 후 선택하도록 합니다. 과유불급이라는 사자성어는 괜히 만들어진 것이 아닙니다.

V

인문, 사회, 교육계열 나만의 로드맵 만들기

나만의 로드맵 만들기

앞서 합격 데이터, 세부능력 및 특기사항, 교과 선택을 보았습니다. 다양한 데이터를 보고 그냥 책을 덮었다면 제일 중요한 부분을 놓칠 뻔 했습니다. 합격 데이터와 세부능력 및 특기사항을 본인의 것으로 만드는 작업이 핵심입니다. 위 내용과 비슷한 본인 학교의 동아리, 대회 수상, 진로활동, 봉사활동 그리고 교과 내용을 찾는 과정이 필요합니다. 이 과정이 이루어지려면 학교 알리미 사이트에 접속해 소속 학교 분석이 시작되어야 합니다.

학교 알리미는 각 학교의 현황, 교원현황, 교육활동, 교육여건, 학업성취도 등 그 학교의 모든 정보를 담고 있습니다. 당해 연도 최신 내용은 5월경 업데이트됩니다. 그 내용을 보고 내가 학교에서 해야 할 활동 등을 계획할 수 있습니다. 학교에서는 학생들에게 3월에 부분적으로 전달하고 있습니다. 올해 대회 수상, 동아리 등 학교 학생들은 자연스럽게 알 수 있습니다. 하지만 학교 밖의 부모님은 자세한 내용을 알 수 없으니 관심 있는 부모님께서는 꼭 찾아보면 좋습니다.

학교 알리미 예시로 세 학교의 내용을 계열별로 정리해보겠습니다. 학교에서 이루어지는 대회 수상, 자율활동, 진로활동, 동아리, 봉사활동, 교과 선택입니다. 학교활동에서 학생이 선택할 수 있는 것들만 뽑았습니다. 2015개정 교육과정이 들어오면서 학생은 교과를 자유롭게 선택할 수 있습니다. 따라서 학생의 교과 선택 또한 학생을 드러낼 수 있는 좋은 소재가 되고 있습니다.

세 학교와 비교하며 여러분이 소속된 학교는 어떤지 확인하길 바랍니다.

가. A학교 계열별 추천 활동

1 인문계열

수상: 독서토론대회, 교육대토론대회, 논술경시대회, 독서골든벨, 교내 경시대회

자율	손잡고 같이 가는 아름다운 선후배: 멘토링 결연, 도움 주고 도움받는 선배초청 명품 강연, 네 바다를 향하는 리더십 함양(미국, 러시아, 중국, 일본 자매학교 교류), 솔선수범하는 너와 나, 훌륭한 국가 지도자: 리더십 마일리지, 영어로! 세계로!(영자신문 발간, 영어경시대회, 영어듣기, 영어 관련 동아리 활동 등), 창의적 인재 육성의 산실, 인문사회영재학급(방과후학교, 독서, 토론, 글쓰기, 발표활동), 리더십 함양 수련회, 끼와 재능을 펼치는 예술제
진로	자신감과 비전을 심어주는 진로 진학 비전 캠프(적성 탐색, 학과에 대한 설명, 입시전형, 진학지도 등), 학교 단위 상담활동을 통한 자기 주도적 진로 개척 능력 향상, 학생부 종합전형 대비 지도 및 진학상담실 운영, 정규교과 속에 융합된 진로교육, 자기정체성을 찾아주는 '나의 브랜드 파일 만들기'
동아리	PMC(심리), psyco(심리학), 역사, 영화로 말한다, 역사탐색부, 문학작품독서토론반, 유네스코(역사)
봉사	다양할수록 좋다. 개인 봉사 및 학교에서 하는 의미 있는 봉사는 다 중요하다. 이웃돕기활동(친구 돕기 활동-학습이 느린 친구 돕기, 장애 친구 돕기, 지역사회활동-불우이웃 돕기, 난민구호활동, 복지시설방문, 재능기부 등) 환경보호활동(환경정화활동-깨끗한 환경 만들기, 공공 시설물 보호, 문화재 보호, 지역사회 가꾸기, 자연보호활동-식목활동, 자원 재활용, 저탄소 생활 습관화 등) 캠페인활동(공공질서, 환경 보전, 헌혈, 각종 편견 극복 캠페인 활동, 학교폭력 예방, 안전사고 예방, 성폭력 예방 캠페인 활동 등)
교과선택	국어: [1학년] 국어/ [2학년] 문학, 독서와 문법/ [3학년] 화법과 작문, 고전 수학: [1학년] 수학/ [2학년] 미적분 Ⅰ / [3학년] 확률과통계 영어: [1학년] 영어/ [2학년] 영어 Ⅱ, 영어독해와 작문/ [3학년] 심화영어, 심화영어독해 Ⅱ 한국사: [1학년] 사회: [1학년] 통합사회/ [2학년] 경제, 세계사 中 택1, 윤리와 사상 [3학년] 동아시아사, 한국지리 中 택1, 사회문화, 생활과 윤리 과학: [1학년] 통합과학, 과학탐구실험/ [2학년] 생명과학 Ⅰ, 지구과학 Ⅰ / [3학년] X 생활·교양: [1학년] 기술·가정, 한문 中 택1, 정보 / [2학년] 독일어, 일본어, 중국어 中 택1 [3학년] 논술

2 사회계열

○ 수상 ○ 독서토론대회, 교육대토론대회, 논술경시대회, 독서골든벨, 교내 경시대회

자율	손잡고 같이 가는 아름다운 선후배: 멘토링 결연, 도움 주고 도움받는 선배초청 명품 강연, 네 바다를 향하는 리더십 함양(미국, 러시아, 중국, 일본 자매학교 교류), 솔선수범하는 너와 나, 훌륭한 국가 지도자: 리더십 마일리지, 영어로! 세계로!(영자신문 발간, 영어경시대회, 영어듣기, 영어 관련 동아리 활동 등), 창의적 인재 육성의 산실, 인문사회영재학급(방과후학교, 독서, 토론, 글쓰기, 발표활동), 리더십 함양 수련회, 끼와 재능을 펼치는 예술제
진로	자신감과 비전을 심어주는 진로 진학 비전 캠프(적성 탐색, 학과에 대한 설명, 입시전형, 진학지도 등), 학교 단위 상담활동을 통한 자기 주도적 진로 개척 능력 향상, 학생부 종합전형 대비 지도 및 진학상담실 운영, 정규교과 속에 융합된 진로교육, 자기정체성을 찾아주는 '나의 브랜드 파일 만들기'
동아리	SPTC(발표토론), 방송부, 신문부
봉사	다양할수록 좋다. 개인 봉사 및 학교에서 하는 의미 있는 봉사는 다 중요하다. 이웃돕기활동(친구 돕기 활동-학습이 느린 친구 돕기, 장애친구 돕기, 지역사회활동-불우이웃 돕기, 난민구호활동, 복지시설방문, 재능기부 등) 환경보호활동(환경정화활동-깨끗한 환경 만들기, 공공 시설물 보호, 문화재 보호, 지역사회 가꾸기, 자연보호활동-식목활동, 자원 재활용, 저탄소 생활 습관화 등) 캠페인활동(공공질서, 환경 보전, 헌혈, 각종 편견 극복 캠페인 활동, 학교폭력 예방, 안전사고 예방, 성폭력 예방 캠페인 활동 등)
교과선택	국어: [1학년] 국어/ [2학년] 문학, 독서와 문법/ [3학년]화법과 작문, 고전 수학: [1학년] 수학/ [2학년] 미적분 Ⅰ / [3학년] 확률과 통계 영어: [1학년] 영어/ [2학년] 영어 Ⅱ, 영어독해와 작문/ [3학년] 심화영어, 심화영어독해 Ⅱ 한국사: [1학년], [3학년] 사회: [1학년] 통합사회/ [2학년] 경제, 세계사 中 택1, 윤리와 사상 [3학년] 동아시아사, 한국지리 中 택1, 사회문화, 생활과 윤리 과학: [1학년] 통합과학, 과학탐구실험/ [2학년] 생명과학 Ⅰ, 지구과학 Ⅰ / [3학년] X 생활·교양: [1학년] 정보/ 기술·가정, 한문 中 택1/ [2학년] 독일어, 일본어, 중국어 中 택1/ [3학년] 논술

③ 교육 · 사범계열

〈p.s : 교육•사범계열은 계열 속 많은 다양한 학과들이 있습니다. 자신이 희망하는 교과의 심화 과목을 꼭 넣길 바랍니다.〉

수상	독서토론대회, 교육대토론대회, 논술경시대회, 독서골든벨, 교내 경시대회
자율	손잡고 같이 가는 아름다운 선후배: 멘토링 결연, 도움 주고 도움받는 선배초청 명품 강연, 네 바다를 향하는 리더십 함양(미국, 러시아, 중국, 일본 자매학교 교류), 솔선수범하는 너와 나, 훌륭한 국가 지도자: 리더십 마일리지, 영어로! 세계로!(영자신문 발간, 영어경시대회, 영어듣기, 영어 관련 동아리 활동 등), 창의적 인재 육성의 산실, 인문사회영재학급(방과후학교, 독서, 토론, 글쓰기, 발표활동), 리더십 함양 수련회, 끼와 재능을 펼치는 예술제, 우수과학 인재 양성의 요람, 과학중심 과정(주제 중심의 소그룹 탐구), 창의·체험 중심 교육과정 운영을 통한 과학교육 내실화(실험실습, 대학교의 실험실 탐방, 천문 캠프, 자연탐사), 수학·과학 탐구영재반 운영, STEAM(융합인재) 교육과정 운영의 내실화(통합과학, 과학탐구실험), 리더십 함양 수련회
진로	자신감과 비전을 심어주는 진로 진학 비전 캠프(적성 탐색, 학과에 대한 설명, 입시전형, 진학지도 등), 학교 단위 상담활동을 통한 자기 주도적 진로 개척 능력 향상, 학생부 종합전형 대비 지도 및 진학상담실 운영, 정규교과 속에 융합된 진로교육, 자기정체성을 찾아주는 '나의 브랜드 파일 만들기'
동아리	거의 모든 동아리 다 도움이 됨
봉사	다양할수 록 좋다. 개인봉사가 중요하다. 이웃돕기활동(친구 돕기 활동-학습이 느린 친구 돕기, 장애친구 돕기, 지역사회활동-불우이웃 돕기, 난민구호활동, 복지시설방문, 재능기부 등) 환경보호활동(환경정화활동-깨끗한 환경 만들기, 공공 시설물 보호, 문화재 보호, 지역사회 가꾸기, 자연보호활동-식목활동, 자원 재활용, 저탄소 생활 습관화 등) 캠페인활동(공공질서, 환경 보전, 헌혈, 각종 편견 극복 캠페인 활동, 학교폭력 예방, 안전사고 예방, 성폭력 예방 캠페인 활동 등)
교과선택	국어: [1학년] 국어/ [2학년] 문학, 실용 국어/ [3학년]심화 국어 수학: [1학년] 수학/ [2학년] 수학 I , 미적분 I / [3학년] 확률과 통계 영어: [1학년] 영어/ [2학년] 영어 II , 영어독해와 작문/ [3학년] 심화영어, 심화영어독해 II 한국사: [1학년] 사회: [1학년]통합사회/ [2학년] 경제, 세계사, 윤리와 사상 中 택2, [3학년] 동아시아사, 한국지리, 사회문화, 생활과 윤리 택3 (자신이 정말로 하고 싶은 것들 위주로 선택) 과학: [1학년] 통합과학, 과학탐구실험/ [2학년] 물리 I , 화학 I , 생명과학 I , 지구과학 I 中 택1/ [3학년] X (자신이 정말로 하고 싶은 것들 위주로 선택) 생활·교양: [1학년] 정보/ 기술·가정, 한문 中 택1/ [2학년] 독일어, 일본어, 중국어 中 택1 / [3학년] 교육학

나. B학교 계열별 추천 활동

1 인문계열

수상	역사 한마당, 역사경시대회, 논술한마당, 과학창의탐구마당, 과제탐구대회, 독서경시대회, 글짓기대회, 영어교과서어휘경시대회, 영어글쓰기경시대회
자율	자기생활평가, 독서토론, 학교폭력예방교육, 생명존중교육, 성폭력예방교육
진로	심성계발, 정체성탐구, 진로검사, 진로정보탐색, 진로계획활동, 진로체험활동
동아리	책 속의 독토로(독서 관련 독서 토론 동아리), 온고지신(고전읽기), 서예반(전통 서예와 펜글씨와 올바른 인격 형성), 문학의 숲을 거닐다(책 읽고 문학의 아름다움 이해), 너나들이(예술적 감각과 인목 높이기), 시사랑, CLIP(영문 자료 조사), TED로 WORLD로(지식인들의 강의고 영어로 제시), 교지 방송반, 탐 미 인(다양한 문화 예술 감상), 표현과 자유(예술 문화의 가치 이해), 인문학에 빠지다, Science지 토론반(최신 연구 실적 공유), Korea Times(영어 작문 및 독해)
봉사	다양할수록 좋다. 개인 봉사 및 학교에서 하는 의미 있는 봉사는 다 중요하다. 멘토링, 도서부, 학생회, 헌혈, 합창부, 이웃돕기활동, 캠페인활동 등
교과선택	1학년: 공통 2학년: 국어- 독서, 문학, 실용 국어, 심화 국어 / 수학- 수학 I , 수학 II / 영어- 영어 I , 영어 II , 심화 영어 독해 I / 과학- 생활과 과학, 과학사 / 사회- 생활과 윤리, 사회·문화 / 생화·교양- 정보, 논술 3학년: 국어- 언어와 매체, 화법과 작문 / 수학- 미적분, 확률과 통계, 실용 수학 / 영어- 영어 독해와 작문, 영어 회화 / 사회- 세계사, 정치와 법, 사회문제 탐구 / 생활·교양- 철학, 실용 경제 / 제2외국어- 중국어 II , 일본어 II

② 사회계열

수상	역사 한마당, 역사경시대회, 논술한마당, 과학창의탐구마당, 과제탐구대회, 독서경시대회, 글짓기대회, 영어교과서어휘경시대회, 영어글쓰기경시대회
자율	자기생활평가, 독서토론, 학교폭력예방교육, 생명존중교육, 성폭력예방교육
진로	심성계발, 정체성탐구, 진로검사, 진로정보탐색, 진로계획활동, 진로체험활동
동아리	S.O.D.A., 시사탐구반, 신문으로 세상 읽기, 독도는 우리 땅, 뒤집어보는 역사 (역사토론), 알고리즘
봉사	다양할수록 좋다. 개인 봉사 및 학교에서 하는 의미 있는 봉사는 다 중요하다. 멘토링, 도서부, 학생회, 헌혈, 합창부, 이웃돕기활동, 캠페인활동 등
교과선택	1학년: 공통 2학년: 국어- 독서, 문학, 실용 국어, 심화 국어 / 수학- 수학Ⅰ, 수학Ⅱ / 영어- 영어Ⅰ, 영어Ⅱ, 심화 영어 독해Ⅰ / 과학- 생활과 과학, 과학사 / 사회- 생활과 윤리, 사회·문화 / 생활·교양- 정보, 논술 3학년: 국어- 언어와 매체, 화법과 작문 / 수학- 미적분, 확률과 통계, 실용 수학 / 영어- 영어 독해와 작문, 영어회화 / 사회- 세계사, 정치와 법, 사회문제 탐구 / 생활·교양- 철학, 실용 경제 / 제2외국어- 중국어Ⅱ, 일본어Ⅱ

③ 교육 · 사범계열

〈p.s : 교육•사범계열은 계열 속 많은 다양한 학과들이 있습니다. 자신이 희망하는 교과의 심화 과목을 꼭 넣길 바랍니다.〉

수상	수학실력 한마당, 창의수학경진대회, 논술한마당, 과학창의탐구마당, 과제탐구대회, 독서경시대회, 과학경시대회, 글짓기대회, 수학경시대회, 영어교과서어휘경시대회, 영어글쓰기경시대회
자율	자기생활평가, 독서토론, 학교폭력예방교육, 생명존중교육, 성폭력예방교육
진로	심성계발, 정체성탐구, 진로검사, 진로정보탐색, 진로계획활동, 진로체험활동
동아리	RCY(봉사동아리)
봉사	다양할수록 좋다. 개인 봉사 및 학교에서 하는 의미 있는 봉사는 다 중요하다. 멘토링, 도서부, 학생회, 헌혈, 합창부, 이웃돕기활동, 캠페인활동 등
교과선택	1학년: 공통 2학년: 국어- 독서, 문학, 실용 국어, 심화 국어. 택2/ 수학- 수학Ⅰ, 수학Ⅱ / 영어- 영어Ⅰ, 영어Ⅱ /사회- 경제, 세계사, 윤리와 사상. 택2 / 과학- 화학Ⅰ, 물리학Ⅰ, 생명과학Ⅰ, 과학사, 생활과 과학. 택1 / 생활·교양- 정보, 논술. 택1 3학년: 국어- 언어와 매체, 화법과 작문 / 수학- 미적분, 확률과 통계/ 영어- 영어독해와 작문, 영어 회화 / 사회- 동아시아사, 한국지리, 사회문화, 생활과 윤리. 택3 / 생활·교양- 교육학, 철학

다. C학교 계열별 추천 활동

1 인문계열

수상	인문논술대회, OO문학상, OO토론대회, 창의독서발표대회, 지리경시대회, 독도경시대회, 헌법경시대회, 역사경시대회, 경제 경시대회, 수학경시대회, 영어의 날, 일본어의 날, 중국어의 날, 영어 창작의 날
자율	인성교육, 감성교육, 독서활동, 화재예방교육, 학교폭력예방교육, 생명존중교육, 인권교육, 흡연 및 성폭력예방교육, 가정폭력예방교육, 안전교육
진로	진로교육, 진로탐색프로그램, 파피루스(도서)
동아리	Sophist(영어 토론)
봉사	다양할수록 좋다. 개인 봉사 및 학교에서 하는 의미 있는 봉사는 다 중요하다. 멘토링, 도서부, 학생회, 헌혈, 합창부, 이웃돕기활동, 캠페인활동 등
교과선택	2학년: 국어, 문학, 독서, 실용국어, 고전읽기 / 수학- 수학Ⅰ, 수학Ⅱ, 심화수학Ⅰ, 심화수학Ⅱ, / 영어- 영어Ⅰ, 영어Ⅱ, 심화영어독해Ⅰ, 심화영어독해Ⅱ, 영미문학, 심화영어회화Ⅰ, 심화영어회화Ⅱ / 사회- 동아시아사, 경제, 세계사, 정치와 법, 생활과 윤리, 국제정치 / 물리학Ⅰ, 화학Ⅰ, 생명과학Ⅰ, 지구과학Ⅰ, 정보과학 / 제2외국어- 일본어 문법Ⅰ, 중국어 문법Ⅰ, 일번어 회화Ⅰ, 일본어 독해와 작문Ⅰ, 중국어 독해와 작문Ⅰ, 중국어 회화Ⅰ, 일본 언어와 문화, 중국 언어와 문화 / 생활·교양 : 논술 3학년: 국어- 화법과 작문, 독서, 언어와 매체, 심화 국어 / 수학- 확률과 통계, 경제 수학, 수학과제탐구 / 영어- 심화영어회화Ⅰ, 심화영어Ⅰ, 진로 영어, 시사영어, 영어 비평적 읽기와 쓰기 / 사회- 사회문화, 비교문화 / 제2외국어- 일본 언어와 문화, 중국 언어와 문화, 일본어 독해와 작문Ⅱ, 중국 회화Ⅱ, 일본어 회화Ⅱ, 중국어 독해와 작문Ⅱ

② 사회계열

수상	인문논술대회, OO문학상, OO토론대회, 창의독서발표대회, 지리경시대회, 독도경시대회, 헌법경시대회, 역사경시대회, 경제 경시대회, 수학경시대회, 영어의 날, 일본어의 날, 중국어의 날, 영어 창작의 날
자율	인성교육, 감성교육, 독서활동, 화재예방 교육, 학교폭력예방교육, 생명존중교육, 인권교육, 흡연 및 성폭력 예방교육, 가정폭력예방교육, 안전교육
진로	진로교육, 진로탐색프로그램
동아리	HAPAD(정치외교), HBS(방송부), LIOM(심리학), Social Value in Has(사회적 경제), 파피루스(도서 동아리)
봉사	다양할수록 좋다. 개인 봉사 및 학교에서 하는 의미 있는 봉사는 다 중요하다. 멘토링, 도서부, 학생회, 헌혈, 합창부, 이웃돕기활동, 캠페인활동 등
교과선택	2학년: 국어, 문학, 독서, 실용국어, 고전읽기 / 수학- 수학Ⅰ, 수학Ⅱ, 심화수학Ⅰ, 심화수학Ⅱ, 고급수학Ⅰ, 고급수학Ⅱ / 영어- 영어Ⅰ, 영어Ⅱ, 심화영어독해Ⅰ, 심화영어독해Ⅱ, 영미문학, 심화영어회화Ⅰ, 심화영어회화Ⅱ / 사회- 경제, AP미시경제, 세계사, 정치와 법, 생활과 윤리, 국제정치, AP세계사 / 물리학Ⅰ, 화학Ⅰ, 생명과학Ⅰ, 지구과학Ⅰ, 정보과학 / 제2외국어- 일본어 문법Ⅰ, 중국어 문법Ⅰ, 일본어 회화Ⅰ, 일본어 독해와 작문Ⅰ, 중국어 독해와 작문Ⅰ, 중국어 회화Ⅰ, 일본 언어와 문화, 중국 언어와 문화 / 생활·교양 : 논술 3학년: 국어- 화법과 작문, 독서, 언어와 매체, 심화 국어 / 수학- 확률과 통계, 심화 미적분, 경제 수학, 수학과제탐구 / 영어- 심화영어회화Ⅰ, 심화영어Ⅰ, 진로 영어, 시사영어, 영어 비평적 읽기와 쓰기 / 사회- 사회문화, 동아시아사, AP세계사, 비교문화, 국제 경제 / 제2외국어- 일본 언어와 문화, 중국 언어와 문화, 일본어 독해와 작문Ⅱ, 중국 회화Ⅱ, 일본어 회화Ⅱ, 중국어 독해와 작문Ⅱ

3 교육 · 사범계열

〈p.s : 교육·사범계열은 계열 속 많은 다양한 학과들이 있습니다. 자신이 희망하는 교과의 심화 과목을 꼭 넣길 바랍니다.〉

수상	과학논술대회, 정보경시대회, 과학경시대회, 뇌과학 경시대회, 통합과학논술대회, 인문논술대회, OO문학상, OO토론대회, 창의독서발표대회, 독도경시대회, 헌법경시대회, 수학경시대회, 수리논술경시대회, 영어의 날, 영어 창작의 날
자율	인성교육, 감성교육, 독서활동, 화재예방교육, 학교폭력예방교육, 생명존중교육, 인권교육, 흡연 및 성폭력 예방교육, 가정폭력예방교육, 안전교육
진로	진로교육, 진로탐색프로그램
동아리	SED LEX(법학 연구), OOLawfirm(법연구분석)
봉사	다양할수록 좋다. 개인 봉사 및 학교에서 하는 의미 있는 봉사는 다 중요하다. 멘토링, 도서부, 학생회, 헌혈, 합창부, 이웃돕기활동, 캠페인활동 등
교과선택	2학년: 국어, 문학, 독서, 실용국어, 고전읽기 / 수학- 수학Ⅰ, 수학Ⅱ, 심화수학Ⅰ, 심화수학Ⅱ, 고급수학Ⅰ, 고급수학Ⅱ / 영어- 영어1, 영어Ⅱ, 심화영어독해1, 심화영어독해Ⅱ, 영미문학, 심화영어회화1, 심화영어회화Ⅱ / 사회- 경제, AP미시경제, 세계사, 정치와 법, 생활과 윤리, 국제정치, AP세계사 / 물리학Ⅰ, 화학Ⅰ, 생명과학Ⅰ, 지구과학Ⅰ, 정보과학 / 제2외국어- 일본어 문법Ⅰ, 중국어 문법Ⅰ, 일본어 회화Ⅰ, 일본어 독해와 작문Ⅰ, 중국어 독해와 작문Ⅰ, 중국어 회화Ⅰ, 일본 언어와 문화, 중국 언어와 문화 / 생활·교양 : 교육학 3학년: 국어- 화법과 작문, 독서, 언어와 매체, 심화 국어 / 수학- 확률과 통계, 경제 수학, 수학과제탐구 / 영어- 심화영어회화Ⅰ, 심화영어Ⅰ, 진로 영어, 시사영어, 영어 비평적 읽기와 쓰기 / 사회- 사회문화, 동아시아사, AP세계사, 비교문화, 국제 경제 / 제2외국어- 일본 언어와 문화, 중국 언어와 문화, 일본어 독해와 작문Ⅱ, 중국 회화Ⅱ, 일본어 회화Ⅱ, 중국어 독해와 작문Ⅱ

위와 같이 표로 정리하면 학생이 학교에서 어떤 활동을 진행할지를 알 수 있을 것입니다. 위 내용에서 세부능력 및 특기사항은 없습니다. 여기에 세부능력 및 특기사항까지 넣으면 유일한 나만의 학교생활기록부가 만들어집니다. 이 책의 부록에 있는 '나만의 학교생활기록부 만들기'를 채워 넣으시면 됩니다.

이제 우리는 지금의 학교 알리미와 앞서 제시하였던 합격 데이터, 세부능력 및 특기사항, 교과 선택에서 나만의 학교생활기록부가 어떤 것인지 알아보았습니다. 이는 고등학생은 물론 예비 고등학생인 중학생이 각 고등학교를 분석하여 입학 지원 전략을 짜는 상황에 매우 도움이 될 것입니다.

학생의 모든 활동은 학교생활기록부에 기록됩니다. 대입이라는 목표 달성에 중요한 부분이 될 수 있겠지만, 학생 개인에게 평생 남을 자료이기도 합니다. 학생이 자신의 진로를 찾아가는 학교활동에서의 노력이 학교생활기록부에 잘 기록되도록 열심히 학교생활에 임하길 바랍니다. 모든 학생에게 미래를 찾는 로드맵 발견의 기쁨이 돌아갔으면 좋겠습니다. 감사합니다.

부록

나만의 합격 로드맵

2024 변화하는 학생부 기록 120% 활용 비법! 3탄

생활기록부 구분	2022, 2023 대입	2024 대입 이후
1. 교과활동	·과목당 500자 ·방과후 (수강) 내용 미기재	·과목당 500자 ·방과후 (수강) 내용 미기재 ·영재, 발명교육 실적 대입 미반영
2. 종합의견	연간 500자	연간 500자
3. 자율활동	연간 500자	연간 500자
4. 동아리 활동	연간 500자 ·자율동아리(30자) 기재 ·청소년단체활동 단체명만 기재 ·소논문 기재 금지	연간500자 ·자율동아리 대입 미반영 ·청소년단체활동 미기재 ·소논문 기재 금지
5. 봉사활동	·특기사항 미기재 ·교내외 봉사활동 실적 기재	·특기사항 미기재 ·개인봉사활동 실적 대입 미반영(단, 학교교육계획에 따라 교사가 지도한 실적은 대입 반영)
6. 진로활동	연간 700자 ·진로희망분야 대입 미반영	연간700자 ·진로희망분야 대입 미반영
7. 수상경력	·교내수상 학기당 1건만(3년간 6건) 대입 반영	·대입 미반영
8. 독서활동	·도서명과 저자 기재	·대입 미반영

교과활동

※ **2022~23학년 대입** : 방과후 활동 내용 미기재 | **2024학년도 대입** : 영재, 발명교육실적 대입 미반영

분석과 제안 현재 추세는 비교과로 포함되는 세부능력 및 특기사항 글자 수가 줄어들고 있습니다. 방과 후 활동 미기재, 2024년 대입시 학생부에 영재·발명교육 실적은 반영되지 않습니다. 결론은 기존보다 글자 수가 줄어들었습니다. 유일하게 교과별 세부능력 및 특기사항은 글자 수가 늘었습니다. 고등학교의 과목별 세부능력 특기사항은 모든 교과(군)에 모든 학생을 대상으로 입력하게 되었습니다. 교양 및 예체능 교과군 등에도 모든 학생의 세부능력 특기사항 작성이 적용됩니다. 즉, 수업 시간의 특기사항 작성 범위가 확대되어 수업이 가장 중요하다고 생각됩니다. 창의적 체험활동과 독서 활동, 수상에서 줄어든 부분과 미기재 항목을 수업 활동에서 적극 드러내어 그 활동이 기재되는 게 좋습니다.

행동특성 및 종합의견

※ **2022~2024학년 대입** : 연간 500자

분석과 제안 종합의견은 1000자에서 500자로 줄었습니다. 글자 수가 줄면서 중요도가 줄었다고 생각할 수 있습니다. 이제는 교사 추천서도 폐지되었기에, 이 500자가 학생 개인의 추천서로 간주할 수 있습니다. 대학에서도 종합의견에서 미사어구 대신 객관적인 사례 중심으로 학생의 역량이 기재된 것을 신뢰할 만한 학생 추천서로 판단하고 있습니다. 멘토링이나 모둠 활동 평가를 통해 학생의 리더십이나 공부 방법이 작성 가능합니다. 배려와 나눔의 태도와 학교 공동체 안에서 드러나는 학생 개인의 인성 역량도 기술되어야 합니다. 행동특성 및 종합의견은 담임선생님이 학생을 객관적으로 관찰한 내용을 바탕으로 작성됩니다.

자율활동

※ **2022~2024학년 대입** : 연간 500자

분석과 제안 학교 주도의 활동에 대해 작성되는 부분이 자율활동입니다. 학생은 학교 행사에 적극 참여하고 그 때마다 배우고 느낀 점을 적고 이를 포트폴리오로 만들어 보관해야 합니다. 요즘 학교마다 권장하는 활동 중 자율탐구가 있습니다. 자율탐구활동은 학생이 스스로 주제 선정과 보고서 작성까지 전 과정을 수행하는 활동입니다. 해당 주제를 자신의 진로를 찾는 데 활용할 수 있고, 평소 학생이 궁금한 내용을 조사하여 이를 정리하는 것도 가능합니다.

학생부에 단발성 행사보다 지속적으로 활동하는 행사가 기술되면 좋습니다. 학생은 더 많은 행사 참여를 통해서 본인의 역량을 길러 이를 잘 드러내야 할 것입니다. 또 진로에 맞춘 자율 교육과정과 학교 및 학급 특색활동을 활용하는 방법도 있습니다. 학교에는 최대한 개인화 할 수 있는 여건이 조성되어야 합니다.

동아리활동

※ **2022~23학년 대입** : 자율동아리 연간 1개 기재(30자만 기재), 청소년 단체명만 기재, 소논문 기재금지
2024학년도 대입 : 청소년 단체활동 미기재, 소논문 기재금지

분석과 제안 학교내 창의적체험활동 동아리 외에 학생의 자발적인 활동으로 만들었던 자율동아리가 2024학년 대입부터는 큰 의미가 없어집니다. 대안으로 우수하다고 평가받은 자율동아리를 창의적체험활동 동아리 부서로 전환하는 방법도 있습니다. 이때 학생은 학교에 지도 교사 신청과 동아리 개설을 요청해야 합니다. 학교에서도 유명무실한 동아리를 폐지하거나 통폐합시키는 노력이 필요합니다. 교과연계 탐구 스터디를 구성해서 교과와 학업 부분, 진로연계 탐구 스터디와 그 과정 속에 배려, 나눔, 역경 극복의 리더십까지 보여줄 수 있는 기회를 만들어 활용하면 됩니다.

봉사활동

※ **2022~23학년 대입** : 특기사항 미기재, 교내외 활동 실적기재
2024학년도 대입 : 특기사항 미기재, 개인봉사활동 실적 대입 미반영. 단, 학교봉사 실적은 반영

분석과 제안 개인 봉사활동의 미반영은 봉사활동이 의미가 없어진 것으로 해석하면 안됩니다. 개인 봉사활동의 미반영은 개인의 여건에 따른 불평등의 여지를 없애고, 학교 봉사활동을 장려하는 것이 목적입니다. 이제껏 선배들이 했었던 우수한 봉사활동을 학교 계획으로 가져와서 관심 있는 학생 모두가 참여하게 만들어 주어야 합니다.

학교 교육계획에 따라 실시한 봉사활동의 경우 교사가 직접 관찰하고 평가한 학생의 특기사항은 필요시 '행동특성 및 종합의견'란에 입력이 가능합니다. 이를 활용해서 봉사활동의 특기사항을 볼 수 있으니 많이 활용할 수 있습니다.

진로활동

※ **2022~2024학년 대입** : 연간 700자, 진로희망분야 대입 미반영

분석과 제안 진로 희망 분야는 20022학년 대입부터 상급학교에 제공하지 않습니다. 진로 희망 분야는 학생이 희망하는 학과 및 계열에 지원동기라 할 수 있습니다. 그러나 이제 제공하지 않으므로 진로활동이나 다른 영역의 세부능력 및 특기사항에 작성되게 해야 합니다.

대신에 진로활동 특기사항 참고자료를 담임 상담이나 교과교사 혹은 진로상담 교사의 상담 및 관찰·평가 내용으로 구체화시켜 놓았습니다. 따라서 학교는 학생이 진로를 찾는 활동을 다양하게 준비해고 이를 진로 수업에 적용해야 합니다. 학생은 진로 찾기 행사와 진로성숙도를 높이는 활동에 적극 참여하면서 자신의 진로 분야에 대한 정보를 착실히 모아, 포트폴리오를 쌓는 것이 중요합니다.

수상경력

※ **2022~23학년 대입** : 내역기재, 교내수상 학기당 1건만, 3년간 6건 대입반영
2024학년도 대입 : 내역기재, 대입 미반영

분석과 제안 학교에서 진행하는 모든 활동은 학생의 성장을 기대하며 진행합니다. 따라서 학생은 자신의 발전을 점검하거나 역량 강화를 위해서 대회 참여를 추천합니다. 수상 대회에서 많이 하는 보고서 쓰기, 실험 및 토론 대회를 수업 활동과 연계할 수도 있습니다. 학생은 수업과 학교 활동에 적극적으로 참여하고, 교과 선택에 다양한 활동을 하는 교과를 수강하는 방법도 좋습니다.

학교생활기록부 작성으로 보면 2022, 2023학년도 대입을 준비하는 학생은 학교에서 진행되는 연간 대회 및 행사 내용을 파악하고 자신이 드러낼 수 있는 대회를 학기당 1개 이상을 선택적으로 집중하는 것을 추천합니다. 이를 통해 학생의 피로도를 줄일 수 있습니다.

2024학년 대입부터 수상내역을 상급학교에 제공하지 않습니다. 따라서 대학에 제공한다는 의미로 대회 참여보다는 대회 대신 활동으로 전환해 활동 참여를 통해 길러진 역량을 교과별 세부능력 및 특기사항과 창의적 체험활동 등에 연계되어 학교생활을 진행해야 합니다.

독서활동

※ **2022~23학년 대입** : 도서명과 저자 | **2024학년도 대입** : 도서명과 저자 기재, 대입 미반영

분석과 제안 학교에서 진행하는 모든 활동은 학생의 성장을 기대하며 진행합니다. 따라서 학생은 자신의 발전을 점검하거나 역량 강화를 위해서 대회 참여를 추천합니다. 수상 대회에서 많이 하는 보고서 쓰기, 실험 및 토론 대회를 수업 활동과 연계할 수도 있습니다. 학생은 수업과 학교 활동에 적극적으로 참여하고, 교과 선택에 다양한 활동을 하는 교과를 수강하는 방법도 좋습니다.

학교생활기록부 작성으로 보면 2022, 2023학년도 대입을 준비하는 학생은 학교에서 진행되는 연간 대회 및 행사 내용을 파악하고 자신이 드러낼 수 있는 대회를 학기당 1개 이상을 선택적으로 집중하는 것을 추천합니다. 이를 통해 학생의 피로도를 줄일 수 있습니다.

2024학년 대입부터 수상내역을 상급학교에 제공하지 않습니다. 따라서 대학에 제공한다는 의미로 대회 참여보다는 대회 대신 활동으로 전환해 활동 참여를 통해 길러진 역량을 교과별 세부능력 및 특기사항과 창의적 체험활동 등에 연계되어 학교생활을 진행해야 합니다.

부록 1
나만의 합격 로드맵
(　　학년)

나만의 합격 로드맵

학교생활기록부는 우리에게 학생부 또는 생기부로 익숙한 이름입니다. 기본적으로 학생이 학교에서 참여하는 활동의 결과를 모아둔 서류라고 할 수 있습니다. 이를 통해서 학생이 어떤 분야에 관심이 있는지 또는 해당 분야에 특출한 부분이 있는지를 확인할 수 있습니다. 즉, 여러분의 고등학교 모든 생활의 보고서인 셈입니다. 좋은 활동을 하더라도 보고서에 기록되지 않으면 다른 사람은 알 도리가 없습니다.

학교생활기록부는 학적 및 출결 사항, 수상, 자격증 및 인증 취득사항, 진로희망사항(2019년 1학년부터는 진로활동과 함께 작성), 창의적체험활동, 교과학습발달상황 및 과목별 세부능력 특기사항, 독서활동, 행동특성 및 종합의견으로 구성되어 있습니다.

이 책은 자신의 학교생활기록부에 작성될 부분을 스스로 고민한 후, 학교생활을 계획해보고 작성된 부분을 자신만의 색깔에 맞게 정리하는 데 목적이 있습니다. 학생부를 기록하는 것은 교사의 몫이지만, 학생부는 여러분의 모습에 근거하여 작성됩니다. 합격생의 학생부를 살펴보고 분석하는 것은 여러분이 더욱 체계적인 학교생활을 할 수 있도록 도와줄 것입니다.

'다음' 표는 학생부 끝판왕을 읽어가면서 빈칸을 채우면 됩니다. 따라서 책을 다 읽었을 때, 나만의 학교생활기록부 형태가 잡혀 있을 것입니다. Chapter 1~5 내용이 존재합니다. 자신의 레시피에 따라 작성해 보길 추천합니다.

학적사항

학적 변동 상황	학적 변동 이유
1	1
2	2

"학적사항은 기본적인 것으로 학생의 학교에서 행정적 상황이 기록되는 곳입니다. 자율형 사립고 또는 특수목적고에서 일반고로 전학을 갔을 경우, 평가자는 다양한 해석(왜 전학을 갔을까? 등)을 할 수 있을 것입니다. 출결사항 중 미인정(무단) 결석, 미인정(무단) 지각 등은 인성평가 영역에서 좋지 않은 평가를 받을 수 있습니다. 그리고 학적 및 출결사항에는 학교폭력 조치사항도 작성이 됩니다. 이러한 내용을 통해 정량화하여 평가하기 힘든 인성 부분도 확인할 수 있습니다. 해당 내용의 구체적 예시들은 Chapter 3에서 확인할 수 있습니다."

출결사항

출결 특이사항	발생 이유
1	1
2	2
3	3

"학교생활에서 학업역량, 전공적합성, 인성 및 발전 가능성 등의 모든 영역에 평가요소를 반영하고 있는 항목입니다. 수상경력이 많을수록 좋다기보다는, 자신에게 의미 있는 수상인지가 중요합니다."

대회 공모전 내용	참가일자	수상 현황
1	1	1
2	2	2
3	3	3
4	4	4
5	5	5

"어떠한 대회에 나가야 할지 모르겠다면 Chapter 1, 2, 3을 이용하여 학교에서 개최되는 대회를 알아보고, 어떤 수상이 좋은 평가를 받았는지 확인해 보는 것을 추천합니다."

학생명		활동일시	
대회명		수상 결과	

참여 계기 및 준비 과정	
배우고 느낀 점	
추후 심화 활동	

"수상경력은 단순히 수상에서의 결과만 보여줍니다. 그리고 학교생활기록부 작성 지침에 따라 수상에 관련된 내용은 수상경력에만 들어갈 수 있으며 다른 영역에 중복되어 입력할 수 없습니다. 이는 결과만 기록이 되는 것입니다. 학생이 노력한 과정 및 자세한 내용은 자기소개서와 면접에서 전달할 수 있습니다. 따라서 아래 표를 이용해 수상하기까지 과정을 정리하길 추천합니다."

대회명/활동기간		수상 결과	
참여 계기 및 준비 과정			
배우고 느낀 점			
추후 심화 활동			

"진로 희망사항은 학생이 어떤 사람이 되고 싶은지, 그리고 그 사유가 무엇인지를 작성하는 것입니다. 중·고등학교 시절의 학생에게 진로가 구체적으로 있다는 것은 기적에 가깝습니다. 매일 바뀌고 시간마다 바뀔 수 있는 것이 진로 희망입니다. 학교생활을 하면서 진로가 바뀌었다면 그 이유가 무엇인지 스스로 정리해보시길 추천합니다. 이를 돕고자 Chapter 1, 2, 3에는 다양한 사례의 진로 희망이 제시되어 있습니다. 참고하시길 바랍니다."

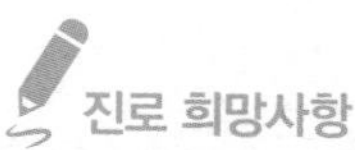

진로 희망사항

진로희망	희망사유
1	1
2	2
3	3

창의적 체험활동① : 자율, 동아리, 봉사, 진로 활동

"아래 표는 창의적 체험활동을 하면서 자신이 신경 쓰고 노력한 부분을 정리하는 활동지입니다. 창의적 체험활동은 4가지 영역으로 나누어집니다. 다양한 사례를 Chapter 1, 2, 3에서 확인하실 수 있습니다. 사례 중 세부능력 및 특기사항에 적혀있는 내용으로 아래 표를 작성해 본다면 학교 및 학급, 동아리, 봉사 등 스스로 준비하고 해야 할 일을 구체화할 수 있습니다."

이름		기간	
활동명 & 장소		활동영역	자율/동아리/봉사/진로
주제			
핵심 역량	학업역량/전공적합성/인성/발전가능성	세부 역량	
활동 계기 및 준비 과정			
활동 내용			
느낀 점			
추후 심화 활동			

창의적 체험활동② : 자율, 동아리, 봉사, 진로 활동

이름		기간	
활동명 & 장소		활동영역	자율/동아리/봉사/진로
주제			
핵심 역량	학업역량/전공적합성/인성/발전가능성	세부 역량	
활동 계기 및 준비 과정			
활동 내용			
느낀 점			
추후 심화 활동			

창의적 체험활동③ : 자율, 동아리, 봉사, 진로 활동

이름		기간	
활동명 & 장소		활동영역	자율/동아리/봉사/진로
주제			
핵심 역량	학업역량/전공적합성/인성/발전가능성	세부 역량	
활동 계기 및 준비 과정			
활동 내용			
느낀 점			
추후 심화 활동			

창의적 체험활동④ : 자율, 동아리, 봉사, 진로 활동

이름		기간	
활동명 & 장소		활동영역	자율/동아리/봉사/진로
주제			
핵심 역량	학업역량/전공적합성/인성/발전가능성	세부 역량	
활동 계기 및 준비 과정			
활동 내용			
느낀 점			
추후 심화 활동			

교과학습발달사항 및 과목별 세부능력 특기사항

"교과학습발달사항 중 세부능력 및 특기사항은 학생의 역량을 정량적인 평가와 함께 정성적인 평가를 할 수 있는 영역입니다. 학생이 학교에서 가장 많이 보내는 시간 역시 수업시간입니다. 이 수업시간을 통해 학생은 자신의 장점을 찾을 수도 있고, 가지고 있는 역량을 증가시킬 수도 있습니다. 따라서 해왔던 수업 또는 앞으로 하게 될 수업을 정리하면서 자신의 스토리를 만들어 보기 바랍니다. 이를 돕기 위해 Chapter 1, 2의 내용이 큰 도움이 될 것입니다. 또한 수업을 선택하는 것도 중요합니다. 고교학점제가 구체화되는 시점에 학생이 선택하는 과목 자체도 중요한 시점입니다. 이를 위해서 Chapter 4을 읽어보길 추천합니다."

수업 활동지①

과목명		활동 방식	
주제		진로 희망	

활동 계기 및 준비 과정	
활동 내용	
느낀 점	
추후 심화 활동	

수업 활동지②

과목명		활동 방식	
주제		진로 희망	
활동 계기 및 준비 과정			
활동 내용			
느낀 점			
추후 심화 활동			

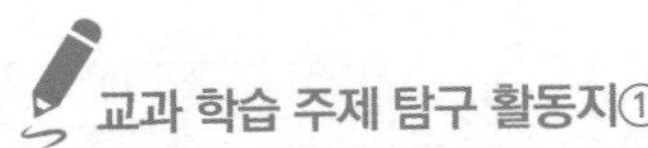

교과 학습 주제 탐구 활동지①

"강의식으로 진행되는 수업과는 달리 일정 기간 진행되는 수행평가 및 프로젝트 수업 방식이 있습니다. 위 방식은 하나의 문제 상황에 대해 깊게 탐구하고 정리하여 발표하는 특징이 주로 나타납니다. 이를 통해 학업역량, 전공적합성, 인성 및 발전 가능성 등의 역량을 모두 표현할 수 있습니다. 자신의 수업을 표에 통해 정리해보면 어떤 내용을 자기소개서에 작성하고, 면접에서 말할 것인지 알 수 있습니다. 이 부분 역시 Chapter 1, 2, 3을 참고하여 작성하시길 바랍니다."

교과		대단원		소단원	
날짜		수업방식		탐구방식	

주제	
탐구명단	
탐구협의	
탐구계획	
탐구일정	
활동기간	
탐구결과	
느낀 점	

교과 학습 주제 탐구 활동지②

교과		대단원		소단원	
날짜		수업방식		탐구방식	

주제	
탐구명단	
탐구협의	
탐구계획	
탐구일정	
활동기간	
탐구결과	
느낀 점	

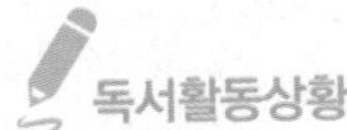

독서활동상황

"독서활동상황은 책 제목과 저자명만 기록할 수 있습니다. 따라서 몇 권의 책을 읽었는지 집착을 하는 사람들도 있지만 그보다는 독서 경향과 목적이 더 중요합니다. 여기서 추천하고자하는 부분은 다양한 분야의 독서를 한 후, 자신의 관심 분야와 관련된 독서활동을 통해 호기심을 구체화하는 것입니다. 독서 부분은 면접에서 질문으로 활용될 수 있기 때문에 자신이 읽은 책에 대한 정리가 필요합니다. 독서에 도움을 제공할 수 있는 도서 목록은Chapter 1, 2, 3에 소개해두었습니다. 소개한 책을 읽어보시고 표에 정리하시길 추천합니다."

독서활동 정리①

도서명 (저자)		관련 영역	
활동 계기 및 준비 과정			
독서 내용			
느낀 점			
추후 심화 활동			

개별독서기록지①

과목		도서명 (저자)		독서날짜	
읽게 된 계기					
내용 (줄거리)					
배우고 느낀 점					

개별독서기록지②

과목		도서명 (저자)		독서날짜	
읽게 된 계기					
내용 (줄거리)					
배우고 느낀 점					

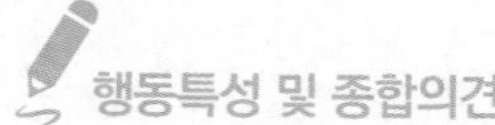

행동특성 및 종합의견

"담임선생님께서 학생을 수시로 관찰한 후, 행동특성을 찾아서 기록하는 부분입니다. 이 부분은 담임선생님의 종합적 판단요소를 지니고 있습니다. 그리고 대입전형 간소화로 교사 추천서를 받지 않는 것이 최근 추세이므로 행동특성 및 종합의견이 교사 추천서의 역할을 대신할 것입니다. 이 부분을 위해서는 평소 담임선생님과 많은 대화를 하는 것이 중요하며 자신의 생각과 노력 과정 및 결과 등을 말씀드리고 조언을 얻는 것도 좋은 방법입니다. 이 항목은 학교생활기록부의 전체 요약이 아니라 최종적으로 평가하는 항목입니다. 따라서 담임선생님의 평가 권한이 가장 높게 발휘되는 항목입니다. 행동특성 및 종합의견의 사례는 Chapter 3에서 작성해 보았습니다. 이 사례가 어디에서 나왔을지 고민하면서 아래 표를 작성한다면 학생 스스로 학급에서의 활동, 수업시간, 동아리 시간 등 학교에서 할 일을 구체화할 수 있습니다."

구분	활동내용
나눔과 배려	
소통 능력	
협업 능력	
도덕성	
성실성	

부록 2
나만의 합격 로드맵
(　　　학년)

나만의 합격 로드맵

학교생활기록부는 우리에게 학생부 또는 생기부로 익숙한 이름입니다. 기본적으로 학생이 학교에서 참여하는 활동의 결과를 모아둔 서류라고 할 수 있습니다. 이를 통해서 학생이 어떤 분야에 관심이 있는지 또는 해당 분야에 특출한 부분이 있는지를 확인할 수 있습니다. 즉, 여러분의 고등학교 모든 생활의 보고서인 셈입니다. 좋은 활동을 하더라도 보고서에 기록되지 않으면 다른 사람은 알 도리가 없습니다.

학교생활기록부는 학적 및 출결 사항, 수상, 자격증 및 인증 취득사항, 진로희망사항(2019년 1학년부터는 진로활동과 함께 작성), 창의적체험활동, 교과학습발달상황 및 과목별 세부능력 특기사항, 독서활동, 행동특성 및 종합의견으로 구성되어 있습니다.

이 책은 자신의 학교생활기록부에 작성될 부분을 스스로 고민한 후, 학교생활을 계획해보고 작성된 부분을 자신만의 색깔에 맞게 정리하는 데 목적이 있습니다. 학생부를 기록하는 것은 교사의 몫이지만, 학생부는 여러분의 모습에 근거하여 작성됩니다. 합격생의 학생부를 살펴보고 분석하는 것은 여러분이 더욱 체계적인 학교생활을 할 수 있도록 도와줄 것입니다.

'다음' 표는 학생부 끝판왕을 읽어가면서 빈칸을 채우면 됩니다. 따라서 책을 다 읽었을 때, 나만의 학교생활기록부 형태가 잡혀 있을 것입니다. Chapter 1~5 내용이 존재합니다. 자신의 레시피에 따라 작성해 보길 추천합니다.

학적사항

학적 변동 상황	학적 변동 이유
1	1
2	2

"학적사항은 기본적인 것으로 학생의 학교에서 행정적 상황이 기록되는 곳입니다. 자율형 사립고 또는 특수목적고에서 일반고로 전학을 갔을 경우, 평가자는 다양한 해석(왜 전학을 갔을까? 등)을 할 수 있을 것입니다. 출결사항 중 미인정(무단) 결석, 미인정(무단) 지각 등은 인성평가 영역에서 좋지 않은 평가를 받을 수 있습니다. 그리고 학적 및 출결사항에는 학교폭력 조치사항도 작성이 됩니다. 이러한 내용을 통해 정량화하여 평가하기 힘든 인성 부분도 확인할 수 있습니다. 해당 내용의 구체적 예시들은 Chapter 3에서 확인할 수 있습니다."

출결사항

출결 특이사항	발생 이유
1	1
2	2
3	3

수상 경력

"학교생활에서 학업역량, 전공적합성, 인성 및 발전 가능성 등의 모든 영역에 평가요소를 반영하고 있는 항목입니다. 수상경력이 많을수록 좋다기보다는, 자신에게 의미 있는 수상인지가 중요합니다."

대회 공모전 내용	참가일자	수상 현황
1	1	1
2	2	2
3	3	3
4	4	4
5	5	5

"어떠한 대회에 나가야 할지 모르겠다면 Chapter 1, 2, 3을 이용하여 학교에서 개최되는 대회를 알아보고, 어떤 수상이 좋은 평가를 받았는지 확인해 보는 것을 추천합니다."

학생명		활동일시	
대회명		수상 결과	

참여 계기 및 준비 과정	
배우고 느낀 점	
추후 심화 활동	

"수상경력은 단순히 수상에서의 결과만 보여줍니다. 그리고 학교생활기록부 작성 지침에 따라 수상에 관련된 내용은 수상경력에만 들어갈 수 있으며 다른 영역에 중복되어 입력할 수 없습니다. 이는 결과만 기록이 되는 것입니다. 학생이 노력한 과정 및 자세한 내용은 자기소개서와 면접에서 전달할 수 있습니다. 따라서 아래 표를 이용해 수상하기까지 과정을 정리하길 추천합니다."

대회명/ 활동기간		수상 결과	
참여 계기 및 준비 과정			
배우고 느낀 점			
추후 심화 활동			

"진로 희망사항은 학생이 어떤 사람이 되고 싶은지, 그리고 그 사유가 무엇인지를 작성하는 것입니다. 중·고등학교 시절의 학생에게 진로가 구체적으로 있다는 것은 기적에 가깝습니다. 매일 바뀌고 시간마다 바뀔 수 있는 것이 진로 희망입니다. 학교생활을 하면서 진로가 바뀌었다면 그 이유가 무엇인지 스스로 정리해보시길 추천합니다. 이를 돕고자 Chapter 1, 2, 3에는 다양한 사례의 진로 희망이 제시되어 있습니다. 참고하시길 바랍니다."

진로 희망사항

진로희망	희망사유
1	1
2	2
3	3

창의적 체험활동① : 자율, 동아리, 봉사, 진로 활동

"아래 표는 창의적 체험활동을 하면서 자신이 신경 쓰고 노력한 부분을 정리하는 활동지입니다. 창의적 체험활동은 4가지 영역으로 나누어집니다. 다양한 사례를 Chapter 1, 2, 3에서 확인하실 수 있습니다. 사례 중 세부능력 및 특기사항에 적혀있는 내용으로 아래 표를 작성해 본다면 학교 및 학급, 동아리, 봉사 등 스스로 준비하고 해야 할 일을 구체화할 수 있습니다."

이름		기간	
활동명 & 장소		활동영역	자율/동아리/봉사/진로
주제			
핵심 역량	학업역량/전공적합성/인성/발전가능성	세부 역량	
활동 계기 및 준비 과정			
활동 내용			
느낀 점			
추후 심화 활동			

창의적 체험활동② : 자율, 동아리, 봉사, 진로 활동

이름		기간	
활동명 & 장소		활동영역	자율/동아리/봉사/진로
주제			
핵심 역량	학업역량/전공적합성/인성/발전가능성	세부 역량	
활동 계기 및 준비 과정			
활동 내용			
느낀 점			
추후 심화 활동			

창의적 체험활동③ : 자율, 동아리, 봉사, 진로 활동

이름		기간	
활동명 & 장소		활동영역	자율/동아리/봉사/진로
주제			
핵심 역량	학업역량/전공적합성/인성/발전가능성	세부 역량	
활동 계기 및 준비 과정			
활동 내용			
느낀 점			
추후 심화 활동			

창의적 체험활동④ : 자율, 동아리, 봉사, 진로 활동

이름		기간	
활동명 & 장소		활동영역	자율/동아리/봉사/진로
주제			
핵심 역량	학업역량/전공적합성/인성/발전가능성	세부 역량	
활동 계기 및 준비 과정			
활동 내용			
느낀 점			
추후 심화 활동			

교과학습발달사항 및 과목별 세부능력 특기사항

"교과학습발달사항 중 세부능력 및 특기사항은 학생의 역량을 정량적인 평가와 함께 정성적인 평가를 할 수 있는 영역입니다. 학생이 학교에서 가장 많이 보내는 시간 역시 수업시간입니다. 이 수업시간을 통해 학생은 자신의 장점을 찾을 수도 있고, 가지고 있는 역량을 증가시킬 수도 있습니다. 따라서 해왔던 수업 또는 앞으로 하게 될 수업을 정리하면서 자신의 스토리를 만들어 보기 바랍니다. 이를 돕기 위해 Chapter 1, 2의 내용이 큰 도움이 될 것입니다. 또한 수업을 선택하는 것도 중요합니다. 고교학점제가 구체화되는 시점에 학생이 선택하는 과목 자체도 중요한 시점입니다. 이를 위해서 Chapter 4을 읽어보길 추천합니다."

수업 활동지①

과목명		활동 방식	
주제		진로 희망	

활동 계기 및 준비 과정	
활동 내용	
느낀 점	
추후 심화 활동	

수업 활동지②

과목명		활동 방식	
주제		진로 희망	

활동 계기 및 준비 과정	
활동 내용	
느낀 점	
추후 심화 활동	

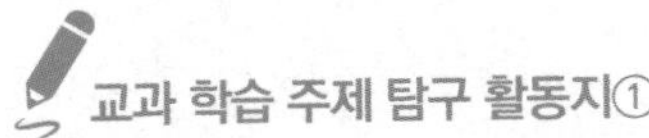

교과 학습 주제 탐구 활동지①

"강의식으로 진행되는 수업과는 달리 일정 기간 진행되는 수행평가 및 프로젝트 수업 방식이 있습니다. 위 방식은 하나의 문제 상황에 대해 깊게 탐구하고 정리하여 발표하는 특징이 주로 나타납니다. 이를 통해 학업역량, 전공적합성, 인성 및 발전 가능성 등의 역량을 모두 표현할 수 있습니다. 자신의 수업을 표에 통해 정리해보면 어떤 내용을 자기소개서에 작성하고, 면접에서 말할 것인지 알 수 있습니다. 이 부분 역시 Chapter 1, 2, 3을 참고하여 작성하시길 바랍니다."

교과		대단원		소단원	
날짜		수업방식		탐구방식	

주제	
탐구명단	
탐구협의	
탐구계획	
탐구일정	
활동기간	
탐구결과	
느낀 점	

교과 학습 주제 탐구 활동지②

교과		대단원		소단원	
날짜		수업방식		탐구방식	

주제	
탐구명단	
탐구협의	
탐구계획	
탐구일정	
활동기간	
탐구결과	
느낀 점	

독서활동상황

"독서활동상황은 책 제목과 저자명만 기록할 수 있습니다. 따라서 몇 권의 책을 읽었는지 집착을 하는 사람들도 있지만 그보다는 독서 경향과 목적이 더 중요합니다. 여기서 추천하고자하는 부분은 다양한 분야의 독서를 한 후, 자신의 관심 분야와 관련된 독서활동을 통해 호기심을 구체화하는 것입니다. 독서 부분은 면접에서 질문으로 활용될 수 있기 때문에 자신이 읽은 책에 대한 정리가 필요합니다. 독서에 도움을 제공할 수 있는 도서 목록은Chapter 1, 2, 3에 소개해두었습니다. 소개한 책을 읽어보시고 표에 정리하시길 추천합니다."

독서활동 정리①

도서명 (저자)		관련 영역	
활동 계기 및 준비 과정			
독서 내용			
느낀 점			
추후 심화 활동			

개별독서기록지①

과목		도서명 (저자)		독서날짜	
읽게 된 계기					
내용 (줄거리)					
배우고 느낀 점					

개별독서기록지②

과목		도서명 (저자)		독서날짜	
읽게 된 계기					
내용 (줄거리)					
배우고 느낀 점					

행동특성 및 종합의견

"담임선생님께서 학생을 수시로 관찰한 후, 행동특성을 찾아서 기록하는 부분입니다. 이 부분은 담임선생님의 종합적 판단요소를 지니고 있습니다. 그리고 대입전형 간소화로 교사 추천서를 받지 않는 것이 최근 추세이므로 행동특성 및 종합의견이 교사 추천서의 역할을 대신할 것입니다. 이 부분을 위해서는 평소 담임선생님과 많은 대화를 하는 것이 중요하며 자신의 생각과 노력 과정 및 결과 등을 말씀드리고 조언을 얻는 것도 좋은 방법입니다. 이 항목은 학교생활기록부의 전체 요약이 아니라 최종적으로 평가하는 항목입니다. 따라서 담임선생님의 평가 권한이 가장 높게 발휘되는 항목입니다. 행동특성 및 종합의견의 사례는 Chapter 3에서 작성해 보았습니다. 이 사례가 어디에서 나왔을지 고민하면서 아래 표를 작성한다면 학생 스스로 학급에서의 활동, 수업시간, 동아리 시간 등 학교에서 할 일을 구체화할 수 있습니다."

구분	활동내용
나눔과 배려	
소통 능력	
협업 능력	
도덕성	
성실성	

MEMO

15,000부 판매된 대입의 모든 것 <끝판왕 시리즈>

면접 끝판왕

<면접 끝판왕>이 답인 이유

✓ 1. 현직에 있는 진학 전문 교사들의 생생한 경험을 담았습니다.

✓ 2. 학생부종합전형&교과전형의 중요한 핵심 키워드로 '면접'을 뚫는 해법을 담았습니다.

✓ 3. 다양한 유형의 질문을 활용해 스스로 면접을 준비하는 방법을 터득할 수 있습니다.

✓ 4. 학생부를 면접으로 연결하는 전략으로 나만의 면접을 완성할 수 있습니다.

✓ 5. 면접을 위해 학교 활동을 어떻게 하면 좋은지 방향을 제시해 줄 수 있는 책입니다.

✓ 6. 기출면접문항에 추천답변을 제시해 학생들이 답변을 만들 때 길잡이가 될 수 있는 책입니다.

✓ 7. 다양한 분야의 시사이슈를 수록해 심층 면접도 대비할 수 있는 책입니다. 시사이슈에 대한 대비는 지적인 소양의 향상은 물론, 토론 역량도 길러주는 일석이조의 효과가 있습니다.

✓ 8. 방대한 양의 자료를 활용해 계열별, 학과별로 면접 문항과 추천 답변을 참고할 수 있게 세분화 했습니다.

✓ 9. 면접 문항에 담긴 키워드를 학생부와 자기소개서에서 추출할 수 있도록 실질적인 사례를 제시 하고 있습니다.

✓ 10. 기존의 면접 책들이 '면접 기출문항', '면접 소개'에 주력한 것과 달리 독자들이 책을 읽으면 면접장에서 자신감을 가질 수 있도록 구체적인 방법을 제시했습니다. 단계별로 면접 방법을 제시해 독자들이 읽기만 해도 실제 면접에 참여하는 효과를 거둘 수 있도록 차별화했습니다.

공부 끝판왕

<공부 끝판왕>이 답인 이유

✓ 1. 내가 공부가 안 된 이유, 콕콕!

✓ 2. 학년별 오르는 공부 끝판 전략, 콕콕!

✓ 3. 성적대별로 선택하고 집중할 과목, 콕콕!

✓ 4. 고1, 2, 3 학년별, 점수별 인강 추천, 콕콕!

✓ 5. 고1, 2 3 학년별, 점수대별 문제집 추천, 콕콕!

✓ 6. 국어, 수학, 영어, 사회, 과학 끝판 공부법, 콕콕!

✓ 7. EBSi, M스터디, E투스의 활용 극대화 분석, 콕콕!

✓ 8. 진학기반의 상, 중, 하위권별 공부 개인 코칭, 콕콕!

✓ 9. 선배들의 뼈있는 공부를 위한 조언과 경험 나눔, 콕콕!

✓ 10. 3월, 6월, 9월, 11월(수능)까지 시기별 대비 특강, 콕콕!

스카이캐슬의 학생부 종결 <끝판왕 시리즈>

학생부 끝판왕 1권

<학생부 끝판왕>이 답인 이유

✓ 1. 합격한 학생부를 분석하여 내 것으로 할 수 있다.
✓ 2. 단순한 지침이 아닌, 실제 활동과 전략이다.
✓ 3. 나의 학생부와 비교하면서, 부족한 학교생활의 방향을 잡을 수 있다.
✓ 4. 학교활동 중 나에게 딱 맞는 의미 있는 활동이 무엇인지 알 수 있다.
✓ 5. 대학에서 요구하는 활동이 구체적으로 실현되는 부분을 알 수 있다.
✓ 6. 학과별(계열별) 합격생의 학생부를 분석하여 학생 개인별 맞춤형이 가능하다.
✓ 7. 구체적으로 소개된 내용을 활용하여 수업이나 동아리 계획을 구상할 수 있다.
✓ 8. 진로에 맞춘 수업 선택을 고민하고, 전략적으로 택할 기회를 제공한다.
✓ 9. 합격공통요소가 정리되어 진학하고자 하는 계열의 합격 방향을 생각해볼 수 있다.
✓ 10. 다양한 활동에서 새로운 접점을 찾아낼 수 있다.
(여러 활동을 통해 내게 필요한 새로운 활동을 개발할 수 있다)

학생부 끝판왕 2권

<학생부 끝판왕>이 답인 이유

✓ 1. 합격한 학생부를 분석하여 내 것으로 할 수 있다.
✓ 2. 단순한 지침이 아닌, 실제 활동과 전략이다.
✓ 3. 나의 학생부와 비교하면서, 부족한 학교생활의 방향을 잡을 수 있다.
✓ 4. 학교활동 중 나에게 딱 맞는 의미 있는 활동이 무엇인지 알 수 있다.
✓ 5. 대학에서 요구하는 활동이 구체적으로 실현되는 부분을 알 수 있다.
✓ 6. 학과별(계열별) 합격생의 학생부를 분석하여 학생 개인별 맞춤형이 가능하다.
✓ 7. 구체적으로 소개된 내용을 활용하여 수업이나 동아리 계획을 구상할 수 있다.
✓ 8. 진로에 맞춘 수업 선택을 고민하고, 전략적으로 택할 기회를 제공한다.
✓ 9. 합격공통요소가 정리되어 진학하고자 하는 계열의 합격 방향을 생각해볼 수 있다.
✓ 10. 다양한 활동에서 새로운 접점을 찾아낼 수 있다.
(여러 활동을 통해 내게 필요한 새로운 활동을 개발할 수 있다)

강력한 스토리로 매혹하라! <끝판왕 시리즈>

과제탐구 끝판왕

<과제탐구 끝판왕>이 답인 이유

✓ 1. 과제탐구 활동을 하고 싶은 학생에게 로드맵 제공

✓ 2. 과제탐구 수업을 하고 싶은데 부담만 있는 선생님께 손쉬운 전략 제공

✓ 3. 학생의 성장을 위한 활동으로 다양한 학교프로그램을 진행할 아이디어와 노하우 제공

✓ 4. 주제별 탐구보고서를 통해 동아리활동이나 교내대회 준비와 연동되는 가이드 라인 제공

✓ 5. 학생마다 각자의 브랜드로 특화된 학교생활기록부의 기재항목별 영역이 유기적으로 연결

✓ 6. 학생의 관심 분야과 도전할만한 학문적 범위를 좁히고, 탐구활동을 통한 연구에의 몰입경험

✓ 7. 탐구 활동을 통해 배경지식을 쌓는 과정 훈련과 [독서활동상황]에 기록될 심화 독서는 덤

✓ 8. 학생이 희망하는 진로 분야의 경험을 통해 자기주도적 문제해결능력을 기르고, 이를 [과세특]에 드러낼 전공적합성

✓ 9. 학생부의 비교과 활동의 핵심 근거가 되어줄 과제탐구 활동은 [행동특성 및 종합의견]에 리더십과 탐구심을 드러낼심 핵근거

✓ 10. 발명 및 창업 캠프, 디자인 활동, 4차 산업혁명 캠프 등과 연계한 탐구 활동 학교프로그램 구성하여 별[개 세인특]에 기록

자소서 끝판왕

<자소서 끝판왕>이 답인 이유

✓ 1. 학생별 개별화 진로지도 전략 수록

✓ 2. 고등학교 생활 전반의 진로요소 추출

✓ 3. 진로에 맞춘 진학 설계의 다양한 Tip 제공

✓ 4. 진로지도를 하고 싶은 교사에게 로드맵 제공

✓ 5. 진로에 기반한 진로진학 상담의 노하우 제공

✓ 6. 진로수업이나 진로지도에 필요한 활동지 제공

✓ 7. 고등학교 창의적 체험활동을 진로로 묶어내는 방법 수록

✓ 8. 면접부터 멘탈관리까지 진로진학 지도의 실질적인 부분 기록

✓ 9. 학생 자신도 모르는 부족한 부분을 제대로 집어낼 방법 소개

✓ 10. 공부스타일 진단과 플래너 사용 등 실제적인 진로코칭 방법 수록

합격 빅데이터 기반 E-Book NEW My Best 가이드 소개

실력 My Best : 고등학생 실력향상 프로젝트

고등 My Best 1. **계열성향검사**
고등 My Best 2. **학생부 로드맵**
고등 My Best 3. **합격 공부**
고등 My Best 4. **3색줄 독서 솔루션**
고등 My Best 5. **합격 과제탐구**

입시 My Best : 고등학생 대입합격 프로젝트

고등 My Best 6. **합격 대학&전형**
고등 My Best 7. **합격 교과선택**
고등 My Best 8. **합격 학생부**
고등 My Best 9. **합격 자소서**
고등 My Best 10. **합격 면접**

이 세상에 유일한 당신만을 위한 가이드
NEW My Best 가이드 소개

중학 My Best : 중학생 꿈, 진로, 진학 준비 프로젝트

중학 My Best 11. **중학계열성향검사**

중학 My Best 12. **공부끝판왕**

중학 My Best 13. **고입&대입가이드**

역량 My Best : 학생 미래역량 성장 프로젝트

역량 My Best 14. **미래역량 리더십 솔루션**

역량 My Best 15. **미래역량 창의성 솔루션**

역량 My Best 16. **미래역량 문제해결 솔루션**

역량 My Best 17. **미래역량 소통 솔루션**

역량 My Best 18. **미래역량 프로젝트 솔루션**

역량 My Best 19. **미래역량 전략적사고 솔루션**

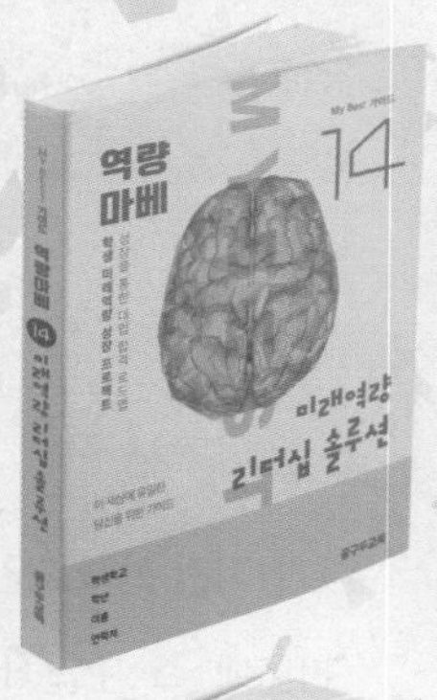

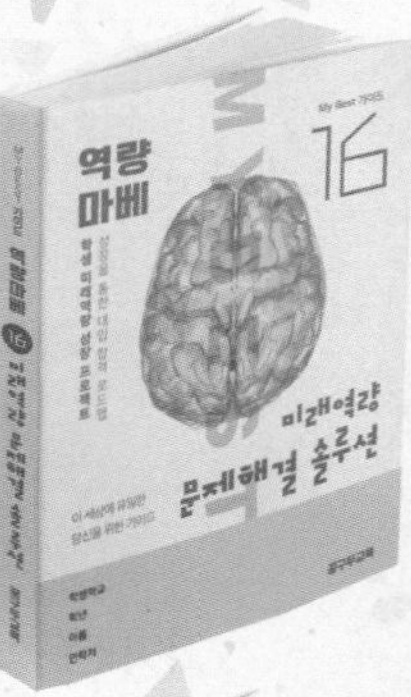

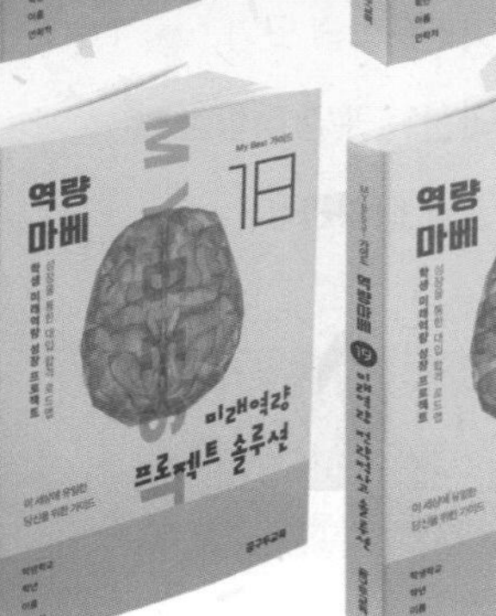

1학년은 진로!
기간별 학생 성장 프로그램

프로그램 **고1 진로다**
참여대상 고등학교 1학년
참여비용 검사비용X학생수, 강사비 별도(요청시)
세부내용 특강형 ☑, 캠프 활동형 ☑, 컨설팅형 ☑

3, 4월 나를 알다

- 내게, 친구가, 부모에게 묻자. 나의 흥미와 적성은?
- 검사지로 성향 검사하자
- 미션 설정 하자

가이드7. My Best 계열 성향 검사

5, 6월 성적을 알다

- 내신 성적의 의미
- 모의고사 성적의 의미
- 교우 관계의 의미

가이드1. My Best 대학과 전형 가이드

7, 8월 공부를 알다

- 1학기 돌아보기
- 자기주도계획 수립과 실행
- 성장 경험 공부

가이드5. My Best 공부 가이드

9, 10월 나를 파다

- 자기주도학습 잇기
- 교과선택 계열 적합성
- 학과를 탐하라

가이드6. My Best 교과선택 가이드

11, 12월 성적올리다

- 시험기간 전략 시간관리
- 피드백 즉 오답지
- 성적 올리는 공부성향법

가이드2. My Best 학생부 가이드
가이드6. My Best 합격 학생부 포트폴리오

1, 2월 2학년이다

- 1학년 돌아보기 PMI
- 방학자기주도 학습과 경험
- 2학년 미리 겪어보기

가이드3. My Best 자소서 가이드

My Best 학년별 연간 프로그램

2학년은 진로&진학! 기간별 학생 성장 프로그램

프로그램 **고2 진진이다**
참여대상 고등학교 2학년
참여비용 검사비용X학생수, 강사비 별도(요청시)
세부내용 특강형 ☑, 캠프 활동형 ☑, 컨설팅형 ☑

3, 4월 다시 나를 알다

- 진로 좁히기 방법
- 1학년의 나를 분석하라
- 2학년 진로 공부 진학을 설계

가이드1. My Best 대학과 전형 가이드

5, 6월 다시 성적을 알다

- 공부성향 분석
- 자기주도 맞춤형 공부법, 인강, 학원
- 대학과 학과에 필요한 공부 잡기

가이드5. My Best 공부 가이드

7, 8월 다시 공부를 알다

- 1학기 돌아보기
- 혼자 공부, 함께 공부
- 대학 생활과 취업 간접 공부

가이드6. My Best 교과선택 가이드

9,10월 다시 나를 파다

- 나를 객관화 하라, 위치
- 무엇에 집중할 것인가
- 부모님과 교사, 외부자원을 통해 지원받기

가이드2. My Best 학생부 가이드
가이드6. My Best 합격 학생부 포트폴리오

11,12월 교과선택과 진학

- 나에게 필요한 교과선택
- 대학과 전형 좁히기
- 학생부, 자소서, 면접 시도

가이드3. My Best 자소서 가이드
가이드 4. My Best 면접 가이드

1,2월 3학년이다

- 2학년 돌아보기 PMI
- 방학기간 진학,진로 공부
- 3학년 미리 겪어보기

가이드1. My Best 대학과 전형 가이드
가이드3. My Best 자소서 가이드

3학년은 진학!
기간별 학생 성장 프로그램

프로그램	**고3 진학이다**
참여대상	고등학교 3학년
참여비용	검사비용X학생수, 강사비 별도(요청시)
세부내용	특강형 ☑, 캠프 활동형 ☑, 컨설팅형 ☑

3, 4월 대학과 전형

- 성적별 대학, 전형 파악
- 대학 조건 파기
- 나의 스펙 분석

가이드2. My Best 학생부 가이드
가이드6. My Best 합격 학생부 포트폴리오

5, 6월 내신 끝장

- 선택과 집중 내신
- 수능과 연결이다
- 학생부와 연결이다

가이드1. My Best 대학과 전형 가이드

7, 8월 원서 끝장

- 성적대별 대학과 학과 좁히기
- 나의 장점 분석, 최선 뽑기
- 자소서와 지원 & 수능 최저

가이드3. My Best 자소서 가이드

9,10월 수능, 대학별 전형

- 수능이다, 최저다
- 면접과 대학별 고사
- 멘탈 관리

가이드4. My Best 면접 가이드

11, 12월 수능과 정시

- 수능점수의 의미
- 정시를 탐하라
- 버려진 시간 줍기

가이드4. My Best 면접 가이드
가이드 1. My Best 대학과 전형 가이드

1, 2월 대학생이다

- 고등학생은 잊어라
- 알바와 체험
- 독서와 진짜공부

끝판왕 추천후기

하*숙님

독자후기

지난 주 신청한 자소서 끝판왕 책이 도착하여 꼼꼼히 읽어보고 부족하지만 후기 올려봅니다.
자소서의 각 문항의 작성 팁을 통해 먼저 전체 틀을 잡고 각 항목별로 평가요소에 맞춰 학생이 한 활동을 끼워 넣을 수 있는 장치가 되어있고계열별 학과별 사례까지 예시되어 있어 막막함에서 헤매다가 불빛을찾은 거 같아 자소서 작성에 자신감을 갖게 되었습니다 저자 선생님들께 감사드립니다.

양*동선생님

전문가 후기

이책은 다년간 학생들의 자기소개서 작성을 지도하는 과정에서 이끌어낸 자기소개서 각 항목별 작성 비법을 한 곳에 모아둔 비법서임 이 틀림없다. 수시 모집의 당락을 좌우하는 학교생활기록부 자기소개서 면접의 연계를 가져다 줄 학생부종합전형 비법서가 바로 당신의 눈앞에 있다 힘든 길을 택하면 미래가 편해진다라는 신념으로 학생부종합전형에서 당신의 길을 찾고자 한다면 이 책은 무한한 길잡이가 될 것이다

두*맘님

독자후기

현직선생님들의 감수를 하고 현직선생님들이 저자들이셔서 공교육 안에서 할 수 있는 면접 준비를 면접끝판왕을 통해서 할 수 있을 것 같습니다. 계열별로 나누어져 있고 자소서와 학생부를 활용해 면접 문제를 추출할 수 있는 방법도 함께 실려 있어 유용하게 쓸 수 있을 것 같습니다.
저희 아이의 경우 교육 계열이라 교육 계열 부분만 살짝 맛보기 하였 는데~~ 각 교육청에서 제공하는 자료를 바탕으로 사례를 들고 있어 더욱 신뢰할 수 있었습니다.

에듀동아

출간기자

면접 문항에 담긴 키워드를 학생부와 자기소개서에서 추출 할 수 있도록 실질적인 사례를 제시하고 있어 향후 대입 면접을 위해 학교 활동을 어떻게 하면 좋을지 그 방향을 제시해 주고 있는 책이다.
출판사 측은 "기존의 면접 대비서가 면접 기출문항이나 면접 소개에
주력한 것과 달리 이 책은 독자들이 면접장에서 자신감을 가질 수 있도록 구체적인 면접 대비 방법을 단계별로 제시하고 있다"면서 "이 책을 읽기만 해도 실제 면접에 참여하는 효과를 거둘 수 있을 것"이라고 밝혔다.

mama313님

독자후기

이런 분들에게 꼭!!!! 필요한 책입니다.
공부하는 방법을 제대로 알고 싶은 학생 또는 방법을 알아서 자녀들에게 알려주고 싶은 부모님!! 께 강추!!! 저도 초등교사로 공부는 이렇게 하는 거야라고 말해주기는 하지만 좀 더 구체적인 방법에는 설명이 늘 부족함을 느껴왔었는데 이 책을 읽고 속이 시~원해지는 느낌을 받았다고 할까요? 공부하는 방법에 대해 구체적으로 사례를 들어가며 총체적으로 설명해주어서 넘넘 도움이 되었어요. 저희 아이들에게 적용중이며 큰 딸아이는 직접 읽어보더니 도움이 된다고 합니다. 중고등 학생과 학부모님들은 꼬~ 옥 읽어보시길 추천합니다~

isom85님

독자후기

고등 딸을 둔 엄마이자 아이들의 나침반이 되어야 할 나에게 공부면역력을 키워주게 도와줄 보물 같은 책입니다. 지인들에게 선물하고, 고등 딸에게 읽히고, 저 역시 옆에 끼고 보고 있어요. 정말정말 강추합니다.

My Best 추천 후기

독자후기

정보가 부족한 학부모에게 유용한 자료로 도움이 됩니다 학생들도 자신의 진로방향에 길라잡이 역할을 할 수 있을 것 같습니다. 학교선생님보다 더 자세한 상담자료로 가치가 크다고 생각됩니다.

1. 정시전형의 경우 지원가능 대학의 리스트가 많은데 수시전형의 경우는 전반적으로 지원가능대학의 리스트가 적어요.
2. 학생부 교과전형 지원가능대학 리스트에 평균 등급이 표기되면 좋을 듯 합니다.
3. 성적에 맞게 원하는 지역 계열로 추천해주시어 한번에 비교가 가능하여 좋았습니다.
4. 처음 과목별 내신등급 입력시 단위 수가 다른 과목들의 경우 등급계산이 애매했어요 등급 기재에 대한 안내가 살짝 되었으면 했습니다.
5. 사용후기의 수능전형의 선지답안이 논술답안 그대로 였어요 내년에 첫아이가 고 3 이 되니 입시에 대해선 잘 모릅니다 나름 공부를 하면서 다양한 전형들 속에서 아이에 유리한 전형을 생각해보았는데 그걸 확인하는 기회가 되어 좋았습니다.

수시전형의 추천대학이 더 추가 된다면 완벽할 듯 합니다. 감사합니다.

체험후기

저는 큰애가 고 3 입니다 교과와 학종 투 트랙 으로 지원했어요.
그래서 정시나 논술에 대한 평을 어찌할지 몰라 보통으로 했습니다. 교과와 학종도 설문 조사할 때부터 지망순서대로 선 택 하는 항목에 따라 가능 대학을 추천해 주셨으면 하는 아쉬움이 남습니다 또한 현재 모의나 내신상태에서 어느 선까지 도달했을 경우 어느 선의 어는 대학까지는 원서 지원이 가능할 수도 있다. 뭐 이런 커리가 나오면 학부모나 아이 입장에서 목표도 생기고 동기부여가 될 수 있을 것 같습니다.
가령 저희는 화생공 약대 순으로 고려 중이거든요 그럼 현재 가능 대학은 이선이고 좀 더 끌어 올리면 이 대학선까지는 원서 제출을 할 수 있을 것 같다 요렇게요. 문자로 하려니 전달이 제대로 되었을지 모르겠네요. 앞으로도 꾸준히 받아 볼 수 있다면 받아 보면서 코멘트를 더 해 드리고 싶네요. 좋은 일들을 하셔서요.

체험후기

전체적으로 유용합니다. 감으로만 예상했던 리스트가 작성되니 내년에도 꼭 활용하고 싶네요.
다만, 학종 부분과 논술은 모고 성적 대비 너무 낮게 작성되지 않았는지요. 전사고라 내신이 낮지만 모고 성적이 기준이 되어 주는게 아닌지 의문이 있네요. 실제 원서 쓸 때도 모고가 기준이 되어 학종과 논술 섞어 수시 6 장을 쓰지 않을까 싶은데요.

체험후기

전체적으로 프로그램 아이디어가 너무 좋아요.
어디를 갈지 진학에 대해 막막했던 학생 입장에서는 큰 희망이 될 것 같아요. 부족한 점이나 보완할 점들을 알려주니 어떻게 해야 할지 방향 설정도 되구요. 내신성적 모의고사 성적 분석의 총평은 매우 좋습니다. 지원할 수 있는 대학의 가능성을 세밀하게 말해주고 있어서요.
지원가능 대학의 학과를 전 모집단위보다 좀 더 자세히 나타내줬으면 좋겠습니다 학생이 원하는 학과를 선택할 수 있도록 해서 전국의 대학 중에서 본인이 원하는 학과 위주로 지원 가능 대학을 알려주시면 좋겠습니다 내신 성적을 입력할 때 각 학년별로 과목별 등급을 입력하여 뚜렷한 성적 입력이 가능하면 좋겠습니다 수시로 지원하는 친구들에게
정시 모집단위도 알려줘서 수능에 미리 대비하고 준비하는 기회가 될 수도 있을 것 같아 좋습니다.

독자후기

이렇게 세세히 각 전형마다 설명이 있을 줄 몰랐습니다.
그냥 간단한 내용으로 전달해 주실 줄 알았는데 각 전형마다 어찌해야 하는지 자세한 설명에 감탄했습니다. 진짜 최곱니다.

My Best 추천 후기

체험후기

<대학과 전형 에 이어 학생부 분석 자료 잘 받았습니다. 대학과 전형은 실제 대학 지원에 있어 현재 내신과 모의 성적을 바탕으로 지원이 유리한 전형들에 대한 안내 및 해당 대학 및 학과들을 콕 집어 추천해주시어 좋았습니다. 거기에 반해 학생부 분석의 경우는 학생부 자체를 분석하다 보니 같은 학생부라도 답하는 사람에 따라 다른 답들을 선택할 소지가 있고 또 학생부 자체를 점수로 메기는 부분에 있어 어려움이 컸으리라 봅니다. 또한 보내주신 자료 중 제 아이에 대한 분석 자료는 전체 자료 중 얼마 되지 않았고 그보단 학생부 전형을 위한 전반적으로 챙겨져야 할 부분들이 안내가 들어 있었습니다. 이 자료는 고 2 보단 고 1 이 미리 알고 챙겨지면 더 좋겠단 생각입니다. 학생부 영역별 평가표를 보니 아이에게 부족한 영역이 한눈에 보여 수시전형의 학종을 생각하는 아이들에게는 많은 도움이 될 듯 합니다. 그리고 학생부 기록에 있어 학생이나 부모님이 아셔야 할 안내가 잘 되어있네요 끝 부분에 아이가 진학하길 원하는 계열 관련 동아리 및 봉사활동 안내가 구체적으로 잘 되어 있고 원하는 계열에 대한 다양한 직업명이 소개되어 있습니다. 그리고 진학을 원하는 학과 관련 고교 선택과목 소개 및 진학을 원하는 학과에 관련된 추천도서도 잘 되어있습니다. 정시 쪽으로 기운 큰 아이에겐 그닥 도움이 되진 않지만 곧 고등학생이 될 둘째는 이 자료를 참고로 잘 챙겨 봐야겠어요 감사합니다.

체험후기

학종을 준비하는 고12 학생과 학부모에 매우 적절하다고 생각합니다. 개인별 특성에 대한 의견은 좀 부족하지만 기입한 자료가 적으니 당연하다고 생각합니다 대신 공통 내용은 학종을 잘 모르는 학생과 학부모도 알 수 있도록 구체적으로 길안내를 해 주는 지침서 및 체크리스트로 매우 유용합니다.

체험후기

'현재 나의 학생부를 알자 에서 학생부를 다 드린 것이 아니라서 세부적인 내용 설명을 듣지 못하는 아쉬움은 있습니다. 그래프에서 한눈에 영역 중 무슨 영역이 높고 낮은지를 판단할 수 있는 것은 좋습니다. 낮은 영역에 대한 추가 설명이 좀더 구체적으로 있었으면 합니다.

체험후기

'나만의 명품 만들기 에서는 다른 학생부 가이드 북보다 좀더 자세히 설명되어 있는 부분이 많아 좋습니다. 학교 생활에서만 알 수 있을 만한 내용이 첨부되어 있어 좀더 공들여 읽어야겠다는 생각을 했습니다.

체험후기

저는 학원 설명회 대학교 입시설명회를 통해 얻은 지식들과 대학 입사관 11상담 학생부 읽기를 위한 강의 수강 경험을 통해 저희 아이의 학생부를 조금이나마 객관적으로 볼 수 있는 상황이었습니다. 1 학년 기준 학생부를 개인적으로 읽었을 때 중간 중상 정도라고 판단했는데 막상 컨설턴트 상담을 통해 진단해 보니 중하 수준이었습니다. 그래서 좀더 엄격하게 학생부를 다시 한번 진단하고 문맥상에서 공통적인 ctrl V 내용이 아닌 우리아이의 특성을 나타내는 개인화된 서술을 중심으로 살펴보게 되었고 항목간의 유기성을 가지는 내용 연계되어 발전가능성을 보여주는 맥락에 대해 고민하게 되었습니다.

체험후기

학생부 평가에서 가장 중요한 영역들을 알게 되었고 영역들 준비에 도움이 되었습니다. 독서기록하는 방법 전공별 도움되는 봉사활동 동아리활동 체험활동 보고서 선생님과 소통의 중요성 등 세부적인 부분까지 자세히 설명되어 있어서 좋았습니다.

초판 1쇄 발행 2019년 12월 15일
초판 2쇄 발행 2020년 3월 3일
초판 3쇄 발행 2020년 11월 1일
초판 4쇄 발행 2021년 3월 14일
초판 5쇄 발행 2022년 3월 1일

지은이 정동완 박상철 백광일 강우혁 최경희
감 수 안혜숙
펴낸이 꿈구두
펴낸곳 꿈구두
디자인 안혜숙 맨디디자인

출판등록 2019년 5월 16일, 제 2019-000010호
블로그 https://blog.naver.com/edu-atoz
이메일 edu-atoz@naver.com

ISBN 979-11-971095-1-5

책값은 표지 뒤쪽에 있습니다.
파본은 구입하신 서점에서 교환해드립니다.